2만원으로

평생 주식투자 끝내기

2만원으로 **평생 주식투자 끝내기**

2020년 8월 13일 초판 인쇄

2020년 8월 29일 초판 발행

지은이 | 손 창 현
펴낸이 | 최 영 호
발행처 | K 지식과 실천
          Practice
등록번호(일자) | 제2014-000032호(2014년 5월 8일)
주소 | 서울특별시 관악구 양산길 33 성서빌딩 4F 412호
전화 | 02-6012-9800 ‖ 팩스 | 02-2179-9810
ISBN | 979-11-971339-0-9   13320

정가 20,000원

이 도서의 국립중앙도서관 출판예정도서목록(CIP)은 서지정보유통지원시스템 홈페이지(http://seoji.nl.go.kr)와 국가자료종합목록 구축시스템(http://kolis-net.nl.go.kr)에서 이용하실 수 있습니다.
(CIP제어번호 : CIP2020032044)

파본은 구입하신 서점에서 교환하여 드립니다.

머 리 글

    중학교 수업시간에 앞으로의 꿈이 뭔지 공업 선생님께서 물어보셨을 때만 해도 본인은 좀 철없는 학생이었습니다. 왜냐하면 농담처럼 "남아프리카에 가서 다이아몬드를 캘 것입니다"라고 답변했기 때문입니다. 지금 생각하면 참 엉뚱한 답변이었지만, 지나고 생각해보니 경제활동에 가장 필요한 것이 돈이므로 일확천금을 노릴 수 있는 다이아몬드를 깨는 일이 매력적으로 느껴졌기 때문이라고 생각됩니다. 이렇듯 어린시절부터 돈을 잘 버는 일이 마음 속 1순위를 차지하였습니다.

    시간이 지나고 대학교 2학년이던 1999년에 코스닥 벤처 붐이 일어나기 전에 주식투자를 처음 시작하였습니다. 그때 경영학과의 교양과목인 '증권과 투자'라는 수업을 듣고 있었고, 강사로 나오신 삼성증권 지점장이 해당 과목을 맡고 계시면서 수업을 듣는 학생들을 대상으로 주식투자 수익률 대회를 열었는데 거기서 운 좋게 1등을 하면서 주식투자와 연을 맺고 주식투자에 흥미를 느끼기 시작하였습니다. 어린 시절의 경제적 관념이 주식투자로 투영되는 시절이었습니다. 그리고 그 당시 주식투자에서 수익을 내는 것은 좋은 직장에 들어가는 것보다 더 출세할 수 있다는 관념이 저에게 형성되었고 어찌보면 이것이 지금의 나까지 이어지는 계기가 되었던 것 같습니다. 지금 그 당시의 시절을 회상하고 지금을 나를 보면 많은 길을 돌아왔지만 지금의 저 역시 그 당시보다 활활 타오르고 있는 주식에 대한 열정과 '주식에 미친놈' 소리를 들을 정도로 주식에 매진하고 있으니 주식과 나는 동전의 앞뒷면과 같은 사이가 되어 버렸습니다.

    하지만 주식투자경력이 20년이 다 돼가는 지금도 필자는 아직도 주식투자를 배우고 느낄 일이 남아 있다는 생각입니다. 그럼에도 불구하고 많은 비율로 손실을 보는 개인투자자에게 도움의 손길을 내밀며 그들을 수익의 길로 인도할 자신이 있다고 생각합니다. 이 책은 필자가 20년 가까이 주식투자를 하면서 개인투자자가 주식투자에서 수익을 낼 수 있는 이론과 마음의 자세를 전달하고자 노력하였습니다. 주식투자는 사실 끝없는 노력과 경험의 과정이 결실을 거둬 수익을 얻을 수 있는 재테크수단이자 '자본주의의 꽃'입니다. 하지만 알다시피 주식투자는 일반인들이 막연히 부정적인 시선과 편견을 가지고 쳐다보는 것이 현실입니다. 그러나 주식투자를 주변과 자신의 실패의 경험으로 평가절하 하거나 '도박'처럼 접하지 말아야 할 것으로 치부하는 것은 현명한 자세가 아닙니다. 물론 주식투자를 하면서 공부를 하지 않는 사람은 '도박'과 같은 투기를 하는 사람과 같은 것으로 장기적으로 손해를 볼 가능성이 매우 높습니다. 그렇다고 주식투자가 공부를 많이 한다고 해서 반드시 수익을 가져다주는 것도 아닙니다. 공부를 많이 하는 것과 별개로 이러한 지식을 꾸준하게 실천하면서 자신만의 노하우를 체화해야 비로소 꾸준한 수익을 얻기 때문입니다. 이와 같이 주식투자에서 꾸준한 수익을 얻는 것은 어렵고 힘든 일입니다. 그럼에도 불구하고 이런 어려운 과정을 극복하며 치열하게 노력한 사람은 주식시장에서 오랫동안 살아남을 수 있습니다.

이 책을 통하여 공부한 이론을 실전을 통하여 꾸준하게 반복하여 중·장기투자자는 기업의 내용을 읽고 적절한 매수·매도타이밍을 포착하는 능력에 도달하고, 단기투자자는 차트의 흐름을 빠르게 읽어 손가락으로 기계적인 클릭을 하는 단계까지 도달하길 진심으로 바랍니다. 그렇게 되면 이 책은 2만원이 아닌 2억의 가치를 제공하는 유익한 수단이 될 수 있을 것입니다. 즉 이 책이 구입과 함께 책장의 장식품으로 방치되는 물건이 아니라 주식투자 기간 동안 동반자가 될 멋진 친구로 만들기를 진심으로 바랍니다. 필자는 그 과정에 조미료를 쳐주고 투자의 방향에 도움을 주는 그런 존재이고 싶습니다.

주식시장은 지금 이 순간에도 고통 없이 수익만 바라는 사람들이 넘쳐납니다. 이러한 마음을 가진 사람들이 시장에는 대다수이므로 시장은 모두가 바라는 이러한 수익을 쉽게 주지 않습니다. 그렇지만 주식시장의 진정한 고수는 이러한 가운데 꾸준하게 수익을 올리고 있습니다. 이러한 관점에서 이제 주식투자를 시작하는 사람은 물론 지금껏 손실을 보고 있는 사람들도 지금 이 책을 접하고 있는 것은 다행이라고 말하고 싶습니다. 이 책에 있는 다양한 방법을 습득하여 갈고 닦아 내 것으로 만든다면 분명 투자에서 좋은 결과가 있을 것이라고 확신합니다. 왜냐하면 제가 20년 가까이 수많은 매매를 하면서 경험하였던 확률 높은 매매기법과 주식투자에 있어서 아무도 가르쳐 주지 않는 다양한 노하우 등을 내용으로 담았기 때문입니다. 눈을 감고 딱 한 번만 정독하시기 바랍니다. 그런 후에 부족하고 이해가 안 되는 부분은 동영상강의의 부연 설명으로 반복적으로 숙지하는 동시에 저와 대화를 거치다 보면 분명 자질있는 투자자가 되어 있으리라고 생각합니다. 이 책으로 자신만의 주식투자 무기를 발견하고 이를 발전시켜 '할 수 있다는 믿음'이 형성되는 계기가 되었으면 합니다.

끝으로 책을 만드는데 다양한 도움을 준 여러 전문가들에게 감사의 말씀을 드립니다. 그리고 본 책의 출간에 많은 조언의 말씀을 주신 지식과 실천 최영호 대표님에게 진심으로 감사의 말씀을 전합니다.

2020년 8월 손 창 현

아들의 책 출간을 축하하면서

평생을 증권시장의 건전한 발전과 투자자 보호를 위하여 감독기관에서 일해온 저로서는 자식이 같은 업종에서 일하지 않았으면 하고 은근히 바랬다. 수많은 투자자의 고충과 어려움이 얼마나 큰 것인가를 뼈저리게 알고 있기 때문이다. 그러나 자식 이기는 부모 없다고 했던가? 본인이 가족들의 반대에도 불구하고 하고 싶어 하는 일이었기에 더는 어쩔 수 없었다. 물론 그보다는 자식이 잘 해낼 수 있을 것이라는 믿음이 더 컸을 것이다. 원래 좀 고집스럽기는 해도 맡은 일을 책임감 있게 잘 처리하는 모범생이었기 때문이다.

제 아들은 투자경력은 19년 정도에 불과하나 많은 전문서적을 독파하고 투자상담사자격까지 획득한 후 한국경제TV, 매일경제TV 등의 투자상담 전문방송에 출연하였고 각종 인터넷방송과 실전투자 경험을 통하여 투자자가 겪고 있는 고충과 어려움을 너무 잘 알고 있다. 그래서 그동안 겪은 주식시장의 경험과 이론을 압축 정리하였다고 하니 한편으로는 자랑스럽기도 하지만 활자를 통하여 독자의 검증을 받는 것이 아버지로서 염려스러운 것도 사실이다.

최근 평생직장이란 개념이 사라진 지 오래다. 4~50대 한창 일할 나이에 회사를 떠나는 사람들이 주위에 너무 많아지고 있다. 그렇다고 노후 준비가 완벽하게 해결된 것도 아니므로 생활에 어려움이 늘고 있다. 그동안 안정적인 수익원인 부동산 투자나 예금 등의 이자수익으로 재산을 형성해 왔지만 수십 년 동안 부동산은 급등하여 이제는 수익이 힘들게 되었고 예금금리는 낮은 수준이 되어 단지 현금 저장소가 되어 버린 지 오래다. 그리고 종잣돈이 좀 있어 이를 불려 봐야 하겠는데 마땅한 투자수단을 찾기도 쉽지 않다. 부동산에 투자하려니 큰 목돈이 들어가고, 주식투자를 하고 싶은데 잘 모르고... 또한, 주위에 주식투자를 하여 홀딱 날렸다는 이야기는 종종 들리고 마지막 종자돈을 불릴 방법이 없어 고민하는 사람들을 주위에서 흔하게 보고 있다.

인간 만사가 알면 벌고 모르면 잃는다는 이야기가 있다. 증권투자 속담에도 같은 이야기가 있다. 재산관리를 함에 있어 '재산3분법'은 안정성, 수익성과 환금성을 적절히 배분하여 관리 하라는 말이 있다. 그중 주식투자는 환금성이 용이한 반면 안정성이 불확실하다는 단점이 있다. 증권시장은 자본주의 경제사회의 꽃이다. 우리가 이런 사회에 살면서 이를 이해하고 재테크하여 이익을 얻는 것은 당연하다고 할 것이다. 어떻게 투자를 해야 안정적인 수익을 올릴 수 있을까? 이것이 가장 큰 문제이다. 일반적으로 주식투자로 손해를 보는 사람들의 원인을 분석해보면 시세를 너무 단기적으로 보며, 조급하고, 투자정보가 신문, 인터넷 등 매체나 시장에 떠도는 소문과 지인들의 단순한 투자 조언에 의존하여 매매하게 되는데 원인이 있겠으나 그보다 더 큰 원인은 주식투자에 대한 기본적인 요령이나 원칙을 무시하고 무작정 투자하는 데 그 원인이 있다. 주식투자는 모든 국민이 참여할 수 있고 외국인, 기업의 대주주, 종업원, 은행이나 증권사의 전문투자자, 연기금과 외국의 거대한 기금 등이 수익을 얻기 위하여 참여하고 있으며 세계적인 투자의 귀재라 일컫는 워런 버핏과 같은 슈퍼투자자들도 우리나라 주식에 투자하고 있다. 이렇듯 수많은 투자 상대와 진검승부를 해야 하는 치열한 시장이라는 사실을 인식한다면 아무런 준비 없이 이 시장에 무작정 진입하는 것은 무모한 일이다. 물론 투자요령이나 원칙만을 이해한다고 반드시 투자이익을 얻는다고 할 수 없다. 인간의 나약성으로 인하여 알면서도 실행하지 못 하는 일이 너무 많기 때문이다. 이를 몸소 실천 할 수 있는 경험과 훈련을 쌓고 자기만의 올바른 투자기준과 습성을 터득함이 매우 중요한 것이다. 더구나 주식투자는 여기에 참여하는 수많은 사람과의 싸움이라고 할 수 있으므로 자기의 인간적인 약점을 극복 할 수 있도록 꾸준한 노력이 필요하다.

　본서는 이러한 일반투자자들의 투자실패를 분석하여 증권시장을 이해하고 올바른 투자 습성과 성공적인 주식투자를 위하여 4개월의 기간을 1개월 단위로 설정하여 체계적이고 종합적인 투자계획(로드맵)으로 증권투자를 완전정복 할 수 있도록 구성되어 있다. 1개월 로드맵에서는 증권시장에 대한 기초적인 이해를 돕고, 2개월 로드맵에서는 시장파악과 가치투자 분석, 기술적 분석을 다루었으며, 3개월 로드맵에서는 실전투자에 적응 할 수 있는 능력을 배양하고 자신의 투자성향을 파악하여 그에 맞는 종목선정과 요령 등을 예제와 함께 설명하였다. 그리고 마지막으로 4개월 로드맵에서는 산업과 기업을 한눈에 파악할 수 있게 하는 동시에 증권업계에 있는 전문가들의 생생한 실전 투자경험과 투자조언을 수록하여, 최고의 수익을 올릴 수 있는 고수가 되는 길을 안내하였다.

4개월 기간이 길다면 긴 기간이지만 성공적인 투자 훈련을 하기는 그리 긴 기간이라고 할 수 없다. 냉정하게 '주식투자 4개월 완성'이란 말은 상징적인 면이 강한 것이므로 이를 반복하는 노력과 실전연습이 필요하다. 증권 격언에 "주식투자는 어떤 비결이 있을 수 없다"라는 말이 있는데 그만큼 주식투자는 힘들다는 말일 것이다. 끊임없는 훈련과 경험을 쌓고 올바른 투자 습성을 가진다면 이미 투자에 성공하였다고 볼 수 있다. 주식시세는 항상 움직이고 변동한다. 어떤 상황에서도 이러한 변동에 침착하게 투자에 임해야 한다. 오르고 내리는 시세에 '일희일비'해서는 안 되는 것이다. 좋은 투자전문가를 만나면 60%는 이미 투자에 성공했다고 한다. 자기에 맞는 유능한 투자전문가의 조언을 받아야 한다는 의미라고 볼 수 있다. 그렇다고 전적으로 전문가의 조언만으로 투자해서도 안 된다. 이 시장은 상대가 있는 진검승부의 치열한 시장이고 투자에 대한 과실은 모든 것이 본인의 책임으로 귀결되기 때문이다.

　본서가 증권시장에 대한 이해를 돕고 성공투자의 길잡이가 되었으면 좋겠다. 본서는 시중의 여러 관련 서적을 참고하여 투자자가 쉽게 이해 할 수 있도록 노력했지만, 부족한 점이 많을 것이다. 이점은 추후 더욱 완전하게 보완할 것을 부언 드리며, 끝으로 이 책이 출판되도록 도움을 주신 출판사 사장님께 깊은 감사를 드린다. 그리고 바쁜 일과 중에서도 투자자 여러분들을 위하여 경험과 조언을 주신 투자전문가 여러분께도 진심으로 감사의 인사를 드린다. 또한 이 시간에도 불초한 아들을 위하여 자나 깨나 기도해 주시는 가족에게도 감사의 말씀을 드린다. 끝으로 그동안 집필함에 밤을 새워가면서 고생한 필자의 노고에 따뜻한 위로와 감사의 말을 전한다. 이것이 끝이 아니라 시작이라는 각오로 임하며 언제나 무엇이 투자자를 위하는 일이고 정석투자 방법인가를 잊지 말고 시시각각 빠르게 변화하는 이 시대에 더욱 더 정진하기를 바란다. 주님의 은총이 충만하기를......

2020년 8월
손 중 섭[前 증권감독원(현재 금융감독원) 증권제도 연구실장]

Book Guide

이 책을 여러 번 정독 하는 것이 좋지만, 바쁜 분들의 경우 중요한 카테고리를 반복해서 습득할 수 있도록 중요도를 아래처럼 제시한다. 같은 시간을 할애 하더라도 이해를 넘어 암기하고 지나가야 하는 부분과 그렇지 않은 부분을 명확하게 구분하였지만 모든 주제는 톱니바퀴처럼 연결되고 있다는 점에서 중요한 부분을 구분하는 것은 바람직하지 않다. 하지만 주식투자를 하는데 있어서 중요한 사항이 매매할 때 즉시 떠올라야 한다는 점에서 반복학습의 용이함을 위하여 아래처럼 분류하였다. 이것은 저자의 관점이니 각자 학습하는 과정에서 밑줄 등으로 중요사항을 표시를 하는 것이 좋을 것이다. 주식공부는 평생하여야 할 것이므로 경제TV나 신문 등의 중요내용은 교재 빈칸에 메모를 해나간다면서 나만의 주식책을 만들어 간다면 더할 나위가 없겠다.

1. 주식기초상식 및 경제용어의 중요도 ★★

> **〈주식 기초 상식〉**
>
> **1. 증거금율**
>
> 주식거래나 선물거래를 하는데 있어서 투자자가 보유금액보다 2배 이상 주문할 수 있는 제도가 증거금 제도이다. 리스크가 높은 기업의 경우에는 증거금율이 100%이기 때문에 증거금 제도를 사용할 수 없다. 그러므로 증거금율만으로도 그 기업의 리스크 정도를 확인할 수 있다.
>
> **2. 예수금**
>
> 키움증권의 0353(실시간계좌관리)을 보면 '예수금'이라는 항목이 있는데 이는 매매 시 바로 현금으로 인출이 가능한 금액이다. 이는 매매를 아직 하지 않았기 때문에 매매결제대금으로 묶여 있지 않아 즉시인출이 가능하다.

주식투자를 하는데 필요한 기초상식을 설명해 놓았다. 주식을 처음 시작하는 분들은 기초에 충실해야 이론을 잘 이해하는데. 많은 분들이 주식상식이 부족하여 이론을 이해하기 못하는 경우가 많아서 기본적인 주식 지식과 경제용어를 습득할 수 있는 공간을 마련하였다. 주식은 경제주체의 다양한 경제활동과 정치경제의 이슈 및 트랜드에 기업의 가치가 연동되어 반영되기 때문에 이를 포착하기 위해서는 기초적인 용어를 잘 아는 것이 필요하다.

8

2. 주식만평 중요도 ★

주식만평

경엄 없는역져, 언제까지....

미국에서는 2017년 여름 초특급 허리케인이 정유시설을 강타하면서 국제유가가 상승을 했다. 예상치 못했던 사건이 발생할 경우, 당시에는 관련업종이 하락하지만 결국 시간이 지나면 리스크에 대한 부분이 완화되면서 주가도 제자리를 찾아가는 흐름을 보이는 경우가 대부분이다.

  주식 시장에 다양한 사건에 대한 부분을 만평이라는 그림으로 표현해 놓은 부분으로, 알기 쉽게 표현해 놓은 것이다.

3. 핵심포인트 중요도 ★★★★

❋ 주식투자 핵심 Tip
주식투자는 저금리 시장에 필요한 재테크 수단인 만큼 투기보다는 투자로 접근해야 안정적이며 장기적인 수익을 낼 확률이 높다는 것을 알아야 한다.

  주식 투자를 하는데 있어서 이것만은 반드시 알아야 하는 내용이나 분문의 내용을 압축한 내용들이다. 기본에 충실하는 것이 가장 중요하나 중요한 내용을 반복적으로 학습하여 실전에서 떠올리는 것이 필요하다.

분 류	중요도	내용 관련
주식만평	★	현재에서 과거까지 다양한 주식관련 상황 만평으로 표현
기초상식	★★	주식투자를 하는데 있어서 아주 필요한 기초상식
핵심포인트	★★★★	투자에 꼭 필요한 중요한 포인트 정리

❋ 동영상 제공 관련 – 추가 교육 및 피드백 진행가능

이용 가능	접근 경로
책을 이용한 QR코드 입력	관련 카테고리 유튜브 동영상 무료 연결가능
책 관련 카페 가입 시	구매 이후 카페 사이트에서 동영상 무료 수강 가능
제휴 증권사 이용 시	제휴 증권사를 이용한 무료 사용 가능

❖ 이 책은 키움증권의 HTS를 기본으로 하여 구성된 교재입니다. 다른 증권사에 가입한 분들의 이해를 부탁드립니다.

❖ 참조 및 제휴관련 : 산업지표 – 미래에셋대우 리서치센터 자료 참조, 주식만평 – (주)지구와 사람과 동물

CONTENTS

PART 1 주식투자 워밍업

Chapter 1 주식시장 이해하기 _ 25

Chapter 2 18~19년 대박주 유형 확인 _ 38

Chapter 3 성공투자의 기본원칙 _ 71

PART 2 모르면 잃고 알면 번다

Chapter 1 주식시장 먼저 파악 _ 85

Chapter 2 가치투자분석 _ 105

PART 3 실전에서 클릭하기

Chapter 3 매매의 꿀팁 _ 317

PART 4 주식에서 고수되기

Chapter 1 고수가 되기 위한 필수팁 _ 341

Chapter 2 산업과 기업 한눈에 파악하기 _ 354

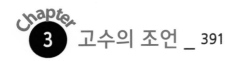

Chapter 3 고수의 조언 _ 391

Part 1 주식투자 워밍업

◈ 숲을 보고 나무를 보아라. - 장기적으로 상승, 하락, 횡보추세인지를 보고 단기적 대응을 한다.

◈ 시세는 시세에게 물어보라. - 시세를 속임수라고 생각하지 말고 그래도 받아들여 대응한다.

◈ 확신이 있으면 과감하게 투자해라. - 지나친 신중함은 수익의 기회를 놓치게 한다.

◈ 시장분위기에 도취되어 충동매매를 하지 말아라.

◈ 움직이지 않는 주식에는 손을 대지 말아라.

◈ 10%의 등락과 대량 거래량 발생은 대세 전환일 경우가 많다.

◈ 매입가격은 잊어라. - 본전을 의식하면 매매타이밍을 놓친다.

◈ 매입은 천천히 분할로 하고, 매도는 분할로 신속하게 한다.

◈ 재료가 반영되지 않으면 매도하고, 악재에 둔감하면 매수하라.

01 주식투자의 수익률을 높이는 방법

'투자'라는 말이 들어간 금융상품은 원금을 손해 볼 수 있다는 의미가 포함되어 있다. 주식투자도 마찬가지다. 손해를 볼 수 있는 위험(리스크)을 얼마나 최소화 하는지가 수익률을 높이는 데 있어서 중요하다. 하지만 대부분의 주식투자를 하는 개인들은 이런 위험(리스크)을 간과하는 경우를 주변에서 많이 볼 수 있다. 주식시장의 추세가 상승세이면 상관없으나 시장이 하향추세를 보이고 있다면 그 위험은 배가 될 수 있다. 이처럼 시장의 추세를 보지 않고 주식투자를 하는 것은 2~3년 내다보는 장기투자가 아닌 단기투자일 경우에는 수익률이 지지부진하거나 손실을 볼 수 있는 것이다.

개인들이 주식을 매수하는 것으로 시총이 적은 일부 코스닥 종목을 제외하고는 주식의 가격을 상승시키기에 한계가 있다. 개인들은 외국인이나 기관과 달리 자금의 여력이 적으며 가격을 높여 매수하는 경우는 거의 없기 때문이다. 그러므로 개인들이 매수를 하는 경우에 외국인과 기관이 매수를 하여 주가를 부양하지 않는다면 개인투자자들은 수익을 낼 수 없다. 시장이 상승추세인 경우 외국인과 기관의 수급이 여러 종목들로 순환매 되어 개인들이 수익을 볼 수 있으나 시장이 하향추세인 경우 외국인과 기관의 매도세가 강하여 개인들은 수익을 보기 힘들다. 그러므로 개인투자자들은 하락장이나 횡보장에서 주식을 계속해서 보유하면서 매매해서는 수익률을 높이기 어렵다.

"쉬는 것도 전략이다."라는 말은 이런 이유로 개인들이 반드시 취해야 할 투자 자세인 것이다. 단기매매를 하는 개인일수록 시장이 좋지 않은 경우 잦은 손절이나 주가 하락으로 손실이 늘어날 가능성이 크다. 그렇다고 장기보유를 하는 것도 좋은 결과를 가져오지 못하는 경우가 흔히 있다. 개인들의 잘못된 생각 중의 하나는 주식을 장기적으로 보유하면 무조건 수익이 있으리라 생각하는 것이다. 주식의 매수타이밍이 잘못되면(시장이 하향추세이거나 횡보 추세, 혹은 너무 높은 가격에 매수한 경우) 장기보유한 경우에도 수익률이 좀처럼 회복되지 않는 경우를 흔히 볼 수 있다. 그러므로 주식을 매수하는 때도 적절한 시기를 잘 포착하여 매수해야 좋은 결과를 기대할 수 있다. 그리고 주식을 매수한 후에도 마냥 버려둬서는 하락장에서는 손실의 결과를 증폭시킬 수 있으므로 주식도 '가꾸는 화초'처럼 주식에 꾸준한 이익과 손실에 대해 관심을 가져야 한다. 즉, 시장이 하향추세를 보이거나, 추세를 이탈하거나, 거래량이 상승하면서 지지선을 이탈하는 경우 적절한 시기에 손절매나 익절매를 해주고 다시 적절한 시기에 재매수를 해주는 매매를 지속해야 수익을 볼 수 있다. 물론 매수한 후에 관심을 두지 않는 경우 나중에는 큰 수익을 줄 수도 있다. 하지만 이런 경우는 본인의 실력이 아닌 운으로 수익이 나온 것으로 바람직한 매매 스타일은 아니므로 후에 수익률이 악화하는 것은 이상한 일이 아니다.

그러므로 시장을 추세(상승, 하락, 횡보)와 지지나 저항, 매수나 매도의 에너지를 잘 파악하면서 매수·매도의 타이밍을 잘 포착하는 것이 무엇보다 중요하다. 시장이 하락추세를 형성하는 경우에는 어떠한 종목을 매수하더라도 손실을 면하지 못한다는 사실을 명심해야 한다. 그러므로 주식시장에서 수익률을 높이기 위해서는 하락의 추세를 마치고 시장이 상승추세를 보이는 타이밍에 저평가되고 자금의 흐름이 선순환되는 종목을 선정하고 매수하는 것이 장기적인 수익률을 보장해 줄 수 있는 것이다.

그리고 시장의 추세를 파악하고 예측하기 위해서는 우리나라 주가지수의 흐름은 물론이고 미국의 주식시장인 다우지수에도 관심을 가져야 한다. 특히 2020년 현재 미국의 다우지수는 근 10년 동안 상승추세를 형성하고 있으나 현재는 전염병인 코로나로 인하여 그 흐름이 둔화된 상태이다. 이 흐름이 하향추세로 완연하게 변경될 경우 우리나라의 주가지수도 고전을 면하지 못할 것이다. 또한, 우리나라 주가지수의 흐름과 함께 시장의 흐름을 어느 정도 예측할 수 있도록 환율, 금리, 유가, 원자재의 가격 등과 주식 가격의 관련성에 대한 지식도 겸비하여야 한다(파트 2에서 후술).

위에서 설명한 것을 실천하는 것은 쉬운 것이 아니다. "주식공부를 하는 것이 1년이라고 가정할 때 실천하는 시간은 10년이 걸린다."라는 말처럼 공부한 것을 실천하여 매수와 매도의 적절한 타이밍을 찾아 꾸준한 수익을 올리는 올바른 매매습관을 정립해야 한다. 이러한 단계까지 도달하는 것은 어려우므로 이 글을 읽는 독자들은 주식을 계속하는 날까지 주식공부는 물론 올바른 매매습관을 형성하도록 노력하여야 한다. 이러한 과정에 도움을 주려는 것이 이 책을 집필하는 목적이라고 할 수 있다.

뒤에서 좀 더 자세하게 설명을 하겠지만 여기서는 고점과 저점이 높아질 때(강세장), 고점과 저점이 일정하게 형성되지 않을 때(횡보장), 고점과 저점이 낮아질 때(약세장)로 구분해서 시장대비 종목들은 과연 얼마나 수익률에 영향을 보이는지 설명해 보려 한다.

1. 강세장에서는 주도주를 투자

강세장에서는 대부분 투자자가 수익을 보게 된다. 하지만 강세장의 경우 개개인의 투자 실력보다는 시장의 동반 상승세에 기인하여 수익이 나는 것이다. 그러므로 상승장에서의 수익에 우쭐하지 않고 추세를 이탈하는 경우 이익을 실현하고, 하락장내지는 횡보장에서는 투자의 관성, 미련, 욕심 등을 버리고 주식보유를 최소화하거나 보유하지 않고 적절한 매매타이밍을 찾는 것이 바람직한 투자 자세인 것이다. 그리고 횡보장에서는 지지선에서 매수하고 저항선에서 매도하는 기술적인 매매를 해야 수익률을 올릴 수 있으나 상승하는 주식을 매도하고 하락하는 주식을 매수하는 것은 인간의 본성과 배치되는 면이 있어 실제에서는 실천하기 어려운 매매행태라고 할 수 있다.

[강세장의 수익률]

시 장	KOSPI	KOSDAQ
17년 시장수익률	+21%	+26.44%
대형주	+24%	+46.76%
중형주	+9.79%	+11.59%
소형주	−1.01%	−4.94%

위의 표는 최근 가장 강하게 움직였던 17년 강세장의 수익률이다. 코스피시장이 한 해만 21%의 상승을 보였다. 그리고 어떤 종목을 투자해도 시장수익률만큼의 수익률을 얻을 수 있을 것으로 생각할 수도 있으나, 이는 중·대형주의 경우였다. 만일 강세장에서 소형주를 매수한 투자자들은 주가가 하락할 수밖에 없는 상황이었다.

결론적으로 강세장에서는 지수와 동반하여 움직이는 주도주를 매수해야 수익률을 높일 수 있으므로 강세장에서 소형주나 저평가주를 매수하여서는 시장에서 소외될 수도 있다는 사실을 알아야 한다.

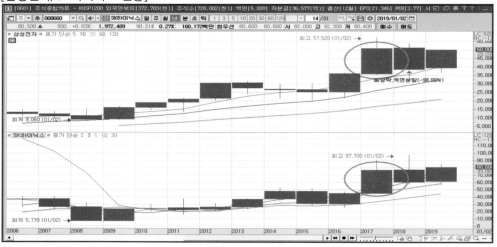

[삼성전자/SK하이닉스 연봉]

　2017년 강세장에서 시장을 주도한 종목은 IT대형주인 삼성전자, SK하이닉스가 시장을 주도하였다. 두 종목의 코스피시장 시가총액 비중은 코스피 전체의 30%를 넘어 주식시장의 상승에 큰 영향을 끼친 종목들이다. 코스피 시장수익률은 21%이지만 두 종목의 상승률은 삼성전자 +41.4%, SK하이닉스 +71.14% 수익률로 주가지수를 상회하였다.

　이는 시장의 제한된 투자자금이 모든 종목에 순환되지 않고 보다 집중적으로 주도주 위주의 상승을 보였다는 점이다. 그러므로 강세장의 시장에서 수급이 좋지 않거나 소외된 섹터의 산업에 관련 종목을 매수해서는 지수 상승기에도 저조한 수익률을 보이거나 손실을 볼 수 있는 위험이 있는 것이다. 앞으로의 강세장에서도 시장의 주도주를 파악하여 매수해야 수익률을 높일 수 있는 것이다. 이때 저평가되었다고 소외주나 소형주를 매수하는 실수를 하지 말아야 한다.

　다음 그림은 2017년 코스닥 시장의 연봉으로 코스피 시장과 같은 강세장의 흐름을 보이고 있다. 코스닥 시장은 코스피와 달리 다양한 업종별 흐름이 순환매되면서 상승을 보였다. 바이오, 2차전지, IT전자 등 다양한 업종이 상승하였지만 시가총액 상위종목들로 매수세가 집중되었다. 즉 코스닥시장이 +26.44% 상승하는 동안 코스닥 대형주의 상승률은 +46.76% 중형주는 +11.59% 소형주는 −4.94%를 기록하였다는 점에서 강세장에서는 코스피와 같은 매매행태를 가져야 할 것이다.

　코스닥 시장의 지수가 상승하였을 때 가장 많이 상승한 종목들을 나열해 보면 셀트리온제약(바이오), 일진머트리얼즈(2차전지), 테스(반도체장비) 등 시가총액이 큰 종목들이었다. 2017년 코스닥시장은 강세장이었지만, 어떤 종목을 선택하였는지에 따라 수익률을 천차만별이었음을 알 수 있다. 그러므로 개인투자자들은 강세장에서는 시장의 유행(패션)을 파악하고 소외되지 않는 투자를 해야 할 것이다.

특히 강세장에서는 시총이 큰 기업들 중 실적이 좋아지는 산업에 속해있는 종목을 선택해야 한다. 2017년 시장에서는 코스피에서는 IT대형주, 코스닥에서는 바이오, 2차전지, IT전자 등이었다.

[코스닥시장] – 17년 년봉

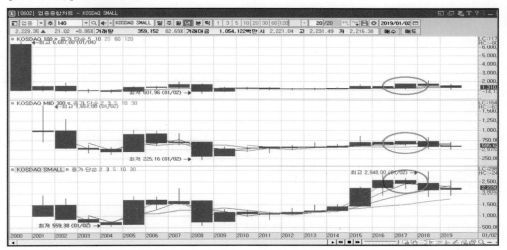

2. 강보합장에서는 시장별 종목수익률에 반응하여 투자

[보합장]

시장	KOSPI – 강보합장	KOSDAQ – 강세장
15년 시장수익률	+2.39%	+25.67%
대형주	−0.86%	+21.94%
중형주	+21.1%	+16.92%
소형주	+20.11%	+57.37%

주식시장은 다양한 사례로 넘쳐나는데, 이러한 다양한 사례를 이 책을 통하여 간접경험하고 다시 이런 상황이 닥쳤을 때 현명한 투자 자세를 가져야 할 것이다. 앞의 2017년 사례의 코스피시장은 대형주들의 상승세가 컸으나 위의 표에서 제시하는 2015년 사례의 강보합시장에서는 중형주와 소형주의 상승률이 더 높았음을 알 수 있다. 즉 2015년 보합장의 코스피의 시장수익률은 +2.39%의 강보합 정도 수준이지만, 코스닥은 +25.67%의 상승률을 기록했다. 2015년의 수급은 코스피의 대형주를 제외한 중·소형주로 몰렸다고 볼 수 있다. 2015년에

는 코스피의 대형주에 투자했다면 높은 수익을 내기 힘들었을 것이다. 이렇듯 시장의 흐름이나 유행을 무시한 채 투자를 하는 것은 수익률이 단지 운(運)에 좌우되는 결과를 보게 되는 것이다. 그러므로 주식투자는 항상 시장의 수급과 흐름에 민감하게 반응하여야 할 것이다.

[코스피 연봉차트]

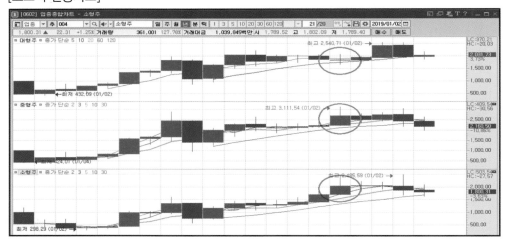

[코스닥 연봉차트]

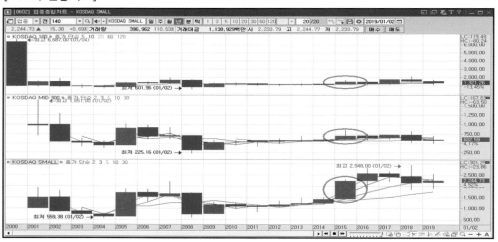

2015년 가장 많이 상승한 업종 중의 하나가 바로 제약업종이었다. 한미약품이 2015년 1년 동안 엄청난 규모의 기술수출 계약체결 소식이 전해지면서 주가가 크게 상승하였다. 이를 시작으로 코스피와 코스닥에 상장되어있는 중소형 제약업종으로 매수세가 확산하였다. 당시 한미약품은 사노피사와 약 4조 8000억에 당뇨병 치료제를 기술수출하는 초대형계약을 체결하였다. 비록 현재 한미약품의 2015년 계약의 규모가 축소되고 취소되어 주가도 상당 부분 하락을 했지만, 그 당시만 해도 이 계약이 계기가 되어 바이오 열풍이 불어 중·소형주의 약진이 있었다고 할 수 있다.

위의 차트에서 한미약품 +627%, 셀트리온 +123%, 대화제약 +427%의 상승률을 기록한 사실을 알 수 있다. 2015년 코스닥의 바이오업종에 투자하지 않았다면 시장상승률에 따르는 계좌수익률을 기록하기 힘들었다. 시장의 흐름에 편승하여 투자하는 것이 얼마나 중요한지 알 수 있는 사례라고 할 수 있다. 그러므로 시장이 지금 어떤 상태[상승장, 보합장(횡보장), 하락장]인지를 파악하는 동시에 어떤 업종이 상승기의 시장을 주도하는지도 알아내는 것이 시장수익률을 얻는 필수 요소임을 알 수 있는 것이다.

[바이오 연봉차트] – 한미약품(코스피), 셀트리온(코스닥), 대화제약(코스닥)

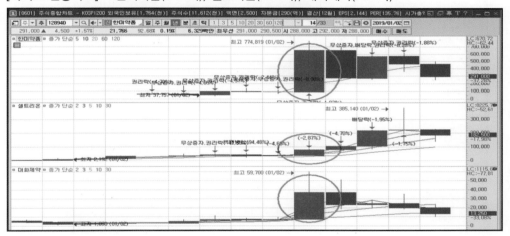

3. 보합장에서의 수익률

[보합장]

시 장	KOSPI 보합장	KOSDAQ 보합장
13년 시장수익률	+0.72%	+0.74%
대형주	+0.23%	−0.42%
중형주	+3.51%	−0.54%
소형주	+8.07%	+4.85%

이번 사례는 양 시장 모두 강보합권으로 1년을 마감한 상황을 설명해 보도록 하겠다. 코스닥시장이 코스피시장보다 +0.02% 더 수익률이 높았다. 전체 수익률은 미미했으나 양 시장 모두 소형주 시장의 수익률은 높았다는 점이 특징적이다.

2011~2014년까지 주식시장 자체가 큰 변동 없이 횡보하였다. 이 기간은 전체 수익률은 미미했다는 점에서 대형주가 상승하지 못했을 것이라고 유추해 볼 수 있다. 보통 주가지수가 상승추세이면 시총이 큰 대형주가 많이 오르기 때문이다. 위의 표로 알 수 있는 것은 시장이 보합장일지라도 시장의 일정 종목은 상승세를 보였다는 점이다. 이것은 외국인과 기관이 소극적인 투자행태를 보이는 기간일지라도 개인투자자들이 주가를 움직일 수 있는 작은 시총을 가진 소형주는 상승세를 이어갈 수 있었다는 것이다. 그러므로 시장이 보합세를 보일 때에도 시장의 흐름을 파악하여 적절한 수익률을 이어나갈 수 있다는 것을 보여준다.

[코스피 연봉]

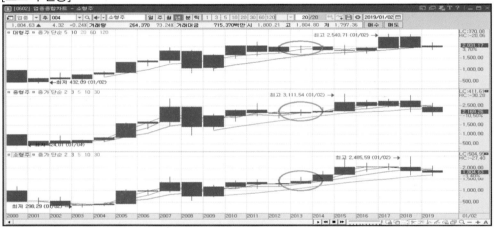

[코스닥 연봉]

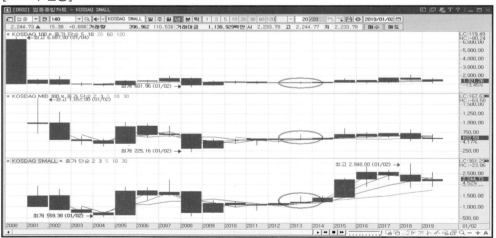

시장이 약세장이나 보합장의 양상을 보일 때에는 테마주들이 강세를 보인다. 왜냐하면, 시장에서는 변동성을 일으켜 수익을 올려야 하는 주체가 있으며 그들은 이슈나 정책 혹은 사회 경향이 될 수 있는 종목을 목표로, 단기적인 수익을 볼 수 있는 창구의 기능을 하는 종목을 중심으로 이익을 얻게 된다. 이런 점에서 2013년은 사물인터넷 관련 이슈가 세계적으로 진행되면서 관련 테마주에 관련된 종목의 주가 상승이 몇 년간 계속되었다. 당시 차트를 보면 스맥 +30.55%, 어보브반도체 +102.53%, TPC +265.95%라는 엄청난 수익률을 기록한 해가 되었다.

[사물인터넷 연봉차트 - 스맥, 어보브반도체, TPC(코스닥 시장)]

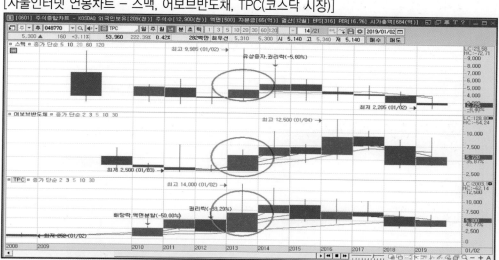

3. 약세장에서의 수익률

[약세장]

약세시장	KOSPI	KOSDAQ
18년 시장수익률	−17.28%	−15.38%
대형주	−19.03%	−17.51%
중형주	−11.38%	−20.05%
소형주	−8.13%	−11.81%

주식투자에 있어서 5년간 잘 투자하여 수익을 얻었더라도 한 번 잘못해서 그동안 벌어두었던 수익을 한꺼번에 날린 투자자들이 주변에 많이 있다. 그래서 손실 없이 수익을 계속해서 챙기는 데 필요한 것이 바로 약세장에서의 대응이다.

시장의 흐름을 보지 않고 투자에만 몰두하는 투자자들은 약세장에서의 수익을 볼 수 없다. 약세장에서는 거의 모든 종목이 하락하기 때문이다. 그러므로 약세장에서는 30% 이하로 비중을 줄이거나 주식을 보유하지 않는 것이 가장 좋은 전략이다.

파생시장의 풋옵션, 선물매도, 공매도 등 다양한 투자방법을 활용하는 기관이나 외국인 투자자들은 주가 하락에서도 큰 손해를 회피할 수 있으나 개인투자자들은 자금의 부족이나 정책적 제한, 기술적 투자의 어려움 등으로 이런 수단을 활용하는 것이 어렵다. 그러므로 약세장에서는 수익을 내기가 정말 어려우므로 차라리 쉬는 것이 2보 전진을 위한 1보 후퇴가 될 수 있다.

2018년 세계 증시가 한차례 하락이 크게 나온 것은 미국과 중국의 무역분쟁으로 인한 글로벌 경기 부진의 우려 때문이었다. 이때 코스피는 −17.28%, 코스닥은 −15.38%를 기록했다. 시장이 −10% 이상 하락을 했다는 것은 대형주가 많이 하락해야 만들어 낼 수 있는 수치였다. 거기에 다른 중·소형주들의 하락은 더 컸다.

[코스피 연봉]

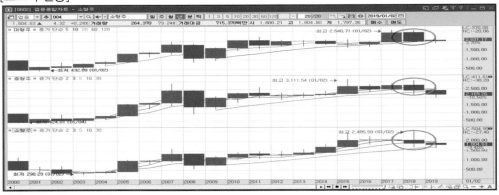

[코스닥 연봉]

4. 급락장의 대응

(1) 전염병 코로나로 인한 시장급락

주식시장이 상승 할 때는 마음의 여유가 있어 정신적 스트레스는 별로 없으나, 하락률이 높을 때는 손실로 인한 불안함과 불행감은 더욱 커진다. 시장이 하향추세에도 주식을 100% 보유한다면 손실이 커져 후에 상승추세로 돌아선 경우에도 손실이 회복되기 어렵거나 오랫동안 기다려야 회복이 되는 상황이 벌어진다.

다음은 코로나 사태로 인한 시장급락을 다루어 보고자 한다. 코스피 시장을 중심으로 설명하지만 코스닥 시장도 대동소이하다고 생각하면 된다.

[코스피] – 일봉(전염병 코로나로 인한 시장 급락)

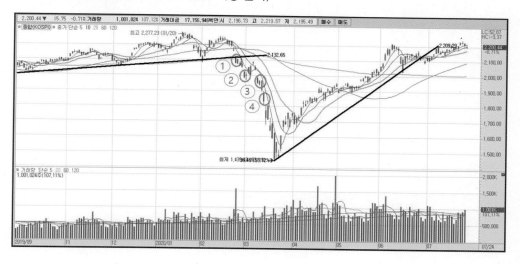

2020년 2월 코로나로 인한 경기침체의 우려로 추세지지선을 이탈하는 아래 그림의 "①"의 하락이 있었다. 이 때는 손절하는 것이 옳다. 하지만, 이미 손실이 난 상태인 개인의 심리는 손실을 현실화하는 것이 쉽지 않다. 만일 "①"의 지점에서 손절을 못한 경우에도 가격지지선을 이탈한 "②~③"의 시점에서라도 손절 해야 한다. 이 시점의 매도는 더 많은 손실을 절약하는 손절인 것이다. 일단 추세지지점을 이탈했고, 가격을 갭으로 하락시켰기 때문이다. 거래량을 동반한 갭하락은 개인투자자에게 많이 떨어진 주가의 매수 유인과 동시에 기존 투자자에게 매도를 하지 못하게 하는 신호이다. 그러므로 매도를 해야 하는 타이밍인 것이다. 이 때 속된 말로 고수는 ①~②의 단계에서 손절을 했을 것이다. 하지만 많은 개인투자자는 손절을 하지 못하고 상승을 고대하기 쉽다.

코로나가 메르스나 사스처럼 단기간에 끝날 것이라고 생각할지라도 이 때는 매도해서 현금화하는 것이 현명한 것이다. 그리고 이후 시세의 추이를 지켜봐야 한다. 이 때 성급하게 재매수하는 오류를 범하지 말아야 한다. 하락추세가 상승이나 횡보추세로 변하는 것을 "확인"되지 않는 이상은 재매수를 하면 안 된다. 이 때 "①. ②"단계의 매도 후 "③. ④"의 단계에서도 재매수의 버튼을 클릭하지 않고 관망한 사람은 주식의 고수가 될 자질이 있는 것이다. 위에서 언급한 매도 타이밍에서 매도하고 상승추세로 확인이 되는 시점에 재매수하였다면 지난 손실을 빠르게 만회하고 수익을 확인하고 있었을 것이다.

위에서 설명한 내용을 과연 실천할 수 있는 사람이 개인투자자 중에 몇 %가 있을까? 아마도 적은 비율일 것이다. 이처럼 주식투자에서 중요한 점은 투자지식보다 투자심리일 것이다. 매도할 타이밍을 알고 있다고 하더라도 "클릭"을 실행할 수 있는 결단과, 관망할 수 있는 "인내력" 없이는 주식시장에서 수익을 얻기 힘들 것이다.

물론 급락장에서도 시간에 기대어 기다릴 수 있는 사람은 손실을 회복할 수 있을 것이다. 그래서 주식자금은 시간에 기댈 수 있는 여윳돈으로 하라는 말이 있는 것이지만, 쪼그라든 원금의 회복은 하락폭보다 더 많은 상승폭을 기다려야 하는 고통의 시간을 가져다 주는 것이다. 추세지지선에서 이탈했을 때 매도하고 상승추세를 확인하고 재매수한 사람은 급락장이 위기가 아니라 기회가 되었을 것이다.

(2) 서브프라임 모기지 사태로 인한 급락

다음 그림은 서브프라임 모기지 사태로 인한 2008~2009년 동안 시장의 하락에 대한 것이다. ①~② 구간은 하락추세이다. 하락추세는 고점과 저점이 낮아지는 구간이다. 이 기간 동안은 손절매나 익절해야 하는 구간이다. 손실을 보는 사람들은 매도가 빠르면 빠를 수록 좋았을 것이다. 그리고 하락구간에서 쉽게 재매수를 하지 말고 기다리는 인내력을 요한다. 왜냐하면 하락추세는 관성의 법칙으로 하락이 계속 이어지고 상승추세의 변경은 오랜 시간이 필요하기 때문이다.

하락추세가 거의 10개월 동안 이어졌다. 이 기간은 주식투자를 쉬는 것이 좋다. 물론 이 기간에도 짧은 반등을 이용하여 수익을 얻는 전문투자자가 있다. 이러한 사람들은 전업투자자로서 단기투자자나 소위 말하는 5%의 투자자일 것이다. 즉 오랫동안 전업투자자로서 하락장에서도 수익을 얻을 수 있는 방법을 익힌 사람들일 것이다. 하지만 직장인이나 자영업을 하는 일반투자자는 이 기간 동안은 관망을 하는 것이 가장 좋은 투자자세이다. 투자를 다시 시작하려면 ③~④ 구간에서 주식투자를 하는 것이 좋다.

만일 ① 구간에서 ⑤ 구간까지 주식투자를 계속한 사람은 결국 회복될 주가지만, 오랫 동안의 스트레스와 무용한 시간만 보낼 확률이 높다.

이렇듯 금융시스템의 붕괴와 같은 서브프라임 모기지 사태나 장기간 경기에 영향을 주는 코로나 사태와 같은 시기에는 빠른 손절 그리고 추세 변경 시에 다시 재매수를 해야 한다는 교훈을 잊지 말아야 할 것이다.

[코스피] – 미국의 서브프라임 모기지 사태로 인한 급락

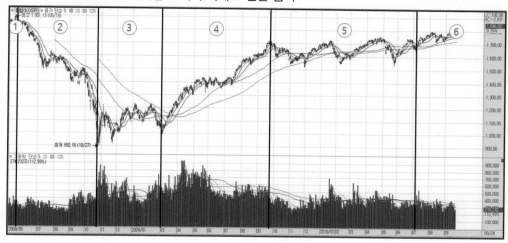

18~19년 대박주 유형

01 실적, 수급, 차트, 이슈 4박자

이번 장은 시장에서 이미 많이 상승한 종목들의 급등 사례들을 확인하면서, 앞으로 주식투자를 하는 데 있어서 이런 공통적인 특성을 보인 종목들을 찾을 수 있는 기회를 얻기 위함이다. 고기도 먹어본 사람이 고기를 잘 먹을 확률이 높듯이 수익도 많이 내본 투자자들이 지속해서 수익을 내기 마련이다. 앞으로 실적이 급증할 수 있는 여건의 종목을 찾아내는 것이 급등주를 찾는 제일 좋은 방법이지만 대게 급등하는 할 타이밍을 보면, 시장의 이슈와 여러 조건이 더해지면서 큰 상승을 하였다. 유명한 음식점에 번호표를 뽑고 사람들이 기다리듯이, 주식은 매수하려는 사람이 한꺼번에 그 종목에 몰리면 주가는 수요와 공급의 법칙에 따라 급등을 하기 마련이다(매수세가 강해지면 급등). 반면에 매도하려는 사람이 많아지면 당연히 주가는 하락하기 마련이다(매도세가 강해지면 급락).

결론적으로 내가 보유한 주식이 투자자들에게서 어떤 이유에서든 인기가 많아져야 한다는 것이다. 이 파트는 급등주들이 어떻게 상승을 했는지를 정형화된 틀을 통해서 찾아보기 위해, 기업을 다양하게 분석을 해보았으니 앞으로 투자를 하는 데 있어서 꼭 실천해 보도록 하자.

주식투자를 하는 데 있어서 일정 종목이 상승했던 요인들로 실적, 수급, 차트, 이슈의 4가지를 들 수 있다.

1. 실 적

가장 먼저 살펴봐야 하는 부분은 기업이 가진 본질적인 가치인 실적이다. 실적이 좋지 않은 상황에서 이슈나 테마로 엮여서 상승하는 경우에는 90% 이상 종목들이 단기적인 수급이 소멸하면 결국 상승했던 초창기 시점보다 더 많이 하락하는 경우가 많으므로 실적은 가장 중요하다고 볼 수 있다. 물론 실적이 좋으나, 시장에서 인기가 없어서 지지부진한 경우에도 많지만 결국 기업의 가치에 주가가 수렴한다는 점에서 실적이 주가상승의 가장 중요한 요소라고 볼 수 있다.

2. 이 슈

두 번째는 이슈로서 가장 높은 확률로 주가를 올리는 요소가 된다. 기업의 실적이나 가치에 잘 반응하지 않더라도 사회적인 이슈나, 트렌드에 따라서 주가가 쉽게 반응하여 상승하기도 한다. 최근 돼지 열병으로 인한 대체육 상품과 대체재 관련 상품들의 상승과 일본의 무역규제로 인한 정부의 소재부품 지원 정책 이슈, 2019년 남북정상회담을 바탕으로 한 남북경협주들의 급등 등과 같은 단기간의 이슈가 연결되면서 주가의 상승을 만들어 냈다. 시장이 지지부진 할수록 소위 세력이라는 투자자들은 수익을 낼 수 있는 테마주를 만들어 시장의 인기주를 만들어 낸다는 점을 파악해야 한다.

3. 수 급

중소형 종목일 경우 적은 거래대금으로 주가를 부양하는 경우가 많다. 그만큼 종목의 시총에 따라 매수 주체를 파악하는 것이 중요하다. 시총이 적은 종목은 외국인이나 기관이 아닌 주체들이 주가를 올릴 수 있기 때문이다. 그리고 세력들이 단기적인 이슈를 보고 매수하는 건지, 기업 자체의 사업 실적을 보고 중·장기 포지션으로 매수를 하는지를 파악하는 것이 필요하다. 주가 바닥권에서는 외국인과 연기금이 매수하는 경향이 있고, 어느 정도 상승이 이어지면 사모투자, 투신, 금융투자 등이 매수하는 경향이 많은 것이 특징이다. 만일 시장이 대세 상승장이라면 중·소형주보다는 대형주를 매수하면서 지수를 부양하는 경우가 많으므로 시장의 양상에 따라 투자포지션을 취해야 할 것이다.

4. 차 트

앞으로 차트에 대한 기술적이 분석을 자세하게 다루겠지만 개인, 기관, 외국인 투자자들이 모두 직·간접적으로 가장 손쉽게 볼 수 있는 투자지표가 바로 차트이다.

1. 인텔리안테크[(189300) - 코스닥(전기 · 전자업종)]

(1) 기업 소개

대표이사	성상엽	상장시장	코스닥시장
설립일	2004/02/05	자본금	38억
상장일	2016/10/18	주요매출	위성/해상 안테나 등
업 종	전기 · 전자	주소지	경기도 평택

회사소개	• 위성통신 안테나 제조하는 업체로 국내 유일
	• 육상에서보다 해상에서 이용하는 위성통신 안테나업체
	   – 매출의 94%가 수출을 기반으로 움직이며 연구개발투자를 연 11% 진
	     행 중이며 해외인력 다수
	• 5G 인프라 확대와 위성통신 인터넷 사용 요구의 확대 기대		

주주명	주권의 수	지분율
성상엽 외 7인	2,823,108	38.65%
자사주	208,601	2.77%
우리사주	195,585	2.59%
기타 주주	367,606	4.87%
유통주식 수	3,946,100	52.33%

(2) 강세종목의 필수요소

실적(5/3점)
- 국내 뿐만 아니라 글로벌 수요증가
- 크루저 선박/에너지선박 매출업

이슈(5/4점)
- 5G 인프라 확대로 관심 집중
- 위성통신의 대체상품

인텔리안테크

수급(5/2점)
- 시가총액 1,000억 내외
- 메이저 수급이 부족함

차트(5/3점)
- 신규상장주로 바닥확인
- 박스권 돌파 이후 추세 상승

❖ **기업의 현재 사업 및 투자 포인트 관련**(18년 10월 30일 업데이트)

기존 위성통신 사업인 대형선박, 크루즈, 에너지 선박의 해상 데이터 위성통신의 빠른 성장세가 기대되고 있다. 또한 현재 초고속데이터 사용에 따른 수요가 계속 증가하고 있는 상태이다.

❖ 대형선박 관련

대형선박에서 VSAT 안테나 장착률은 18%에 불가하다. 그리고 향후의 교체수요는 물론 신규수요의 증가가 기대되고 있다.

크루즈 선박과 관련(탑승 인원 4000~7000명)하여 육상과 같은 속도의 빠른 인터넷 서비스에 대한 수요가 증가 중이다. 크루즈에 들어가는 대형·고가의 장비가 3~5대 장착된다는 점에서 앞으로의 수요가 증가할 수 있으며, 크루즈 선박(세계 시장점유율 1위) 업체인 카니발사와 단일 계약자 공급 중이다.

에너지 선박과 관련해서는 세계의 경기 호전으로 본격적인 석유개발에 있어서 동사의 안테나에 대한 수주가 활발해 지고 있다. 앞으로 유가 상승추세가 진행된다면 SOC 사업에 대한 투자의 활성화가 기대되는 상황이다. 그리고 VSAT 장착률이 17년 13.9%로 꾸준히 증가하고 있었다.

❖ 추가 위성통신 사업(선박 IoT / Smart Ship)

선박 IoT / Smart Ship을 통하여 선박회사의 가장 중요한 부분인 연료절감을 통한 효율극대화 전략에 필요한 기기를 공급하고 있다. 그리고 데이터를 이용해서 최적항로 운항과 선원들의 복리후생에 지원될 수 있다.

그리고 육상 본사와의 통신을 위한 업무의 효율화를 지속할 수 있다. 또한 Smart Ship 사업을 위해 현대중공업, 인말샛(국제해사위성기구)과 손을 잡고 해상통신 솔루션 개발에 나서고 있다.

❖ KA-BAND(초고속데이터 통신용 제품)

글로벌 신규 통신사업자들이 진출하면서 연관된 매출이 증가하고 있다. 하지만 위성을 발사해서 서비스망 사업에 필요한 동사의 인프라 구축망이 필요하다.

❖ 추가적인 기대 사업 관련

공공특수 관련해서 이미 판매했던 부품의 해군, 해경의 사용이 확대되고 있으며, 미국 우주해군 시스템에 특수안테나의 공급을 개시하였다.

운행 모션과 공간의 제한성으로 미국 항공사들 중심으로 IFC(항공용안테나)를 통한 인터넷 서비스의 장착을 진행 중에 있다.

* 동사는 메이저 위성 통신사업자와 협력 중이며 인증 완료되는 기간은 2020년 정도를 예상하고 있다. 그리고 개인제트기, 여객기 중심으로 현재 위성데이터 사업이 진행 가능하다는 점에서 앞으로의 수요가 기대되고 있다.

❖ 5G사업에 대한 대체재 역할 기대

　최근 세계적 기업들이 위성 통신망사업에 본격 진출 중에 있다. 현재 선진국의 18.7%, 개발도상국의 65.9% 등의 인터넷 미사용자의 수가 40억 명에 이르고 있다. 5G 시대가 도래되고 있지만, 지역에 대한 한계성으로 구축 인프라 비용이 부담되는 상황이다. 저궤도 위성을 이용해서 위성통신이 대안으로 자리매김 중인데, 인공위성 발사 비용 및 운용비용이 줄어들고 있다는 점과 글로벌 동사 파트너들의 위성 발사계획이 계속 진행 중에 있다는 점에서 긍정적이다.

(3) 실적과 적정가치

결산 12월	2016	2017	2018
시가총액	1,225억	1,093억	995억
주 가	16,250원	14,500원	13,200원
영업이익률	9.49	8.39	9.38
PER	15.75	30.58	10.32

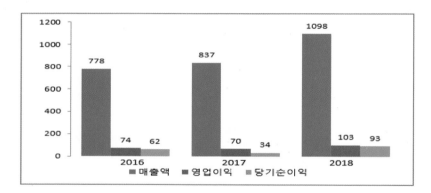

❖ 실적 분석

　18년 상반기 17년 대비 꾸준히 매출이 증가하고 있다[VSAT(위성 기지국) 선박들의 매출이 꾸준하고 늘고 있음]. 그리고 위성통신안테나 부문의 매출이 +127% 증가하고 있다는 점은 고무적인 현상이었다. 앞으로 세계 최초로 개발한 크루즈선 대형 안테나의 매출 증가에 대한 기대감이 형성된 상태이다.

❖ 적정가치 분석

　PER 기준으로 분석을 해보면 성장성이 높을수록 업종 PER는 높아지는 것이 일반적이다. 동사는 코스닥 전기 · 전자에 포함되어 있지만 5G 연계성으로 성장성이 높을 수 있다.

- 18년 기준으로 주당순이익 1,233원(EPS = 당기순이익 93억 / 주식수 7,541,000주)
- 18년 12월 30일 기준 13,200원으로 PER는 10.7배(= 13,200원 / 1,233원)이다.
- 업종 평균 PER 20배 기준 목표가 24,660원, 30배 기준 목표가 36,990원이다.
- PBR은 18년 기준 주당순자산가치(BPS) 9,547원(= 자본총계 720억 / 7,541,000주)
- 2018년 PBR 1.38배(= 13,200원 / 9,547원)로 자산가치는 적정수준이나 성장기업으로 PBR이 높은 편이다.

[인텔리안테크] – 월봉

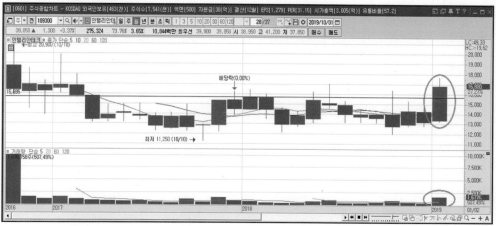

16년 10월 18일 동사는 코스닥 시장에 상장되었다. 상장된 첫날 종가는 16,400원으로 공모가를 달성하였다. 공모가 달성 여부는 신규 상장종목의 중요한 투자 포인트가 될 수 있다. 차트의 흐름을 보더라도 하방 경직이 만들어진 상태로 그동안의 저항선인 16,000원을 돌파한 시점으로 의미가 있다.

[인텔리안테크] – 일봉

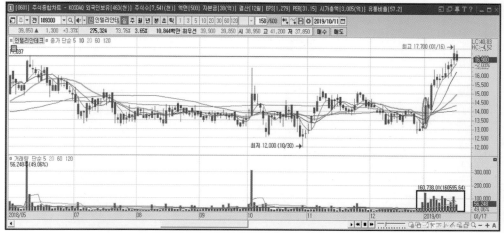

동사의 차트 항목 중에서 거래량을 보면 앞으로의 의미있는 흐름을 예측할 수 있다. 19년 1월 이전의 거래량은 평균 5만주 이하인 경우가 대부분이었다. 하지만 19년 1월 4일의 수급의 현황을 보면 투자신탁이 대량으로 매수를 하기 시작하였다. 차트의 흐름을 예측하려면 거래량을 통해서 가능하다. 거래량은 인위적으로 조작하기 힘든 지표이기 때문에 이를 통해 미래의 주가를 예측할 수 있다. 즉, 인텔리안테크의 18년 연말부터 19년 연초의 거래량을 보면 앞으로의 주가가 변동성을 보일 것을 알 수 있다.

[인텔리안테크 일봉]

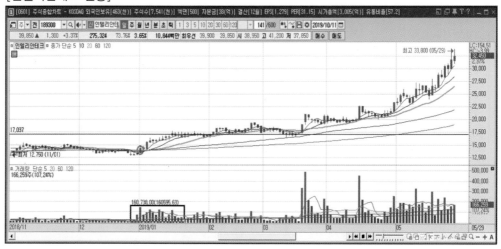

[인텔리안테크] – 수급

(4) 투자포인트

❖ 지속적인 성장의 중요성

지속적으로 실적이 증가할 수 있는가가 중요하다. 이 회사의 실적증대의 요인은 대형선박 VSAT 안테나 보급률 18% 에 불과하고 수익성 높은 크루즈선에서 본 부품을 도입 중에 있다는 점이다. 그리고 세계적 기업들이 위성통신 발사로 인한 동사 안테나 수요가 확대되어 앞으로의 성장성이 기대되고 있다.

❖ 시장 이슈와의 연결성과 수급

5G 인프라 확장으로 인한 위성통신에 대한 수요가 증가될 가능성이 많다. 그리고 글로벌 인터넷 보급률에 있어서 개발도상국이 아직 50% 밖에 되지 않는 것은 앞으로도 수요를 긍정적으로 보는 요인이라고 할 수 있다. 메이저 수급이 계속해서 유입되는지를 파악해야 한다. 5G가 상용화되는 19년 초부터 기관인 투신의 매수세가 유입되었다는 점이 주가 상승의 포인트였다.

2. 네패스[(033640) - 코스닥(전기 · 전자업종)]

(1) 기업 소개

대표이사	이병구	상장시장	코스닥시장
설립일	1990년 12월 27일	자본금	116억
상장일	1999년 12월 14일	주요매출	반도체 제조 등
업 종	반도체	주소지	충북 음성군
회사소개	• 메모리 반도체의 실적이 부진하나 비메모리 쪽 매출이 증대 중이다. - 자회사 네패스신소재 매각과 네패스 디스플레이의 사업재편 - 인공지능 반도체 '뉴로모픽'의 본격 판매에 대한 기대 • 4차 산업혁명 확대로 비메모리 반도체 개화 가능성이 이슈		

주주명	주권의 수	지분율
이병구 외 6인	5,959,907	25.84%
유통주식 수	17,099,295	64.16%

(2) 강세 종목의 필수 요소

실적(5/4점)	이슈(5/4점)
- 적자사업정리로 인한 수혜 - 비용감소와 실적 상승 전환	- 비매모리반도체 증가 기대 - 삼성전자의 비메모리 파트 투자

네패스

수급(5/3점)	차트(5/3점)
- 시가총액 2,000억 내외 - 기관·외국인 소폭 매수 진행 중	- 양호한 바닥 확인 이후 강세 추세 - 전 고점 돌파 이후 추세 상승

❖ 반도체 사업 관련

2019년 메모리 반도체 부진이 예상이 되어 현상유지를 목표로 하여 사업을 진행하고 있다. 동사는 비메모리 반도체가 중심으로 자율주행차에 대한 물량증가로 외형이 커지는 계기가 될 것이다. 앞으로 NXP 반도체 팬아웃 패키징 물량 2배 증설로 인한 이익률 증가가 기대된다.

비메모리 시장은 메모리 시장대비 3배 이상으로 앞으로 4차 산업혁명으로 비메모리 반도체에 대한 수요가 커질 것으로 예상되어 투자에 박차를 가하는 단계이다. 범핑 기반 반도체 후공정 사업은 비메모리 장비의 핵심공정으로 관련 국내업체가 전혀 없는 상황이다.

인공지능 반도체인 뉴로모픽은 현재 상용화 제품 출시 중이나 규모는 미미한 수준이다. 그리고 신규 디바이스[VR(가상현실), AR(증강현실), AI(인공지능), 5G폰] 등에 탑재되는 칩으로 인한 비메모리 칩에 대한 수요가 급증할 수 있다는 점에서 기대감이 형성되어 있다.

❖ 전자재료 부문

자회사 '네패스신소재'를 '키스톤PE'에 매각한 228억의 매각대금으로 재무구조가 안정되었고 현금성 자산을 확보하여 추가적인 투자를 할 수 있는 여력을 마련하였다.

❖ 디스플레이 부문

사업재편을 통해서 그동안 적자를 기록하였던 부분을 구조조정하여 비용을 축소하였다. 그리고 자회사의 네패스 디스플레이 2차전지 리드탭 사업을 본격적으로 진행하면서 손실을 축소하고 있다. 2019년 이후 흑자전환을 기대하며,

네패스 디스플레이 부정적 시각은 거의 마무리될 것으로 예상된다.

❖ 기타 등등

- 네패스 LED 등 소규모 자회사들은 비용적 측면의 부담은 없으나 선택과 집중으로 규모를 축소하고 있다.
- 중국 장수 네패스 증설로 인해서 매출이 증가 중이며, 지분법 연결에 따른 손실이 지속적으로 감소할 수 있다.
- 국내 기관 상대로 지속적인 IR, NDR을 지속해서 진행할 예정이다.
- 삼성전자가 국내 비메모리 반도체에 대한 투자를 대대적으로 하고 있다는 점이 가장 눈여겨 보아야 할 사항이다.

(3) 실적과 적정가치

결산 12월	2016	2017	2018
시가총액	1,909억	2,179억	2,262억
주 가	8,280원	9,450원	9,810원
영업이익률	3.24	6.77	8.04
PER	9.8	31.29	8.97

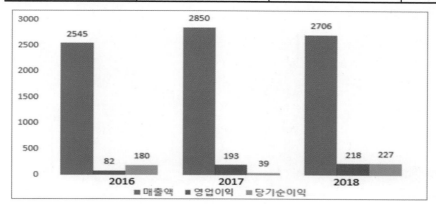

❖ 실적 분석

2019년 들어 5G를 통한 인프라 확대로 인해서 비메모리 반도체 수요가 급증할 수 있는 분위기가 형성되고 있다. 그리고 NXP 자동차용 반도체 수요의 급증으로 인한 동사의 수혜가 여전히 이어질 수 있다는 점이 긍정적인 요인이다.

네패스신소재의 지분정리와 네패스디스플레이, 네패스LED의 구조를 축소하여 비용이 축소되는 등 그동안 적자 및 부진했던 사업들을 정리하고 선택과 집중을 하고 있다는 점이 미래를 밝게 해주고 있다.

인공지능 반도체인 뉴로모픽에 대한 본격적인 상용화가 진행될 경우 최대의 수혜주로 기대해 볼만 하다.

❖ 적정가치 분석

• PER는 업종의 성장성이 높을수록 업종 평균 PER가 높아지는 것이 일반적으로 동사는 코스닥의 반도체업종에 포함되어 있고 4차 산업혁명에 의해 비메모리 반도체의 수혜종목이다. 2018년 기준으로 주당순이익(EPS) 984원(EPS = 당기순이익 227억 / 주식 수 23,059,000주), 2018년 12월 28일 기준 주가는 9,810원(PER 9.9배 = 9,810원 / 984원)이었다. 업종 평균 PER 20배 기준 목표가 19,700원, 30배 기준 목표가 29,520원 이었다.

• PBR은 18년 기준 주당순자산가치(BPS) 6,114원(BPS = 자본총계 1,410억 / 주식수)이고, 2018년 PBR은 1.6배(9,810원 / 6,114원)로 자산가치 역시 1배 이상 높으나 성장성대비 PBR은 저렴한 편이다.

[네패스] – 월봉

월봉차트를 보시면 2018년의 고점인 15,000원의 저항선을 돌파하는 지가 중요한 시점이었다. 왜냐하면, 이 고점을 갱신하는 경우 단기적인 수급의 손바꿈이 일어나고 매물벽을 극복해낼 수 있기 때문이다. 2018년 결산 실적으로만 보아도 가격 측면에서 충분히 매력이 있었으므로 미리 선취매를 하도 괜찮은 매수타이밍이었다. 하지만 고점을 돌파할 때 매수하는 것이 확실한 매수 시점이 될 수 있었다.

[네패스] – 주봉

    주봉으로 보았을 경우 2017~2018년 박스권 흐름을 보였던 8,000~12,000 원을 돌파하는지가 중요한 시점이었다. 물론 18년에 잠시 17,000원을 돌파하여 상승하였지만, 시장의 하락이 나오면서 다시 바닥권에서 쌍바닥의 흐름을 만든 후 11,000원 후반에서 2019년 1월 21일(아래표 확인) 투신권의 매수세가 본격적으로 유입되면서 주가의 상승이 이어졌다. 2019년 1분기 실적이 발표되고 PER가 재평가되면서 주가도 동반 상승하여 앞선 고점을 돌파하였다.

[네패스] – 주봉과 수급

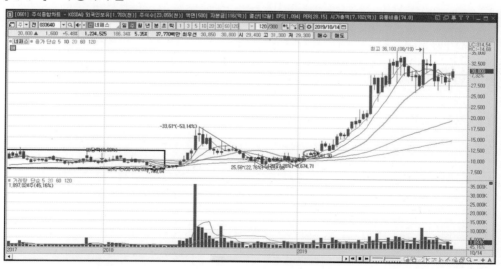

[0796] 투자자별 매매동향 - 종목별투자자

시간대별투자자 | 당일추이 | 일별동향/차트 | 순매수추이 | 업종별투자자순매수 | 업종투자자누적순매수 | 당일매매현황 | 투자자별누적순매수 | 투자자별일별매매 | 종목별투자자

033640 네패스 | 2019/10/15 ~ 2019/10/15 | ○금액 ○수량 ○추정평균가 | ○순매수 ○매수 ○매도 | ○천주 ○단주 | ○전일비 ○등락률 | 투자자안내 단위:백만원,천주 조회 다음 차트

일자	현재가	전일비	거래량	개인	외국인	기관계	금융투자	보험	투신	기타금융	은행	연기금등	사모펀드	국가	기타법인	내외국인
누적순매수				-19,559	+25,802	-5,635	-3,911	+1,371	-2,410	-813	-51	-613	+792		-731	+123
19/02/11	12,600 ▲	700	1,668,762	-3,034	-536	+3,624	+762	-348	+1,180	+10	+30	+266	+1,724		-22	-32
19/02/08	11,900 ▼	300	469,093	+265	-632	+411	-40	+6	+641		-10	+24	-209		-45	+1
19/02/07	12,200 ▲	500	633,662	-1,524	+280	+1,201	-6	+73	+558		+5	+300	+271		+41	+2
19/02/01	11,700 ▼	350	620,396	+1,473	-1,306	-309	-359	-68	+236				-117		+140	
19/01/31	12,050 ▲	550	2,474,067	+254	-1,133	+1,045	+557	-27	+344		+5	+317	-151		-65	-101
19/01/30	11,500 ▼	400	550,862	-393	-254	+607	-59	+134	+277			+266	-11		+39	+1
19/01/29	11,900 ▲	100	323,021	-187	+227	+13	+2	+30	-155		+10	+50	+75		-48	-5
19/01/28	11,800 ▲	50	310,669	-389	+27	+386		+12	+211				+163		-29	+5
19/01/25	11,750	0	505,987	-349	-562	+175	+98	+49	-63			+111			+24	+15
19/01/24	11,750	0	257,415	+46	-379	+334	+1	+137	+133			+89	-25		-1	
19/01/23	11,750 ▲	100	283,062	-152	-53	+204	+41		+85				+78		+1	
19/01/22	11,650 ▲	100	571,272	+450	-857	+520	-1	+366	+247			+170	-261		-111	-3
19/01/21	11,750 ▲	650	779,444	-1,507	+395	+1,017	+37	+293	+435	+14	+43	+331	-135		+60	+36
19/01/18	11,100 ▲	100	279,569	-459	+658	-183	-94						-89		-17	
19/01/17	11,000 ▼	250	277,950	+77	+488	-613	-2		-473				-138		+48	
19/01/16	11,250 ▼	250	479,367	+238	+5	-250	-66		-42	+5	+14	+230	-391		+52	-46
19/01/15	11,050 ▲	50	336,046	+417	-413	+101	-57		-30				+189		-36	-69
19/01/14	11,450 ▲	500	684,705	-814	+233	+488	+43		+67				+377		+96	-2
19/01/11	10,950 ▼	200	350,977	+189	-6	-263	-81		-65				-117		+75	+5
19/01/10	11,150 ▼	50	552,371	+132	-292	+220	+22		-8			+77	+129		-61	+2

(3) 투자포인트

❖ 실적의 지속적인 상승가능성

4차 산업혁명으로의 사회적인 트렌드 변화로 인하여 비메모리 반도체의 수요 증가로 인한 수혜가 기대된다. 그리고 자율주행향 NXP반도체 수요가 급증하고 있다는 점은 긍정적인 계기로 작용할 수 있었다.

❖ 시장의 이슈와 수급

5G 인프라 구축, 자율주행, AI 인공지능, AR 증강현실, VR 가상현실 등 신규 하드웨어 증가 중에 있었다. 그리고 기관인 투신권에서 매수를 본격적으로 진행하면서 외국인, 국민연금 등이 동반한 수급 확대가 진행되고 있었다.

3. 파워로직스(047310) - [코스닥(전기 · 전자업종)]

(1) 기업 소개

대표이사	김원남	상장시장	코스닥시장
설립일	1997년 9월 3일	자본금	174억
상장일	2003년 7월 25일	주요매출	카메라 모듈 등
업 종	IT 부품	주소지	충북 청주시
회사소개			• 삼성전자 스마트폰 신제품 출시에 대한 수혜 기대 – 삼성전자 1차 업체로 모회사 탑엔지니어링 연계사업 진행 – 최근 2차전지 배터리 관리시스템 구축 진행 • 카메라 하드웨어 듀얼카메라에서 트리플카메라 이상으로 발전으로 수요 증대 가능

주주명	주권의 수	지분율
탑엔지니어링 외	11,655,434	33.87%
우리 사주	629,124	1.83%
유통주식 수	22,136,442	64.3%

(2) 강세 종목의 필수요소

실적(5/4점)
- 스마트폰 판매 호전에 실적 긍정
- 2차 전지에 대한 판매수요 증가

이슈(5/4점)
- 스마트폰 하드웨어 변경
- 폰 변경주기, 카메라 트랜드 변경

인텔리안테크

수급(5/2점)
- 시가총액 2,000억 내외
- 기관·외국인 매수세 유입 중

차트(5/3점)
- 낙폭과대와 기간 조정 마무리
- 단기 고점 부근 돌파로 강세

❖ 스마트폰 판매의 정체와 삼성전자의 스마트폰 점유율 하락

스마트폰에 대한 매출이 감소하고 있으나 일정 비율로 판매가 계속 중이었다. 최근 글로벌 삼성전자 스마트폰 점유율이 2019년 3분기 19%대를 기록하며 점유율이 하락하고 있었다.

❖ 카메라모듈 – 트리플카메라로 인한 카메라모듈의 수요 확대

스마트폰 시장이 많이 침체된 게 사실이나 신규 스마트폰이 계속 등장하면서 이와 관련한 부품들의 수요는 증대되는 상황이었다. 특히 신규 보급형 폰이 기존의 듀얼에서 트리플 카메라가 적용되면서 그 수요가 확대되고 있었다. 그 후에도 보급형 폰에서 A7, A9에 트리플 카메라가 탑재되고 있었으며, 2019년 갤럭시 S10 시리즈도 기본적으로 트리플 카메라가 탑재되었다는 점에서 관련 부품의 수요가 증대될 수 있다는 점에서 긍정적이었다.

❖ VCM(액추에이터)와 자동차카메라

멀티카메라 증가에 따른 관련 제품에 대한 수요가 확대될 것으로 기대되고 있었다. 그리고 카메라의 고정밀도화와 모듈의 소형화와 슬림화에 대한 고객의 요구를 반영하면서 발전할 가능성이 높은 상황이었다.

국내외 후사경 법규개정으로 사이드미러 대체용 카메라의 시장이 확대될 수 있었으며, 북미지역의 캠핑카, 전장업체는 물론 중국완성차에 대한 영업을 진행 중에 있었다. 그리고 제품은 2020년 후반에서 2021년 정도에 양산을 계획하고 있는 단계였다.

❖ **2차전지 관련 BMS, EV PACK, ESS**

- BMS(배터리 관리시스템) : 2011년 말 국내 최초로 미쓰비시 후소에 상용차용 BMS를 양산 공급하고 있으며, 전기버스용 BMS, ESS, 전기굴삭기 등의 국책과제를 진행 중에 있었다.
- EV/ESS(에너지저장시스템)용 **2차 전지 보호회로 및 팩**(보호회로+베터리셀) : 파워로직스는 베터리 모듈, PACK 시스템 설계기술을 보유하고 있는 중이다. 18년 8월 동사는 중대형 2차전지와 ESS 사업부문을 신설하였다. 19년 2분기부터 물량은 크지 않지만 EV 배터리 매출이 시작되고 있었다.
- 현재는 베트남의 완성차업체에 대한 공급이지만 앞으로 인도의 완성차업체와의 협상의 정도에 따라 2020년에도 매출의 성장세를 기록할 수 있다.

(3) 실적과 적정가치

결산 12월	2016	2017	2018
시가총액	1,340억	2,075억	2,178억
주 가	3,920원	6,030원	6,330원
영업이익	127	195	262
영업이익률	2.33	2.76	3.48
당기순이익	48	92	239
PER	18.81	19.44	9.1

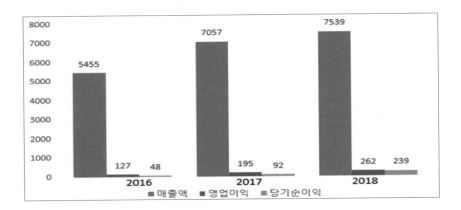

❖ 실적 분석

2019년 3분기 실적 전년동기 대비 갤럭시 S9시리즈의 판매 부진에 따라 매출이 감소하였다. 하지만, 4분기부터는 트리플 카메라모듈의 수주와 고부가가치 제품인 보급형 후면 카메라 모듈을 수주하여 실적이 상승할 가능성이 있었다. 2019년 의미 있는 배터리팩에 대한 수주가 기대되고 있었으며, 이것이 어떤 형태로의 공급되는지에 따라 수익성 달라질 수 있었다.

❖ 적정가치 분석

2018년 기준으로 주당순이익 694원(EPS = 당기순이익 239억 / 주식수 34,421,000주)으로 성장성이 높을 수록 업종 PER은 높아지는 것이 일반적이다.

2018년 12월 28일 기준 주가는 6,330원(PER 9.1배 = 6,330원 / 694원)

업종 평균 PER(20배 기준 목표가 13,880원 / 30배 기준 목표가 20,820원)

- 2018년 기준 주당순자산가치(BPS) 5,322원(BPS = 자본총계 1,832억 / 주식수 34,421,000주), 2018년 PBR 1.1배(= 6,330원 / 5,322원)로 자산가치 역시 1배 수준으로 주가의 매력이 높다.

[파워로직스(047310)] – 월봉

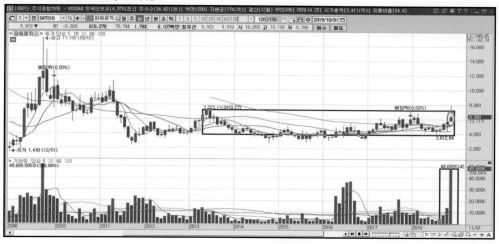

동사는 월봉상 보면 2013~2018년 말까지 횟수로 6년간 박스권 흐름을 기록하였다. 기술적 분석편에서 후술하겠지만 오랫동안 횡보한 종목이 상승추세를 형성하는 경우 그 상승폭이 크다. 19년 스마트폰에 대한 카메라 개수의 증가로 수익성이 증가했고, 2차전지의 사업에 기대감이 높아지면서 박스권 돌파가 기대된다는 점에서 19년은 절호의 매수타이밍이었다고 볼 수 있었다.

[파워로직스] – 일봉

　2018년 10월의 일봉상 박스권 상단 부근으로 매물의 소화과정이 필요한 시점으로 장대 양봉이 두 번 나오기 전에 3일간 음봉의 하락이 있었다. 이는 본격적인 상승이 있기 전 일부러 하락을 시킨 면이 있었다고도 볼 수 있었다. 수급에서는 2018년 10월 30일 외국인의 수급이 급증하면서 고점 부근의 매물을 소화했다는 점에서 박스권 돌파가 가능했다고 볼 수 있었다. 박스권을 돌파한 후 이후 흐름은 아래 그림과 같다.

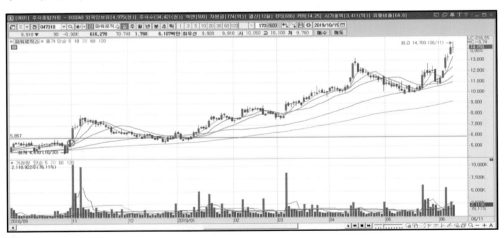

[파워로직스 2018년 10월 31일 매매동향]

[0796] 투자자별 매매동향 - 종목별투자자

시간대별투자자 | 당일추이 | 일별동향/차트 | 순매수추이 | 업종별투자자순매수 | 업종투자자누적순매수 | 당일매매현황 | 투자자별누적순매수 | 투자자별일별매매 | 종목별투자자

047310 파워로직스 2019/10/15 ◉금액 ○수량 ○추정평균가 ◉순매수 ○매수 ○매도 ◉천주 ○단주 ◉전일비 ○등락률 투자자안내 단위:백만원,천주 조회 다음 차트

기간 19/09/15 ~ 19/10/15

일자	현재가	전일비	거래량	개인	외국인	기관계	금융투자	보험	투신	기타금융	은행	연기금등	사모펀드	국가	기타법인	내외국인
누적순매수				+2,335	-6,103	+3,820	+44	+16	+1,155			+968	+1,636		-72	+22
18/11/07	7,650	▼ 10	1,984,939	-15	+83	-60	-2						-58		-7	-1
18/11/06	7,660	▲ 690	9,959,197	-2,965	+3,212	+277	-4		+659			+175	-553		-524	+1
18/11/05	6,970	▲ 100	1,957,067	+530	-478										-65	+13
18/11/02	6,870	▲ 70	4,900,172	-2,068	+1,772	+157						+225	-69		+156	-17
18/11/01	6,800	▲ 1,100	10,491,472	-4,647	+3,724	+931	+212			+25	+80	+432	+181		-11	+3
18/10/31	5,700	▲ 600	1,961,666	-2,965	+3,078	+4	+9			+1			-6		-112	-5
18/10/30	5,100	▲ 510	1,311,423	-1,300	+1,408	-31	+8			+1			-40		-70	-7
18/10/29	4,590	▼ 570	869,673	-329	+475	-142							-142		+5	-8
18/10/26	5,160	▼ 220	600,663	+22	+36	-70							-70		+7	+5
18/10/25	5,380	▼ 100	725,321	+304	-237	-70							-70		+2	+2
18/10/24	5,480	▲ 160	1,330,281	-141	+217	-67			-23				-44		-8	-1
18/10/23	5,320	▼ 120	1,281,043	+1,049	-1,010	-59	+2						-61		+11	+9
18/10/22	5,440	▲ 80	242,702	-31	-34	+55							+55		+10	
18/10/19	5,360	▼ 10	329,064	-2	+65	-63							-63			
18/10/18	5,370	▲ 30	193,170	+69	-75											+6
18/10/17	5,340	▲ 120	286,122	-564	+319	+241	+110						+131		+1	+3
18/10/16	5,220	▲ 120	508,248	+69	-140										+70	
18/10/15	5,100	▲ 220	603,668	-173	+210	-31	+24		-24				-31		-5	
18/10/12	4,880	▲ 160	321,023	-149	+147	-4	+20		-24						+6	
18/10/11	4,720	▼ 540	698,254	+117	-359	+56							+56		+201	-14

Part 1
주식투자 워밍업

(4 투자포인트

❖ 실적의 지속적인 상승가능성

삼성전자의 보급형 스마트폰 A 시리즈를 2019년 11월부터 출시하였다는 점은 실적의 성장세가 기대되는 상황이었다. 그리고 2019년 갤럭시S 10시리즈도 동사의 모듈 제품을 사용할 가능성에 기대감이 반영되고 있었다. 다만, 2차전지 배터리팩에 대한 의미 있는 실적이 해외 쪽에서 나올 수 있을지는 확인할 필요한 상황이었다.

❖ 이슈와 수급

스마트폰의 카메라 하드웨어가 듀얼에서 트리플, 쿼트러플까지 변화 중인 점은 모듈업체의 실적에 긍정적인 요소이다.

외국인들이 본격적으로 매수하면서 투신이나 연금 쪽으로 수급 확대가 기대되는 상황이었다.

4. 칩스앤미디어(094360) - [코스닥(전기 · 전자업종)]

(1) 기업 소개

대표이사	김상현	상장시장	코스닥시장
설립일	2003년 3월 6일	자본금	39억
상장일	2013년 10월 29일	주요매출	비디오 IP 팹리스 등
업 종	소프트웨어	주소지	서울 강남

회사소개	• 시스템 반도체 설계자산(IP) 개발 및 판매[라이센싱(기술료)]가 사업목적이다. • IP는 멀티미디어 반도체칩 설계도의 일부로 칩 내부에서 동영상을 녹화하거나 재생하는 역할을 한다. 　– 시스템 반도체는 정보기술 제품에 필요한 연산, 분석 등 각종 기능을 하나의 칩에 통합한 비메모리반도체 　– 상반기에 실적이 부진했던 점은 모바일(비디오)제품 라이센스 매출이 급감했기 때문 • 5G 인프라 확대로 비디오 IP 증가와 다양한 하드웨어 생성 가능

주주명	주권의 수	지분율
텔리칩스외	2,823,108	38.65%
우리 사주	208,601	2.77%
유통주식 수	3,946,100	58.58%

(2) 강세종목의 필수요소

실적(5/4점)
- 라이선스에 대한 수익성 증가
- 비디오 코덱IP 제품라인업 증가

이슈(5/4점)
- 5G 인프라 확대로 연계사업체 기대
- 4차 산업혁명의 성장성 기대

칩스앤미디어

수급(5/3점)
- 시가총액 500억 내외
- 메이저 수급이 부족

차트(5/3점)
- 추세하락에서 상승으로 전환
- 신고가 부분에서 조정

❖ 현재 업종

　전방시장인 반도체 전체 시장 성장률 대비 높은 성장률을 보이는 반도체 IP 시장에 있다(13년부터 18년까지 연평균 12% 성장). 전방시장은 현재 다양한 영역 비디오 기술은 물론 보안카메라, 네트워크 비디오녹화기, 가상 및 증강현실, 드론 로봇, 홈 모니터링카메라, ADAS 등으로 확산 중에 있다. 이밖에 스마트폰, 스마트TV, 자율주행의 카메라, 홈네트워크 디바이스 등으로 그 영역이 확장되고 있는 상황이다.

❖ 비디오 IP 경쟁사 현황

　미국 Verisilicon, 프랑스 Allegro 소수회사 과점 형태로 기술 제공 중이다. 각각 영역에서 기술개발 경쟁사와 경쟁하기보다는 본인 제품을 사용하는 회사를 타겟으로 한 영업에 집중하고 있다. 그리고 비디오 코덱 IP 전문기업에서 비디오 IP 전문기업으로 발전하고 있다.

❖ **제품 라인업 확대기대**

- IP (Image processing) : 컴퓨터 비전, 비디오 코덱 등과 같은 다양한 영역에서 필요로 하는 선명한 영상을 위하여 영상의 앞/뒤를 분석하고 처리하는 기술
- ISP(Image Signal Processing) : 카메라 감지기가 받아들인 영상을 사람 눈이 보이는 것처럼 보정(왜곡 보정, 선명도 향상, 노이즈제거)하는 기술
- CP(Computational Photography) : 빛이 강하거나 부족한 환경에서 촬영하는 영상의 화질을 향상하는 기술
- HDR (High Dynamic Range) : 밝은 곳은 더욱 밝게 어두운 곳은 더 어둡게 하여 사람 눈으로 실제 보는 것에 가깝게 밝기의 범위를 조절하는 기술
- 3DNR(3D Noise Reduction) : 연속촬영을 분석하여 노이즈가 적은 영상 구현기술을 제공
- 컴퓨터 비전 중 Object Detection – 자율주행 적용 프로모션 중 : 인간이 눈을 통해 시간 정보를 얻는 그것처럼 컴퓨터는 카메라와 같은 각 매체를 통해 입력된 영상의 특정 패턴을 추출하고 그 특징을 분석하여 사물을 검출하는 기술
- 컴퓨터비전 중 Super Resolution IP : 해상도가 낮은 영상을 알고리즘을 통해 높은 해상도로 변환하는 기술로 8k 화질로 변환해주는 장치(콘텐츠업체 및 SK브로드밴드, 올레TV)

❖ **기타 관련**

유튜브에서 송출 시 8K로 전환하는 데 당사의 제품이 필요하다(구글 클라우드 코덱 사용 시)

(3) 실적과 적정가치

결산 12월	2016	2017	2018
시가총액	1,012억	608억	473억
주 가	13,650원	8,200원	6,390원
매출액	137억	91억	141억
영업이익	28억	−15억	20억
영업이익률	20.51	−16.71	14.30
당기순이익	36억	−15억	26억
PER	27.33	/	17.93

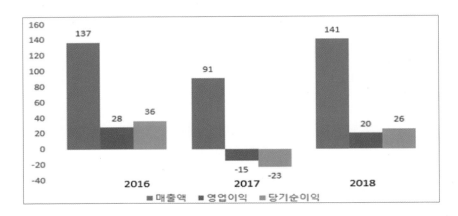

❖ 실 적

2017년 신규 제품에 대한 시장 예측 실패로 인해서 수익이 감소하였다. 향후 배당정책을 강화하고, 주주들의 수익을 보호하면서 동반성장의 계기로 삼겠다고 하였다. 라이센스 특수성으로 하반기에 대부분 실적이 인식되고 있다는 부분이 특징적이다. 즉 4분기 매출과 수익성이 증가한다. 현재는 수익성을 분산하는 사업을 진행 중이다. 4차 산업혁명과 5G 인프라 확대로 인해서 동사 비디오 반도체칩 수요가 증가할 것으로 기대되고 있었다.

❖ 적정가치 분석

동사 코스닥 전기・전자에 포함되어 있으며 앞으로 5G 인프라의 확대로 비디오 IP의 수요가 증가할 것으로 기대하고 있다.
- 2018년 기준으로 주당순이익(EPS) 350원(당기순이익 26억 / 주식 수 7,416,000주)
  2018년 12월 28일 기준 주가 6,390원이므로 PER는(18.2 = 6,390원 / 350원)
  업종 평균 PER 20배 기준 목표가 7,000원
  30배 기준 목표가 10,500원
- PBR은 18년 기준 주당순자산가치(BPS) 3,843원(= 자본총계 285억 / 주식수)
  2018년 PBR 1.6배(= 6,390원 / 3,843원) 자산가치 역시 1배 이상으로 적정한 가치를 가지고 있다.

[칩스앤미디어] - 월봉

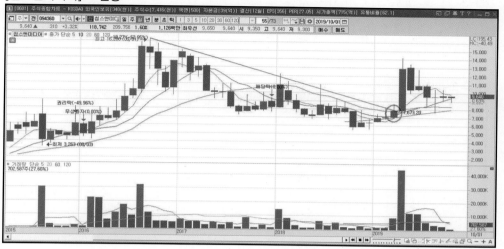

　2016년 고점을 찍고 추세적인 하락이 지속하다가 2018년 말 하락이 진정이
된 시점이다. 5G 인프라가 19년 본격 상용화되면서 관련 인프라 통신장비 업
체들이 상승하며 랠리를 기록했고, 동사 같은 비디오 IP 반도체 사용이 확대될
수 있다는 기대감에 거래량이 집중되면서 추세가 전환된 흐름이었다. 녹색 동
그라미의 위꼬리 양봉을 양호하게 나타내면서 장대 양봉이 나온 상황이다.

[칩스앤미디어] - 일봉

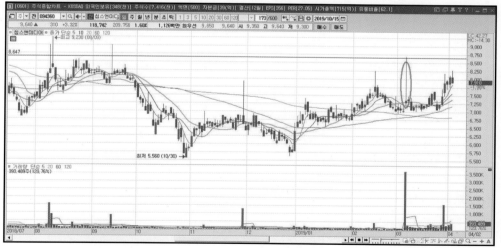

　장중 급등을 한 시점에서 추가적인 상승이 유지되지 않는다면 양봉이 위꼬리
를 만들기 마련이다. 역시 추가적인 매수세를 유지하지 못하고 위꼬리를 만들
고 상승은 유지가 되었다. 그 후 일주일은 주가가 횡보하면서 에너지를 축적한

이후 다시 매수세가 유입되면서 처음의 위꼬리 부분을 다시 돌려놓은 상승이 이어졌다. 거래량이 증가하였다는 것은 매집의 흔적으로 볼 수 있다. 시가총액이 크지 않은 종목이지만 투신의 매수가 들어 온 점은 특징적인 부분이다.

[칩스앤미디어] – 일봉

[칩스앤미디어] – 수급

일자	현재가	전일비	거래량	개인	외국인	기관계	금융투자	보험	투신	기타금융	은행	연기금등	사모펀드	국가	기타법인	내외국인
19/03/19	7,250 ▲	120	132,341	+51	-1	-50	-50									
19/03/18	7,130 ▲	40	58,504	-73	+73											
19/03/15	7,090 ▼	100	166,053	+124	-172										-39	+87
19/03/14	7,190 ▲	10	106,694	+105	+49										-22	-133
19/03/13	7,180 ▲	40	159,334	+21	-20											-1
19/03/12	7,140 ▲	80	183,188	-103	+54	+49	+49						-1			
19/03/11	7,060 ▼	290	207,363	+198	-177	-23			-10				-13		+2	
19/03/08	7,350 ▲	10	302,399	-111	+123								-9		-3	
19/03/07	7,340 ▼	310	3,653,529	+598	-620	+140	+9	-4	+20				+116		-118	
19/03/06	7,030 ▼	30	17,843	+16	-8	-7							-7			
19/03/05	7,060 ▼	80	40,940	+42	-56	+14			+14							
19/03/04	7,140 ▲	110	35,783	-51	+51											
19/02/28	7,030 ▲	100	118,050	+95	-95											
19/02/27	7,130 ▲	20	22,887	-44	+33										+11	
19/02/26	7,150 ▼	170	48,929	+13	-14											+1
19/02/25	7,320 ▲	30	29,734	-49	+48											
19/02/22	7,290 ▲	170	89,560	-24	+21	-13							-13		+16	
19/02/21	7,460 ▼	60	26,252	-1	+2	-1							-1			
19/02/20	7,520 ▲	70	42,322	-8	+9	-1							-1			
19/02/19	7,450 ▼	320	117,245	+11	-20										+14	-5

(4) 투자포인트

❖ 실적의 지속적인 상승가능성

안정적인 라이센스를 받으면서 실적을 만들고 있지만 결국 디바이스 확대가 관건이다.

❖ 이슈와 수급

5G 인프라 구축으로 다양한 디바이스를 통해서 동사의 IP 비디오 칩이 구축되면 실적으로 연계될 가능성이 크다.

시가총액이 1,000억 미만인 종목이라는 점에서 메이저에 대한 매수세 확산은 어려울 것으로 보인다. 하지만 앞으로 시총 1,000억 이상이 되면 외국인·기관의 수급이 본격적으로 유입될 수 있다.

5. SBI핀테크솔루션즈(950100) - [코스닥(전기·전자업종)]

(1) 기업 소개

대표이사	산몬지마사타카	상장시장	코스닥시장
설립일	2011년 4월 4일	자본금	0원
상장일	2012년 12월 17일	주요매출	결제 대행 서비스 등
업 종	인터넷 서비스	주소지	일본 도쿄
회사소개	• SBI 그룹 일본계 회사로 다양한 종합금융기업 – 동경에 상장된 SBI홀딩스 • SBI홀딩스는 약 200개 자회사를 보유하고 있는 중(핀테크 분야 투자에서 세계 탑클래스로 평가) • 국내 상장 SBI핀테크솔루션즈, SBI인베스트먼트		

주주명	주권의 수	지분율
SBI HOLDINGS	17,853,131	72.41%
자사주	1,619,118	6.57%
유통주식 수	5,184,751	20.57%

(2) 강세 종목의 필수요소

❖ 결제서비스 사업

실적(5/2점)
- 국제송금 부분 국내 1위
- 안정적인 사업 바탕 정책 이슈

이슈(5/4점)
- 일본의 외국인 노동자 송금정책
- 기간 연장과 200만명 상승 기대

SBI핀테크솔루션즈

수급(5/4점)
- 시가총액 2,000억 내외
- 투신권 매수세 유입되며 상승

차트(5/3점)
- 중장기 추세상승 이어짐
- 단기 조정 이후 재차 고점 갱신

- ZEUS : 온라인 및 오프라인 단말기/POS 등 다양한 결제서비스 제공업체이다.
- AXES : 온라인 결제서비스 제공업체이다. 작년 대비 매출액은 증가했으나 영업이익 측면에서 부진하였다. 다양한 접근으로 인한 결제 취급액이 증가하였지만 판매관리비용이 증가하면서 영업이익이 줄어들었다. 매출항목으로는 결제수수료(건당), 개설계약금(계약 시), 트랜잭션요금(건당), 시스템이용(월간) 등이 있다. 일본 전자결제사업자 상위 10개사가 75%를 점유하는 데 위 두 업체의 점유율이 4위 정도를 유지하고 있다. 일본의 내수경기 호전으로 인해서 지속적으로 결제 관련 서비스가 증가 중이다.

❖ 개인 머니 서비스 사업

2019년 전년동기대비 매출액 +47%, 영업이익 +66%로 1분기 연결 실적을 상승시키는 견인 역할을 하고 있었다.

- SBI Remit : 블록체인 기반의 리플 네트워크 및 다양한 결제 네트워크를 통해서 일본송금서비스를 제공하는 업체이다. 일본 내 증가하고 있는 외국인 기능실습생의 본국 송금을 마케팅 목표로 하고 있다. 기능실습생 260만 명이라는 점 2019년 4월부터 체류 기간이 5년에서 10년으로 연장된 점이 매출의 확대 요인이다. 블록체인 기술을 바탕으로 국제송금 서비스 운영 중이다. 또한 리플 네트워크를 기반으로 한 송금금액이 급성장하고 있다는 점도 긍정적인 요인이다.
- SBI Cosmoney : 코인플러그사와 합작한 한국 내 국제송금서비스 제공업체이다. 일본 내 송금 노하우를 바탕으로 한국에서 소액해외송금시장에 본격 진출 중이다.
- SBI Social Lending : 인터넷을 통해 대출자와 투자자를 연결하는 소셜렌딩 서비스 제공업체이다. 일본크라우드 펀딩 시장의 확장세가 지속하고 있으나 미국의 100분의 1 정도 수준이다. 대출 관련 크라우드 펀딩이 대부분으로 고객 확보를 위해서 적극적인 마케팅을 지속하고 있다. 부동산, 재생에너지, 사물인터넷, 국제공헌 등 특색있는 상품을 파트너와 함께 조성할 예정이다.

❖ 기업지원서비스 사업

- SBI Business Solution : 경비 정산, 품의 신청·활동의 흐름 등 클라우드형 백오피스 지원서비스제공업체이다. 클라우드 관련 고정매출 비율이 50%를 돌파하여 안정적인 수익의 기반을 확립하고 있다. 2017년에 인수한 Money Look 사업을 포함하여 15% 이상의 성장을 전망하고 있다.

- Business Search Technology : 사용자의 동선을 최적화하는 사이트 내 상품검색서비스 업체이다.
- BroadBand Security : 각종 보안 인증 서비스를 비롯한 보안솔루션 서비스 제공업체이다.

(3) 실적과 적정가치

결산 12월	2016	2017	2018
시가총액	922억	1,775억	4,019억
주 가	3,740원	7,200원	16,300원
영업이익률	6.81	6.7	16.17
PER	20.36	22.22	24.31

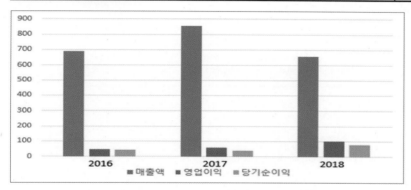

회계기준 IFRS 15의 도입으로 매출이 감소하였으나 영업이익과 순이익은 영향이 없었다. 올해 같은 사업을 하기 위하여 다양한 사업 부분을 구축하였다. 기존 은행권에서도 송금서비스 시장에 진출하여 핀테크 업체들과 경쟁하고 있는 것이 리스크 요인이다. 19년부터 본격적인 사업에 대한 재편과 함께 안정적인 성장세를 기록하고 있다. 추가 사업인수는 아직 계획이 없다고 언급한 것으로 보아 비용측면에서 상승하지는 않을 것으로 보인다.

❖ **적정가치 분석 – 3월 결산으로 11월에 2분기 실적발표**

동사 코스닥 전기/전자에 포함되어 있고, 본격적인 사업재편에 대한 기대감이 있다. 2018년 컨센서스 주당순이익(EPS)는 324원(EPS = 당기순이익 80억 / 주식 수 24,657,000주)이다.

- 2018년 11월 1일 기준 주가는 7,450원이고 PER는 22.9배(= 7,450원 / 324원)이다. 업종 평균 PER는 30배일 때 기준 목표가 9,720원이고, 40배 기준일 때 목표가는 12,960원이다. PBR은 2018년 기준 주당순자산가치(BPS)는

1,042원(BPS = 자본총계 257억 / 주식수)이다.

- 2018년 PBR 7.1배(= 7,450원 / 1,042원)로 자산가치 대비 상당히 고평가되어 있다.

[SBI핀테크솔루션즈] – 주봉

2017년 말부터 18년 초까지 급등으로 차익매물이 나오면서 추세가 하락으로 전환되기는 했지만 2018년 6월 하락이 진정되면서 쌍바닥을 만들고 전 고점까지 종가기준 임박하면서 상승추세를 만드느냐의 기로에 있는 그림이다. 몇 개월간의 조정을 거쳐 2주 만에 단기 고점 부근까지 근접했다는 점은 상당히 의미 있는 상황이라고 할 수 있다.

[SBI핀테크솔루션즈] – 일봉

[SBI핀테크솔루션즈] – 일봉

[SBI핀테크솔루션즈 수급]

일자	현재가	전일비	거래량	개인	외국인	기관계	금융투자	보험	투신	기타금융	은행	연기금등	사모펀드	국가	기타법인	내외국인
기간 19/09/16 ~ 19/10/16 누적순매수				+1,959	-252	-1,972	+410	-594	+550	-68			-2,116	-155		+223	+41
18/12/05	15,200		271,510	-81	-458	+510	+10	+630	-376	+42			+33	+170	+33	-4
18/12/04	15,200 ▲ 300		200,132	-823	+241	+579	+11	+308	+86	+6			+168		-1	+4
18/12/03	14,900 ▼ 400		228,795	+402	-399	+11	+45	-54	-52				+72		-11	-3
18/11/30	15,300 ▲ 550		588,647	-1,604	-501	+1,982	+35	+645	-315			+237	+1,093	+287	+124	-1
18/11/29	14,750 ▲ 850		836,440	-2,023	-300	+2,205	-13	+693	+506			+48	-181	+1,153	+114	+4
18/11/28	13,900 ▲ 350		221,712	+644	-95	-573			+180			+14	-768		+8	+17
18/11/27	14,250 ▲ 150		123,791	-2	+103	-100							-100			-1
18/11/26	14,100 ▲ 450		309,193	+618	+107	-697	-670		-28				-100		-27	
18/11/23	13,650 ▲ 1,700		2,326,645	-2,817	+1,431	+1,435	+110		+494			+170	+661		-48	-1
18/11/22	11,950 ▲ 150		337,352	-835	+175	+686	-2	+73	+633				-232	+213	-23	-2
18/11/21	11,800 ▲ 100		343,494	-171	+183	-6		+55	+229				-291			-5
18/11/20	11,700 ▼ 200		278,640	-671	-30	+695			+333				+412	-50		+6
18/11/19	11,900	0	378,587	-900	-182	+1,141	+4	+51	+58				+1,028		-59	
18/11/16	11,900 ▲ 1,150		850,131	-1,642	+66	+1,588	+55	+164	+885				+529	-45	-11	+7
18/11/15	10,750 ▲ 350		814,489	-702	-229	+939	+276	-20	+205				+478		-6	-2
18/11/14	10,400 ▲ 1,620		947,507	-1,269	+31	+1,319	+169		+225				+925		-75	-7
18/11/13	8,780 ▲ 70		107,898	-256	+28	+211	-33		+131				+151	-38	+9	+9
18/11/12	8,710 ▲ 100		53,626	-312	+3	+308							+316	-8		
18/11/09	8,610 ▲ 120		54,406	+4	+10	-14								-14		
18/11/08	8,490 ▲ 290		54,970	+3	+29	-32								-32		

(4) 투자포인트

❖ 실적의 지속적인 상승가능성

작년 다양한 업체들을 인수하면서 본격적인 사업에 대한 로드맵을 구성할 가능성을 증대시켰다. 외국인 기능실습생 송금액이 증가하고 있고, 체류 기간도 5년에서 10년으로 연장확대 되었다.

❖ 이슈와 수급

블록체인 기술을 바탕으로 한 리플 네트워크 및 다양한 결제 네트워크를 이용할 수 있는 기술력을 가지고 있다. 4차 산업혁명으로 인한 미래 핀테크 사업에 대한 확대는 실적에 플러스 요인이다. 시가총액이 1,000억 이상으로 외국인과 기관의 매수세 유입이 절반이 절반을 상회한다.

6. 국일제지(078130) - [코스닥(종이/목재)]

(1) 기업 소개

대표이사	최부도, 최우식	상장시장	코스닥시장
설립일	1978년 8월 21일	자본금	121억
상장일	2004년 10월 22일	주요매출	제지 생산 등
업 종	종이/목재	주소지	경기도 용인
회사소개	• 업력 약 50년 된 국내 전문적인 제지생산업체 • 특수 종이 판매 국내 1위 생산 중 – 껌종이, 담배용지 등 • 담배용지는 FDA 식약처 허가를 받아야 할 정도로 품질 긍정적 • 수소차, 담배용지 등 특수용지 성장과 신사업 그래핀사업 기대		

주주명	주권의 수	지분율
대주주 외	41,635,000	34.35%
유통주식 수	79,546,000	65.65%

(2) 강세 종목의 필수요소

❖ 전략제품 및 신사업 관련

실적(5/2점)
- 실적부진에도 신사업 지속
- 수소차, 그래핀 등 다양한 사업

이슈(5/4점)
- 그래핀 소재 미국 구글과 NDA
- 그래핀 성장성 이슈

국일제지

수급(5/3점)
- 시가총액 1,000억 내외
- 외국인과 기타법인 수급 호전

차트(5/3점)
- 3~4년간 동일한 가격선 유지
- 고점 돌파 이후 추세 상승

• **전열막지** : 열을 막아주는 역할을 하는 제품이다. 국내 100세대 이상 빌라 건축 시에 전열 막지를 사용해야 하는 규제가 있다. 국내에서는 포화된 상태로 국내보다는 중국시장의 확대에 기대를 걸고 있다.

- **보안용지** : 문서유출 방지 및 원본의 변형·위조 방지 종이이다. 센서에 반응하는 물질이 용지에 삽입되어 게이트 통과 시 신호음을 발생시킨다. 현재 국정원과 반도체 회사 같이 기술에 민감한 기관들이 채택하여 사용 중이다. 국정원 및 추가 방산업체에서 올해부터 사용될 가능성이 높다.

- **탄소 웹페이지** : 수소차 등 연료전지 부품 소재이다. 수처리 하는 데 있어서 필터 역할을 하지만 면적이 크지 않아서 상징적 의미를 가지고 있다. 연료전지, 콘덴서, 양극 소재, 차폐제 등으로 연계될 수 있을 가능성은 가지고 있다. 수소차가 많아지면 많아질수록 원가대비 마진율은 좋지만 시간이 걸릴 듯 하다.

- **R/O지** : 역삼투압방식을 이용하여 물을 정화하는 수처리 부품소재이다. 물은 통과할 수 있으나 이온은 통과할 수 없는 얇은 막을 뜻한다. 정수기 및 산업용 필터 지지체와 반도체 디스플레이에 사용되는 초순수 장치이다.

- **면상발열체 원지** : 종이 보일러 부품 소재 제품이다(그래핀 소재 연계). 난방용 바닥재, 전기장판(열전도시트), 전기히터 제품으로 이용이 가능하다. 기존 필름을 사용하는 것보다 발열 온도가 두 배 이상 높고 전기장판 대비 40% 절전 효과를 가진다. 최근 중국 시장에 요구가 많아지고 있다는 점에서 기대할 수 있는 제품이다.

❖ 그래핀 관련 사업 진행 중

종이 보일러 소재로도 사용되는 그래핀 소재와의 연계성을 가지고 사업을 진행 중이다. 강철보다 강하고, 구리보다 밀도가 높은 것이 특징적인 소재이다. 1그램당 225만 원에 거래되었으나 최근 중국에서 1그램당 1,000원 대로 떨어진 그래핀을 생산 중이다. 그래핀을 이용한 산업 환경이 점차 확대되고 있다는 것이 긍정적이다. 앞으로 대면적 그래핀 상용화를 하기 위한 국일그래핀 자회사 설립으로 양산화를 기대하고 있다.

- **그래핀 플레이크** : 흑연을 물리적 화학적 방법을 이용해서 낱장으로 박리한 소재이다. 종이, 플라스틱, 금속의 강도를 보강할 수 있으며 포장재, 필터 등의 충전재로 이용이 가능하다. 해외 J사와 협업이 진행 중이며 품질과 용도별 상품화가 진행 중이다(수요처 요구 제품화 연구 중).

- **그래핀 박막** : 탄소 원자단위로 표면에 흡착되어 투명한 필름 형태 기판 위에 얹힌 상태인 소재를 말한다. 디스플레이, 터치패널로 대체 가능하며, 베리어, 웨어러블 제품 등으로 사용 가능하다. 현재 4인치는 성공했고 8인치는 2019년 2월부터 진행하면서 제품에 적용할 수 있다는 기대감 높아지는 중이다. 충남대와 산학협력 진행 중이며 제조기술 표준화, 대내외 사업을 진행 중이다.

(3) 실적과 적정가치

결산 12월	2016	2017	2018
시가총액	683억	945억	1,435억
주 가	564원	780원	1,185원
영업이익률	0.28	0.71	0.75
PER	/	51.26	/

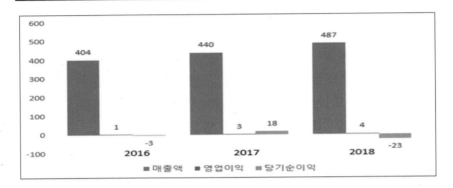

❖ 실 적

작년 3분기 실적 적자를 기록했지만 매년 흑자기록을 유지할 가능성이 있다. 최근 3년간 매출액이 크게 늘지 않은 상태에서 신제품 개발에 필요한 투자를 진행 중이다. 2019년부터 본격적인 전략제품들의 판매 되면서 수익성 개선이 기대된다.

- **2017년 매출 구성** : 공정용 35%, 담배용 39%, 식품용 11%, 산업용 8%, 전략 제품 4% 등
- **2020년 목표 구성** : 공정용 26%, 담배용 36%, 식품용 7%, 산업용 7%, 전략 제품 22% 등

  * 톤당 제품판매는 줄어들더라도 제품의 수익성은 늘어나는 제품판매 증가 예상

❖ 적정가치 분석(작년 실적 당기순이익 적자로 평가 어려움)

동사 코스닥 종이 · 목재 특수지 판매 수요증가와 그래핀사업이 앞으로 성장의 관건이라고 할 수 있다. 급등한 가장 큰 이유는 구글과의 그래핀사업 비밀유지를 계약하면서 주가 상승의 랠리를 기록한 면이 있다.

- PBR은 18년 기준 주당순자산가치(BPS)는 478원이다(자본총계 557억 / 주식수 116,391 천주). 2018년 PBR은 2.4배(= 1,185원 / 478원) 이다. 자산가치 대비 고평가되었다고 할 수 있었다.

[국일제지] - 월봉

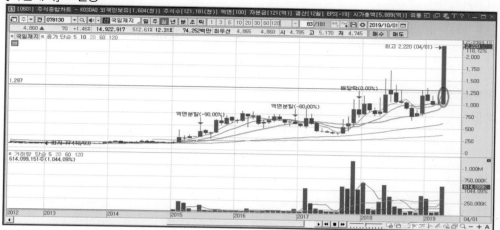

19년 초반에는 수소차에 들어가는 특수지로 인하여 수소차 관련 테마로 동반 상승을 한 그림이지만 매번 돌파에 실패하였던 1,250원을 강하게 돌파한 흐름을 보였다. 거래량까지 수반하면서 돌파하였다는 점에서 추가적인 상승이 이어질 수 있는 그림이라고 볼 수 있다

[국일제지] - 일봉

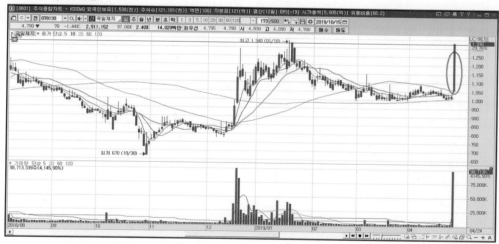

동사가 진행 중인 그래핀사업을 구글과 함께 본격적으로 진행할 수 있다는 뉴스가 시장에 퍼지면서 장중 상한가 시세로 직행하였다. 상한가를 가면서 대량의 거래로 고점을 돌파할 수 있는 시점에서 종가로 마감하였다. 아래표의 수급을 보면, 대량의 외국인 매수가 유입되었음을 알 수 있다. 이후 구글과 비밀유지계약서를 채택했다는 언급에 주가는 추가 상승을 하였다.

[국일제지] - 일봉

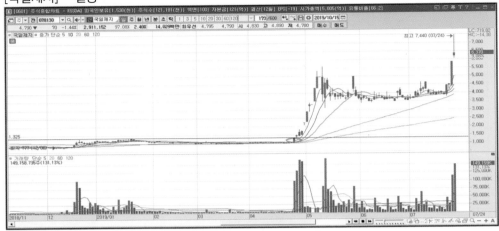

[국일제지] - 수급

일자	현재가	전일비	거래량	개인	외국인	기관계	금융투자	보험	투신	기타금융	은행	연기금등	사모펀드	국가	기타법인	내외국인
			누적순매수	-229	+2,013	-1,914	-174					+11	-1,308		+137	-7
19/05/21	3,870 ▲	100	28,199,583	+280	-54										-302	+76
19/05/20	3,770 ▼	210	19,184,923	-1,454	+1,544	+2	+2								+59	-151
19/05/17	3,980 ▲	10	37,881,883	-65	-36	+2	+2								+71	+28
19/05/16	3,970 ▼	305	65,097,462	-198	+252										-4	-50
19/05/15	4,275 ▼	335	72,217,511	+717	-217										-630	+130
19/05/14	4,610 ▲	680	169,087,867	-987	+944										+14	+28
19/05/13	3,930 ▼	1,035	81,928,113	+1,900	-547										-1,265	-88
19/05/10	4,965	0	0													
19/05/09	4,965 ▲	675	14,795,643	-242	-214										+430	+26
19/05/08	4,290 ⤒	990	11,664,705	+870	+47										-813	-104
19/05/07	3,300	0	0													
19/05/03	3,300 ▲	415	15,763,959	-219	+859	-724	-724								+37	+48
19/05/02	2,885 ⤒	665	18,841,095	+117	+458	-20	-20								-616	+61
19/04/30	2,220 ⤒	510	17,460,507	-1,709	+181	+223	+223								-96	+392
19/04/29	1,710 ▲	250	160,939,384	-204	-93										-1,326	+10
19/04/26	1,460 ▲	10	165,262,945	-18	+1,334										+1,203	-206
19/04/25	1,450 ▲	120	130,846,240	+163	-1,061	-98	-98								-135	+169
19/04/24	1,330 ⤒	305	98,713,339	-1,213	+1,086	+94	+94									
19/04/23	1,025 ▲	5	2,380,989	+99	-99											
19/04/22	1,020 ▲	10	2,217,275	-137	+137											

성공투자의 기본원칙

---

01 **투기가 아닌 투자로 접근해라**

1. 단기매매보다는 장기투자가 유리

　앞의 내용을 봤다면 1년 내내 주식을 보유하지 말아야 할 것이라는 생각을 했을 것이다. 시장은 늘 열려있고 우리에게 수익에 대한 갈증을 풀 기회를 주지만 시장의 추세에 따라 수익을 주지 않는 시장 상황(하락장, 횡보장)이 있는 것이다.

　그렇다면 우리는 어떻게 접근을 해야 할 것인가? 가장 먼저 개인의 한정된 자금과 정보 등으로는 절대 기관이나 외국인 투자자들에 앞서나가려 하거나 시장의 흐름과 싸워 이긴다는 자세는 버려야 한다.

　또한 단기적인 매매를 해서 지속적으로 수익을 얻는 것은 어려운 일이다. 1주일에 3~4일을 1~2%씩 수익을 내더라도 잘못하면 하루에 5%를 잃는 일이 있을 수 있기 때문이다. 단기적인 매매로 수익을 얻는 사람들은 주로 변동성이 큰 종목을 선호하는 경향이 강하기 때문이다.

　그러므로 단기매매를 해서 수익을 얻으려는 자세보다는 저점에서 분할 매수하여 추세적인 상승에서 수익을 얻는 것이 보다 심리적 안정과 장기적 수익을 얻는 방법이라 할 수 있다. 여기서 분할매수는 1주일이나 1달간에 걸친 기간을 가지고 매수를 완료하는 것이 아니다. 예를 들면 저점이라고 생각하는 가격에서 분할매수를 시작하여 몇 개월에 걸친 분할매수를 말한다. 왜냐하면 진정한 저점은 자신이 매수한 순간 하락을 멈추고 주가가 상승추세를 타야 진정한 저점인 것이다. 즉 자신이 매수하고 주가가 더 하락할 수도 있기 때문에 첫 매수 후 충분하게 주가를 지켜본 후 추가매수를 진행해야 장기적인 수익을 볼 수 있다. 저점에서 매수는 여러 단계의 매물대를 돌파한다는 전제가 있다. 400일선이나 200일선과 같은 장기적인 이평선이 하락을 멈추고 충분한 기간 매물대를 소화한 후에 비로소 매물대를 어느 정도 소화할 수 있기 때문이다. 그러므로 수중에 자금이 있다고 저점 매수를 서두르는 일이 없어야 한다. 하지만 실전은 이런 과정이 쉽게 진행될 수 없다. 개인의 욕심, 조급증, 아집 등으로 본의 아니게 서둘러 매수하는 경우가 비일비재하기 때문이다. 이렇듯 주식투자는 심리적인 자제력과 인내가 무엇보다 필요하다.

2. 사업의 수익창출 가능성

투자하는 회사의 사업 구조적인 흐름에서 주식시장이 좋든 나쁘든 상관없이 계속 실적이 상승할 수 있는 소재를 가지고 있는지에 핵심이 있다. 왜냐하면, 단기적인 이슈인 2019년 돼지 열병, 2018년 남북정상회담, 2017년 미세먼지, 수소차 등 다양한 시장의 이슈의 결론은 이 때 급등한 기업들의 사업에 대한 기대감이 미리 반영되면서 주가가 상승했다고 볼 수 있다. 게다가 시장이 원하는 실적을 뒷받침해주는 결과가 나오는 경우 추가적인 상승세가 만들어지는 것이다.

실적에 대한 기대감으로 주가가 급증했다고 하더라도 시장이 상승세에서 하락세로 전환된다면 거품이 꺼지면서 하락이 본격화될 수 있다. 2019년 바이오 관련 종목들도 실적이 뒷받침되지 않는 가운데 임상 성공에 대한 기대감만 가지고 주가 상승이 있었고, 이슈가 소멸한 이후 하락한 것으로 이를 알 수 있다. 그러므로 투자에서 기본이 되어야 하는 점은 기업의 실적이 얼마나 지속될 수 있는지를 꾸준하게 파악하는 것이 필요하다.

시장의 상황이 약세장이라도 시장의 이슈나 정책, 산업의 구조변경, 사회·문화 트렌드의 변화 등에 그 기업이 엮일 수 있다면 주가는 급증할 수 있다. 그러므로 이러한 이슈로 엮인 종목은 일정 기간이 지나면 이슈에 대한 관심도 사라져 주가도 급락할 수 있으므로 추세가 무너지는 경우 바로 빠져나오는 것이 좋다. 이렇듯 시장은 이슈(기대)로 큰 변동성을 가지므로 평소에 고정관념을 가지는 것보다는 열린 자세를 가지는 것도 때로는 필요하다.

02 ▶ 자신만의 원칙 세우기

투자를 하는 데는 자기만의 원칙을 세워야 한다. 단기로 접근할 때와 중·장기로 접근할 때의 투자자세가 다르기 때문이다. 주식은 순간순간 변동되는 살아있는 생물 같은 존재로서 주식의 생리를 알고 이것의 움직임에 대한 적절한 대응전략을 세워야 한다.

이러한 적절한 대응전략을 자신의 것으로 만들고 이를 실전에서 적용하여 원칙적인(기계적인) 매매를 한다면 수익을 극대화하고 손실을 최소화할 수 있는 것이다. 다음은 필자가 생각하는 원칙과 시장에서 통용되는 원칙을 설명하였으니 앞으로 자신의 원칙을 수립하는 데 도움이 되었으면 한다.

1. 단기 매매(이 글에서는 1달 이내로 주식을 보유하는 경우를 단기매매로 가정)

(1) 적절한 투자로 비자발적 주식보유자가 되지 않기

주식투자를 처음 하는 사람일수록 가장 못 하는 것이 바로 손절매이다. 왜냐하면, 자신의 계좌에서 손실을 확정하고 싶지 않기 때문이다. 확정 손실을 보고 싶어 하는 투자자는 아무도 없지만 이러한 심리 때문에 주가의 지속적인 하락에도 손절하지 못하여 비자발적인 장기투자자가 돼버린 경우가 우리 주변에서 흔히 보는 현상이다.

물론 기준을 가지고 손절하였지만 주가가 오히려 올라가는 때도 있다. 하지만 주가는 올라가는 경우보다 내려가는 경우가 많다는 점에서 손절의 판단이 잘못된 경우라도 이것은 트레이더로서의 위험관리라는 측면에서 바람직한 행동인 경우가 많다.

그렇다면 손절매를 많이 하는 게 좋은 것일까? 손절매를 빈번하게 하는 것보다는 꼭 필요한 때에 손절하여 손실을 절약하는 매매를 하는 것이 중요하다. 물론 손실을 줄이기 위해서 손절하였지만 다음날 주가가 올라가는 것은 손절의 시기를 잘못 판단한 것이다. 즉 적절한 손절의 타이밍 포착에 실패한 것이다. 그렇지만 트레이더로서 위험관리는 기계적으로 행해야 하며 그럼으로써 손실을 절약할 기회가 더 많아질 수 있다는 측면을 간과해서는 안 된다.

손절의 타이밍을 적절하게 포착하는 안목을 기르기 위해 주식공부와 경험이 필요하다. 이러한 안목을 기르기 위해서 본격적인 주식투자를 시작하기 전에 모의투자를 하거나 소액의 매매를 통한 꾸준한 연습을 통해 나름의 원칙을 정립해야 한다. 그리고 실전주식투자를 서두르지 말자! 실전주식투자를 하기 전에 충분한 사전연습과 이론공부는 시간을 낭비하는 것이 아니다. 실전에서 자신의 소중한 자산을 지키기 위해 필요한 과정인 것이다.

(2) 뇌동매매의 철저한 배제(정해진 매매시간)

단기매매를 할 때는 하루 중 매매의 시간을 정해서 하는 것이 좋다. 왜냐하면, 단기투자자는 종일 매매를 하는 것보다 매매가 활발한 시간대에 집중적으로 매매를 하는 것이 유리하기 때문이다. 그러므로 단기투자자들은 하루 중 수급이 가장 활발한 오전 1시간 30분과 장 막판 1시간 전에 매매를 주로 한다.

오전 1시간의 거래가 활발한 이유는 어제의 해외시장 영향과 함께 대부분 투자자가 집중하는 시간이기 때문이다. 대부분 사람이 이 시간에 초집중하여 매매하는 시간으로 주가의 변동성이 크므로 그 과실을 획득하는 시간으로 적절하다. 그다음으로 상승이 많이 나올 수 있는 시간은 역시 장 막판의 1시간이다. 이 시간에 세력들은 내일의 원하는 주가 흐름을 대비해서 종목관리를 하거나, 변동성이 줄어드는 시간에 매매하여 매수와 매도 가격의 편차를 줄여서 내일의 변동성을 기대하기 때문이다.

단기적인 중요 매매시간	
매매시간	주요 주식 상승 확률
9:00~11:00(2시간)	매우 높은 시간
11:00~14:30(3시간 30분)	시간 대비 비중이 적은 시간
14:30~15:30(1시간)	두 번째로 중요한 시간

(3) 소문에 사서 뉴스에 팔아라!

매매 종목에 대하여 회사의 공시 혹은 언론매체를 통한 뉴스가 나오기도 한다. 호재성 뉴스라면 그 종목의 주가가 상승하는 것이 일반적인 현상이다. 하지만 주가가 호재성 뉴스에서도 오히려 하락하는 경우가 있다. 이러한 경우는 세력들이 주식을 처분하기 위해 뉴스를 흘려 개인투자자들을 꼬이게 한 후 그들에게 물량을 넘기는 경우인 경우가 많다. 그러므로 주가가 충분히 상승한 후에 호재성 뉴스가 나오는 경우 분할매도로 차익을 실현하고 차후 주가의 흐름을 관찰하는 것이 현명한 투자자의 자세이다.

(4) 분할적인 매수·매도를 통한 수익 극대화 전략

단기매매뿐만 아니라 중·장기적인 매매의 경우에도 매매에서 수익률을 높이는 기술이 바로 분할매수이다. 분할매수는 경험을 많이 할수록 전략적인 이해도와 기술이 향상되기 때문에 실전 투자를 하기 전에 소액투자나 모의투자를 통해 분할매수·매도를 연습해야 한다.

분할매수는 2~3번 정도 나눠서 매수·매도하는 방법이다. 매수할 때의 비율도 30%, 40%, 30%로 나누거나 30%, 70%로 나눈다. 주식을 매도할 때도 역시 마찬가지이다. 분할매수·매도의 이유는 손절매에 대한 부담을 줄이고 매매 타이밍을 포착할 때 실수할 수 있는 위험을 줄일 수 있기 때문이다. 매매에 있어서 수익이 나는 비율은 절반도 되지 않으므로 처음부터 투자금액 전액을 투입하는 것보다는 시차를 두고 투입하는 것이 성공 확률을 높이기 때문이다. 처음에 투입한 금액은 투자실패 시 손절매를 통하여 손실을 최소화하는 일종의 보험이라고 생각하자!

(5) 시장을 이기려고 하지 말아라!

투자원칙 중에 가장 중요한 것이다. 시장이 하락세인 경우에 매매하는 것은 손실을 더 키울 확률이 높다. 시장이 하락장인데 "종목만 잘 선택하면 나는 수익을 볼 수 있다"라는 생각은 후에 큰 손실로 되돌아온다.

그러므로 시장이 하락 흐름을 지속해서 보인다면 단기적인 매매를 최대한 줄이면서 위험관리를 하는 것이 현명한 것이다. 하지만 개인투자자는 "쉬는 것도 전략이다."라는 말을 실천하지 못하는 경우가 많다. 이런 경우는 보유종목이 손실을 보고 있어 손실을 확정 짓기 싫거나 투자를 하던 관성을 멈추지 못하기 때문이다. 시장이 하락세를 보일 때는 냉철하게 시장을 이길 수 없다고 판단하고 손실을 일정 부분 감내하고 주식 대부분을 현금화 한 후 다음 기회를 도모하는 것이 좋다.

단기매매와 마찬가지로 장기투자에서도 시장을 이기려 하지 말아야 한다. 예를 들어, 1998년 IMF, 2007년 서브프라임모기지 사태, 2020년 코로나전염병의 하락 때는 대부분 개인투자자의 주식 평가손은 손실이었다. 이때에는 시장에 순응하여 주식을 처분하고 이를 현금화하여 적절한 매매타이밍을 인내심을 가지고 기다렸던 사람들은 위기를 기회로 바꿨을 것이다.

(6 시장의 추세파악을 통한 매매

시장의 추세를 파악하는 것은 정말 무엇보다 중요하다. 시장의 추세는 하락추세(고점과 저점을 높여가는 추세), 상승추세(고점과 저점이 낮아지는 추세), 횡보추세(고점과 저점이 일정하지 않은 경우)가 있다. 자신이 보유한 종목이 어느 시장에 속해있는지 파악하고 시장의 추세가 어떤 추세인지를 분명하게 파악해야 한다. 이를 파악하고 상승추세에 있을 때 주식을 보유하는 것이 무엇보다 필요하다. 하락추세일 때는 주식보유 비중을 최소로 하거나 보유하지 않아야 하며, 횡보추세일 때는 박스권 매매로 추세선을 그어놓고 저점에서 매수하고 고점에서 매도하는 그런 난이도 높은 매매를 해야 수익을 볼 수 있다. 하지만 박스권매매는 말로는 쉽지만 매우 어려운 매매이다. 왜냐하면 떨어지는 주가에서 매수를 해야 하고 상승하는 주가에서 매도를 하는 인간의 심리와 어긋나기 때문이다. 그러므로 횡보추세를 보이는 경우에는 능숙한 트레이너가 아니라면 주식비중을 줄이는 것이 좋다. 그리고 횡보추세나 하락추세에서 상승추세로 바뀌는 시점에서(하락추세에서 상승추세로 바뀌는 경우는 매물대가 많이 형성되어 있으므로 욕심을 버리고 추세를 이탈하는 경우 수익을 실현하는 것이 좋음) 다시 매수를 시작하는 것이 필요하다. 이를 인지하고 앞으로 다루는 기술적 분석에서 이러한 기술을 학습하길 바란다.

단기매매는 분봉을 보면서 매매를 하는 것도 좋은 방법이다. 분봉에서 상승, 하락, 횡보추세선을 그어놓고 매매를 하는 것이다. 1달을 매매주기로 하는 사람들은 60분봉, 1~2주를 매매주기로 하는 사람들은 30분봉을 기준으로 매매하는 것이 좋다.

2. 중장기적인 매매

(1) 추세 매매

장기투자의 경우에도 마냥 주식을 보유하는 자세는 바람직하지 못하다. 주식시장의 1년 동안의 차트를 보면 상승추세를 보이는 기간은 3~4개월에 불과하다. 그리고 상승이나 하락 없이 장기간 횡보하는 경우도 많다.

이 처럼 하락이나 횡보추세에서 주식을 보유하더라도 기회비용과 함께 스트레스로 고통을 받을 수 있다. 그리고 횡보장이라고 할지라도 장기간의 횡보 후에 반드시 상승추세를 보인다는 보장도 없다. 그러므로 이 때에는 차라리 주식을 현금화하여 주가가 상승으로 방향성을 보인 후에 투자를 해도 된다.

위와 같은 투자자세를 가지기 위해서는 꾸준하게 주식시장의 방향성을 관찰하고 일정 현금을 보유한 사람만이 가능하다. 힘들고 신경을 써야 하는 일이지만 이와 같은 정성을 주식 시장에 쏟지 않으면 수익을 얻을 수 없다는 사실도 겸허하게 받아들여야 한다.

(2) 주가는 실적에 선행

보유한 종목의 현재 실적은 적자를 면치 못하지만, 어찌 된 일인지 주가는 바닥을 치고 상승하는 경우가 있다. 이러한 현상은 기관이나 외국인들이 개인투자자보다 정보력이 월등하기 때문이다. 즉 기관이나 외국인은 물론 기업관계자 및 우호지분을 가진 사람들은 기업의 실적이 턴어라운드가 되거나 새로운 기술개발이 있다는 정보를 먼저 입수하여 조용히 주식을 매집하여 주가가 상승하는 것이다.

막상 개인투자자들이 기사나 공시를 접하고 이 기업에 투자하려 하거나 매수를 한 경우 얼마 있지 않아 기업은 실적이 턴어라운드 되었다는 소식을 접하게 된다. 그러한 소식에도 주가가 상승하지 않을 때에는 그 기업의 주가는 이미 실적을 반영하고 상승한 상태인 경우가 많다. 이때 각종 게시판에는 "실적발표가 좋게 나왔는데도 주가가 오르지 않는다"라는 볼멘소리가 나온다.

이에 대한 대응하는 팁으로 삼성전자의 협력회사인 적자기업 A 기업의 주가가 갑자기 상승한다면 그 업종의 주도주인 삼성전자의 실적을 살펴보아야 한다. 즉 삼성전자의 17년 3분기 잠정 실적이 전년 대비 상승한 것으로 발표되었다면, 삼성전자와 관련이 있는 A 업체의 실적도 조만간 흑자로 전환되어 주가가 상승하고 있다고 예측하고 그 종목에 관심을 기울이고 매매타이밍을 잡아야 한다.

그러므로 재무가 건실한 데 오랫동안 주가의 변동이 없거나 장기간의 하락 추세를 보이는 종목이 상승세를 보이는 경우 상승초기에 매수하여 보유하는 것도 유용한 전략이라고 할 수 있다. 아무런 뉴스가 없는데도 상승세를 보이는 경우는 숨겨진 이슈나 실적의 개선이 있다는 증명이기 때문이다.

(3) 아무도 관심을 가지지 않는 종목을 선취매

주식투자에서 수익을 내는 가장 기본적인 원칙은 '싸게 사서 비싸게 파는 일'이다. 이는 수요와 공급의 원칙에 적합한 말이다. 그만큼 당연한 법칙이지만 개인투자자들은 지금 당장 올라가는 종목에 관심을 둔다. 물론 추세를 타고 있는 종목을 매수한다는 관점에서는 좋은 투자전략이기도 하지만, 아무도 관심을 가지지 않는 종목을 남들보다 먼저 관심을 가지는 것 또한 좋은 투자전략이다.

하지만 이러한 투자방법은 소외주에 대한 미래의 부활을 포착하였거나 경기 사이클의 흐름으로는 그 산업의 반등을 남들보다 먼저 파악하는 경우이어야 성공확률이 높다. 이렇게 남들보다 빠르게 산업의 흐름을 파악하기 힘들다면 소외주가 속한 산업의 종목들이 상승하는 초기에 투자하는 것도 성공확률이 높다. 주식투자에서는 '예측'보다는 '확인'의 방법이 더욱 안전하기 때문이다.

부동산에 비유하자면 최근 서울에서 부동산으로 부각되는 지역이 마곡동 지역이다. 물론 마곡동 지역 근방의 부동산 가격은 이미 많이 상승하였다. 마곡동 지역에 아무도 관심을 기울이지 않을 시점에 어떤 이들은 그 지역의 '수익의 싹'을 보고 미리 마곡동 근방의 부동산을 매집하였을 것이다. 그리고 개발이 완료되고 입주가 시작하는 시점에서 매도해서 수익을 극대화할 것이다.

3. 주식투자의 자세

(1) 장기투자, 단기매매의 포지션을 분명히 하자

장기투자를 하는 사람들이 단기적인 흐름에 민감할 필요는 없다. 중·장기투자를 하는 사람은 저평가된 주식을 저가에 매수하여 시간을 기다리는 투자이므로 단기적인 주가의 움직임에 민감하게 반응할 필요는 없다는 것이다.

자신의 투자포지션에 맞게 적절한 지표를 보고 투자를 하는 것이 필요하다. 즉 단기투자자는 일봉의 단기이평선(5, 10, 20, 60일선), 분봉, 단기 볼린저밴드, RSI, MACD, Stochastic slow, DMI 등을 참조해야 하고 장기투자자는 장기이평선(120, 200, 240, 400일선), 60일 이격도, 시장의 장기추세, 산업의 흐름, 해외시장 흐름, 종목의 성장성 등을 참조해야 한다.

(2) 손실이나 이익을 방치하지 말자

주식투자는 가꾸어야 할 화초같은 것이다. 매수하고 마냥 방치를 해서도 안 되지만 지나치게 신경을 써서 일상에 불편을 초래하는 대상이 되어서도 안 된다. 주식을 매수하고 그냥 방치하는 경우 수익을 익절할 타이밍을 놓치거나, 손실이 눈덩이처럼 늘어나는 일이 벌어진다. 그러므로 주식을 매수한 경우 자신의 종목의 추세를 꾸준하게 관찰하고 이에 맞는 대응을 해야 한다.

(3) 손절의 개념을 확실히 하자

손절은 주가가 더 떨어질 것으로 예상하고 손실을 절약하는 것이다. 주가가 아무리 떨어져도 매도를 할 타이밍이 아니면 다음에 매도를 하는 것이 좋다. 이평선이나 지지선 근방, 종목의 문제가 아닌 시장하락의 영향으로 하락하는 경우에 손절은 다음날 후회로 돌아오는 경우가 많다. 반면에 오랫동안 횡보한 주가의 지지선을 깨거나, 넥라인(고점에서 쌍봉을 만든 후 전 저점을 깨는 경우)을 깨는 경우에는 반드시 손절하는 것이 다음날 만족을 가져다 주는 경우가 흔하다.

(4) 인간의 일반적인 감정을 극복하자

전 세계의 투자자들의 심리는 거의 동일하게 움직인다. 매도하여야 하는 타이밍에도 미련이 남아 매달리거나 매수하여야 하는 경우에도 고점이라는 공포감에 매수를 주저한다. 그리고 손절하여야 하는 타이밍에도 손실을 확정하는 것이 싫어 매도를 하지 않아 손실을 더 키우는 경우가 많다. 어찌보면 이것은 '자신감'의 결여에서 나오는 행태이다. 경험해보지 않았기 때문에 두려운 것이다. 그러므로 주식투자 처음부터 여유자금을 100% 활용하여 투자하는 것은 바닷물에 몸을 던지는 것과 같다. 일단은 여유자금 중 10%만으로 가지고 자신이 공부한 기법들을 연습하고 그것이 시장에서 수익을 가져다 준다는 확신을 가진 후에 나머지 자금을 투자하는 것이 현명한 것이다. 그리고 이 기간에 자신의 투자성향이 중기와 단기투자 중에 맞는 성향을 파악하는 것이 좋다. 일반적으로 매일 매일 주식투자를 할 수 없는 사람(자영업자나 직장인)은 중·장기 투자가 알맞고,

주식을 전업으로 하여 생활비를 벌어야 하는 사람은 단기투자가 맞다고 할 수 있다. 그러므로 자신에 맞는 투자스타일을 결정하고 이에 맞는 기법을 소액이나 모의투자를 통해서 체화해야 한다. 물론 포트폴리오를 정해서 중·장기투자와 단기투자를 적절하게 배분하여 주식투자를 하는 사람도 많이 있다.

(5) 주식시장에서 오랫동안 살아남자

큰 변동성에 뛰어들어 수익을 보는 투자자들이 지금까지 많이 있었다. 미국 주식시장의 '제시 리버모어'가 대표적인 사람이다. 그는 공매도나 상·하방의 양방향의 매매를 하여 엄청난 수익을 얻었던 사람이다. 하지만 무리한 투자 탓에 몇 번의 파산과 재기 그리고 이혼을 거친 후에 자살로 생을 마감한 비운의 투자자이다. 큰 변동성을 선호하는 사람들의 경우 다 그런 것은 아니지만 많은 사람들이 주식투자를 오래 하지 못하고 주식시장을 떠났다. 주식시장에서 중요한 것은 자신의 자산을 지키는 것이다. 그러므로 단기매매를 하더라도 기본적인 재무제표가 갖추어진 기업을 매매하는 것이 좋다.

(6) 여윳돈으로 투자하자

주식투자를 하다 보면 소위 비자발적 투자자가 되는 경우가 생긴다. 기관, 외국인들은 그런 상황을 일부러 조장하여 단기투자자를 퇴출시키거나 매물대를 엷게 하려 한다. 이런 상황에서 여윳돈으로 투자하지 않으면 주식을 오랫동안 보유할 수가 없다. 만일 종목의 재무가 좋고 여윳돈으로 주식을 매수한 경우라면 시간을 기다려 손실을 회복할 수 있는 경우가 많다. 하지만, 시간을 기다리지 못하는 자금으로 투자하는 상황이라면 눈물을 머금고 손절해야 하는 것이므로 주식투자자금은 장기간 활용이 가능한 자금이어야 한다.

(7) 항상 주식공부를 해야 한다.

주식시장은 매우 냉정하다. 자신의 손실이 눈덩이처럼 불어나더라도 누구 하나 돌봐주지 않는다. 오로지 자기 자신밖에 믿을 사람이 없다. 그러므로 자신의 주식 지식을 책이나 방송을 통해서 쌓아야 한다.

하지만 주식공부만 한다고 수익을 가져다 주는 것이 아니다. 주식투자를 하다 보면 욕심이나 미련, 그리고 공포 등으로 공부한 내용대로 적절한 매도와 매수를 하지 못하는 경우가 많다. 올바른 주식에 대한 지식을 실천하는 것은 주식공부를 하는 것보다 더 많은 시간이 소요된다. 주식공부를 열심히 하는 이상으로 주식투자에 맞지 않는 욕심이나 미련 등을 버리고 평정 속에 배운 내용이나 경험을 통한 기계적인 매매를 할 수 있는 절차탁마의 과정을 거쳐야 비로소 주식 시장에서 수익을 얻을 수 있는 것이다.

<주식 기초 상식>

1. 캐리트레이드(Carry Trade)

금리가 낮은 나라(미국, 일본, EU 등)의 통화를 빌려서 상대적으로 금리가 높은 나라(남아공, 브라질, 한국 등)에 투자를 하여 수익을 올리는 것을 의미한다. 안전자산(달러, 금 등)을 선호하는 심리가 높아지거나 선진국의 통화가치가 상승하는 경우 신흥국에서 선진국의 자금이 급속하게 빠져나가는 캐리 트레이드 청산이 발생하는데 이 경우 신흥국의 외환보유액이 소진되어 물가와 금리가 오르고 주식시장이 폭락하는 경제불안이 심화될 수 있다.

2. 기업공개

'상장을 목적으로 50인 이상 사람들에게 주식을 매도'하는 것을 말한다. 대게가 투자자의 지인이나 친·인척 등 우호적인 지분을 가지기 위해서 주식분산을 통해 기업의 내부를 투명하게 공개하는 것을 말하는 것이다.

3. 제3자배정

주주배정이나 일반공모 등이 아니라 미리 지정된 제3자(회사의 전략적 파트너 등)에게 자금을 유치하는 경우를 말한다.

4. 유상증자

기업이 주식을 추가로 발행하여 자본금을 늘리는 것을 말한다. 신주(새로 발행하는 주식)를 돈을 내고 사는 유상증자와 무상으로 나눠주는 무상증자가 있다. 단기적으로 주가에 부정적이다.

5. 보통주

우선 보통주와 우선주의 가장 큰 차이는 의사결정에 대한 의결권의 유무라고 할 수 있다. 보통주는 주주총회의 투표를 통하여 의결권을 행사하여 경영권에 참여할 수 있다.

6. 우선주

경영에 참가할 수 없는 즉 의결권이 없으나 이익분배, 잔여재산분배 등의 재산권 행사에 우선권이 주어진 주식을 말한다. 배당에 목적을 두는 주식으로 거의 모든 보통주 보다 우선주의 배당이 많다.

8. ETF(Exchange Traded Funds ; 상장지수펀드)

ETF는 유가증권시장에 상장되어있는 펀드 상품으로 매일매일 실시간 가격이 형성된다. 특히 ETF의 장점은 '증권거래세'가 면제되므로 수수료에 대한 부담이 적고 다양한 기초자산에 투자를 할 수 있어 투자의 폭을 넓혀 준다.

• 레버리지 ETF

레버리지 ETF는 주가상승 시 수익을 극대화시키기 위해 ETF 자체 내에서 순자산의 2배에 해당하는 주식관련 포지션을 보유함으로써 투자자들이 개별적으로 자금을 차입하지 않아도 레버리지 ETF를 매수하는 것만으로 자금을 차입하여 투자한 것과 유사한 효과를 얻을 수 있다.

• 인버스 ETF

인버스 ETF는 주식시장의 하락에 대비할 수 있는 헤지수단으로서 기존의 선물, 옵션 등의 파생상품과 달리 소액투자가 가능하다. 선물이나 옵션처럼 만기가 없기 때문에 개인투자자들에게 매우 유용한 헤지수단이 된다.

9. ELW(주식워런트증권)

기초자산을 미래의 기간에 정한 가격으로 '콜'(매수할 수 있는 권리) 또는 '풋'(매도할 수 있는 권리)할 수 있는 권리를 부여하는 것을 말한다. 옵션과 유사한 상품으로 가격이 떨어지거나 올라갈 때를 예상해 관련된 상품에 투자를 하여 수익을 내는 것을 말한다.

10. ETN(상장지수증권)

거래소에 상장된 채권을 손쉽게 거래할 수 있도록 한 것으로 특정지수의 수익을 정확하게 얻을 수 있다. 다만, 금융회사가 자기신용으로 발행하므로 발행주체가 파산하는 경우 투자금을 잃을 수 있다.

11. 미 수

주식을 보유한 현금 이상으로 매수하고, 미수 발생 후 3거래일 후 결제일까지 입금이나 주식을 매도하지 않는 경우 아침에 자동으로 반대매매가 나간다. 만약 미수를 사용하여 반대매매가 진행되는 경우 해당 계좌는 미수 동결 계좌로 지정되어 30일간 미수 사용이 금지된다.

12. 사 모

공모와 달리 사모는 대게가 불특정한 다수를 통한 주식의 배정이 아니고 개별적인 접촉을 통해서 투자를 받는 형식이다. 사모는 투자신탁, 자산운용, 국민연금 등 기관 투자자들이 대부분이다. 공모보다는 기업의 내용이 밝혀지지 않기 때문에 기업에 대한 신분 보장을 확실하게 할 수 있으며 광고나 비용에 대한 부담이 적게 드는 장점이 있다.

13. 블록딜

블록딜은 물량을 한꺼번에 매도하면 주가가 폭락하므로 주식을 대량 보유한 매도자가 사전에 매수자를 구해 장이 종료된 후에 지분을 넘기는 것을 말한다. 블록딜 후에는 보통 주가가 하락하므로 단기투자자는 적극적으로 대응하는 것이 좋다.

14. 레버리지

우리말로는 '지렛대의 힘'이라는 의미로, 보유한 현금 이상으로 투자를 할 수 있는 것을 말한다. 앞에서 말한 미수와 신용 투자가 레버리지 투자의 예에 해당한다. 레버리지를 잘 이용하는 경우 수익을 크게 가져 갈 수 있으나, 하락 시에는 원금 이상으로 손실을 볼 수도 있기 때문에 위험이 높은 투자방법이라 할 수 있다. 그리고 레버리지를 사용하는 경우 단기간에 주가의 상승을 기대하는 만큼 심리가 불안해질 수 있기 때문에 기관이나 외국인 들에게 역이용을 당할 수 있다는 것을 명심해야 한다. 즉 기관이나 외국인은 신용이나 미수비중이 높은 종목의 주가를 올리기 보다는 공매도를 통하여 하락시키거나 횡보시켜 반대매매가 나오도록 유도하는 경우가 많다.

〈 HTS 활용에 필요한 코드번호 〉 - 키움증권 HTS

1. 주가예측에 필요한 지표

- 예상지수추이 – 0223
- 시장종합 – 0200
- 차트 – 0600　　• 공매도추이 – 0142
- 업종시세(전업종지수) – 0214
- 종합시황뉴스 – 0700
- 대차거래 – 1060

2. 투자자별 매매동향

- 투자자별 매매동향 – 0796
- 투자자별별 입체분석 0720
- 외국인의 연속순매수동향 – 0243
- 기관, 외국인의 양매수 · 양매도 – 0798
- 투자자별 누적매매동향 – 0789
- 종목별 매매동향 – 0240
- 기관의 연속순매수 · 매도 – 0257

3. 순위분석

- 순위분석, 신고가/신저가 – 0161
- 전일거래량순위 – 0184
- 상한가/하한가 – 0162
- 기관별 공매도 순위 – 0189
- 전일대비등락률 상위 – 0181
- 시간외 거래량 상위종목 – 0172
- 신용비율상위종목 – 0188

4. 해외시장

- 주요국가의 전반적인 흐름파악 – 0725
- 지수의 동향파악 – 0729
- 해외차트-0730
- 다우지수의 장중 산업지수 – 0726
- 경제지표 발표일정- 0904
- 주요금리 -0752

Part 2 모르면 잃고 알면 번다

◈ 보합시세가 변동성으로 바뀔 때 그 방향으로 붙어라. - 긴 보합은 폭등이나 폭락의 전조이다.

◈ 천정권의 호재는 매도하고 바닥권의 악재는 매수해라.

◈ 신고가는 따라 붙어라.

◈ 기업분석에 너무 치중하지 말아라.

◈ 꿈이 있는 주식이 가장 크게 오른다.

◈ 주가는 실적에 선행하고 수급은 주가에 선행한다.

◈ 바닥은 깊고 천정은 짧다.

◈ 인기는 순환하고, 기회는 소녀처럼 왔다가 토끼처럼 사라진다.

◈ 모든 사람이 바라는 시세는 쉽게 주지 않는다.

01 현재 주식시장 위치 파악(강세, 약세, 조정)

1. 시장 흐름 파악의 중요성

주식투자를 하기 전에 가장 먼저 파악해야 하는 것이 현재 시장의 흐름이다. 주식투자에서의 성과는 주가가 오르내리는 확률로 결정이 된다. 당연한 논리이지만 이러한 흐름을 거슬러 손실을 보는 경우가 많은 것이 현실이다. 그러므로 주식투자는 반드시 주가의 상승 확률이 높을 때에 투자를 해야 한다. 투자자들은 이러한 시장의 흐름과 경제변수를 고려하지 않고 무작정 투자를 하여 수익이 나길 바란다. 양궁에서 바람이 강하게 부는 날(주식시장의 주가가 하락하거나 경제지표가 좋지 않은 경우)에는 10점을 쏘는 확률이 줄어드는 것처럼 주식투자에서도 수익보다는 손실의 위험이 커지는 것이다.

물론 기관이나 외국인들의 경우는 주식시장이 하락하는 때에도 공매도, 주식선물, 선물옵션을 통하여 주식시장의 하락을 보완(헤지)할 수 있는 수단을 가지고 있다. 하지만 개인들은 이러한 수단을 가지지 못한 것이 대부분이고 가졌다고 하더라도 여러 제약이 따른다. 물론 개인투자자도 주식 ETF인 인버스나 주식선물을 통하여서 하락장에서도 수익을 얻을 수 있다. 하지만 ETF인 인버스는 상방포지션에 익숙한 개인투자자에게는 생소하며, 선물 옵션시장은 개인에게 일정한 진입장벽이 있고 상대적으로 부족한 전문지식과 자금력으로 큰 손실의 위험성이 있다.

2. 시장흐름별 특성과 경제지표

시장 흐름	주식시장 특징	경제지표
강세장	• 고객예탁금 증가 • 외국인, 기관의 매수세 • 신용/미수 매매증가 • 주식거래량 증가	금리동결지속, 고용지표의 호전, 유가상승, 소비증가, 물가상승, 임금상승, 자금수요 증가 등

조정장	• 고객예탁금 변동성 축소 • 외국인, 기관의 매수약세 • 주식거래량 감소	민간소비지출증가, 생산위축, 실업률 증가, 기업수지 악화, 물가안정 등
약세장	• 고객예탁금 감소 • 외국인, 기관의 매도세 • 주식거래량 위축	금리인상, 실업률 최고, 투자활동 위축, 자금수요 감소, 금융긴축 등

3. 증권분석의 방식

(1) 탑다운(Top down) 방식

경제분석, 산업분석, 기업분석의 순으로 증권분석을 하는 것이다. '경제'라는 큰 숲을 본 후 식재된 나무 군락인 '산업(업종)'을 살핀 후 마지막으로 개별 나무인 '기업(종목)'을 분석하는 것이다. 즉 세계경제가 침체기에 있다고 분석되면 산업^기업분석과 상관없이 주식투자를 다음 기회로 미루는 것이다.

이에 비해 세계경제가 회복의 흐름을 보이거나 호황의 징조를 보인다면 산업분석을 통하여 어떤 산업이 세계경제의 트랜드에 맞는지 분석한다. 투자할 산업이 결정되면 개별 기업 중에서 발전가능성 있는 기업을 선별하여 투자를 하는 것이다.

탑다운 방식은 연구와 리서치를 위한 비용이 많이 소요되므로 인력과 자금이 충분한 기관이나 외국인들이 주로 활용한다. 그리고 기관이나 외국인처럼 대규모 자금을 운용하여 안정적인 수익을 거두는 투자행태를 가진 경우 시장이 성장하는 탑다운 방식이 유리하다.

(2) 버텀업(Bottom - Up) 방식

탑다운 방식과는 반대로 기업분석, 산업분석, 경제분석의 순으로 증권분석을 한다. 탑다운 방식이 거시적인 경제지표를 먼저 분석하여 긍정적 시그널이 보이는 경우 산업^기업분석을 통하여 투자를 하는 방식이라면 버텀업 방식은 특정 기업을 먼저 선택하여 분석한 후 투자할 가치가 있다면, 그 기업이 속해있는 업종의 업황과 거시경제 변수를 살펴보는 방식으로 증권분석을 한다. 이 방식은 중장기투자자보다는 단기간의 시세차익을 노리는 개인투자자들이 많이 사용하는 방식이다.

〈주식 기초 상식〉

1. '투자를 쉬는 것도 전략'이라는 말의 의미

개인투자자들이 가장 어려워하는 것이 매매를 쉬는 것이다. 상승장이 아니면 수익을 낼 확률은 현저히 떨어질 수밖에 없다. 매일 매일 투자를 하는 사람들은 손해를 본 투자자가 많으므로 단기간의 수익으로 본전을 찾으려 하는 경향이 강하다. 하지만 주식투자는 여유 없이 진격만 해서는 수익을 내기 쉽지 않다.

2. 빅맥지수

모든 나라들의 통화가치는 각각 다르다. 하지만 맥도널드의 빅맥 햄버거 기준을 통해서 간접적으로 비교할 수 있는 방법이 빅맥지수이다. 현지에 있는 햄버거 가격을 달러로 환산하여 기준으로 삼고 각국의 통화에 대한 가치를 빅맥이라는 햄버거를 통해서 간접적으로 비교할 수 있는 것이다.

3. 치킨게임

치킨게임의 어원은 과거 미국 젊은이들에게 유행했던 놀이에서 유래를 찾을 수 있다. 각자 자기가 보유하고 있는 차를 마주보며 달리다 마지막에 핸들을 꺾는 사람이 지는 사람이며 그를 치킨이라는 겁쟁이로 비유를 하는 것이다. 만일 어느 한쪽이 포기하면 다른 쪽이 관련 되어 큰 이득을 볼 수 있다. 2010년 삼성전자가 세계 반도체 업체들과 함께 치킨게임(반도체 가격인하 경쟁)을 벌인 유명한 일화가 있다. 당시 많은 현금을 보유한 삼성전자가 끝까지 버티면서 치킨게임의 승자가 되었다.

4. 양적완화정책

자국 내의 경기부양을 위해 금리를 인하하고 중앙은행이 국채 등을 매입하여 통화량을 증가시키는 것을 말한다. 즉 시장에 통화량을 증가시키는 통화정책과 대규모 국책사업을 통한 재정정책을 통하여 경기를 부양하는 정책을 말한다. 2008년 세계 금융위기를 벗어나기 위해서 미국 등 주요 국가는 금리를 인하하는 등의 정책을 통하여 유동성을 시장에 제공하여 실물경기 회복을 지원했다.

5. 테이퍼링

출구전략의 일종으로 연방준비제도(Fed)가 양적완화 정책을 점진적으로 축소해나가는 것을 말한다. 테이퍼링이 계속되면 신흥국에서 달러자금이 빠져나가 주식시장의 폭락이나 외환위기를 겪을 수 있다.

주식만평

의심스러운 요즘……

코스닥

거래소

2009년 일본에서 발생한 쓰나미로 인하여 후쿠시마 원자력 발전소의 방사능이 누출되는 사고가 발생하여 각국 주식시장이 단기적으로 큰 하락을 보였다. 이렇게 해외의 악재로 주식시장이 조정을 보이는 경우 아무리 성장성이 있고 트랜드에 적합한 기업의 주가라도 동반하여 하락한다. 그러므로 이러한 동반하락장에서는 투자를 하지 않는 것이 자신의 투자자산을 지키는 것이다. 하지만 악재로 인한 영향에 비해 주가의 하락이 과도한 경우에는 오히려 공격적인 주식투자가 큰 이익을 가져다준다. 이는 악재 이전부터 주식을 소유한 사람들에게는 통용되지 않는 말일 수 있다. 악재 이전에 주식을 소유한 사람들은 악재의 영향이 단기적인지 장기적인지를 파악할 수 있어야 한다. 2008년 미국의 서브프라임 모기지의 악재처럼 시스템의 붕괴로 인한 경우에는 보유 주식을 처분하고 새로운 매수시점을 탐색해야 한다. 그렇지 않고 브렉시트나 북핵문제처럼 일시적인 악재라고 판단되는 경우에는 주식을 계속 보유하는 것이 낫다. 단기적인 악재의 경우에는 주가의 하락은 일시적인 현상으로 이내 곧 그 하락폭을 메꾸는 경우가 훨씬 많기 때문이다.

---

02 **현재 시장의 대응전략 세우기**

앞에서 말한바와 같이 주식시장에서는 시장의 움직임에 따라 유연하게 전략을 세워야 수익을 낼 수 있는 확률이 높아진다. 그러면 투자자별 투자성향을 먼저 설명한 다음, 주식시장의 움직임에 따른 현명한 투자전략을 어떻게 세워야 할지를 설명하도록 하겠다.

1. 투자자들의 유형 및 특징

(1) 기관투자자(은행, 보험회사, 증권회사, 투자신탁회사, 연금이나 기금을 관리·운용하는 법인 등)

기관투자자들은 보통 법인형태를 취하고 있으며 외국인 투자자들과 주식시장의 한축을 담당하고 있다. 이들은 국내 주식시장에서도 투자를 하지만 외국의 주식시장에서도 투자를 하기도 한다. 이들은 대게 중대형주에 투자하나 우량한 소형주에 투자하는 경우 그 종목에서 큰 영향력을 행사한다. 이들은 내재가치가 있는 종목을 장기적인 호흡을 가지고 투자하는 외국인투자자와는 달리 단기적인 투자를 하는 경향이 있다(특히 투자신탁회사).

(2) 외국인투자자

외국인투자자는 기관, 개인에 비해 내재가치가 있는 기업을 장기적으로 투자하는 성향을 갖는다. 다양한 자금이 유입되어 투자가 진행되며 글로벌 시장과의 연관성이 있는 종목, 배당률이나 성장성이 높은 업체들에 투자를 하는 경향이 있다. 하지만 외국인투자자가 모두 장기적인 투자를 하는 것은 아니다. 일부 외국계 금융투자회사의 경우는 단기적인 투자를 하는 경향이 있다.

(3) 개인투자자

중·장기 투자보다는 단기적인 매매를 하는 경우가 많다. 개인투자자는 대형주보다는 중·소형주 위주로 포트폴리오를 구성하며 단기적인 성향이 강하므로 기업의 실적보다는 재료나 주가의 단기적인 움직임을 보고 투자하는 경우가 많다.

2. 개인투자자 장점의 활용

개인투자자는 자금, 정보, 헤지능력 등의 측면에서 기관투자자보다 여러 가지로 부족하나, 증시상황에 따라 자금의 집행을 할 수 있는 신속성의 측면에서는 장점이 있다. 예를 들어 개인투자자는 오늘 매수한 종목이 상승하지 않는다면 즉시 매도할 수 있다. 하지만 기관투자자들은 오늘 매수한 종목이 상승하지 않더라도 바로 매도하고 다른 종목을 살 수 있는 신속성을 발휘하기가 쉽지 않다. 기관은 처음 종목을 매수할 때부터 신중한 논의와 투자전략을 수립하여 계획에 따라 자금이 순차적으로 집행되기 때문에 단기적인 증시상황에 따라 즉시 이미 수립한 자금의 집행결정을 되돌리기 쉽지 않은 것이다.

이렇듯 개인투자자들은 신속한 결정의 측면에서 장점이 있기 때문에 이를 잘 살리고 단점을 수정하는 전략을 세워야 할 것이다. 즉 주가의 상승 타이밍에서 주식을 매수하고, 손실은 기계적인 손절매를 통하여 줄여나가는 투자습관을 배양해야 할 것이다.

3. 시장에 따른 주력주 배분

시장흐름(2017)	편입업종 주도주	편입주식과 매매전략
강세장	• IT기반으로 한 대형주 중심종목 (삼성전자, SK하이닉스, 삼성전기 등) • 종목별 순환매 대형주 위주(반도체 → OLED → 은행 → 증권 → 화학 등)	대형주 위주의 투자를 하고 추세추종의 매매를 하는 것이 유리
조정장	• 개별적인 이슈로 상승 차별화 • 카카오뱅크 영업시작 관련주상승 • 삼성전자의 후광을 입은 IT업종 • 중소형주의 삼성전자와 키맞추기 • 실적 턴어라운드나 호전주 강세 • 배당이나 자산주들 개별 상승 • 정부정책과 연계된 4차산업	중소형주 위주의 투자를 하고 스윙투자와 추세추종매매를 겸하는 투자전략을 취하는 것이 유리
약세장	• 시장의 전반적인 하락 지속 중 • 트랜드와 상관없는 가치주 관심 • 우선주와 스팩 관련주 시장 관심 • 수익이 발생할 확률이 낮음	현금의 비중을 높이고 단기적인 매매를 하는 투자전략이 유리

03 주식시장과 경제지표의 상관관계

1. 주가지수와 경기종합지수

주가지수는 전형적인 선행지표로서 작용을 한다. 그 이유는 업황이 좋아지고 기업의 수익이 좋아질 것으로 예측이 되면 주식에 대한 수요가 높아지고 그것은 주가의 상승으로 이어지기 때문이다. 그러므로 현재 경기가 안 좋더라도 앞으로 경기가 좋아질 것으로 기대되는 경우에 보통 3~6개월 먼저 경기회복을 선반영하여 주가에 반영된다.

경기와 주가와 밀접하게 관계되어 있으므로 경기예측의 방법을 이용하면 주가도 예측할 수 있다. 경기 예측의 방법으로는 경기종합지수, BSI(기업실사지수), 계량경제 모형 등이 있는데 가장 많이 사용하는 예측방법은 경기종합지수이다.

아래의 표는 경기종합지수를 세분화하여 나열한 표이다. 경기종합지수에 의한 경기판단은 선행지표를 이용하여 경기동향을 예측하고, 동행지표와 후행지표를 이용하여 경기동향을 확인하는 것이다.

[자료출처 : 신한FSB리뷰]

경제	선행지표	동행지표	후행지표
고 용	• 입직자/이직자비율	• 비농가취업지수	• 이직자수 • 상용근로자수 • 비농가실업율
생 산	• BSI(기업경기실사지수) • 재고순환지표 • 중간재출하지수	• 산업생산지수 • 제조가동률지수 • 생산자출하지수	• 생산제품재고지수
투 자	• 건축허가면적 • 설비투자 추계지수 • 자본재수입액	• 건설기성액 • 시멘트소비량	• 기계류수입액
소 비	• 내구소비재출하지수	• 도소매판매지수 • 비내구재 소비재출하지수	• 도시가계소비지출 • 내수소비재 출하지수
통 화	• 총유동성 • 종합주가지수	• 환율	
무 역	• 수출신용장내도액 • 수출용원자재수입액	• 수출액, 수입액	
금 융			• 회사채수익율
재 고	• 재고순환지표		• 생산자제품재고지수

경기종합지수는 경기에 민감한 몇 개의 대표적인 경제지표를 선정하여 이들을 종합적인 지수형태로 나타낸 종합적인 경기지표를 말한다. 이번 장에서는 적절한 투자시기를 예측할 수 있는 자세한 내용을 설명하도록 하겠다.

2. 경기사이클과 주가의 관계

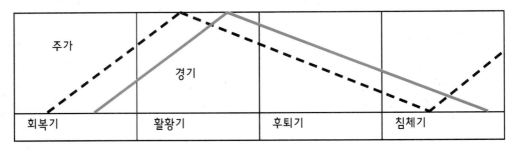

경기사이클은 회복기(도입기) → 활황기(성장기) → 성숙기(후퇴기) → 쇠퇴기(침체기)
의 과정을 거친다. 위 표의 점선의 주가가 경기보다 3~5개월 선행적으로 움직
이는 모습을 설명한 것이다. 대게 경기회복기와 활황기에는 주식과 같은 투자
자산에 투자를 많이 하는 것이 좋으며, 경기후퇴기와 침체기 국면에서는 주식
과 같은 투자자산보다는 위험이 적으나 안정적인 마진(수익)을 얻을 수 있는 채
권에 투자를 하는 것이 좋을 것이다.

(1) 통화량과 GDP성장률

경제 활성화의 전제조건은 시중에 돈이 많이 있는지 없는지(화폐유동성)를 의미하
는 경우가 많다. 즉 시중에 돈이 많이 풀려있다면(화폐의 유동성이 큰 경우) 소비자들의
수중에 현금이 많이 있다는 의미로 풀어 설명할 수 있다. 다시 말해 정부에서 통
화량을 증대시키면 기업의 자금조달 비용이 줄어들어 자금사정이 좋아지면 이를
통하여 설비나 고용투자를 하게 되고 이를 통해 근로자들의 소득이 늘어나면 소
비를 증대시키는 동시에 주가를 상승시킨다. 이렇듯 통화량은 단기적으로 실물
부문에 영향을 미치지만 장기적으로는 시차를 두고 물가상승을 가져온다.

이와 비슷한 형태가 GDP(국내총생산) 성장률이다. GDP성장률은 우리나라 영토 내에
서 생산된 모든 상품이나 서비스의 부가가치를 합한 종합적인 지표이다. GDP성장
률이 높아진다면 그만큼 기업이나 근로자 등이 소비를 할 수 있는 여력이 많아진다
는 것을 의미한다. 그러므로 GDP가 상승한다면 주가도 상승할 가능성이 높아진다
고 할 수 있다.

(2) 물가와 주가

시중에 통화량이 많아지면(돈이 많이 풀리면) 일어나는 현상 중에 하나가 인플레이
션이다. 즉 경제성장률과 상관없이 물가가 오르는 현상이다(물가상승은 보통 경기활황
기에 일어남). 물가가 상승한다는 것은 시중에 통화량이 많다는 의미이고 이는 주

가의 상승을 가져온다. 그래서 인플레이션은 디플레이션(물가인하)과 반대로 주가와 정비례의 관계를 가진다고 볼 수 있다. 다만 스테그플레이션(경기침체 중의 물가상승)의 상태에서는 주가의 상승으로 이어지지 않는 경우가 많다.

(3) 금리와 주가

주식시장과 관련이 많은 지표가 바로 금리이다. 금리는 기업이나 가계에 빌려주는 이자율을 말한다. 그동안 미국은 금리인하를 통해서 자국의 경기를 인위적으로 부양하려고 하였다. 하지만 최근에는 미국의 경기가 호황기에 접어들고 실업률도 낮아져 금리인상으로 정책방향을 선회하였다. 하지만 이러한 미국의 금리인상은 우리나라와 같은 신흥국의 입장에서는 달가운 현상이 아니다. 왜냐하면 미국의 금리인상은 우리나라에 들어온 외국인의 자금이 높은 금리를 찾아 미국으로 빠져나갈 위험이 있기 때문이다. 그리고 금리인상은 자금을 푸는데 더 엄격한 잣대를 적용할 수 있기 때문에 금리인상은 주식시장에 단기적인 악재로 작용할 수 있다.

<금리인상의 효과에 대한 사례>

A기업이 금리 인하 전에는 1%로 대출을 받았으나 현재는 금리가 2%로 높아졌다고 해보자. 그러면 1%의 대출이자가 추가로 발생한다. 그러면 높아진 비용으로 예전보다 신규고용이나 설비투자에 대한 비중이 줄어 들 수밖에 없다. 설비투자가 감소하고 임금동결이나 신규 채용이 감소되는 경우 기업의 실적이 감소되고 근로자는 소득이 줄어들어 주식을 살 수 있는 여력 또한 줄어들기 때문에 주가에 부정적인 영향을 미치게 된다.

＊ 아래 표는 금리인상에 대한 효과를 나열해 놓은 것이다. 하지만 현실적으로는 다양한 여러 지표들이 복합적으로 연결되면서 경제에 영향을 미친다.

[금리인상의 효과]

금리 효과에 따른 영향	
금리인상(통화긴축)	금리인하(통화확대)
• 기업투자부담 → 고용감소/소비위축 → 경기부진과 내수불경기확대 • 대출엄격 → (위험자산 < 안전자산) → 채권(RP, MMF)/금 →주식상품 투자감소	• 기업투자증진 → 가계소득/고용창출 → 국가소비증진(내수소비의 활성화 기대) • 저금리대출(부동산 < 주식) → 주식시장 자금유입 → 주식시장 활성화기대

(4) 환율과 주가

외국인 투자자들의 비중이 높은 우리나라는 환율의 영향에 민감하다. 자원이 부족한 우리나라의 산업은 수출에 대한 의존도가 높아 환율의 변동에 민감하게 영향을 받는다. 즉 환율이 상승(원화가치의 하락)하면 기존 상품의 판매로 환전할 수 있는 원화의 금액이 상승하여 기업의 수익은 증가한다(수출증대).

<환율상승 : 원화가치하락의 사례>

일반적으로 외국인 투자자들은 국내 원화를 달러로 환전하기 때문에 원/달러 환율에 민감하다. 우선 환율이 1,000원에서 2,000원으로 상승하는 경우, 예전에는 1,000원으로 1$를 환전할 수 있었으나 현재는 2,000원에 1$로 가져간다. 결국 외국인은 1,000원 만큼의 환차손으로 손해를 본다. 그래서 환율이 갑자기 상승하는 경우 외국인의 매도세가 증가하여 주가가 하락한다.

우리나라의 수출관련주들은 환율이 오르는 경우 기업의 수익성이 좋아지나, 주가의 경우에 환율의 상승은 외국인의 매도로 주가가 하락한다. 물론 환율의 상승은 기업의 실적이 좋아져 장기적으로는 주가상승의 원인이 되기도 한다.

아래 표는 환율상승과 하락이 외국인과 우리나라 투자자들에 미치는 영향을 설명한 것이다.

환율영향	외국인	우리나라 투자자
환율상승(원화가치하락) 1,000원 → 1,100원	주식시장에서 달러로 환전 1000원 → 1$ 1100원 → 1$ 외국인 환차손 −100원 발생 차이가 커질수록 외국인 매도증가	수출기업의 입장 1000원 → 1$ 1100원 → 1$ 상품 가격 100원만큼 추가 수익이 발생
환율하락(원화가치상승) 1,000원 → 900원	주식시장에서 달러로 전환 1000원 → 1$ 900원 → 1$ 외국인 환차익+100원 발생 차이가 커질수록 외국인 매수증가	수입기업 입장 수혜 1000원 → 1$ 900원 → 1$ • 수입제품 100원 만큼 추가수입발생 • 수출기업의 경우 100원 만큼 수익감소

환율 영향	수혜주
환율 상승	반도체, OLED(디스플레이), 스마트폰부품, 전기전자, 컨텐츠, 자동차, 조선, 플랜트건설 업종 등
환율 하락	여행주, 의류소비주, 음식료업종, 유가관련주, 철강, 해운 및 항공 업종등

(5) 유가/원자재와 주가

자원이 부족한 우리나라는 수출위주의 산업구조를 가지고 있다. 그래서 원자재를 수입하여 이를 가공한 후에 판매를 하는 산업구조를 가지고 있다. 따라서 우리나라 산업은 원자재와 유가의 가격에 민감하게 영향을 받는 구조를 가지고 있다. 특히 원자재나 유가 상승으로 상품가격이 상승한다면 같은 제품을 판매하는 국가와의 경쟁에서 뒤질 수 있다.

또한 유가나 원자재 가격의 상승 추이에 대한 관심과 함께 원유나 원자재의 수입가격에 영향을 미치는 환율의 영향도 관찰해야 한다. 즉 원자재의 가격상승과 함께 환율의 상승은 수입가격을 더욱 상승시켜 기업에 큰 부담을 줄 수 있다. 이러한 경우 기업은 상품의 가격을 올리는 '가격전가'의 방법을 사용하나 경쟁상품의 상품의 가격이 상승하지 않는 불경기에는 이마저도 쉽지 않다. 참고로 유가는 세계경기가 호황일 경우 상승하는 경향을 가진다. 그리고 호황기에는 유가 상승분으로 인한 비용상승을 상품가격의 인상으로 메우는 것이 용이하다.

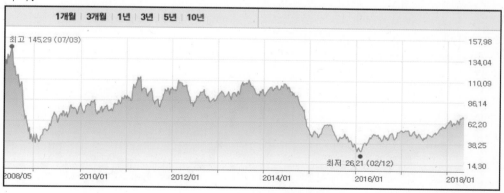

[자료출처 : 네이버금융]

위 그림은 WTI(서부텍사스) 10년간의 유가를 표시한 그림이다. 2008년 미국의 서브프라임 모기지론으로 인한 금융위기의 발생으로 전세계 경기가 좋지 않았을 때에는 유가가 하락하였다. 다시 경기가 좋아지면서 2011년 한때 유가가

110$ 이상이 되면서 중동국가들이 엄청난 부를 축적할 수 있었다.

하지만 2014년 말부터 발생한 중동과 미국 간에 원유에 대한 소비와 생산에 대한 의견대립으로 미국은 셰일가스를 개발·생산하여 시장에 공급하여 유가의 하락을 부채질하였다. 최근 중동의 원유 감산 합의로 유가가 상승 중이나 그 상승은 제한적일 것으로 예측하고 있다(유가상승 시 셰일가스 생산증가로 유가상승 억제).

원유는 한정된 자원으로 소각되는 에너지이기 때문에 언젠가는 고갈되는 위험성도 있지만 환경오염으로 전세계 환경문제를 야기하였다. 그래서 각국은 환경을 보호하고 녹색성장을 위한 파리기후협약 등을 발효시켰다.

하지만 미국의 트럼프 대통령이 당선되면서 AMERICAN FIRST! 라는 구호를 가지고 보호무역과 동시에 경기를 부양시키는 정책을 펴기 위해 파리기후협약을 탈퇴하고 반대로 보유하고 있는 셰일가스를 적극적으로 생산하겠다는 정책을 펴고 있다.

유가가격	긍정적인 업종
유가상승	1. 중동국가의 소득과 소비의 증가로 인한 건설주 2. 원유를 정제해서 상품을 만드는 석유화학주 3. 대체에너지 생산에 투자 가능(태양광, 풍력, 조력발전 관련주) 4. 유가 부담에 따른 전기차 수요증가 5. 해외 광구나 원유 개발 업체들
유가하락	1. 고정적인 비용 감소로 인한 항공주 2. 배송이나 유통하는 업체들의 유류비 절감으로 인한 해운주나 운송주 3. 자동차 소비증가 가능성으로 인한 자동차주

<사례> [아시아나항공(020560)]

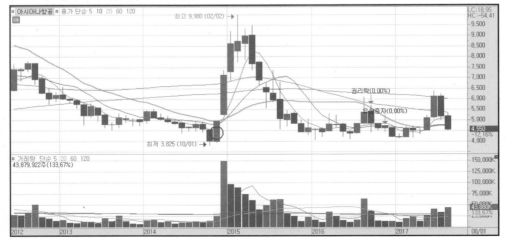

<사례 설명>

WTI(서부텍사스중질유) 가격이 2014년 10월부터 하락하였는데 아시아나항공의 주가(월봉)도 정확히 10월부터 반등하는 것을 볼 수 있다. 항공사는 원유를 직접 서비스에 사용하는 종목으로 유가의 변동에 민감하게 반응하므로 유가의 변동에 따라 이들 종목의 주가를 유심히 살펴보아야 한다.

〈주식 기초 상식〉

1. 세계 3대 원유

- **브랜트유**

영국의 북해 근처에서 생산되고 있고 유럽이나 아프리카 등지에서 이용되는 원유로서 3시장과의 상호연관성이 크다.

- **두바이유**

중동국가들에서 생산되며 아시아 지역에서 주로 사용되고 있는 원유이다.

- **WTI(서부텍사스중질유)**

세계 유가 가격에 기준이 되는 미국의 대표적인 원유로 미국과 인근 나라들이 소비하고 있는 원유이다.

2. 소비자심리지수

우리나라 소비자들이 경제에 얼마나 영향을 줄 수 있는지를 파악할 수 있는 지표라고 볼수 있다. 2005년 1월부터 한국은행이 발표하며 지수는 100을 기준으로 높으면 평균 경기상황이 좋아진다고 할 수 있고 반대로 100을 기준으로 낮으면 경기상황이 좋지 않다고 말할 수 있다.

주식만평

여행주의 주가가 상승하기 위해서는 국내여행객과 외국인 관광객의 유·출입이 증가되어야 한다. 외국인 여행객의 경우 국내여행사를 이용하지 않을 가능성이 크므로 여행주의 실적증가에는 외국인여행객보다 해외로 출국하는 국내여행객이 증가해야 한다. 특히 환율의 하락은 원화가치의 상승으로 출국하는 국내여행객이 많아져 여행주 관련기업의 실적이 증대된다.

하지만 여행주의 경우 급격한 환율의 변동, 재난이나 테러의 발생으로 여행객뿐만 아니라 주식투자자의 심리를 위축시킬 수 있어 주가의 하락변동성이 클 수 있다는 점을 주의해야 한다.

주식을 하다보면 다양한 일정에 접하게 된다. 경제일정(FOMC회의, OPEC회의, ECB통화정책회의 등), 산업일정(CES2018, MWC2018, 디트로이트모터쇼 등), 기업일정(실적, 신제품 출시, 쇼케이스 등)이 있다. 하지만 개인투자자 대부분은 이런 계획이 투자에 도움이 되는지 안 되는지 알지 못하는 경우가 대부분이다.

여기서는 다양한 일정이나 계획들이 어떻게 주식시장과의 연관되는지를 알아보고, 만약에 투자를 한다면 어느 시점에서 매매를 해야 되는지 설명하도록 하겠다.

1. 정보 취득 가능한 사이트

전산인프라가 발전되면서 각 증권사들도 다양한 컨텐츠를 제공하여 고객을 모집하고 있다. 이제는 고객들이 거래 증권사의 투자자들이 원하는 정보가 부족하면 과감하게 증권사를 변경하는 경향이다. 그래서 증권사들은 심혈을 기울여서 다양한 컨텐츠를 제공하고 있다. 더욱이 요즘에는 증권사는 물론이고 포털사이트나 증권방송, 증권정보사이트 등에서 다양한 정보를 제공하고 있다. 그러므로 개인투자자들은 조금의 노력만 기울이면 양질의 정보를 얻을 수 있는 시대이다.

기본적인 정보 습득은 뭐니 해도 포털사이트이다. 주식관련 정보가 많은 사이트는 네이버, 다음카카오가 있다. 그리고 팍스넷은 주식만을 위한 사이트이나 현재는 포털사이트에 밀려 예전만큼의 인기는 없는 상태이다.

포털사이트 중에서도 네이버(네이버금융)의 메인 페이지에 증권 카테고리가 놓여 있다. 그만큼 사람들의 관심이 많다는 것을 방증하는 것이다. 증권 카테고리를 클릭하면 금융홈부터 시작해서 추천종목까지 하부 카테고리가 나오는 걸 확인할 수 있다.

그 중에서 '투자전략'이라는 카테고리를 클릭하면 다양한 메뉴들이 왼쪽 화면에 자리를 차지하고 있는 것을 알 수 있다. 여기서는 전문가 칼럼부터 시작해 각 증권사들의 다양한 리포트 등을 무료로 볼 수 있다. 그리고 각 종목별로 전자공시 시스템까지 볼 수 있으므로 각 개인의 노력 여하에 따라 볼 수 있는 컨텐츠가 무궁무진하다고 볼 수 있다.

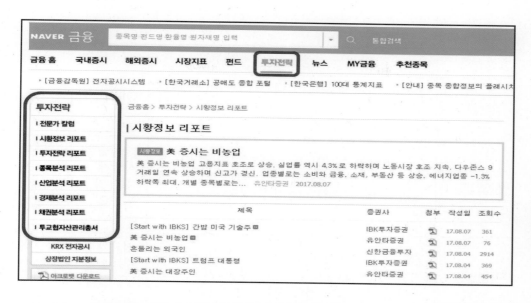

사이트분류	정보제공
사이트정보	http://finance.naver.com/ 네이버 시황전략, 투자전략, 산업분석, 종목분석, 경제분석 등 http://finance.daum.net/ 다음 종목토론, 칼럼, 리포트, 동영상 등
증권사 사이트	https://www.hanaw.com/ 하나대투증권 https://www.kiwoom.com/ 키움증권 https://www.kbsec.com/ KB증권 http://www.truefriend.com/ 한국증권 https://www.daishin.com/ 대신증권 https://www.eugenefn.com/ 유진투자증권 https://www.myasset.com/ 유안타증권 http://home.imeritz.com/ 메리츠증권 http://www.iprovest.com/ 교보증권 https://www.samsungpop.com/ 삼성증권 https://www.miraeassetdaewoo.com/ 미래에셋대우
기타 사이트	http://paxnet.moneta.co.kr/ 팍스넷 http://www.infostock.co.kr/ 인포스탁 http://www.itooza.com/ 아이투자 http://www.fnguide.com/ 에프앤가이드 http://www.toptv.co.kr/ 탑TV http://www.wownet.co.kr/ 한국경제 와우넷

2. 일정의 종류

일정 종류	중요일정	기 타
경제일정	FOMC 회의일정(미국 매년 10월), ECB통화정책회의(유럽), 중국양회, 전인대(중국 3월), GDP성장율, 경제성장율	OPEC, IAEA, G7, G20 등
산업일정	CES2018(미국 1월), JP모건헬스케어컨퍼런스, MWC2017(바르셀로나 2월), MWC상하이, 제네바모터쇼, 블랙프라이데이(미국 11월), 지스타 등	중국춘절 1~2월, 황사발생 3~4월, 대통령선거, 보궐선거, 월드컵, 하계/동계 올림픽 등
기업일정	1분기실적발표(5월), 2분기실적발표(8월), 3분기실적발표(11월), 4분기실적발표(2월), 구글개발자 컨퍼런스, 애플개발자 컨퍼런스 등	신약개발일정, 설비투자완료일정, 유상증자, 채권발행일정 등

3. 일정관련 매매 방법

다양한 일정을 남들보다 먼저 안다면 투자하는 데 도움이 될 것인가? 주식투자는 모든 가능성을 열어두고 대비하는 것이 바람직하다. 그러므로 미리 일정 등을 파악하여 두고 선취매를 하면 그 일정 등이 시장에서 이슈가 되기 전에 먼저 주가가 움직여 이익을 줄 수 있다. 그럼 구체적으로 어떤 방법이 있는 지 확인해보자.

(1) 남들이 모두 아는 뉴스에는 투자하지 말자!

기관 투자자들이나 외국인 투자자들은 미리 일정을 파악하고 조용히 움직이는 경향이 있다. 즉 그들은 "소문에 사서 뉴스에 팔아라"처럼 선취매를 하고 시장의 반응에 따라 매도를 하는 경우가 많다. 그러므로 개인투자자들은 종목의 일정을 파악하여 미리 대비하는 것이 필요하다. → 선수나 세력은 일정에 앞서서 움직인다.

(2) 다양한 일정 및 이슈를 파악해라!

이벤트에는 시장의 흐름과 상관없이 형식적으로 진행되는 것과 특별하면서도 돌발적으로 생기는 이슈에서 진행하는 것이 있다. 전자보다는 후자가 주식시장에서 호재로 받아들여지는 경우가 많아 시장이 반응하는 속도도 신속하여 주가에 즉시 반영된다. 즉 이러한 이벤트의 성질을 빨리 파악하는 것이 주식의 수익을 결정짓는 요소가 된다. → 모터쇼, CES2018, EXPO, 실적발표 등

(3) 일정은 테마나 이슈를 만든다.

　강세장이라면 일정과 관련된 부분은 시장에서 묻히는 경우가 많다. 하지만 시장이 조정장이거나 약세장이라면 어떤 일정이나 테마는 이슈를 부르면서 단기간에 주가가 상승하는 테마주를 만들기도 하므로 늘 관심을 갖는 것이 필요하다.

→ 스마트폰부품, 사물인터넷 , 3D프린팅, 자율주행차, 전기차, 수소차 등

(4) 일정관련 예시

> • CES[미국소비자가전쇼 ; Consumer Electronics Show) 2018.1.9 ～ 1.12
> 주요이슈 – 스마트시티, 무선보안, 마이크로 LED, 5G, 헬스케어, 인공지능, 자율주행차, 사물인터넷, 로봇, 전기차, 디스플레이

　CES는 IT 부품 박람회 중에 가장 먼저 개최하기 때문에 관련 회사들의 다양한 볼거리가 풍부하며 앞으로의 시장 트랜드가 어떻게 바뀔지도 알 수 있는 행사이다. 그러므로 주식을 투자하는 사람들은 이런 이슈가 있을 때 마다 주가의 흐름을 잘 파악해야 한다. 3년 간 CES 행사에 빠지지 않고 들어가는 것이 바로 스마트폰 이슈이다. 그래서 스마트폰 관련주들의 주가는 CES 한두 달 전부터 미리 움직이는 습성이 있다. 주식이란 기대감이 주가에 선반영 되기 때문에 이런 일정들이 단기적인 모멘텀이 될 수 있다. 시장이 안 좋은 경우 더욱 그렇다.

　아래 그림은 첫 번째 삼성전자, 두 번째 인터플렉스, 세 번째가 파트론의 2017년 CES 일정에 따른 주가추이다. 스마트폰 완제품을 공급하는 업체가 삼성전자라고 하면 나머지 두 회사는 스마트폰에 들어가는 부품들을 삼성전자에 공급하는 업체이다.

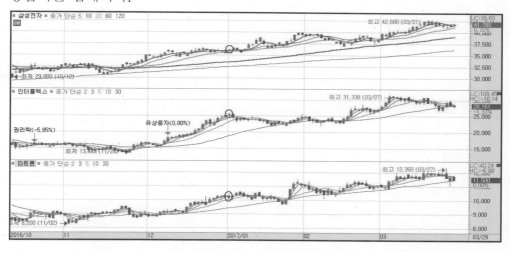

❖ 신제품 출시

> • 쌍용차 2015.1.13
> 주요이슈 – 기업의 핵심 신제품 출시로 단기 기대감 반영

　제조업을 하는 기업에게 가장 중요한 것이 바로 신제품 출시이다. 그 이유는 그 동안에 없었던 제품이 시장에 나오는 것으로 그동안 투자했던 만큼의 비용이 감소하면서 매출과 함께 수익이 발생하여 실적이 좋아진다고 해석되기 때문이다.

　쌍용차는 인도계 업체인 '마힌드라'가 인수한 이후 뚜렷하게 신제품을 내놓은 것이 없기 때문에 '티볼리'라는 신차를 개발해서 시장에 내놓았다는 것이 상당한 이슈였다. 그래서 주가도 티볼리 론칭 이후에 3~4달 동안은 꾸준히 우상향의 흐름을 이어갔다. 하지만 쌍용차는 환율하락과 수출경쟁력 확보를 위한 비용이 늘어나 16년 흑자전환에서 현재 17년 2분기에 다시 적자 전환이 되었다. 그러나 기업의 결과물인 심혈을 기울인 신제품을 출시하는 것은 기업의 규모가 작을수록 주가에는 크게 작용이 될 수 있으니 해당 일정도 잘 살펴보아야 한다.

[쌍용차]

❖ 일정관련 예시

> • 실 적
> 주요이슈 – 미국의 금리인상으로 은행들의 예대 마진 증가의 가능성이 기대감으로 반영

2016년부터 미국의 금리인상 문제가 우리 주식시장에 큰 영향을 미쳤다. 금리가 인상되면 은행이 기업들에게 대출하고 받을 수 있는 이자율이 높아져 기존에 비해 수익성이 높아진다. 우리나라는 지금까지 미국과의 금리 차이에도 불구하고 여러 상황으로 금리를 인상하지 못했지만 은행들의 실적이 그동안 좋았고, 미국의 금리인상으로 우리나라도 금리인상을 할 수밖에 없는 상황이 도래하고 있다.

[KB금융, 신한지주, 우리은행]

〈주식 기초 상식〉

1. 세계3대 게임박람회
- 동경게임쇼 : 일본 동경에서 열리는 게임쇼로 PC게임보다는 아케이드 게임이 중심이다.
- 게임스컴 : 독일 쾰른에서 진행하는 유럽을 대표하는 게임쇼이다.
- E3 : 미국 LA에서 매년 열리고 있는 박람회로 매년 5월경에 열리는 최대 게임쇼이다.

  그 밖에 우리나라의 G스타, 중국의 차이나조이, 프랑스의 밀리아게임쇼 등이 있다.

2. 블루오션과 레드오션

기업의 입장에서 가장 좋은 것은 손 안 데고 코푸는 격으로 경쟁자가 많은 사업보다는 경쟁이 없고 독점적으로 나만이 할 수 있는 사업을 하는 것이 가장 좋다. 블루오션은 말 그대로 깊고 넓은 바다로 고기를 많이 잡을 수 있는 곳을 뜻한다. 반면에 레드오션은 경쟁자가 너무 많아서 수익은 크지 않지만 시장은 형성되어 있는 것이라고 볼 수 있다. 쉽게 말해 블루오션은 물반 고기반, 레드오션은 물보다 고기가 적은 시장이라고 설명할 수 있다.

최근 시장을 주도 하는 건 외국인이다. 기관은 고점 부근에서 매도하여 현금화 하기 바쁘고 개인들도 수익 난 종목을 매도하기 바쁘다. 그래서 늘 외국인이 우리나라 시장에 방향을 정하는 경우가 많다. 그래서 시장의 변곡점에서는 외국인의 방향성을 확인해야 할 필요가 있다.

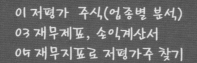

01 ▶ 저평가 주식(업종별 분석)

Part 2
모르면 잃고
알면 번다

1. 저평가 주식과 개인투자자의 투자행태

저평가라는 의미는 지금 현재 상품이 가지고 있는 제품의 가격이 시중에서 거래되고 있는 가격보다 평가절하되었다는 의미이다. 기업의 경우에도 보유하고 있는 자산이나 가치를 두고 가격을 정할 수 있는 데 그것이 바로 '주식'이라고 볼 수 있다.

현재 주식이 가진 내재가치에 비해 가격이 올라간다고 생각했을 때 그 주식을 매수하는 경우가 많을 것이다. 그래서 우리나라 대부분 투자자들은 회사의 가치를 보고 투자하는 사람들은 별로 없다고 해도 과언이 아니다. 그만큼 중·장기적인 시세를 보고 투자하는 사람보다 단기적인 시세 차익을 노리고 투자하는 사람들이 많기 때문에 테마주나 주도주가 각광을 받는 시장이다.

2. 가치투자를 활용할 시점

여러 시장 흐름에서도 특히 가치투자가 빛을 보는 시즌이 있다. 그러한 시즌에서는 가치투자와 단기투자를 병행해서 수익을 얻을 수 있다.

가치투자 관련주 흐름	
시장흐름	강세시장 보다는 약세시장이나 박스권 흐름에서 유리
관련주	저PBR, 저PER, 우선주, 자산가치주

(1) 가치투자란 무엇인가?

주식투자 분석 중에서 가장 많이 사용하는 방법 중의 하나로 재무적인 분석을 이용해서 현재 주식가격을 계산하는 방법이 있다. 만약 현재 1만원인 기업의 주가를 재무분석을 통해 10만원 가치를 본다고 할 때 이 기업의 주가는 언젠가 적정가치인 10만원에 수렴한다는 공식이 있다.

하지만 적정주가인 10만원에 도달하는 기간이 중요하다. 이는 1년이 될 수도 있고 5년이 될 수도 있고 짧으면 몇 개월 만에 도달할 수도 있다. 이러한 기간을 버티면서 투자하는 것을 가치투자라고 흔히 말한다.

앞서 말한 것처럼 그 투자기간을 기다리지 못하는 투자자가 대부분이다. "왜 그런 것일까?" 그 이유는 그 종목에 확신을 갖지 못하기도 하지만 장기간의 보유는 불확실성을 증대시키기 때문에 그렇다. 하지만 통계적으로 이러한 가치투자의 방법으로 수익을 내는 투자자들이 단기적인 매매로 수익을 내는 투자자보다 비율이 높다. 워렌 버핏, 피터 린치, 존 템플턴, 밴저민 그레이엄 등이 대표적인 가치투자자이다.

가치투자자들은 트레이더와는 달리 주식을 사는 것이 아니라 회사의 지분을 사는 것이다. 그리고 무조건 기업의 주식을 싸게 사는 것이 가치투자가 아니다. 그 회사의 경영진의 경영활동과 경영철학 그리고 주주에 대한 정책, 기업의 성장성, 안정성, 수익성을 꼼꼼하게 따진 후에 그 기업의 가치가 시장에서 제 평가를 받지 못한다고 판단하는 경우에 주식을 매수하는 것이 진정 가치투자인 것이다. 그리고 아무리 가치가 좋은 기업이라도 주식을 비싸게 사는 것은 가치투자라고 할 수 없다.

그리고 중요한 것은 회사의 주인이 되는 투자이기 때문에 그 회사의 본질인 가치가 유지되는 한 주가가 폭락하더라도 주식을 매도하는 것이 가치투자는 아니다. 그러나 회사의 내재가치의 심각한 훼손이 있거나 경영진의 윤리적인 문제, 경영상태의 부정적인 변화가 있다면 주식을 매도할 수 있는 것이 가치투자인 것이다.

아래의 그림을 보면 가치투자에 대한 매수타이밍을 자세하게 알 수 있다.

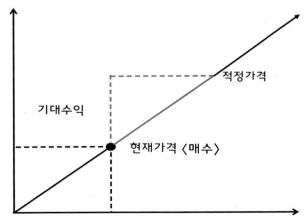

(2) 가치투자에 대한 접근

가치투자로 접근하기 위한 3단계 조건		
1단계 〈회사 찾아보기〉	2단계 〈적정가치 구하기〉	3단계 〈매수 타이밍 확인〉
현재의 시장흐름과 맞고 단기 이슈나 정책과 연계되면 더 좋음	보유자산(현금성자산, 투자자산, 부동산자산), 자회사 실적증가, 성장성 확인	매수를 몇 번에 나누어 할 것인지와 어느 타이밍에서 매수할지를 정하는 부분

뒤에서 종목 선정 방법에서 자세하게 설명하도록 하겠지만 간단히 가치투자의 다양한 투자의 예시를 설명해 보면 다음과 같다. 이는 저평가된 주식의 주가가 상승하기 전의 조건들을 적어 놓은 것이라고 보면 될 것이다.

가치 투자에 대한 예시 확인		
실적이 좋아지는 기업	자산이 재평가 되는 기업	기업 관련
1. 현재 실적대비 적정가격기준 저평가 기업 2. 매출과 영업이익이 2년 이상 증가하는데 주가가 제자리인 기업 3. 현재 적자기업이지만 업종 자체가 실적개선의 기대로 상승하는 기업 4. 구조조정 마무리로 고정비용 축소와 매출증가기업 5. 업황 호전으로 인해서 앞으로 주가가 많이 올라갈 기업	1. 현금성 자산대비 시가총액이 적은 기업 확인 2. 기업의 부동산 재평가로 인한 회계재평가 기대 기업 3. 투자자산 중 우량한 기업의 주식을 많이 보유한 기업 4. 자회사가 IPO를 준비하고 있는 기업 5. 기업이전 등으로 회사 건물 매각 후 현금자산 많아진 기업	1. 신제품 출시로 인해서 압도적인 시장점유율을 보이고 있는 기업 (제약, 바이오) 2. 업종 성장률보다 높은 성장률을 보이고 있는 기업 3. 브랜드 1위를 고수하고 있는 기업 4. 안정적인 매출처를 보유하면서 끊임없는 소비가 일어나는 기업(생필품) 5. 부실사업 정리로 내실을 다지고 있는 기업

> 〈주식 기초 상식〉 호재성 뉴스는 주가에 반영되는 것인가
>
> 호재성 뉴스의 대부분은 주가에 미리 반영되어 주가는 이미 올라가 있는 상태가 많다. 만일 호재성 뉴스 전에 세력들이 미리 매집을 해놓았다면 뉴스가 나오면서 엄청난 매물이 나올 가능성이 크다.

피터린치는 유명한 가치투자자 중 한 명이다. 피터
린치는 크리스마스 때 3명의 딸과 쇼핑을 하면서 딸
들이 찾는 도넛가게(던킨도너츠)를 보고 그 종목에
투자하여 엄청난 수익을 올린 일화로 유명하다. 피
터린치는 지인이나 가족들이 실생활에서 무엇을 소
비하고 즐기는지를 관찰하여 투자종목을 선정하였
다. 그리고 피터린치는 실생활뿐만 아니라 "연구하
지 않고 투자를 하는 것은 포커를 하면서 카드를 안
보는 것과 같다"라는 말처럼 그는 항상 투자할 회사
에 대한 연구와 탐방을 게을리 하지 않았다.

02 ▶ 저평가 주식의 매수와 수익성

1. 주식을 오래 보유하는 일은 어려운 일이다.

저평가된 주식을 보유한다고 해서 무조건 돈을 벌 수 있는 것은 아니다. 대부
분의 저평가 종목은 언젠가는 적정 가치로 수렴하지만 그 기간이 10년이 지나
도 수렴하지 않는 경우도 발생한다. 주식투자를 해본 사람이면 공감하는 일이
겠지만 저평가된 주식을 1년 이상 보유하는 것도 상당한 인내를 요하는 일이
다. 개인투자자들의 경우 1년을 기다리는 것도 힘들기 때문에 수년 동안을 인
내하면서 가치투자를 하는 사람들은 많지 않은 것이다. 그래서 저평가 가치투
자를 해도 수익이 나기 어려운 것이다.

2. 저평가 가치주의 거래가 어려운 이유

(1) 수요와 공급의 불균형

가장 많은 이유가 수요와 공급의 불균형이다. 가치주들은 대중주가 아니기 때
문에 개인투자자들이나 기관투자자들이 잘 알지 못하는 업체가 대부분이다. 이
러한 이유로 투자자들이 쉽게 이 종목을 매수하기 힘든 것이다. 매수 후에도 유
동성이 부족하여 매도를 할 수 없는 경우도 생긴다. 이런 기업은 대부분 시가총
액이 1,000억 미만이거나 500억 미만인 기업에 많다.

(2) 주가에 관심이 없는 기업(공개매수)

가치주의 경우 기업 자체로도 주가의 방향에 관심이 없는 경우가 많고, 대주주 지분이 현저하게 많은 경우가 흔하게 있다. 상장주식 또한 100만주~1,000만주 내외이고 대주주가 60~70%를 보유하여 유통주식수가 많지 않은 경우에 이 종목을 매수를 하고 싶어도 매도물량을 찾지 못해 거래가 성립하지 않는 경우가 흔히 발생한다.

그리고 상장회사로만 유지하는데 목적이 있는 기업도 있다. 주가를 부양하기 위해 자기주식 취득이나 주식분할 같은 조치를 하지 않고 방관하는 경우가 많다. 최근 이러한 기업 중에는 공개매수를 통해서 자진 상장폐지를 하는 경우도 종종 있다.

(3) 비싼 주가

투자자에게 잘 알려져 있지 않은 종목 중에 거래가 별로 없고 유통주식수도 많지 않은 기업의 주식 중 주가가 높은 주식의 경우 개인투자자간의 매매보다는 기관이나 외국인 투자자들끼리 매매를 하는 경우가 흔하다. 그래서 최근에는 기업의 액면가 분할로 유통주식수를 높이는 쪽으로 진행되기도 한다.

위와 같은 이유로 가치주를 매매 하기에는 부담이 되는 경우가 많으나 뜻하지 않게 테마나 정책 이슈에 엮이게 되어 주가가 대폭 상승하는 종목들이 등장하기도 한다.

〈주식 기초 상식〉

1. 기업의 뉴스와 공시는 다르다.

기업의 긍정적인 뉴스는 매체의 탐방이나 전화 등을 통하여 정보를 수집하고 가공하여 기사로 나오는 경우가 많다. 하지만 기업의 공시는 기업에 대한 공식적인 정보를 거래소에 전달하는 자료이기 때문에 신뢰도가 높다.

2. 제품수명주기 PLC

제품도 사람의 수명같이 수명 주기가 존재한다. 수명주기는 도입기 - 성장기 - 성숙기 - 쇠퇴기로 나눌 수 있다. 현재 스마트폰을 예로 들면 성장기에서 성숙기로 도달하고 있다. 여기에 플렉서블(휘어지는) 스마트폰이 다시 개발이 되면 제품 수명주기가 새롭게 형성이 될 수 있다.

주식만평

그림은 2014년 주식시장의 상황이다. 이 때 주가는 박스권에 갇혀있어 특별한 주도주 없이 지지부진한 흐름을 보였다. 그래서 주도 업종 대표로 나가기 위해서 금융, IT, 자동차, 석유 업종 후보들이 입후보를 했다는 만평이다. 하지만 2014년에는 시장 자체가 박스권으로 갇혀서 특별한 주도주는 나오지 못했고 2015년이 돼서야 바이오제약을 비롯한 주도주가 나오기 시작하였다.

03 ▷ 재무제표, 손익계산서

1. 재무제표 일반

(1) 재무제표의 중요성

주식투자를 하는데 있어서 재무제표를 안보고 투자를 하는 것은 사칙연산을 배우지 않고 바로 미분과 적분을 푸는 것과 같이 어리석은 일이다. 그만큼 재무제표를 배우는 것은 중요한 투자의 과정인데 개인투자자들은 관심을 갖지 않는다. 이러한 현상의 가장 큰 이유는 재무제표 등이 복잡하고 어려워 보이기 때문일 것이다. 여기서는 이러한 점을 감안하여 주식투자자들이 쉽게 재무제표를 확인하고 활용할 수 있도록 설명하도록 하겠다.

투자를 하는데 있어서 재무제표를 전문적으로 분석할 정도까지는 필요 없다 하더라도 기업의 건강상태를 확인하는 진단서인 재무제표로 기업이 어떤 건강상태인지는 알 수 있을 정도는 되어야 한다. 물론 재무제표는 단기적 투자를 하는 데에 확인해야 할 사항이기 보다는 중·장기 투자를 위한 필수적인 확인사항이라고 할 것이다. 하지만 단기적인 투자에 있어서도 재무제표의 최소한 사항을 확인하고 매매를 하는 것이 불행한 상황을 방지할 수 있다. 이를 모르고 투자하는 것은 일확천금을 노리는 로또 같은 투자일 것이다.

이 책을 통하여 기본적인 분석을 위한 재무제표 등의 확인능력에 더하여 기술적인 분석인 차트와 추세분석의 기법을 더한다면 안정성과 수익성을 동시에 겸비한 수준 높은 주식투자를 할 수 있을 것이다.

(2) 전자공시시스템의 활용(www.dart.fss.or.kr)

그러면 기업의 재무재표는 어디에서 열람이 가능한 것인가? 인터넷을 통해서 '전자공시시스템'을 활용하면 된다.

❖ 전자공시시스템 활용

포탈사이트인 네이버나 다음의 주소창에 'www.dart.fss.or.kr'을 입력하여 엔터키를 치거나, 검색창에 '전자공시시스템'이라고 입력하면 바로가기가 나온다. 상장법인의 경우 공시서류를 인터넷으로 제출하고 관련 이용자들은 제출 즉시 전자공시시스템을 이용해서 열람을 할 수 있는 시스템이다.

예전에는 외국인이나 기관투자자들이 개인투자자에 앞서 실적에 대한 공시나 기업의 내부정보 등을 미리 알기도 했으나 투자에 대한 형평성에 어긋나 금융감독원은 엄격한 규제를 하고 있다.

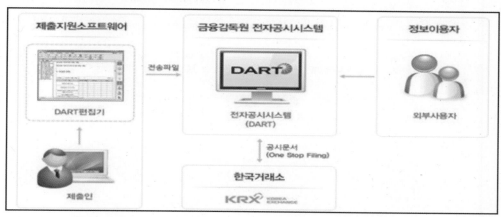

❖ 전자공시시스템의 의미

전자공시시스템(DART ; Data Analysis, Retrieval and Transfer System)은 상장법인 등이 공시서류를 인터넷으로 제출하고 투자자 등 이용자는 이를 인터넷으로 조회할 수 있도록 하는 종합적인 기업공시 시스템이다.

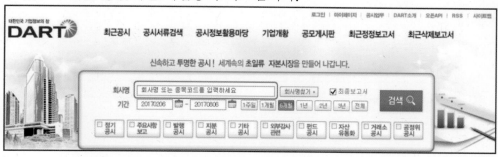

전자공시시스템에 접속하면 초기화면의 검색창에 원하는 회사명이나 종목코드 그리고 기간을 입력하면 조회가 가능하다. 기본적으로 기간은 6개월로 지정되어 있으며 그 아래의 사항들을 체크해야 검색할 수 있다.

(3) HTS의 활용

재무적인 지표를 가장 빨리 볼 수 있는 곳이 전자공시시스템이다. 두 번째로는 각자 사용하는 증권사의 HTS를 통해서 열람이 가능하나 업데이트 되는 시기는 증권사마다 다르다는 점을 알아야 한다.

[키움증권 로그인 〉 투자정보 〉 기업분석 -키움 0919]

위의 그림을 통해 수익률과 발행주식수, 시가총액, 거래량 등을 확인할 수 있다. 기본적인 부분을 확인한 이후에는 재무제표가 나오는 것을 확인할 수 있다. 재무제표는 기업의 유동성에 대한 정보를 제공하고 현금화하기 쉬운 것부터 차례로 배열하는 것이 특징이다.

기업개요 | 기업분석 | ETF정보 | 리서치동향 | 컨센서스 | 랭킹분석 | 부가정보 | 종목별증자예정현황 | IR정보

005930 ▾ Q ☰ ▾ 🖾 20% 삼성전자   설정 ⦿ Snapshot ○ 기업개요 ○ 재무제표 ○ 재무비율 ○ 투자지표 ○ 경쟁사비교
재무차트 🗗 🗗 🗗   ○ Disclosure ○ 컨센서스 ○ 지분분석 ○ 업종분석 ○ 금감원공시 ○ IR정보

	2015/12	2016/12	2017/12	2018/12(E)	2017/09	2017/12	2018/03	2018/06(E)
매출액	2,006,535	2,018,667	2,395,754	2,566,924	620,489	659,784	605,637	614,014
영업이익	손익계산서		536,450	659,456	145,332	151,470	156,422	155,076
당기순이익	190,601	227,261	421,867	500,132	111,934	122,551	116,885	119,079
지배주주순이익	186,946	224,157	413,446	496,576	110,398	120,163	116,118	118,828
비지배주주순이익	3,655	3,104	8,422		1,536	2,388	767	
자산총계	2,421,795	2,621,743	3,017,521	3,457,800	2,965,786	3,017,521	3,124,731	3,181,594
부채총계	재무상태표		872,607	907,087	858,873	872,607	892,132	850,085
자본총계	1,790,598	1,929,630	2,144,914	2,550,713	2,106,913	2,144,914	2,232,599	2,335,979
지배주주지분	1,728,768	1,864,243	2,072,134	2,469,927	2,035,044	2,072,134	2,158,845	2,259,812
비지배주주지분	61,830	65,387	72,780	80,786	71,868	72,780	73,754	76,167
자본금	8,975	8,975	8,975	8,966	8,975	8,975	8,975	8,969
부채비율🔲	35.25	35.87	40.68	35.56	40.76	40.68	39.96	36.39
유보율🔲	20,659.47	21,757.56	23,681.42		23,266.64	23,681.42	24,496.79	
영업이익률🔲	13.16	14.49	22.39	25.69	23.42	22.96	25.83	25.26
지배주주순이익률🔲	9.32	11.10	17.26	19.35	17.79	18.21	19.17	19.35
ROA🔲	8.07	9.01	14.96	15.45	15.60	16.39	15.22	15.11

2. 재무제표(재무상태표+손익계산서+현금흐름표)

(1) 재무상태표

재무상태를 표시하는 것으로 일정 시점에서의 기업의 상태를 자산, 자본, 부채를 통해서 나타내는 것을 말한다. 즉 결산일 현재의 재무상태를 나타내는 것으로 재무안정성을 나타내는 보고서이다. 여기서 자산은 자본과 부채를 합한 값으로 회계의 가장 기본적인 등식이다.

재무상태표는 결산일 현재의 재무상태(자산, 부채, 자본의 잔액)로서 재무의 안정성을 말한다.

❶ 자산 : 자산금액을 보면 그 기업의 규모를 알 수 있다.

❷ 유동자산 대비 유동부채 : 이를 통해 그 기업의 유동성을 알 수 있다. 유동부채에 비해서 유동자산이 적으면 투자를 조심해야 한다.

❸ 이익잉여금의 규모를 파악하면 그 기업의 수익을 알 수 있다. 이익잉여금은 당기순이익에서 주주에 대한 배당금을 제한 것이다.

❹ 주당순자산은 기업의 청산시 한 주당 분배가능한 금액을 말한다.

	제 8 기	제 7 기	제 6 기
자산			
유동자산	821,218	798,771	753,468
현금및현금성자산	85,075	145,077	101,422
매출채권 및 기타유동채권	579,659	484,433	486,179
매출채권	532,625	431,219	435,219
미수금 및 기타채권	47,034	53,214	50,960
선급법인세	0	0	0
유동금융자산	0	0	0
기타유동자산	5,687	10,363	13,713
재고자산	150,797	158,898	152,154
비유동자산	1,096,883	1,087,040	1,013,488
장기매출채권 및 기타비유동채권	33,539	32,929	27,005
장기성매출채권	628	611	1,156
장기대여금 및 장기수취채권	32,911	32,318	25,849
비유동금융자산	4,240	3,062	2,864
종속기업, 조인트벤처와 관계기업에 대한 투자자산	151,236	175,178	165,856
종속기업투자자산	143,445	167,387	158,065
관계기업투자자산	7,791	7,791	7,791
이연법인세자산	14,921	10,246	5,036
기타비유동자산	1,549	1,555	1,848
유형자산	850,074	824,554	773,861
무형자산	40,552	39,516	37,018
순확정급여자산	772	0	0
매각예정비유동자산	0	4,848	14,267
자산총계	1,918,101	1,890,659	1,781,223
부채			
유동부채	514,335	423,352	460,188
매입채무 및 기타유동채무	365,710	293,025	409,217
매입채무	168,100	145,123	206,387
미지급금 및 기타채무	197,610	147,902	202,830

[자료출처 : 키움증권의 기업분석(0919)]

(2) 손익계산서(기업의 성과를 알려주는 지표)

손익계산서는 일정기간 동안에 벌어들인 수입이나 지출에 대한 것으로 그 기업의 경영실적(수익 – 비용)을 나타내는 지표이다. 쉽게 얘기하면 장사를 얼마나 잘 했는지를 알려주는 부분이다. 매출, 비용, 이익에 대한 세부계정을 확인 할 수 있으며 현재까지의 영업활동을 보고 앞으로의 영업이 어떻게 진행 될 수 있을지 파악할 수 있다.

❖ 매출 = 이익 + 비용(이익 = 매출 – 비용) ▶ 성장성

손익계산서를 통해서는 기업이 다양한 서비스나 재화를 판매하여 나오는 모든 부분이 매출이라고 볼 수 있다. 매출이 클수록 기업들은 영업을 잘했다고도 볼 수도 있지만 매출에는 비용이 포함되어 있으므로 매출이 많더라도 기업의 인건비나 광고비 같은 비용이 크다면 벌어들인 수익도 적어지기 때문에 시장은 내실있는 성장으로 평가하지 않을 것이다.

❖ 영업이익(기업 영업활동 이익·성과) ▶ 수익성

영업이익은 실제로 영업을 얼마나 잘했는지에 대한 수치를 제공한다. 영업이익은 매출총이익에서 판매비(영업활동의 직접 관리비용)와 관리비(기업의 전반을 관리하는 활동 비용)를 뺀 것이다.

❶ 경상이익=영업이익+영업외수익[이자+배당+수업료 등]−영업외비용[이자 및 할인료]

❷ 당기순이익[주주 입장에서 최종이익]=[경상이익+{특별이익−특별손실}] − 법인세

❸ 이익의 종류를 구별하는 이유 : 이익의 종류가 이자나 배당 같은 영업외 수익이 많이 포함되어 있다고 하면 순수하게 주종목의 수익의 비중이 적은 것으로 수익의 질을 평가받지 못할 수 있다.

❹ 손익계산서를 통해서 얻는 정보 : 기업의 성장성(매출액) 확인, 시장의 점유율(매출액), 영업능력(영업이익), 재태크능력(이자, 배당, 수업료 등)을 알 수 있다.

	제 8 기	제 7 기	제 6 기
수익(매출액)	2,490,561	2,288,473	2,440,439
매출원가	1,866,647	1,710,709	1,897,270
매출총이익	623,914	577,764	543,169
판매비와관리비	498,256	454,943	424,286
영업이익(손실)	125,658	122,821	118,883
영업외손익	(21,285)	(24,666)	(19,106)
영업외수익	24,016	20,287	37,003
영업외비용	(28,886)	(30,038)	(44,035)
금융수익	3,105	2,896	4,453
금융비용	(19,520)	(17,811)	(16,527)

	제 8 기	제 7 기	제 6 기
법인세비용차감전순이익(손실)	104,373	98,155	99,777
법인세비용	23,973	20,299	41,793
계속영업당기순이익(손실)	80,400	77,856	57,984
중단영업손익	(4,692)	(10,185)	(140)
당기순이익(손실)	75,708	67,671	57,844
주당이익			
보통주			
기본주당계속영업이익(손실)	8,051	7,797	5,805
기본주당중단영업이익(손실)	(470)	(1,021)	(14)
우선주			
계속영업우선주당이익(손실)	8,101	7,847	5,855
중단영업우선주당이익(손실)	(470)	(1,021)	(14)

* 재무제표에서 나오는 (   )는 마이너스를 의미한다.

(3) 현금흐름표(영업·투자재무활동에 따른 현금흐름을 표시한 표)

❖ 현금흐름표의 의의

현금흐름표는 회계기간 동안의 영업·투자·재무활동에 따른 현금의 변동 내역을 말한다. 여기서 현금이란 현금 및 현금성 자산을 말한다. 현금흐름표를 잘 살펴봐야 하는 이유는 다음과 같다.

❖ 현금흐름표의 중요성

❶ 재무제표상으로 수익이 분기당 나오더라도 현금이 없어 어음이나 단기적 부채를 해결하지 못하는 흑자도산이 나오는 상황을 방지할 수 있다.

❷ 현금흐름표를 통해서 미래의 현금창출능력과 함께 채무변제능력 그리고 미래에 주주에 대한 배당가능성을 파악할 수 있다.

❖ 영업활동으로 인한 현금흐름

영업활동인 제품의 생산 및 상품구매 그리고 판매활동에서 발생하는 현금의 유출입을 말하는 것이다. 이 부분이 플러스(+)인 것은 영업이 잘돼 현금이 유입되었다는 것이다.

❶ 현금유입 : 현금매출, 매출채권의 회수, 현금유입, 이자수익, 배당금 유입 등

❷ 현금유출 : 법인세납부, 이자비용, 종업원급여, 매입처 등

❸ 기업이 외부적인 현금 조달 없이 영업활동으로 매출을 얼마나 잘 만들어내는 지를 표시한 부분이다. 즉 아래 표를 보면 영업활동현금흐름 1,655억원 중에는 영업활동을 통해서 나온 현금유입 1,462억원을 포함해 배당금수입, 이자수취 등이 포함된다고 볼 수 있다. 반면에 현금유출에 포함되는 활동은 법인세납부, 이자지급 등의 확인이 가능하다.

	카카오	제 23 기 반기	제 22 기 반기
			(단위 : 원)
영업활동현금흐름		165,535,248,015	126,951,031,290
영업으로부터 창출된 현금흐름		146,249,068,448	164,005,290,724
이자수취		4,837,716,968	4,775,454,113
이자지급		(4,926,446,657)	(5,571,667,856)
배당금 수입			659,000,534
법인세납부		19,374,909,256	(36,917,046,225)

❖ 투자활동으로 인한 현금흐름

제조업체나 신약을 개발하는 업체 등이 투자를 지속적으로 하는지를 알 수 있다. 쉽게 말하면 투자를 목적으로 하는 현금흐름이라고 할 수 있다. 이 때 기

존에 보유하였던 설비나 자회사 등을 매각하였을 때는 현금유입이 되고, 기업이 설비투자를 하거나 기업을 인수하였을 때는 투자활동으로 인한 현금유출이 발생한다. 투자활동 현금흐름이 반드시 플러스(+)가 좋은 것은 아니다. 플러스(+)는 기업이 현금을 적극적으로 투자하는 상태가 아닌 것이다. 마이너스(-)인 경우는 현금을 적극적으로 투자한다는 의미이다. 즉 단기금융상품의 매각 등으로 투자활동현금흐름이 원활하게 진행되는 것을 말한다.

❶ 현금유입 : 유·무형자산처분의 현금유입, 투자부동산, 지분증권 등
❷ 현금유출 : 유·무형자산취득의 현금유출, 개발비, 취득대금 등

투자활동현금흐름	(224,015,786,927)	(875,085,609,075)
단기금융상품의 증감	(134,002,815,559)	278,198,359,636
장기금융상품의 증감	50,860,921	193,288,938
유형자산의 취득	(36,231,133,820)	(51,695,979,855)
유형자산의 처분	493,841,222	285,731,322
무형자산의 취득	(13,725,103,984)	(16,091,794,723)
무형자산의 처분	462,901,000	30,000,000
매도가능증권의 취득	(21,954,853,227)	(24,489,866,411)
매도가능증권의 처분	9,088,698,368	2,329,138,137
관계기업투자의 취득	(27,632,518,274)	(18,759,000,052)
관계기업투자의 처분	1,673,664,250	
종속기업취득으로 인한 순현금흐름	571,551,327	(1,036,968,809,456)
종속기업처분으로 인한 순현금흐름		(399,499,404)
기타비유동금융자산의감소	1,758,296,885	5,385,471,747
기타비유동금융자산의증가	(3,634,476,599)	(11,243,212,428)
단기대여금의증감	(2,861,752,286)	
장기대여금의 증가	(18,000,000)	
사업양수로 인한 현금유출		
장기선급금의 증가		
파생상품자산의 취득		
파생상품자산의 처분	2,030,000,000	
정부보조금의 유입		3,653,474
기타투자활동으로 인한 현금유출입액	(84,947,151)	(1,863,090,000)

❖ 재무활동으로 인한 현금흐름

현재 영업과 투자활동에서 창출된 잉여금으로 재무적인 부분을 어떻게 처리하는지 알 수 있다. 그리고 기업이 다양한 수단으로 자금을 조달하는 과정에서 발생하는 부채나 자본계정과 관련되며 주주나 채권자 등이 미래의 현금흐름을 파악하는데 중요한 지표가 된다.

재무활동현금흐름이 현재 플러스(+)인 것은 자금이 부족하여 사채를 발행하거나 은행차입 혹은 유상증자를 통해 현금이 유입된 것이고, 마이너스(-)인 것은 차입금을 상환하거나 유상감자를 통해 현금이 유출되었다는 것을 뜻한다. 그래서 주주나 채권자 등은 미래 현금흐름을 파악할 수 있다. 최근에 카카오가 멜론을 인수하기 위해 제3자 배정증자와 금융권을 통해 8,000억원을 차입한 것도 재무활동을 위한 현금흐름에 나타나 있다.

❶ 현금유입 : 주식발행, 사채발행(CB, BW 등), 차입에 의한 현금유입, 재무자
산처분 등

❷ 현금유출 : 자기주식취득, 사채상환, 금융리스상환, 배당금 지급, 법인세,
공과금 등

[현금흐름표 항목간 해석]

	영업활동 현금흐름(+)	영업활동 현금흐름(-)
투자활동 현금흐름(+)	영업활동은 좋으나, 새로운 투자를 하지 않아 사업의 성장성은 부재한 상태	영업활동이 좋지 않은 상태에서 새로운 투자도 하지 않는 상태로 기업활동이 순조롭지 않음
투자활동 현금흐름(-)	영업활동이 호조를 보이고 새로운 설비투자를 통해 새로운 성장성을 모색하는 상태	영업활동이 좋지 않은 상태에서 사업을 확장하는 등 무리를 하는 상태

현금흐름표는 손익계산서와 같이 병행해서 보는 것이 양자의 부족한 점을 보완할 수 있어 좋다. 특히 당기순이익이나 영업활동현금흐름이 모두 흑자를 내는 업체는 투자활동 현금흐름(-), 재무활동 현금흐름(-)을 보일 확률이 높다.

〈주식 기초 상식〉

1. 유동자산, 비유동자산, 유동부채 , 비유동부채

- 유동자산 : 1년 이내 현금으로 바꿀 수 있는 자산을 유동자산이라고 한다.
  예 현금, 유가증권, 매출채권, 재고자산 등
- 비유동자산 : 반면에 1년 이후에 현금으로 바꿀 수 있는 자산을 비유동자산이라고 한다. 예 건물, 기계, 정기예금, 특허권, 지상권 등
- 유동부채 : 결산일로부터 1년 내에 갚아야 하는 부채이다.
- 비유동부채 : 1년 후에 갚아야 하는 부채이다.

2. 파리기후협약

전 세계로 산업화가 점차 확산되면서 기후 온난화나 환경오염이 지속되고 있다. 이에 2015년 12월 12일 프랑스 파리에서 온실가스 감축 등 환경에 대한 오염을 방지하기 위해 맺은 협약이다. 세계 195개국이 참여했지만 2017년 미국은 탈퇴하였다.

재무제표를 보고 기업의 상태를 단순히 확인하는 것으로 투자종목을 선택하기는 아직 부족하다. 재무제표를 보고 여러 측면의 평가를 통한 최선의 종목을 선택하는 것이 중요한 것이다. 여기서는 세 부분으로 나누어 설명하도록 하겠다.

1. 성장성

(1) 의 의

매출액증가율, 영업이익 증가율, 순이익 증가율을 통해 기업의 지속적이고 장기적인 성장 여부를 파악한다.

(2) 성장성 지표

❖ 매출액 증가율= [(당기 매출액 – 전기 매출액)/전기 매출액] × 100

판매량의 증가, 전체 시장의 확대, 가격인상, 신제품의 출시 등으로 매출액이 증가해야 기업이 성장 궤도에 진입한다.

❖ 영업이익 증가율=[(당기 영업이익–전기 영업이익)/전기 영업이익] × 100

❖ 순이익 증가율=[(당기 순이익–전기 순이익)/전기 순이익]×100

* 매출액, 영업이익, 순이익은 서로 비례의 관계로 시너지 효과를 발휘한다.

2. 수익성

(1) 의 의

기업이 어느 정도 이익을 내고 있는 지를 규모가 다른 기업들의 경영실적을 비교분석하여 파악한다.

(2) 수익성 지표

❖ 총자산 이익률(ROA) = (당기 순이익/총자산) × 100

❶ 자산 1원 당 창출해 낼 수 있는 이익이 얼마인지를 파악할 수 있다.

❷ ROA가 높다는 것은 자산을 효율적으로 운용하고 많은 이익을 낸다는 것이다.

❖ 자기자본 이익률(ROE) = (당기 순이익/자기자본) × 100

　❶ 자기자본 1원당 창출해 낼 수 있는 이익이 얼마인지를 파악할 수 있다.
　　　* ROE가 증가추세에 있고 현재 ROE가 12% 이상이 되는 종목이 좋다.

❖ 영업이익률 = (영업이익/매출액) × 100

　❶ 매출액 1원당 영업이익을 얼마나 올릴 수 있는지를 파악할 수 있다.
　❷ 제품 경쟁력이나 기업 영업력을 알아 볼 수 있는 수단이다.

3. 안정성

(1) 의 의

　단기부채의 상환능력, 이자의 부담능력, 재무적 위험도를 파악할 수 있는 지표로서 부채가 증가하면 이자비용이 증가하고 이익을 훼손하는 요인이 된다.

(2) 안정성 지표

❖ 부채비율 = [타인자본(부채총계)/자기자본(자본총계)] × 100

　❶ 보유한 자본으로 부채를 얼마나 갚을 수 있는지를 파악할 수 있다.
　❷ 부채비율은 낮을수록 좋다.
　　　* 부채비율은 일반적으로 100% 이하가 바람직하다.

❖ 당좌비율 = (당좌자산/유동부채) × 100

　❶ 기업의 현금지급능력을 평가할 수 있는 지표이다.
　❷ 당좌자산은 유동자산에서 재고자산을 제한 것으로 높을수록 좋다.
　❸ 기업의 부채비율이 감소하고 당좌비율이 증가하는지를 주목해야 한다.
　　　* 당좌비율은 일반적으로 100% 이상이 바람직하다.

❖ 유동비율 = (유동자산/유동부채) × 100

　❶ 지급능력과 신용능력을 평가하는 지표로서 높을수록 좋다.
　　　* 유동비율은 일반적으로 200% 이상이 좋다.

<주식 기초 상식>

1. 3년간 대차대조표와 손익계산서를 확인해야 하는 이유

기업은 어떤 아이템을 가지고 있는 지에 따라 매출과 이윤의 변동이 발생한다. 그래서 재무제표는 최소 3년을 확인하는 것이 좋다. 그 해에 영업이익이 흑자라고 하여도 그것이 일시적인 현상일 수도 있기 때문이다. 그러므로 지속가능한 성장과 이익인지를 재무제표를 통해서 파악할 수 있어야 한다. 여기에는 재무제표뿐만 아니라 업황이나 원자재 가격, 경쟁자의 수 등 여러 요소를 함께 고려하여 판단을 해야 한다. 그리고 몇 년간 영업이익이 흑자가 난 기업은 자금의 여력이 있으므로 당분간 투자의 위험이 없을 것이라고 판단할 수 있다.

2. 브렉시트

유럽연합에서 영국이 탈퇴한 것을 뜻하는 말이다. 'Britain + Exit'라고 말하며 2016년 영국의 국민투표를 통해서 통과되었다. EU회원국은 28개국에서 27개국으로 줄어든 상태이며 앞으로도 프랑스, 이탈리아 등도 탈퇴를 할 수도 있다는 점에서 지속적인 관심이 필요한 부분이다.

05 재무지표(PER/PBR/EBITA)로 저평가주 찾기

1. PER

(1) PER(Price Earning Ratio ; 주가수익비율)와 EPS(Earning Per Share ; 주당순이익)

PER는 현재의 주가가 1주당 순수익(EPS)의 몇 배가 되는지를 알려주는 지표이다. PER가 6배라면 EPS가 일정하다는 가정에서 내가 투자한 금액(주가)을 6년이면 회수한다고 생각하면 된다. 그러므로 PER가 낮을수록 투자금액을 회수할 수 있는 기간이 짧아진다고 생각하면 된다. 그래서 PER가 낮으면 그 기업은 저평가를 받고 있다고 판단하면 된다.

다만 주의할 점으로는 PER의 높고 낮음을 판단할 때는 동일업종의 평균 PER를 기준으로 해야 한다. 왜냐하면 업종별의 PER의 평균값이 다르기 때문이다. 그러므로 동일업종 평균 PER를 구하기 전에 반드시 알아야 하는 것이 주당순이익(EPS)이다. EPS는 1년 동안 보유한 주식이 1주당 얼마나 많은 수익을 낼 수 있는지 알 수 있는 지표이다. 그리고 PER는 1주당 1년 동안 벌어들이는 돈(EPS)의 몇 배의 가치로 주식시장에서 거래되는 것인지를 확인하는 지표이다.

> - PER = 주가/주당순이익(EPS)
> - 주당순이익(EPS) = 당기순이익/발행주식수

<예 시>

현재주가 : 10,000원, 주당순이익 : 1,000원, 발행주식수 : 1,000만주, 당기순이익 100억

- 1,000원(EPS) = 100억(당기순이익)/1,000만(발행주식수)
- 10배(PER) = 10,000(현재주가)/1,000원(EPS)

<예 시>

삼성전자 PER 2018/12(E)

삼성전자의 2018년 예상실적은 Annual 2018/12(E)라고 표시된 부분이다.

현재 주식가격은 6월 8일 기준 49,650원, 주식수: 6,419,325천주, 당기순이익 502,366억

- 7,825원(EPS) = 502,366억(당기순이익)/6,419,325천주(발행주식수)
- 6.3배(PER) = 49,650원(현재주가)/7,825원(EPS)

(2) PER의 특징

❖ 자산에 대한 가치평가로는 한계

PER는 주가의 수익을 현재 주가로 평가하여 나오는 지표로 기업의 보유자산에 대한 가치평가로는 부족하다. 그리고 기업의 자산이 어느 정도 되는지 알려주지 않으며, 당기순이익을 기준으로 하기 때문에 현재의 주당 수익이 중심이 된다.

❖ 단순히 PER는 기업의 특별이익이나 특별손실을 반영하지 못한다.

기업의 이익에는 때로 구조조정을 거치면서 감자 등으로 발생한 채무면제이익과 같은 특별이익이 포함되어 기업의 가치를 정확하게 파악할 수 없는 경우가 있다. 그러므로 PER와 함께 영업으로만 벌어들인 이익을 나타내는 지표인 EV/EBITDA를 함께 고려해야 한다.

❖ PER는 업종 평균대비 낮을수록 좋고 저평가라고 할 수 있다.

아래의 표에서 거래소평균보다 삼성전자의 PER가 적고 전기·전자업종의 PER보다 삼성전자의 PER가 크다는 것을 알 수 있다.

PER의 경우는 EPS(주당순이익)로 산출되는 식이기 때문에 앞으로의 주가가 동일하다고 가정하고 삼성전자의 미래의 실적이 호전되어 EPS가 커진다고 한다면 PER는 당연히 적어질 수밖에 없다. 그래서 앞으로의 예상 주가는 상승할 것으로 예측할 수 있다.

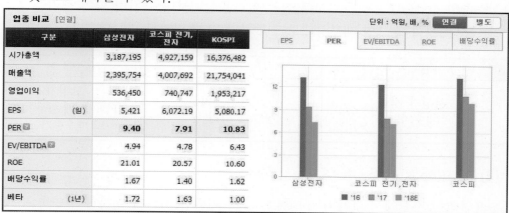

구분		삼성전자	코스피 전기, 전자	KOSPI
시가총액		3,187,195	4,927,159	16,376,482
매출액		2,395,754	4,007,692	21,754,041
영업이익		536,450	740,747	1,953,217
EPS	(원)	5,421	6,072.19	5,080.17
PER		9.40	7.91	10.83
EV/EBITDA		4.94	4.78	6.43
ROE		21.01	20.57	10.60
배당수익률		1.67	1.40	1.62
베타	(1년)	1.72	1.63	1.00

	업종평균 PER	매수할 PER	매수의견
전기전자	20배	22배	보류
바이오제약	30배	15배	매수
철 강	10배	10배	적정
컨텐츠	40배	24배	매수

2. PBR과 BPS

(1) PBR(Price Book-value Ratio ; 주가순자산비율)의 내용

PBR은 PER처럼 일반인들이 많이 보는 지표 중에 하나이다. 주가를 1주당 장부상의 자산가치로 나누었을 때 몇 배가 되는지 확인할 수 있는 지표이다. 기업을 장부상의 자산가치로 주가수준을 파악하는 것으로 기업의 청산가치(기업이 도산했을 때 청산하고 남은 자산가치) 등을 알 수 있는 보수적인 지표이다.

> • 순자산 = 총자산 / 부채
> • PBR = 주가 / 주당순자산(BPS)

주가순자산 비율은 순자산을 구하는 것이 우선이다. 총자산에서 부채를 뺀 금액이 순자산이며 기업입장에서 순자산이 많다는 것은 재무내용이 긍정적이라고 볼 수 있다. 주가순자산비율은 재무내용에 비해 주가가 어느 위치에 형성되어 있는지를 알 수 있다.

PBR의 값 1을 기준으로 1보다 높으면 재무상태보다 주가가 높이 평가를 받는 것이고, 1보다 낮으면 재무상태보다 주가가 낮게 평가를 받는다고 볼 수 있다.

PBR < 1	PBR = 1	PBR > 1
저평가 매력 매수가능	적정가치 상황에 따라 매수	고평가 PBR이 4배 이상이면 매수불가

(2) BPS((Book-value Per Share ; 주당순자산)의 내용

기업의 총자산에서 부채와 무형자산 등을 제하면 기업의 순자산이 남는데, 이 순자산을 발행주식수로 나눈 것을 말한다. 대표적인 자산가치주는 가치 있는 자산을 많이 보유는 하고 있지만 주가에 반영이 되지 않는 경우가 많다. 이러한 경우를 알기 쉽게 표현한 지표가 바로 BPS(주당순자산)이다.

> • BPS = [총자산 − (부채 + 무형자산 및 사외유출분 등)] / 총 주식수

자산가치주들은 대세상승장 보다는 박스권의 장세에서 출현하는 경우가 많다. 그 이유는 시장을 이끌고 올라가기 위한 시장 모멘텀이 부족하면 그동안 시장 상승에도 불구하고 많이 못 오른 종목을 찾는 기관/외국인들의 투자 습관 때문이다. 그래서 약세 시장에서 관련주들이 더 많이 움직이기도 한다.

3. 이브이에비타(EV/EBITDA)

(1) 의 의

앞에서 설명한 바와 같이 기업의 이익 중 특별이익이나 특별손실을 제외한 순수영업이익으로 벌어들인 이익을 판단하기 위해서 이브이에비타(EV/EBITDA)를 참조해야 한다.

(2) 내 용

EV(Enterprise Value ; EV)는 기업의 시장가치(해당 기업을 인수할 때 필요한 금액)로서 시가총액에 순차입금을 합한 금액이다. 에비타(Earnings Before Interest, Tax, Depreciation and Amortization ; EBITDA)는 세금이나 감가상각, 이자비용을 빼기 전 금액으로 회사가 영업으로 얼마나 이익을 창출할 수 있는지를 나타내는 지표라고 할 수 있다.

- 이브이(EV) = 시가총액 + 순부채(총차입금 – 현금 및 투자유가증권)
- 에비타(EBITDA) = 영업이익 + 감가상각비 및 이자비용 + 법인세
- 이브이에비타(EV/EBITDA) = EV / EBITDA

이브이에비타(EV/EBITDA)는 기업이 순수하게 영업으로 벌어들인 돈(EBITDA)으로 기업을 인수하는 데 드는 금액(EV)을 갚는데 얼마나 걸리는지를 나타내는 지표이다. PER와 마찬가지로 숫자가 적을수록 저평가 되어 있다고 보면 된다.

가장 많이 사용하는 분석법 중에 하나지만 PER과 PBR보다는 낯설게 느껴질 것이다. 그 이유는 EV/EBITDA에 포함되어 있는 다양한 회계 계정 때문이다. 하지만 기업의 영업활동에 대한 확실한 이익의 몇배인가를 알려주는 지표로 기업의 가치평가에 있어서 중요한 지표로 사용된다.

(3) 평 가

PER가 당기순손실이나 특별이익이나 특별손실을 고려하지 못하는 것에 비하여 EV/EBITDA는 이러한 경우를 보완할 수 있다. 하지만 기업의 재무건전성을 평가하기 위하여 필요한 기업이 부담해야 할 이자, 세금, 외상매출 등을 고려하지 못하여 과도한 투자나 부채 등으로 재무건전성이 악화된 기업을 가려낼 수 없다는 문제를 가지고 있다.

EV/EBITDA의 수치비율은 낮을수록 좋다. 그리고 이 수치가 낮을수록 회사의 주가가 기업가치에 비해 저평가되었다고 볼 수 있다.

Multiples	현대차				
PER	7.90	6.57	6.63	7.71	
PCR	6.09	4.87	4.62	4.76	
PSR	0.77	0.54	0.46	0.45	
PBR	1.27	0.82	0.67	0.61	0.65
EV/Sales	1.04	0.88	0.92	0.95	
EV/EBITDA	8.36	7.82	9.27	10.42	

위의 표는 현대차의 4년 동안 지표 흐름이다. EV/EBITDA의 수치비율이 높아지는 것으로 보아 현대차의 실적이 조금씩 낮아진다고 유추할 수 있다.

4. 기타 알아 두어야 할 지표들

(1) ROE(Return On Equity ; 자기자본순이익률)와 ROA(Return On Assets ; 총자산이익률)

회사가 보유하고 있는 자산을 가지고 얼마나 수익을 창출하고 있는가를 알 수 있는 지표이다. 그러므로 이를 통하여 주주가 투자한 자금을 가지고 얼마나 잘 운용을 했는지를 판단할 수 있다.

> • ROA(Return On Assets ; 총자산이익률) = (당기순이익/총자산) × 100
> • ROE(Return on Equity ; 자기자본순이익율) = (순이익/자기자본) × 100

총자산이익률(ROA)은 자기자본뿐만 아니라 타인자본을 합한 전체 자산으로부터 발생한 당기순이익을 사용한 수익성 측정 방법이다. 총자산이익률(ROA)은 총자산과 순이익을 사용하기 때문에 기업 전체인지 주주 관점인지가 불분명한 수익성 평가지표이다. *ROE는 증가하면서 12% 이상이 바람직한 종목이다.

이에 비해 자기자본이익률(ROE)는 분모인 자본이 적을수록 이익이 커지므로 자본금을 얼마나 효율적으로 쓰는지를 알 수 있게 해준다. 그리고 순이익의 증가를 배당이나 자기주식매수 등으로 사용하지 않는다면 1년 후 기업의 자본은 ROE만큼 증가할 수 있는 것이다. 하지만 PER이나 PBR은 시가총액이 계산에 산입되나 ROE는 주가에 대한 이러한 정보가 없다는 점에서 주가를 반영하지 못한다는 단점이 있다. 그러므로 ROE가 높은 기업의 주식을 매수하려면 반드시 다른 지표로 저평가되었는지를 확인하고 매수해야 한다.

(2) 유보율(Reserve Ratio)

유보율은 사업을 통해서 지금까지 자본금을 얼마나 확보하고 있는지를 나타내는 비율이다. 유보율이 높을수록 기업을 잘 운영하여 이익을 얼마나 축적하고 있는지를 알 수 있다. *유보율은 500% 이상이 바람직한 종목이다.

> • 유보율 = [잉여금(=자본잉여금+이익잉여금)/납입자본금] × 100(%)

유보율은 기업의 안정성을 측정하기 위해 부채비율과 함께 자주 활용된다. 즉 기업의 안정성은 부채비율이 낮을수록, 유보비율이 높을수록 비교적 높다고 할 수 있다. 하지만 유보율만 쌓아놓고 새로운 동력을 찾는 노력을 하지 않아 주가 움직임이 좋지 않은 기업도 있다는 사실을 알아두자.

강세장은
비관속에서 태어나
회의속에서 자라고
낙관속에서 성숙하여
행복감속에서 사라진다.

"존 템플턴"

유명한 투자자인 존템플턴이 한 말이다. "강세장은 비관 속에서 태어나 회의 속에서 자라고 낙관 속에서 성숙하여 행복감 속으로 사라진다"고 하였다. 주식투자는 남들이 행복할 때 투자하여 수익을 낼 수 있는 확률보다는 남들이 부정적이고 회의적인 생각을 가지고 있을 때가 수익 낼 확률이 높다는 뜻이라고 할 수 있다. 기술적인 분석만으로는 매도할 타이밍이라도 기업의 본질적인 가치를 보고 견디거나 종목의 가치를 믿고 새로이 진입한다면 수익을 낼 수 있다는 의미이다.

〈주식 기초 상식〉

1. 기업의 뉴스와 공시는 그 의미가 다르다.

기업의 긍정적인 뉴스는 매체의 탐방이나 전화 등을 통하여 정보를 수집하고 가공하여 기사로 나오는 경우가 많다. 하지만 기업의 공시는 기업에 대한 공식적인 정보를 거래소에 전달하는 자료이기 때문에 신뢰도가 높다.

2. 반덤핑관세제도

자국 내의 제품이 외국 제품보다 현저히 비싼 것을 말한다. 즉 외국 제품이 터무니없는 가격으로 판매되어 자국의 제품을 보호하기 위한 수단으로 해당 외국제품에 관세를 부과하는 것을 뜻한다.

06 저평가 종목 매수타이밍 잡아보기

1. 저평가 종목을 매수하기 위한 조건

(1) 여유 있는 주식 투자금 만들기

주식투자의 가장 기초이자 근간은 투자원금이다. 그래서 무리하게 만든 투자원금은 주식시장에서 스스로를 무리하게 만든다. 즉 신용, 미수, 카드대출, 주택담보대출, 3금융권을 이용한 대출을 이용하는 것은 전쟁터에서 불량무기를 사용하는 것과 같다. 왜냐하면 불량무기는 내 의사와 관계없이 나를 불안하게 만들고 스스로를 믿지 못하게 만들 것이기 때문이다.

예를 들어 주식시장에서 '기다림'이란 투자자로서의 기본덕목이 필요하나 무리하게 차입한 돈은 그 위험성 때문에 차분하게 기다릴 수 있는 여건을 만들어 주지 않는다. 또한 이자비용 등으로 빠른 수익을 내야 한다는 생각은 급등주나 테마주를 찾도록 만들어 회복할 수 없는 손실을 가져다주기도 한다. 주식시장에서 오래 생존하게 하는 것은 원금을 지키는 일이다. 원금을 잃는 것은 주식투자에 대한 자신감을 잃게 하는 것은 물론 원금회복의 어려움을 경험하도록 할 것이다. 그러므로 투자원금은 없어도 생활에 지장이 없는 자금을 조성해야 하는 것이다. 그리고 대박의 욕심을 버리고 시장이자율 이상의 수익을 올린다는 느긋한 마음을 가지고 투자에 임해야 한다.

(2) 최대 2년 정도 생각하고 투자하기

주식투자에 있어서 가장 큰 장애물은 시간과의 싸움에서 이기지 못하는 것이다. 대부분의 투자자들은 시간을 못 견디고 매도타이밍이 아닌 상황에서 매도하는 경우가 많다. 특히 저평가 주식은 시간의 흐름을 기다려야 상승할 확률이 높으므로 최소 2년 이상을 기다린다는 마음으로 주식투자를 해야 한다. 물론 주식을 무작정 보유한다고 수익을 주는 것은 아니므로 기업에 대한 재무제표를 분기별로 분석하고 기술적인 부분과 접목을 하여 비중의 확대나 축소 여부를 결정하고 분할매수, 분할매도 한다면 반드시 좋은 결과를 가져올 것이다. 분명한 것은 단기적인 투자보다는 장기적인 안목으로 투자를 해야 수익의 확률이 높아진다는 것을 명심하길 바란다.

(3) 시장상황에 맞는 매매하기

투자의 원칙 중의 대전제인 "시장을 이기는 종목은 없다"라는 구절은 시장의 움직임에 맞는 종목을 선택하라는 말이다. 보통 저평가 종목들이 상승하는 때는 시장이 조정장인 경우가 많다. 왜냐하면 시장이 강세장에서는 시가총액 상위종목들이 많이 올라가기 때문이다. 그래서 저평가 종목들은 시장이 강세장보다는 약세장에 강하다. 하지만 시장과 상관없이 가치 대비 저평가 주식의 가격이 형편없이 떨어진 경우이거나 시장의 테마주들이 관련 가치들로 매수세가 유입이 될 때는 시장과 상관없이 상승하는 경우가 있기 때문에 시장의 트랜드를 확인하고 매매를 할 필요가 있다.

2. 상승할 수 있는 확률 높은 저평가 종목 매수타이밍

(1) 남들이 잘 모르므로 평가도 별로 없다.

대부분의 저평가 종목들은 대형주보다는 중소형주에 많다. 왜냐하면 대형주는 이미 많은 업계(증권사, 운용사, 외국인 등)의 분석자료 등이 많다. 또한 업계에서 확고한 지위를 차지한 대기업은 사업이 변동성이 크지 않기 때문에 기존의 정보들로 그 기업을 쉽게 알 수 있다. 하지만 중소형주의 경우에는 애널리스트 등의 분석자료가 별로 없어 그 기업이 보유하는 내재가치나 미래 실적이나 성장성에 대한 정보들이 많지 않은 상황이다. 그러므로 대부분의 저평가주는 중소형주인 것이다.

아래 우화를 읽으면 알려져 있지 않은 종목을 먼저 투자하는 것이 많은 수익을 가져다 줄 수 있다는 사실을 알 수 있을 것이다.

시소가 있다고 가정하자. 원숭이들이 한쪽 방향으로 몰려있다. 반대편 시소에 바나나가 달려있지만 누구도 움직이질 않는다. 이 때 용감한 원숭이가 반대방향으로 가서 바나나를 따먹는다. 질투를 느낀 한쪽 방향 원숭이들은 하나 둘씩 반대편 시소로 우르르 따라 오르니 결국 반대편 시소는 떨어지고 만다. 그래서 다시 한쪽 방향의 시소가 올라가고 남들을 따라서 안가고 남아있는 원숭이가 바나나를 따먹을 수 있게 된다.

이 우화를 주식투자로 대체해서 이야기 해보면 다음과 같다. 일단 어떤 종목이든 나름 알려진 정보가 있을 것이다. 물론 그 정보는 실적, 자산, 신제품출시, 설비투자 등의 다양한 것 중의 하나일 것이다. 하지만 먼저 알게 된 투자자는 반대편 시소로 달려간 원숭이 같은 역할을 하는 것이다. 맨 먼저 움직인 원숭이가 기관이나 자산운용사, 외국인투자자라고 한다면 그 뒤를 이어 투자하는 사람들이 증권사브로커, 사모펀드운용사, 소수의 개인투자자라고 볼 수 있다. 그러면 대다수의 개인투자자들은 어디에 속할 것인가? 100% 투자자 중 수익이 나는 개인투자자들은 상위 5%에 지나지 않는다는 불문율에 비추어 거의 대부분의 개인투자자들은 맨 마지막으로 반대편 시소로 달려가는 원숭이가 될 것이다. 그러므로 개인투자자들은 항상 주식투자에 있어서 손실을 본다고 할 수 있다는 것이다.

이런 현상을 잘 이용하면 처음부터 수익을 챙기지 못하더라도 조금 늦게라도 수익을 얻을 수 있을 것이다. 어떤 일이든지 투자에서 수익을 얻을 수 있기 위해서는 위의 이론을 잘 이용하여 너무 늦게 그 일에 뛰어들지 않도록 해야 한다.

(2) 꾸준하게 실적이 상승하는 종목이 좋다.

의사는 병을 잘 고치는 사람이고 바리스타는 커피를 잘 제조하는 사람이다. 그렇다면 기업을 직업으로 환원하여 생각한다면 수익을 잘 내는 것이 그 기업의 당연한 본분인 것이다. 그렇기 때문에 내가 투자하는 기업은 꾸준히 실적이 상승한다는 전제조건이 성립되어야 하는 것이다.

물론 실적의 측면에서 벤처기업이나 스타트업 기업의 경우에 당장 수익을 보지 못하는 회사들도 많지만 이미 상장된 회사나 어느 정도 규모를 가진 회사는 수익성이 좋은 기업이 투자종목으로 적절한 것이다.

그러면 실제로 위와 같은 과정을 거쳐 큰 수익을 줬던 레드캡투어(038390)란 종목을 예로 들어 설명해 보도록 하겠다(2013.12~2014.12). 동사는 렌터카 대여와 여행사를 운영하는 회사다. 그 당시 불경기로 기업들은 고정비를 줄이기 위해서 렌터카에 대한 비중을 높였고 싱글족의 렌터카대여와 장기 대여리스 차량 수요가 증가하면서 시장의 주목을 받아 주가가 오른 사례이다.

일자	현재가	전일비	거래량	개인	외국인	기관계	금융투자	보험	투신	기타금융	은행	연기금등	사모펀드	국가	기타법인	내외국인
				+10	-4	-7	-7			-1					+3	-1
14/01/07	16,900 ▲	300	10,492	-24	+29	-1				-1					-3	
14/01/06	16,600 ▲	300	6,189	-18	+19										-2	
14/01/03	16,300 ▲	200	6,335	+3	+13	-15	-2	-13								-1
14/01/02	16,100 ▲	50	26,662	+411	+3	-7	-8								-406	
13/12/30	16,050 ▼	150	3,440	+32	+2	-3	-3								-31	
13/12/27	16,200 ▼	100	5,633	-4	+2	+2	-5	+6								
13/12/26	16,300 ▲	50	34,635	-409	+3	-1	-2			+1					+408	
13/12/24	16,250 ▲	150	7,100	-33	+3	+24	+24								+6	
13/12/23	16,100 ▼	200	4,533	+1	-3	+2	+2									
13/12/20	16,300 ▼	150	2,441		-6	+6	+6									
13/12/19	16,450 ▲	150	3,445	-7	-4	+11	+11									
13/12/18	16,300	0	1,603	+7	-2										-5	
13/12/17	16,300 ▼	50	773	-1	+1											
13/12/16	16,350 ▼	100	1,195	-6	+6											
13/12/13	16,450	0	1,317	+10	-10											
13/12/12	16,450	0	2,953	-3	+3											
13/12/11	16,450 ▼	50	10,790	-150	+2	+148		+148								
13/12/10	16,500 ▲	200	5,060	-24		+24				+24						
13/12/09	16,300 ▼	250	5,701	-23	-1	+24		+24								
13/12/06	16,550 ▲	100	6,575	-13		+13		+2	+11							

위 그림은 레드캡투어의 2013년 12월 투자자별 매매동향이다. 그림을 보면 개인과 외국인, 기관투자자의 계속적인 수급이 이어졌다. 하지만 매매금액이 최고 4억 정도이고 거래금액도 많지 않았다.

| [1] [0796] 투자자별 매매동향 - 종목별투자자 | | | | | | | | | | | | | | | | |

투자자별매매종합 | 시간대별투자자 | 당일추0 | 일별동향/차트 | 순매수추이 | 업종별투자자순매수 | 당일매매현황 | 투자자별누적순매수 | 투자자별일별매0 | 종목별투자자

038390 ▼ Q 레드캡투어 2017/08/26 ○금액 ○수량 ○추정평균가 ◉순매수 ○매수 ○매도 ◉천주 ○단주 ◉전일비 ○등락률 투자자안내 단위:백만원,천주 조회 다음 차트

기간 17/07/26 ~ 17/08/26 누적순매수

일자	현재가	전일비	거래량	개인	외국인	기관계	금융투자	보험	투신	기타금융	은행	연기금등	사모펀드	국가	기타법인	내외국인
				+10	-4	-7	-7								+3	-1
14/12/12	29,650 ▼	350	4,821	-24	+53	-30	-17	-12								
14/12/11	30,000 ▼	0	7,333	-13	+106	-93	-13	-80								
14/12/10	30,000 ▲	150	10,380	-138	+151	-13	-22	+8	+1							
14/12/09	29,850 ▲	800	10,717	-65	+68	-2	-2									
14/12/08	29,050 ▼	1,300	6,411	+45	-12	-33	-33									
14/12/05	30,350 ▲	1,350	18,739	-324	+192	+132	+132									
14/12/04	29,000 ▲	100	8,705	-49	+95	-4	-4								-42	
14/12/03	28,900 ▲	1,550	33,361	-234	+66	+137	-86		+30			+44		+150	+31	
14/12/02	27,350 ▼	3,300	64,566	+134	+19	-155	-246		+215				-125		+3	
14/12/01	30,650 ▲	450	3,826	+3	-6	+3			+3							
14/11/28	31,100 ▲	600	7,888	-76	-47	+123		+11	+112							
14/11/27	30,500 ▼	350	5,956	+47	-51	+4	+4									
14/11/26	30,850 ▲	650	6,996	-109	+10	+99	-2		+100							
14/11/25	30,200 ▲	800	11,286	-184	+67	+111	-32		+143						+6	
14/11/24	29,400 ▼	1,100	17,469	+111	-4	-106			-106						-1	
14/11/21	30,500 ▼	200	14,968	-72	+70	-3	+1		-5						+6	
14/11/20	30,700 ▼	1,150	11,684	-64	-26	+111		+4	+107						-21	
14/11/19	31,850	0	11,626		-14	+14	-1		+15							
14/11/18	31,850 ▲	950	7,741	-87	+60	+27	-3		+30							
14/11/17	30,900 ▼	1,350	6,428	-9	+9											

위 그림은 2014년 11~12월의 수급상황으로 이전에 비해 거래규모가 2배 정도 증가하였다. 주가 역시 70~80% 정도 상승하였다. 수급에서는 그동안 매수를 하지 않았던 투신과 연기금 등에서 매수를 하였다. 개인투자자의 입장에서도 메이저(기관, 외국인 투자자)들이 수급을 끌어올리면 거래규모가 커져 수익이 많이 발생한다. 그러면 이 종목의 주가 추이가 어떻게 변화가 되었는지 확인해 보도록 하겠다.

2013년 11월 8일 3분기 실적발표가 있었다. 매출액, 영업이익, 당기순이익에서 큰 규모는 아니지만 꾸준히 상승하였다. 하지만 이러한 꾸준한 실적에도 불구하고 주가는 그대로 있었다. 차트상으로도 주가가 하락하는 것보다는 일정 수준의 박스권(13,000~17,000) 흐름이 지속될 가능성이 높았다. 그리고 여기서 4분기 실적의 성장성이 견고해진다면 주가는 미리 파악한 매수세로 폭발적인 상승이 예상되었던 상황이었다. 이미 코스닥 기준 업종 PER 대비 상당히 저평가라는 인식이 있었기 때문이다.

Part 2
모르면 잃고
알면 번다

[레드캡투어(038390)] - 일봉

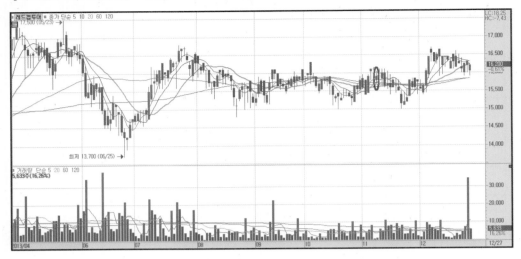

    2013년 11월 8일의 주가추이를 파란색 원으로 표시하였다. 그 당시에 주가추이는 큰 상승이나 하락없이 옆으로 횡보를 하고 있었다. 하지만 실적발표 이후 주가에 대한 하방경직을 만들고 상승에 대한 연결로 움직이더니 결국 1년이 지난 이후 엄청난 수익을 거둘 수 있는 흐름을 만들었다.

[주봉]

    가치있는 주식을 많은 사람들이 인지하기 전에 매수를 한다면 수익을 거둘 수 있는 기회가 된다. 아래 그림의 파란색 표시로 그린 원은 결국 1년이 지난 이후 주가의 상승추이를 확인해 주고 있다. 무턱대고 새로운 종목에 뛰어든 선구자는 외롭고 힘들지만 탄탄한 분석을 바탕으로 뛰어든 선구자는 행복한 기대를 가지고 기회를 기다릴 수 있는 것이다.

주식투자에서 자주 하는 말들이 "그날 매수했으면 엄청 올랐을 텐데"란 말이다. 그날 그 종목의 좋은 흐름을 보았지만 매수하지 못해 안타까웠다는 표현일 것이다. 주식시장에서 '관망'이란 것은 매수나 매도를 하기 위해 하는 것이다. 매수와 매도라는 버튼을 클릭하지 않았다면 관망했다는 태도로 스스로를 희망고문하지 말아야 한다. 그러므로 평소에 매수나 매도를 하지 않는 이유를 명확하게 가지는 것이 후회 없는 투자를 위한 태도일 것이다.

(3) 주식은 성장성을 먹고 자란다.

기업의 기대감을 충족시켜주는 것이 바로 '성장성'이다. 아무리 수익을 많이 내는 회사라도 미래의 성장성을 기대할 수 없다면 계속해서 주가가 상승할 수 없다. 1999년 벤처붐이 일어났을 때 우리나라 시장에서 가장 핫이슈 업종이 바로 '닷컴'이라는 회사들이었다. 그 당시 코스닥 시장이 개장되면서 정부의 적극적인 벤처기업 육성정책과 함께 앞으로의 사회는 컴퓨터가 없이는 아무것도 하지 못할 것이라는 절박함이 '닷컴'버블을 만들면서 주가의 엄청난 상승과 하락이 있었다. 그 이후에도 2008년 애플의 아이폰3G가 휴대성 높은 컴퓨터화 되면서 주식시장의 관련 사업의 주가상승을 이끌었다.

위와 같은 시대의 흐름에 맞는 테마는 결과적으로 우리가 한 번도 경험하지 못한 신세계로 이끌었고 주식시장의 대세를 형성하였다. 최근에 계속해서 얘기가 나오고 있는 4차산업혁명, 드론, VR가상현실, AR증강현실, 스마트팩토리, AI(인공지능), 자율주행차 등의 부분을 관심을 가지고 지켜봐야 할 이유가 여기에 있는 것이다.

(4) BtoB보다는 BtoC가 긍정적이다(기업 대 기업 간의 거래보다 기업 대 고객 간의 거래가 주가부양에 긍정적일 수 있다).

업종마다 다르기는 하나 개인소비자들을 무시하면 주가는 상승할 수 없다. 특히 중·소형주일수록 개인의 비중이 높기 때문이다. 사업을 하는데 있어서도 기업간의 비즈니스보다 일반 개인고객에게 제품을 판매하는 것이 수익성의 측면이나 기업의 홍보 그리고 주가를 부양하는데 있어서도 좋은 것이다. 예를 들어 오뚜기의 자회사인 '조흥'이라는 회사는 크라운베이커리, 샤니, 파리크라상, 기린식품 등에 피자치즈를 공급하고 있으며, 오뚜기에는 식품 및 첨가물 재료를 공급하는 업체이지만 개인들에게는 낯선 기업이다. 개인들은 직접 제품을 구입하는 '오뚜기'라는 회사를 인식하고 있기 때문이다. 이것이 바로 브랜드의 가치인 것이다. 그러므로 되도록 투자자에게 많이 알려진 회사일수록 투자자의 입장에서도 투자하기가 용이할 수 있다. 특히 기호상품을 판매하는 업종일 경우 이런 측면이 크기 때문에 이러한 기업을 관심있게 지켜봐야 한다.

〈주식 기초 상식〉

1. 동시호가의 매매관련 법칙

동시호가의 우선순위는 가격 → 수량 → 시간의 순이다. 즉 동시호가는 뒤에 접수를 하였다고 하더라도 수량이 많다면 먼저 거래가 체결된다는 것이다. 만일 가격과 수량도 같다면 시간을 우선하여 거래가 체결된다.

2. 커플링과 디커플링

말 그대로 커플의 의미와 동일하다. 한 국가의 경제 흐름이 다른 국가로 연결되어 같이 동조화 된다는 것이다. 즉 미국의 다우지수가 상승하면 우리나라 거래소 지수도 커플링 현상으로 상승할 가능성이 높다. 디커플링은 커플링과 반대의 의미로 미국의 다우지수가 하락하는 경우에도 한국의 코스피지수가 상승하거나 환율이 상승하는 경우에도 주가가 상승하는 것과 같이 일반적인 현상과 달리 움직이는 것을 말한다.

주 식 만 평

세계증시가 침체를 보이는 경우에는 아무리 시장을 상승으로 연결시키려 해도 움직이지 않는 경우가 많다. 이럴 때는 공격적인 매수보다는 주식투자를 쉬거나 확실히 상승하는 종목들을 단기적으로 매매해서 리스크를 최대한 줄여야 한다.

01 챠트의 의미/봉챠트   02 이동평균선/핵심 매매타이밍
03 추세선/핵심 매매타이밍   04 지지와 저항(박스이론)/핵심 매매타이밍
05 반전형, 지속형패턴/핵심 매매타이밍   06 거래량/핵심 매매타이밍
07 보조지표/낙폭과대매매/핵심 매매타이밍 08 갭분석/핵심 매매타이밍

Chapter 3

기술적 분석

01 차트의 의미 / 봉차트

1. 기술적 분석법과 차트

(1) 기술적 분석법(Technical Analysis)의 여러 의미

❖ 차트분석

차트분석법은 가격과 거래량 그리고 해당 종목의 매수와 매도의 에너지를 파악하여 이후 주가의 움직임을 파악하여 적절한 매수, 매도의 타이밍을 포착하는 것을 말한다. 차트는 주식에 영향을 줄 수 있는 트랜드, 기본적인 변수, 과거로부터 이어져온 일정한 패턴을 포함하고 있다는 사실을 전제에 두고 있다. 여기서 주식을 가진 사람은 매물이라고 하고 현금을 가지고 매수를 하려고 하는 사람들을 매수세라고 한다.

❖ 차트의 복합성

차트는 미리 실적과 호재를 미리 반영한다. 그래서 현재 실적이 좋지 않은 기업이라도 앞으로 실적이 좋아진다는 기대가 있으면 이를 반영하면서 주가가 상승한다. 그리고 주가를 주도하는 메이저 투자자들의 경우 일정한 주식의 유통물량을 개인투자자들이 소화해줘야 주가를 핸들링하기 좋기 때문에 차트의 모양을 만들고 이를 통해 개인투자자들을 유인하기도 한다. 이는 차트에 많이 의존하여 거래를 하는 개인투자자들의 속성 때문에 아주 유용한 방법이 된다. 중소형 종목일수록 이런 일은 많기 때문에 개인투자자들은 무조건 차트만을 의존하여 거래를 하면 큰 낭패를 당할 수 있다.

(2) 개인투자자들이 기술적 분석에 의존하는 이유

그럼 개인들이 왜 기술적 분석에 치우치고 있는지 알아보도록 하겠다.

❖ 쉬운 분석이 가능

기술적 분석은 차트와 가격, 거래량으로 하는 분석이므로 앞의 기본적 분석에 비해서 비교적 쉽다. 그리고 개인투자자는 결국 정보성, 자금력, 분석력 등에서 기관이나 외국인 투자자들 보다 현저히 부족하므로 빠르게 움직이는 차트에 의존하여 거래를 하는 경향이 있다.

❖ 시간단축

개인투자자들이 시장에 대한 대세 판단인 시황부터 시작해서 재무제표 분석과 기업에 대한 본질적인 분석까지 하는 경우에는 상당한 시간과 노력이 투입된다. 그리고 개인투자자들은 단기적으로 성과가 나오는 종목을 선호하는 경향이 강하므로 시간과 노력이 소요되는 기본적 분석보다는 신속하게 타이밍을 포착할 수 있는 기술적 분석을 좋아한다.

❖ 경제적 문제

주식투자는 직접적으로 계좌에 예수금을 넣고 매매를 할 수도 있으나, 간접적으로 전문가의 도움을 빌려서 투자를 하는 경우도 있다. 즉 증권사, 자산운용사, 은행PB, 투자자문사 등의 다양한 전문가들에게 일임이나 펀드에 가입하는 방식으로 투자에 도움을 받을 수 있다. 하지만 그들로부터 도움을 받는 순간 수수료 명분의 고정비용을 지불해야 하고, 수익에 대한 배분도 해야 하므로 선뜻 전문가의 힘을 빌리기도 부담스럽다. 그러므로 이러한 부담이 없고 간편한 기술적 분석에 의존하기 쉽다.

2. 봉차트와 예시

(1) 일봉, 주봉, 월봉

그래프를 알기 전 먼저 알아야 하는 것이 단일 거래에 참여한 매매주체들의 손익 여부와 가격변화를 표시하는 봉(캔들)이다. 봉은 영어로 캔들(Candle)이라고도 한다. 봉은 작성날짜에 따라 하루에 만들어지는 일봉, 주간 단위로 만들어지는 주봉, 월간 단위로 만들어지는 월봉으로 나눌 수 있다. 이러한 봉들은 해당 기간의 모든 가격정보를 표시한다. 봉들이 모여 차트가 만들어지고 그것은 다시 추세를 만든다.

(2) 십자형 봉(캔들)차트

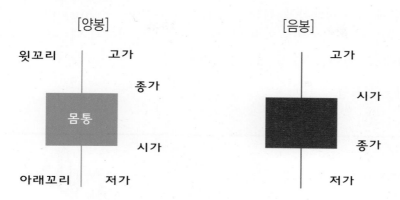

[양봉] [음봉]

윗꼬리 | 고가
종가
몸통
시가
아래꼬리 | 저가

고가
시가
종가
저가

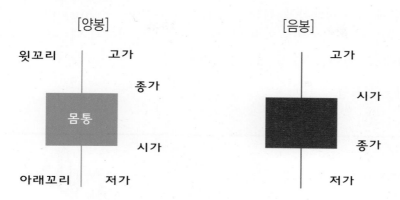

❖ 봉(캔들) 모양의 의미

위 그림은 십자형 봉에 대한 소개이다. 빨간색은 상승(양봉), 파란색은 하락(음봉)을 뜻한다. 시가는 시작한 가격, 저가는 하루에 최고로 낮았던 가격, 고가는 그날 제일 높았던 가격, 종가는 마지막 마무리되는 가격을 뜻한다. 빨간색으로 끝나면 양봉이라고 하고 파랑색으로 끝나면 음봉이라고 한다. 위 그림의 네모난 박스 전체를 몸통이라고 하고 위와 아래에 수염같이 나온 부분을 꼬리라고 한다. 그래서 위로 나온 수염을 위꼬리라고 하고 아래로 나오는 수염을 아래꼬리라고 한다.

❖ 십자형 봉(캔들)차트의 의미 분석

❶ 양봉의 경우 : 양봉을 만들고 있는 몸통은 크지 않지만 매수와 매도의 아래꼬리와 위꼬리는 길게 형성되므로 거래량과 매수세가 많다고 해석을 할 수 있다. 처음에 시가에서 시작하다 아래 꼬리를 만들고(시가에 양봉을 만들고 계속 상승하다가 오후에 다시 하락하였다가 장막판에 상승할 수 있는 경우 등 여러 상황이 있음) 다시 시가 이상 상승을 하면서 몸통을 만든 경우이다. 하지만 상승하였다가 고점 갱신 이후에 경계매물이 나오면서 종가는 고가보다 하락한 가운데 마감을 한 것이다.

❷ 음봉의 경우 : 음봉의 몸통 역시 아래와 위 꼬리가 형성되어 거래량과 매도세가 많았다고 볼 수 있다. 장 초반에 시가는 높았지만 위 꼬리를 만들면서 고점을 찍고 내려왔고 시간이 지나면서 추가하락을 하면서 결국 저점을 찍었다가 다시 저점 부근에서 대기매수세가 유입이 되어 약간의 상승으로 마감을 한 것이다.

❸ 특징 : 십자형은 도지와 구분되는 것으로 몸통이 도지보다 크다. 그만큼 매수와 매도가 팽팽하게 진행되면서 수익(양봉)이나 손실(음봉)이 발생한 것이다. 보유자의 가격변동은 거의 없었으나 위 꼬리에서 매수한 사람은 손실, 아래 꼬리에서 매수한 사람은 이익이다.

❖ 실전예시 – 십자형

[세아베스틸001430)] – 일봉

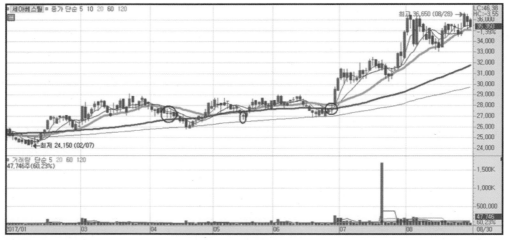

　몸통이 큰 십자형 양봉과 음봉은 대게 횡보구간에서 많이 발생한다. 왜냐하면 매수하는 사람과 매도하는 사람들이 모두 팽팽하게 대치하면서 매매를 하고 있기 때문이다. 차트는 '세아베스틸'이라는 철강업체이다.
　세계경기가 호전되고 중국의 철강업체들에 대한 대규모 구조조정이 진행되면서 국내 철강업체가 반사이익을 얻을 것이라는 기대감이 형성되었다. 그 와중에 세아베스틸의 차트는 에너지 축적기간인 횡보가 이어지고 본격적인 상승구간으로 전환되었다는 점에서 의미있는 양봉과 음봉의 흐름이었다고 할 수 있다.

(3) 망치형 봉차트

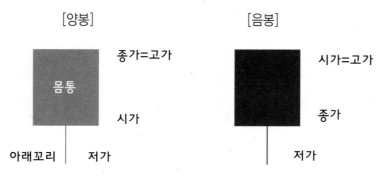

❖ 의 미

망치형 양봉은 장 초반 시작하는 부분부터 '동시호가'에 매수세가 많이 몰려 있을 가능성이 크다. 시가에 잠시 매물이 나오면서 장중에 저점을 잠깐 만들고 나서 다시 매수세가 유입이 되면서 시가를 잡고 다시 고점을 갱신한 경우이다. 망치형 양봉은 종가와 고가가 같은 경우로서 주가의 바닥에서 이제 상승으로 추세를 잡고 상승하려는 종목에서 많이 나타난다.

❖ 망치형 양봉의 실전예시

[LG디스플레이(0334220)] – 일봉

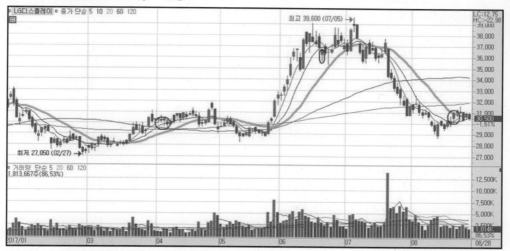

망치형 양봉은 주가의 저점에서 상승으로 전환할 때 나타나는 경우가 많다. 차트는 2017년 애플 아이폰8에 OLED를 공급하기로 한 'LG디스플레이'란 종목이다. 첫 번째 망치형 양봉은 횡보구간에서 나타나면서 상승으로 전환 할 수 있는 암시를 제공했고 이후 상승으로 전환되면서 고점을 갱신하였다. 두 번째 망치형 양봉은 고점 부근을 다시 만들기는 했지만 추가적인 상승이 제한되면서 하락한 모습이다. 세 번째 망치형 양봉은 다시 바닥국면에서 상승으로의 전환 타이밍에서 나타났다.

❖ 망치형 음봉의 실전예시

[대우부품009320)] - 일봉

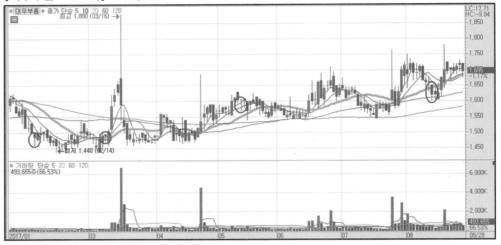

　　망치형 음봉은 장 초반부터 매도세가 나오면서 하락으로 시작을 한다. 매도하려는 매물이 계속 출회되어 시가부터 하락하여 어느 구간까지 떨어진 뒤에 저점에서 매수세가 유입되면서 꼬리를 만들면서 끝나는 경우를 말한다. 망치형 음봉은 추세가 상승에서 하락으로 전환되는 흐름으로 고점에서 조정이 나오는 경우에 주로 나온다고 볼 수 있다.

　　망치형 음봉도 음봉으로 일단 에너지가 부족한 경우로 상승보다는 하락의 힘이 더 강한 것이다. 위의 차트는 최근 전기차 및 하이브리드 차량에 전자제품을 공급하는 '대우부품'이라는 회사이다. 차트를 보면 상승을 하고 있지만 차트의 기울기가 크지 않은 완만한 상승이 이어지고 있다. 망치형 양봉 보다는 망치형 음봉이 많은 이유는 주가상승에 대한 에너지가 부족하기 때문이라고 볼 수 있다.

(4) 장대형 봉차트

❖ 의 미

장대형 양봉의 경우 장 초반부터 강한 매수세가 유입되면서 상승으로 시작한다. 그리고 저점을 계속 시가로 잡아두고 매도에 대한 매물소화를 거쳐 상승을 지속한다. 장 막판까지 상승을 계속하면서 시가대비 월등히 높은 종가를 형성하는 장대 양봉을 만든다. 단기적인 조정이나 횡보를 하고 있는 구간에서 이런 양봉이 나오면 단숨에 추세가 상승으로 전환되는 흐름을 보일 수 있다. 장대형 양봉과 장대형 음봉은 단일봉 유형 중에서 출현 시 대응을 얼마나 적절히 하느냐에 따라 수익과 손실이 정도가 결정된다고 봐도 과언이 아니다.

❖ 실전예시 – 장대형 양봉

[삼성전자(005930)] – 일봉

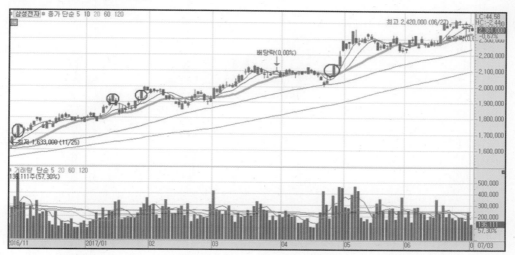

장대형 양봉은 추세를 전환시킬 가능성이 높은 양봉이다. 특히 차트 자체가 우상향을 지속할 때 조정이 거치고 나서 재차 우상향의 차트 흐름으로 전환하려고 할 때 장대양봉을 만들면서 추세 상승으로 연결되는 경우가 많이 있다.

그림은 우리나라 대표적인 기업인 삼성전자의 차트 흐름이다. 반도체, 스마트폰, 가전사업의 실적이 긍정적으로 발표되면서 상승추세의 흐름이 계속 이어져 연초보다 주가가 많이 상승한 것을 보여주고 있다. 주가 추이를 보면 첫 번째 장대양봉은 추세를 계속 만들기 위한 흐름으로 보이며 두 번째와 세 번째는 우상향을 계속하기 위한 상승의 양봉이다. 네 번째 양봉은 추세가 잠깐 이탈되려는 흐름에서 다시 추세를 돌리기 위한 양봉이라고 볼 수 있다.

❖ 실전예시 – 장대형 음봉

장대형 음봉은 장대형 양봉과는 반대의 흐름이라고 보면 된다. 장 초반부터 일단 매도하려는 투자자들의 매물이 호가에 많이 나온다. 매물이 장 막판까지 나오는 것은 추세를 꺾겠다는 의지라고 볼 수 있기 때문에 조정을 받고 있는 상황에서 갑자기 장대 음봉이 나온다면 단기적으로 추가적인 하락이 이어질 가능성이 매우 크다고 볼 수 있다. 그러므로 장대 양봉과 음봉은 봉 중에서 가장 중요한 의미를 가진다.

[기아차000270)] – 일봉

장대형 양봉과 반대로 장대형 음봉은 추세를 하락시키는 시점에서 많이 나오는 경향이 있다. 위의 그림은 우리나라의 대표적인 자동차 기업인 기아차 차트이다. 사드로 인한 중국의 무역장벽으로 중국 매출이 급감한에 따라 2017년 주가가 하락하고 있었다.

차트를 보면 장대음봉이 나온 시점에서 상승보다는 하락할 확률이 더 높다는 것을 알 수 있다. 일단 장대형 음봉이 나왔다는 것은 누군가 의도를 가지고 매도를 하여 주가가 하락했다는 것이다. 위 차트의 동그라미 1~3번째의 음봉에서는 주가는 하락으로 추세 전환되었다. 하지만 4번째 음봉에서는 재차 조정이 마무리 되면서 상승으로 전환되었다. 장대음봉은 확률적으로 하락으로 추세 전환하는 신호이지만, 상승으로 전환할 수도 있다는 점을 보여주는 그림이기도 하다. 장대음봉이 고점에서 나오는 경우 주가하락의 신호인 경우가 많다는 점을 명심하자.

(5) 도지형과 잠자리형 봉차트

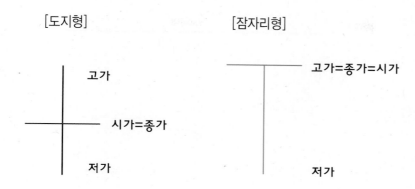

[도지형]　　　　　　　　[잠자리형]

고가

고가=종가=시가

시가=종가

저가

저가

❖ 의 미

❶ 도지형 봉차트 : 도지형 봉차트는 앞서 말한 십자형 봉과 구별해야 한다. 두 경우 모두 아래 위로의 매도와 매수의 팽팽한 거래가 있었지만 십자형은 가격의 변화가 있었고, 도지형은 가격의 변화가 거의 없었다는 점에서 차이가 난다. 이런 도지형 봉은 거의 횡보나 박스권 구간에서 많이 볼 수 있다. 왜냐하면 매도 매수의 팽팽한 거래로 위나 아래로 주가가 움직이지 않기 때문이다. 도지형 봉만으로 상승과 하락의 신호가 되는 경우는 드물며 이전과 이후의 봉들과의 복합적 분석을 통한 매매전략을 수립하는 것이 필요하다.

❷ 잠자리형 봉차트 : 일정한 가격에서 시작한 주가가 하락세를 형성하다가 장마감을 앞두고 매수세의 유입으로 가격이 시가까지 재반등하여 종가를 형성하는 것이다. 잠자리형 봉이 나오는 경우 그 날 매도한 사람은 대부분이 손실이고 매수한 사람은 대부분이 이익이다. 잠자리형이 고점에서 나오는 경우 강한 매도세를 주가를 관리하는 세력이 추세를 만든 경우로 차후 매도세가 강하다면 하락할 수도 있다. 하지만 고점이 아니라 상승초입에 잠자리형이 나오고 거래량이 증가하는 경우에는 주가가 폭발적으로 상승할 수 있다. 잠자리형은 추세전환의 신호로 보고 신중하게 관찰하여 대응해야 한다.

❖ 실전예시 – 도지형 봉차트

[제이스텍090470)] – 일봉

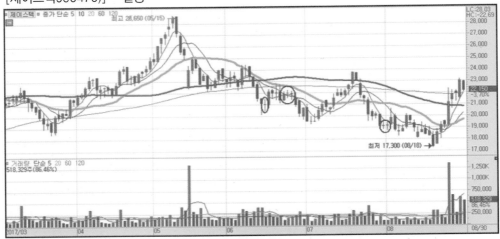

　십자형은 대게 변동성이 큰 흐름보다는 옆으로 횡보를 하거나 박스 권에 갇혀서 아래위로 움직이는 경우에 등장한다. 위의 그림은 OLED 장비업체인 제이스텍의 차트이다. OLED업황에 대한 슈퍼사이클이 이어지고 있는 가운데 2017년에 들어와 엄청난 주가의 상승을 보여줬다. 하지만 고점 확인 후 5월에 들어서면서 조정을 보이고 8월 들어 다시 상승의 흐름을 다시 보여주고 있다. 십자형 봉차트는 횡보나 하락에서도 많이 보이지만 상승에서도 많이 나타난다. 그래서 십자형 도지봉에서 특별한 의미를 찾기 보다는 그 이후에 나타나는 방향성에 주의하여 대응하는 것이 필요하다.

❖ 실전예시 – 잠자리형 봉차트

[롯데케미칼(011170)] – 일봉

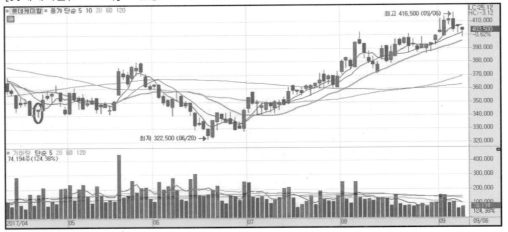

대게 잠자리형은 고점에서 보다는 저점에서 나올 때 주가 상승의 시그널이 되는 경우가 있다. 동사는 롯데케미칼이라는 정유화학 업체이다. 17년 4월 잠자리형 양봉은 주가의 상승신호로 주가가 일시적으로 반등하였으나 매물을 소화하면서 다시 저점을 갱신하였다. 저점 갱신의 과정은 본격적인 상승을 하기 전 개인투자자들이나 단기투자자들이 접근하지 못하도록 하는 흐름으로 봐도 무방하다.

중요한 것은 봉의 유형에 따른 움직임에 유의하되 너무 맹신하지 말고 적절한 대응을 통한 수익률의 제고에 노력해야 한다는 교훈을 주는 그림이다. 주식에는 성배가 되는 법칙이란 없으며 개인들은 오로지 흐름에 대한 적절한 대응이 수익을 가져다 줄 수 있는 것이다.

(6) 비석형과 복합봉

❖ 비석형봉차트

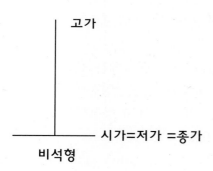

잠자리형을 거꾸로 만든 봉차트이다. 신뢰도가 높은 구간은 고가에서 조정이 나올 때 많이 나오는 봉이다. 즉 고점 부근이라면 추가적인 매물을 소화하기 위한 과정이라고 할 수 있지만, 세력의 이익실현인 경우가 많다. 그래서 고점이면 조만간 하락할 가능성이 크다. 즉 고점 부근에서 비석형을 보이면 추가 상승 보다는 다시 조정이 나올 수 있으므로 확률상 매물 소화 과정을 거치는 확률보다는 하락으로 추세 전환이 될 때 많이 등장한다. 하지만 저점에서 비석형이 나온다는 것은 사람들이 하락 중에 싸게 사려는 것을 멈추고 비싸게 매수하려 하는 것으로 조만간 상승으로 추세전환이 일어날 수 있다고 볼 수 있다.

❖ 단일봉의 가중치

단일봉 분석의 경우에 장대양봉과 장대음봉이 가장 중요하다. 그리고 잠자리형과 비석형, 십자도지형의 순으로 가중치를 줄 수 있다. 특히 십자도지형은 단일봉으로는 큰 의미가 없다. 이전 이후의 봉들과의 분석이나 십자형 도지 이후의 주가의 방향성에 주의하여 거래를 하면 된다.

❖ 복합봉

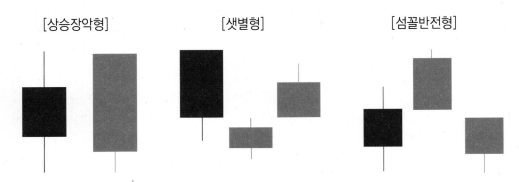

[상승장악형]　　　　　　[샛별형]　　　　　　[섬꼴반전형]

❶ 상승장악형 : 전일의 음봉을 감싸 안은 양봉의 등장하는 경우이다. 전일의 시가보다 하락으로 출발하였지만 이를 단번에 만회하고 상승으로 전환한 경우로 추세전환의 신호이기도 하다. 이를 단일봉으로 표현하면 망치형 양봉이 된다.

❷ 샛별형 : 1거래일에는 음봉이 등장하였다가 2거래일에는 몸통이 작은 양봉이 등장하고 3거래일에는 1거래일의 음봉에 준하는 양봉이 등장하는 형태를 말한다. 샛별형의 경우에 추세하락의 과정에서 등장하는 경우 상방으로의 추세전환의 신호로 본다.

❸ 섬꼴반전형 : 주가의 상승 진행 중에 갭상승이 발생하고 재차 갭하락이 발생하는 형태로서 강력한 하락의 추세전환 신호로 반드시 매도를 하는 것이 좋다.

주식만평

2010년 그리스 재정위기가 세계증시를 흔들었다. 때마침 4마녀날에 더욱더 변동성이 커서 개인들의 리스크가 단기적으로 커졌다. 그나마 다행이었던 것은 그리스가 세계증시에 끼치는 영향이 크지 않았다는 것이다. 글로벌 경제규모가 큰 나라의 경제위기는 세계증시에 큰 패닉이 될 수 있다는 점을 명심해두자.

1. 이동평균선의 의미와 계산

(1) 의 미

이동평균선은 일정기간 동안의 주가(종가)를 평균해서 나온 값이다. 예를 들어 5일 이동평균선 같은 경우에는 5일 동안의 주식의 가격을 기간 5로 나누어서 나온 값이다. 이동평균선은 줄임말로 '이평선'이라고 하는 데 중요분석요소로는 방향, 각도, 위치, 이격, 배열, 교차 등이 있다.

(2) 이동평균선의 계산

5일 동안의 주가를 보면 다음과 같다. 그럼 이 주식 가격을 모두 더한다. 그리고 이를 더한 값을 5로 나눈 값이 5일 이동평균선이다.

- 1일 : 10,000원, 2일 : 10,100원, 3일 : 10,200원, 4일 : 10,300원, 5일 : 10,400원
- 10,000＋10,100＋10,200＋10,300＋10,400＝51,000원
- 51,000 / 5＝10,200원, 즉 5일 이동평균선은 10,200원에 형성된다.

그럼 다음 5일 이동평균선을 구해보자. 1~5일까지 구한 5일 이동평균선이 10,200원이다. 2~6일까지 구한 5일 이동평균선을 구하면 다음 선이 된다.

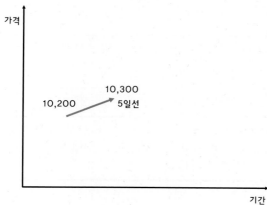

- 2일 : 10,100원, 3일 : 10,200원, 4일 : 10,300원, 5일 : 10,400원, 6일 : 10,500원
- 10,100＋10,200＋10,300＋10,400＋10,500＝51,500원
- 51,500 / 5＝10,300원, 즉 5일 이동평균선은 10,300원에 형성된다.

위에 있는 5일 이동평균선을 그림으로 나타내면 위와 같다. 그렇다면 다음날 가격이 얼마인지에 따라 5일 이동평균선을 계산하고 상·하방이나 횡보의 흐름을 파악할 수 있다.

이동평균선은 시장이 열리는 날짜를 기준으로 계산되며 단기적인 추세를 만들 수 있는 선으로 해석되므로 기술적인 차트를 분석하는데 있어서 중요한 지표이다.

✽ 주식투자 핵심 Tip ✽ 이동평균선의 변곡 포착

하락하는 이평선의 변곡을 알아보려면 5일선은 오늘을 포함하여 6일전, 10일선은 오늘을 포함한 11일전, 20일선은 오늘을 포함한 21일전의 주가와 오늘의 주가를 비교하여 6일전(5일선), 11일전(10일선), 21일전(20일선)의 종가보다 오늘의 종가가 높으면 해당 이평선이 상승으로 방향을 전환하는 초입이라고 보면 된다.

(3) 이동평균선 해석

❖ 이동평균선의 해석

이동평균선(기간관련)	해석관련
3일선	단기적인 매매를 하는데 있어서 중요한 지표이다.
5일선(1주일)	단기매매를 하는 경우 3일선과 같이 연결해서 보는 지표로서 단기방향성을 확인할 수 있다.
10일선(2주일)	단기적인 상승이 본격화될 때 5일선과 같이 추세지지선이 된다.
20일선(1개월)	단기 추세선으로 많이 사용되며 기준선이라고 지칭한다. 20일 이평선이 상승인 경우에는 투자심리가 살아있다고 보면 된다.
33일선	기관들이 주로 사용하는 추세지지선이다.
60일선(3개월)	중기적인 추세의 방향을 정하는 이동평균선으로 '수급선'이라고도 한다. 매매는 60일선 위에서 하면 좋다.
120일선(6개월)	장기적인 방향을 확인 할 수 있는 이동평균선이다.
200일선(10개월)	장기추세로 120일선보다 낫지만 단기변동성이 큰 경우 120일선보다 대응이 늦어진다. 그러므로 120일선과 200일선을 교대로 참고하는 것이 좋다.

❖ 많이 보는 이동평균선

이동평균선(이하 이평선)은 추세를 판단하는 데 있어 개인들이 쉽게 접근할 수 있고 분석이 용이하다. HTS에서 사람들이 많이 보는 이평선은 5일, 10일, 20일, 60일, 120일선, 200일선, 240일선, 400일선이다. 나머지 이평선은 설정이나 변경을 통해서 추가하거나 변경하면 된다. 하지만 이평선은 위의 이평선처럼 남들이 많이 보는 것을 보는 것이 좋다. 남들이 잘 보지 않는 이평선을 보고 자신만의 잣대로 주가를 해석하는 것은 남들과 동떨어진 판단을 하기 쉽다. 세력들의 속임수나 변칙적인 주가의 흐름도 남들이 많이 보는 이평선을 기준으로 판단해야 한다. 왜냐하면 일반적인 이평선을 통해 사람들이 투자 여부를 판단하기 때문에 자신만의 이평선을 보고 판단을 하는 것은 투자기준의 객관성을 담보하지 못해 자신을 믿지 못할 뿐만 아니라 변칙적인 흐름에도 대응할 수 없게 된다.

이평선은 단기선인 5일선만 보는 것이 아니라 중기 20일선, 장기 120일선까지 같이 봐야 신뢰도가 높다. 그래야 추세적인 이평선들의 배열 분석을 통해서 정배열과 역배열 여부를 판단할 수 있다.

❖ 반드시 알아야 할 이평선 의미

기술적 분석에 있어서 가장 많이 사용하고 또한 가장 많이 의미를 두고 있는 것이 바로 이동평균선이다. 최근 상하한가 +30%, -30%로 변경되고 나서 일부러 장중에 이평선을 붕괴시키기도 하지만 대부분은 분석대로 이어지는 경우가 많다.

이평선의 방향성	봉차트의 이격과 상승 가능 정도
이평선 우상향	봉차트가 이평선 위에 있고, 우상향 한다면 상승 가능성이 높다.
이평선 횡보	봉차트가 이평선 위에는 있어도, 횡보한다면 이탈시 하락가능성이 크다.
이평선 하락	봉차트가 이평선 아래 있고, 하락 중이면 추가 하락의 가능성이 크다.

❖ 이평선 교차에 대한 의미

　이평선은 종가기준 가격을 평균해서 나온 가격의 선을 이은 것으로 추세를 확인하는데 있어서 의미가 있다. 단기 이평선이 하락을 하고 있지만 중장기 이평선이 올라간다면 길게 봤을 때, 상승할 확률이 높다. 그렇기 때문에 교차에 대한 분석은 반드시 알아야 할 필요가 있다.

이평선의 교차	추가적인 주가의 방향성
단기 이평선이 중장기 이평선 상향돌파	• 단기적으로 매수할 수 있는 타이밍으로 상승전환가능 • 5일선이 10일선이나 20일선 돌파하는 골든크로스의 경우
중장기 이평선이 단기 이평선 하향 돌파	• 단기적인 반등이 나오더라도 중장기 하락전환가능 • 20일선이나 60일선이 5일선 또는 10일선 하향돌파하는 데드크로스의 경우

(4) 정배열과 역배열

❖ 정배열

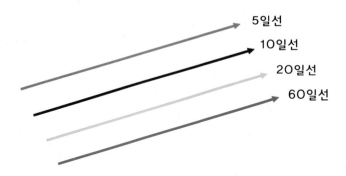

　정배열은 위에서부터 단기 이평선에서 장기 이평선의 순서로 차례로 배열되는 것이다. 즉 5일선, 10일선, 20일선, 60일선, 120일선, 200일선의 순으로 배열되는 것이다. 정배열 차트를 보이는 경우는 상승추세가 지속되어 주가가 이미 고가인 경우가 많기 때문에 정배열이 형성되기 이전 이동평균선이 모여 있는 정배열 초입의 구간에 있는 종목을 찾아서 투자하는 것이 수익에 유리하다.

❖ 실전예시 - 정배열 관련

[비에이치(090460)] - 일봉

　동사는 비에이치라는 FPCB 업체이다. 단기 이동평균선이 상승으로 전환하면서 역배열에서 정배열로 전환되는 과정을 보이는 모습을 보여주고 있다. 장기선인 120일선이 횡으로 누워있어 장기적으로 손해를 본 매수자들이 없는 것이 상승의 포인트이다. 만일 120일선이 하방으로 누워있다면 매물이 출회되어 정배열되는 기간이 더 오래 걸렸을 것이다.

　이후 왼쪽 노란 네모박스가 만들어진 부분이 정배열 초기로 봤을 때 추가적인 추세상승이 이어지면서 완연하게 정배열로 전환되고 있는 모습이다. 주가 역시 3,000원 때 있던 가격대가 7,000원대로 높아지면서 강세 흐름을 이어갔다.

❖ 역배열

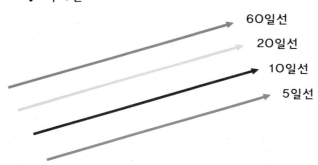

60일선

20일선

10일선

5일선

역배열이라는 것은 추세자체가 하락으로 전환되었다는 것을 의미한다. 추세가 약세로 지속되어 있어서 앞으로도 상당기간 하락의 확률이 높다고 볼 수 있다. 이는 정배열과 반대로 장기 이평선이 위에 있고 차례로 기간이 짧은 단기 이평선의 순으로 배열된 것이다.

현재는 역배열이 아니더라도 단기 이평선이 하방으로 전환되면서 차례로 이평선들이 역배열로 전환된다면 주가의 추이도 향후 약세로 전환되어 지속될 확률이 높은 것이다. 그러므로 역배열로 접어드는 초입의 단계에서는 투자한 종목을 재검토하여 매도의 타이밍으로 포착하는 것이 필요하다.

❖ 실전예시 – 역배열 관련

[현대차(005380)] – 일봉

위의 그림은 현대차의 주가 추이를 나타낸 것이다. 5월 양호한 정배열을 보이고 있다가 6월 들어 단기 이평선인 5일선과 10일선이 모인 후 하향 이탈하여 역배열로 전환되는 모습을 보이고 있다. 장기 이평선은 여전히 정배열 중이지만 이평선의 흐름을 관찰하면서 타이밍을 놓치지 않도록 주의하는 단계이다.

위의 그림은 현대자동차 첫 번째 그림의 박스 이후의 주가 추이를 나타낸 그림이다. 장대 음봉이 나오고 단기 이평선이 장기 이평선을 하방으로 통과하면서 이평선이 9월 1일 완전히 역배열로 전환되었다. 위 그림상의 매도타이밍은 박스 다음의 음봉이 나올 때였음을 알 수 있다.

2. 이동평균선을 이용한 매수·매도 타이밍

2. 이동평균선을 이용한 매수·매도 타이밍

(1) 골든크로스와 데드크로스

❖ 골든크로스

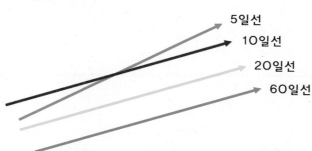

앞의 정배열과 역배열의 상태에서 정배열과 역배열로 전환되는 시점이 매수 타이밍과 매도 타이밍임을 알 수 있다. 이때 이평선간 배열이 바뀌면서 나타나는 현상인 골든크로스와 데드크로스에 대해서 설명하고자 한다.

위 그림은 단기 골든크로스를 나타낸 것이다. 일반적으로 골든크로스는 단기 이평선이 중·장기 이평선을 돌파한 시점을 골든크로스라고 말한다. 그리고 위 그림은 중장기 이평선은 이미 정배열 상태에서 단기 5일선이 10일선을 돌파하는 단기 골든크로스를 형성한 것이다.

❖ 실전예시 - 단기 골든크로스

  골든크로스의 개념상 20일선이 60일선이나 120일선을 돌파하는 것도 골든크로스라고 한다. 이동평균선간의 간격이 멀지 않은 상태에서 단기이평선이 중·장기 이동평균선을 상방돌파하면서 정배열로 진행되면 골든크로스라고 볼 수 있다. 이러한 상태에서 매수하는 것이 수익을 얻을 수 있는 확률도 높아진다.

[하나머티리얼즈(066090)] - 일봉

  위 그림은 하나머티리얼즈라는 소재업체의 차트이다. 이 종목은 상장된지 얼마 되지 않았음에도 불구하고 20일선을 양호하게 지지받은 가운데 5일선이 10일선을 돌파하는 골든크로스가 발생하였다. 아래 그림에서 19,000원대의 주가는 33,000원까지 상승을 하며 추세를 완전히 상승으로 만들며 고점을 갱신하였다.

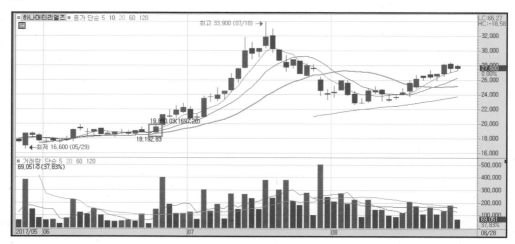

❖ 데드크로스

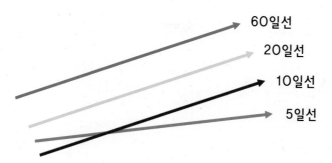

60일선

20일선

10일선

5일선

단기데드크로스는 골든크로스와 반대의 상황이라고 보면 된다. 즉 이미 장기 이동평균선(20일, 60일)은 역배열이 형성된 상태에서 단기 이평선인 5일선이 10일 이평선을 하방으로 돌파하는 데드크로스가 발생한 것으로 앞으로도 하락이 지속될 가능성이 많은 것이다.

❖ 실전예시 – 단기 데드크로스

[한솔제지(213500)] – 일봉

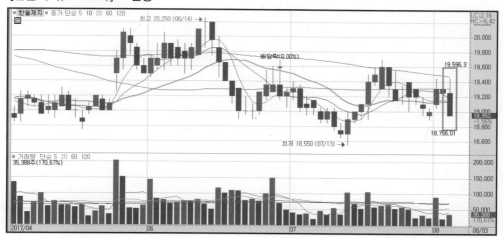

위 그림은 한솔제지라는 제지업체의 주가의 흐름을 보여주고 있다. 이미 장기 이평선이 위에 형성되어 있는 역배열 상태이다. 5~6월에 역배열 상태에서 단기이평선인 5일선과 10일선이 20일선과 골든크로스를 발생시키면서 정배열을 시도하였다. 하지만 그 후 120일선의 매물대에서 부딪치며 다시 하방으로 5일선이 10일선, 20일선과의 데드크로스가 연속적으로 발생하며 주가는 하락하였다. 그 후에도 다시 골든크로스가 발생하였지만 역시 120일선을 넘지 못하고 하락하는 현상을 보였다. 이 그림에서 보이는 것처럼 이 종목은 120일선이 저항선으로 작용하고 있다고 볼 수 있다. 아래 그림의 박스 이후에 역배열을 형성하면서 하방추세를 형성하였다.

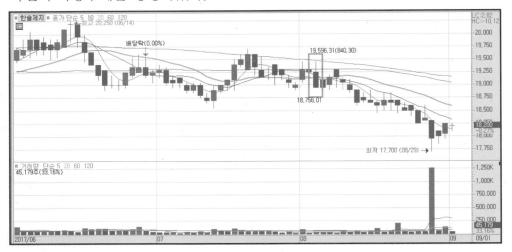

(2) 골든크로스와 데드크로스 관점에서 보는 매수·매도 타이밍

그렇다면 우리는 골든크로스와 데드크로스만 보더라도 단기 매수시점인지 아니면 매도시점인지 알 수 있다. 여기서는 매도 타이밍 보다는 상승으로 이어질 수 있는 시점에서의 매수 타이밍에 대하여 주로 설명을 하겠다.

❖ 실전예시 매수타이밍 – 5일선이 10일선 돌파 타이밍!

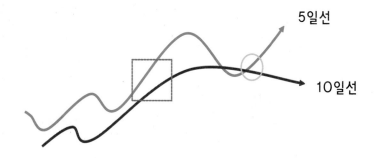

5일선

10일선

오른쪽 페이지의 그림은 황금에스티의 차트이다. 10일선을 돌파하기 전에 이미 정배열로 상승추세가 만들어지고 나서 5일 이평선 고점에서 조정이 나오면서 10일선까지 하락했다는 점을 주목해야 한다. 이렇게 이전의 상승세와 거래량의 증가가 있었기 때문에 조정이 있었지만 5일선이 10일선을 돌파하며 지속적인 상승을 이어나갈 수 있었다.

2017년 8월에 황금에스티는 구리와 황동 가격의 인상이 이를 원료로 하는 제품가격의 인상으로 이어져 실적 상승이 나타날 것이라는 기대감으로 상승하였다. 네모 박스 이후에도 한동안 주가상승의 모습을 이어나갔다.

[황금에스티(032560)] – 일봉

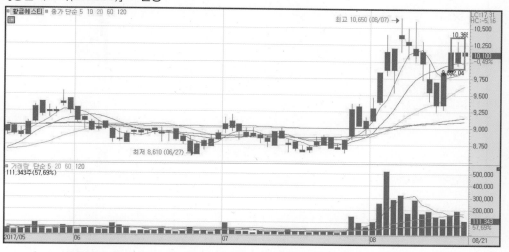

제이준코스메틱은 재무적인 문제로 인해서 감자를 하고 나서 재상장된 이후 재무구조가 다시 건전해지면서 기대감으로 상승을 하였다. 감자 이후 거침없는 상승으로 5일선과 10일선이 추세를 만들면서 우상향으로 움직였다. 아래 그림을 보면 그 이후 고점에서 조정이 나오고 5일선이 10일선 언저리까지 거래량이 감소하며 이탈을 하지만 다시 저점에서 매수세가 유입되어 단기 골든크로스 매수지점을 만들고 다시 상승한 모습이다.

[제이준코스메틱(025620)] – 일봉

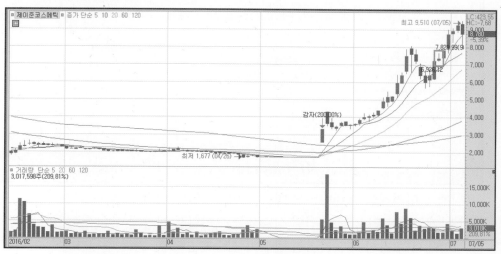

[모다이노칩(080420)] - 일봉

　위의 그림을 보면 본격적인 상승에 앞서 장대양봉을 만들면서 5일선이 급격하게 상승을 하면서 10일선도 함께 상승의 흐름을 보였다. 하지만 고점을 만들고 나서 2주간 조정이 나오면서 5일선이 10일선을 이탈하기도 하였지만 재차 상승하면서 단기 골든크로스 이후 상승으로 전환된 부분을 확인할 수 있다. 동사는 앞선 상한가의 시세를 실적에 대한 기대감으로 유지하면서 단기적인 상승으로 끝나기 보다는 차트 흐름이 우상향하였다.

[옴니텔(057680)] - 일봉

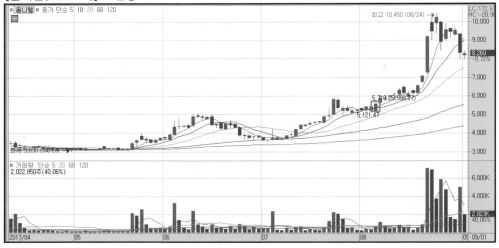

　옴니텔의 단기적인 모멘텀은 자회사가 비트코인 관련된 사업을 할 것이라는 기대감과 함께 비트코인 가격이 연일 상승세를 보이면서 시장에 이슈가 되었다. 처음에는 시장에서 호기심에 단기적인 관심이 집중되면서 한 번의 추세가 만들어지면서

6월의 고점을 만들고 난 이후 특별한 이슈 없이 조정을 보이다가 다시 고점 부근에서 매물 소화과정을 거치면서 시세 분출이 일어났다. 주식시장이 안정된 흐름을 보였다면 이런 개별적인 종목에 매수세가 몰리지 않았을 것이나 이때 북한의 리스크로 인한 변동성이 심하게 나타나면서 단기적으로 개별 이슈가 있는 옴니텔의 시세가 붙은 것이다.

❖ 실전 매수타이밍 – 20일선 지지 후 5일선이 10일선 돌파 시

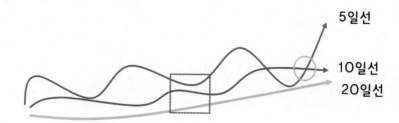

첫 번째 사례의 5일선이 10일선을 돌파하는 시점은 추세가 만들어지고 난 이후 눌림목 구간에서의 매수이기 때문에 20일선과의 이격이 많이 벌어졌었다. 이번 사례처럼 20일선 지지 이후 5일선이 10일선을 돌파하는 많은 경우에는 이평선들이 어지럽게 모여 있는 특징이 있다. 이렇게 이평선들이 모여 있는 경우에는 이평선들이 방향을 아직 잡지 못하고 있는 상태이기도 하지만 조만간 방향을 잡을 것이기 때문에 매수포인트가 될 수 있는 것이다. 그리고 이평선이 짧을수록 다양한 파동을 그리는 경우가 많다. 아래의 그림의 차트에서도 5일 이평선이 5번째 파동을 그리고 나서 고점을 갱신하였다. 이와 같이 단기적인 고점 부근에 근접해 있는 종목들의 차트에서 장기간의 횡보를 그리면서 충분한 매물 소화과정을 거쳐 상승으로 이어지는 흐름을 보이는 경우가 많다.

[에코프로(086520)] - 일봉

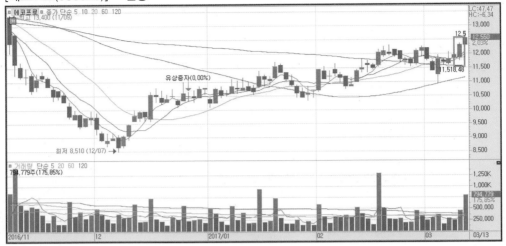

   동사의 차트에서 5일선이 2016년 12월 저점을 만들고 지속적인 상승의 흐름을 보이고 있다. 이후 우상향의 흐름을 지속적으로 보이면서 저점을 높이고 있었지만 12,000원 부근에 막혀 있었다. 하지만 네모 박스구간에서 20일선의 지지를 받고 5일선이 10일선을 돌파하면서 저항으로 여겨졌던 12,000원 선을 돌파하면서 우상향의 추세로 4개월간 33,000원 부근까지 상승을 하였다. 아래 차트 흐름을 보면 20일 이평선을 잠시 이탈하였지만 결국 완전한 추세 이탈을 보이지 않았다.

[우리들제약(004720)] - 일봉

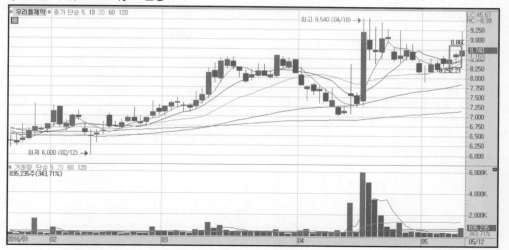

우리들제약의 차트는 첫 번째 사례의 5일선과 10일선 돌파했던 유형과 유사한 흐름을 보였다. 하지만 장대양봉 이후 조정기간이 3주 정도 나오면서 20일 이평선과의 이격을 상당 부분 줄였으나 봉차트가 20일선에서 양호하게 지지되면서 재차 상승하여 고점을 갱신하였다.

이후 단숨에 고점을 갱신하면서 추세를 완전히 우상향으로 만들었다. 4개월 만에 주가는 8,000원대에서 20,000원 언저리까지 상승하였다.

[대한광통신(010170)] - 일봉

　동사는 오랫동안 1,150~1,700원선 사이의 박스권을 형성하였다. 하지만 2월 2일 이전까지 저점을 만들었지만 단숨에 5일선과의 이격을 줄이고 5일선을 돌파하는 양봉이 나오고 그 후 10일선과 20일선을 돌파하면서 추세가 완전히 상승으로 전환되었다. 하지만 고점 부근에서 매물이 나오면서 추가적인 상승이 제한되는 모습을 보였다. 하지만 일주일간의 매물 소화과정을 거치고 20일 이평선에 지지받은 후 5일선이 10일선을 돌파하며 재차 추세 자체를 우상향으로 만들었다.

　그림에서 알 수 있듯이 주가는 몇 개월에 걸쳐 조정과 함께 단계식 상승을 보였다. 그러므로 단기간에 주가가 상승하기를 기대하지 말고 주가가 조정을 보일 때 여러 번의 분할매수를 통하여 주식을 매수하여야 한다. 그리고 매도의 경우에도 매수가를 감안한 분할매도를 통하여 오랫동안 시세의 분출을 수익으로 연결시키는 자세를 가져야 한다.

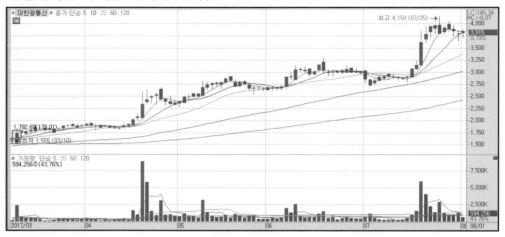

[삼화네트웍스(046390)] – 일봉

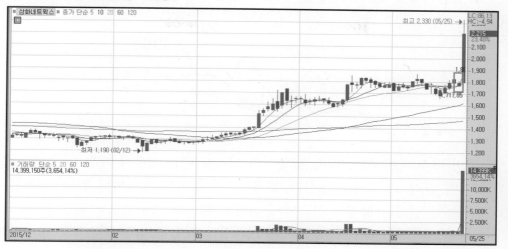

　3월 말에 만들었던 고점을 4월에도 추가적으로 돌파하면서 고점을 갱신하였다. 하지만 이후에 추가고점을 만들지 못하고 약 한 달 정도 횡보를 하였다. 옆으로 횡보한다는 의미는 이후 반드시 상승으로 전환되는 것은 아니고 하락으로 전환될 수도 있는 것이다. 잠시 20일선을 이탈하는 속임수 흐름을 보였으나 이내 회복하고 10일선과 20일선을 차례로 돌파하면서 고점을 만들었다. 이후 20일선을 하회하면서 속임수 흐름을 보였으나 거래량이 폭발하고 장대양봉이 나오면서 5일선이 20일선과 10일선을 차례로 돌파하여 고점을 만들었다. 장대양봉 이후 별다른 조정을 보이지 않고 우상향을 그리면서 상승세를 이어나갔다.

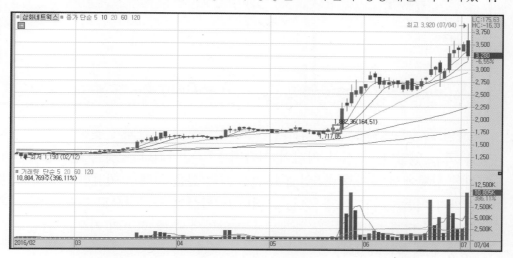

❖ 실전 매수타이밍 – 60일선 지지 후 5일선이 10일선과 20일선 돌파

이번 매수 타이밍은 2번째 20일선의 지지를 받는 경우에 매수 타이밍과 비슷하지만 단기 5일선이 10일선과 20일선까지 동시에 돌파하는 점이 다르다. 이평선들이 밀집된 상태는 상승의 응집력도 있지만 매물대로도 작용하므로 5일선이 20일선을 돌파하기 위해서는 거래량을 동반한 강한 매수세로 장대 양봉이 발생되어야 한다.

[네이처셀(007390)] – 일봉

동사의 흐름은 6월 고점을 찍고 난 이후 상승으로 전환되지 못하고 계속 우하향을 하고 있었다. 고점과 저점이 지속적으로 낮아진다는 것은 하향추세이다. 이러한 상황에서 봉차트가 5일선 10일선 20일선을 차례로 이탈하면서 결국 60일선까지 이탈하려고 하고 있다. 그러나 60일선이 지지선으로 작용을 한 이후에 5일선이 다른 이평선들을 차례로 돌파하면서 추세 전환의 기운을 만들고 이후 상승세로 전환되었다.

앞선 고점이 6월에 있었으나 7월말부터 이어진 단기적인 매수세의 집중으로 거래량이 터지면서 앞선 매물을 소화하고 강한 상승세를 이어나갔다.

[엔에스(217820)] – 일봉

2월 장대양봉에 거래량이 터지면서 3월부터 저점을 지속적으로 갱신하면서 상승에 대한 추세를 6월까지 만들었다. 하지만 6월 중순 이후 추가적인 고점을 잡지 못하면서 약 한 달 정도의 조정을 틈타 5~20일 이평선이 모두 모인 것을 확인할 수 있다. 하지만 이평선들이 60일선에서 양호하게 지지를 받으면서 에너지를 응집하였고 이내 장대양봉이 나오면서 주가가 모든 단기 이평선을 한 번에 돌파하였다. 아래의 그림에서 그 이후의 주가 추이는 우상향하면서 단기적인 조정을 거쳤지만 상승의 각도를 높이며 새로운 추세를 형성하며 단기 50% 정도의 상승을 이어갔다.

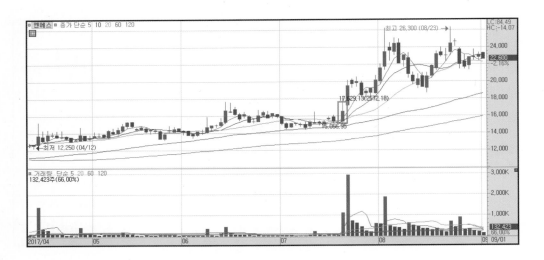

[와이엠씨(155650)] – 일봉

  이런 유형의 종목들의 공통점은 장기이평선이 우상향을 보이고 있다는 사실이다. 동사도 12월부터 저점에서 지속적인 우상향의 흐름을 보이고 있다. 저점대비 100% 상승을 하였지만 OLED TV가 본격적으로 개화되면서 삼성디스플레이에 OLED TV 소재를 공급하는 동 종목의 실적이 상승하면서 추가적인 상승을 이어나갔다.

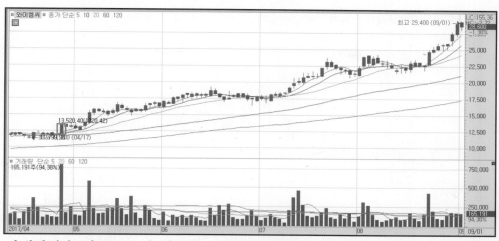

장대양봉을 만들고 4일 정도의 조정을 거치면서 5일선에서 봉차트가 이탈되었지만 10일선에서 다시 지지를 받고 상승으로 전환되었다. 단기적인 흐름에 있어서 5일선은 중요한 지지선 역할을 하지만 10일선이 지지선으로 작용하지 않았다면 추세적인 상승은 어려웠을 것이다.

[해성디에스(195870)] – 일봉

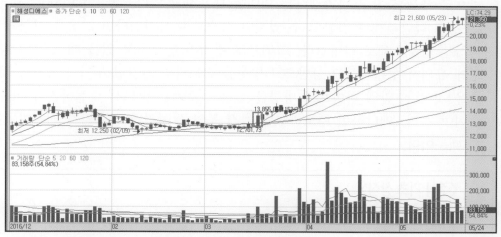

12월부터 꾸준히 상승했던 추세는 1월이 넘어가면서 더 이상 고점을 만들지 못하고 몇 개월 동안 조정을 겪었다. 물론 조정 기간 동안 정배열되었던 이평선들은 역배열이 형성되었지만 60일선을 완전히 이탈하지는 않았다.

만일 60일 이평선까지 이탈하였다면 추세가 하락으로 전환될 수 있었지만 장대양봉이 나오면서 모든 이평선을 한꺼번에 돌파하면서 추가 상승을 이어나갔다. 위의 그림을 보면 1월의 전고점의 매물까지 돌파하면서 완전히 상방으로 추세를 형성하며 지속적인 상승을 이어나갔다.

[바이로메드(084990)] – 일봉

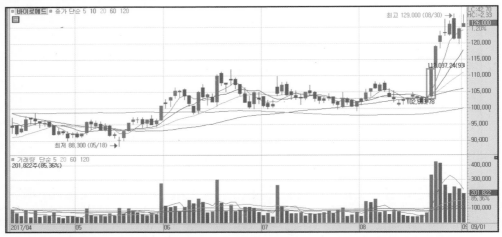

 차트는 정석대로 움직이지는 않는다. 위의 그림은 속임수를 통하여 일단 60일선을 하향 이탈하여 단기적인 시세차익을 노리는 매수자들을 이탈시키고 본격적인 장대양봉을 통하여 주가를 상승시킨 경우이다.

 결국 이평선들이 모여 있다는 것은 현재 횡보하고 있지만 앞으로 상방이나 하방으로 추세를 잡고 나가겠다는 의미를 내포하고 있다. 주가가 약세로 전환되는 경우 하락추세로 전환될 수 있지만 상승으로 움직인다면 고점을 강하게 돌파하는 상승추세로 나아간다. 그러므로 주가가 횡보하고 있을 때 주가의 방향성에 유의하여 관찰하고 상방으로 방향을 잡는다면 과감한 투자를 해보는 것도 좋을 것이다. 만일 하방으로 방향을 잡는 경우에는 반드시 손절하거나 비중을 줄여야 한다. 왜냐하면 횡보하였던 기간 동안 쌓여있던 에너지가 매물벽이 되기 때문이다.

〈주식 기초 상식〉

1. 이평선도 결국은 후행적인 지표

 하루의 봉차트가 만들어지고 나서 이평선이 계산된다는 점에서 이평선은 후행적인 지표이다. 그러므로 오늘 봉차트가 어떻게 움직이는지에 따라 오늘 종가에 이평선이 어떤 흐름을 보이는지가 확인이 되기 때문이다. 결국에는 내일의 이평선을 예측하기 위해서는 오늘의 봉차트를 확인하는 것이 선행되어야 한다. 그러므로 이평선 보다 주의 깊게 관찰해야 할 것이 봉차트이다. 하지만 상하한가 30%로 변경된 이후 주가의 변동 폭이 커졌다는 점에서 장중의 다양한 속임수도 많아졌다는 사실을 명심해야 한다.

2. PF 프로젝트 파이낸싱

기업들이 건설 사업을 하는데 있어서 필요한 대출로 자금을 조달하는 것을 뜻한다. 건설에 필요한 프로젝트에 대해 대출을 하고 투자한 원금에 비례해서 수익을 배분 받는 것을 뜻한다. 즉 건설업체들은 자기자본으로 투자를 하는 것이 아니라 PF 등으로 사업을 진행하기 때문에 금리가 인상이 되거나 경기가 좋지 않으면 타격을 입을 수 있다.

3. SWOT분석

마케팅의 필수인 분석으로 기업의 제품이나 서비스 등을 강점, 약점, 위협, 기회의 4가지 분류로 설명할 수 있는 마케팅 분석 방법이라고 볼 수 있다.

- Strength : 현재 사측에서 가지고 있는 가장 큰 강점(뛰어난 제품이나 안정적 수익원 등)은 무엇인지를 확인하는 단계이다.
- Weakness : 기업의 단점으로 환율의 영향도 혹은 제품판매의 플랫폼 부족, 제품이 다른 업체들보다 얼마나 부족한지를 나타내는 부분을 말한다.
- Opportunity : 앞으로 성장이나 발전기회(싱글족이나 실버 사업, 정부의 육성정책 등)를 말한다.
- Threat : 사업의 위협 요소(새로운 사업자 진입, 가격경쟁력 등)를 말한다.

✠ 주식투자 핵심 Tip ✠ 이동평균선 투자비법

1. 이동평균선의 방향은 투자심리의 방향이다

이동평균선의 방향은 투자심리의 방향으로 주식거래는 이평선이 상승하여 심리가 좋은 종목을 거래하는 것이 좋다.

2. 이동평균선의 각도는 시세의 강도이다

이동평균선의 각도는 시세의 강도를 말한다. 그러므로 단기적 매매자들은 이평선의 각도가 큰 종목을 매매하는 것이 수익발생에 유리하다. 다만, 이 경우 안정성은 떨어지므로 상황에 대한 빠른 대응이 필요하다.

3. 이동평균선이 교차하는 경우 중장기 이동평균선의 방향을 우선한다

단기와 중·장기의 이평선이 교차하는 경우 중·장기 이평선의 방향에 우선하여 매매한다. 그러므로 하락하는 중기 이평선을 단기 이평선이 골든크로스하는 경우에는 바로 매수하지 않고 단기 이평선의 눌림이 발생한 후 단기와 중기 이평선이 함께 돌아 상승하는 시점에서 매수한다.

4. 중단기 이평선이 동일한 방향으로 교차하는 경우는 강력한 매매신호이다

중·단기 이평선이 동일한 방향으로 교차하는 경우에는 강력한 매매신호이다. 즉 중기와 단기 이평선이 함께 상방으로 교차하는 경우는 적극적인 매수신호이며, 중기와 단기 이평선이 함께 하방으로 교차하는 경우 적극적인 매도신호이다.

1. 추세란 무엇인가?

주식 격언 중에 "달리는 말에 올라타라"는 말이 있다. 이 말은 쉽게 말하면 상승하는 종목을 매수하라는 뜻이다. 왜냐하면 상승추세가 형성된 경우 이전 저점보다도 높은 지점에서 매수세가 생기고 이전 보다 더 비싼 가격에서 매도하려는 심리가 있기 때문이다. 그러므로 그만큼 상승할 확률이 하락할 확률보다 커지는 것이다. 그만큼 추세라는 것은 기술적 분석에서 중요한 위치를 차지하고 있다.

그래서 한 번 상승추세에 진입한 종목들은 쉽게 하락추세로 반전되지 않고 천천히 추세가 꺾여 매도할 기회를 준다. 한 번 상승세에 진입한 종목이 계속해서 신고점을 갱신하는 것도 그만큼 견고하게 만들어진 추세 때문이라고 볼 수 있다. 2017년에 가장 큰 추세를 보이고 있는 산업이 바로 전기차, 2차전지, 반도체, OLED 업종이었다. 이들 종목은 2018년 상반기 들어 조정추세를 보이고 있지만 앞으로의 상승을 기대하고 있다. 물론 이들 종목은 실적 대비 저평가에 대한 메리트 보다는 미래의 성장성에 초점을 맞추어 시장의 핵심이 되었다.

하락추세도 상승추세와 마찬가지의 흐름을 탄다. 한 번 하방으로 방향을 잡으면 좀처럼 상승추세로 방향을 잡기 힘들다. 그러므로 하방추세에 있는 종목은 싸다고 함부로 매수하지 말아야 한다. 하락추세가 상승추세로 방향을 잡은 후에 진입하는 것이 보다 현명한 것이다.

기본적으로 추세분석은 기본적인 분석보다는 기술적인 분석을 하는 것이 신뢰도가 높다. 왜냐하면 기본적 분석으로 좋은 종목이라도 차트에 이미 반영되었을 가능성이 크므로 시간적 괴리가 발생하기 때문이다. 그러므로 기본적 분석을 기본으로 하고 매도와 매수 타이밍은 기술적 분석을 바탕으로 포착해야 한다. 추세분석은 상승추세와 하락추세, 횡보추세로 나눌 수 있다.

2. 엘리어트 파동이론

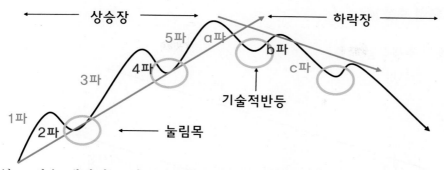

위 그림은 엘리어트 파동이론을 나타낸 것이다. 이 파동을 잘 살펴보면 상승추세는 고점과 저점이 높아지고 있고 하락추세는 고점과 저점이 낮아지고 있다는 것을 알 수 있다. 위 그림의 엘리어트 파동이론을 상승장, 하락장으로 나누어 설명하면 다음과 같다.

시장흐름	파동흐름	분석 및 해석
상승장	1파(충격파)	가장 짧은 파동이라고 보며 바닥권에서 상승하는 움직임을 말한다.
	2파(조정파)	상승 1파의 상승분에서 피보나치 수열상 38.2%, 61.8%의 비율로 하락하지만 저점을 하회 할 수는 없다.
	3파(충격파)	1번 파동폭의 1.6배 만큼 상승할 확률이 있고, 1파의 고점을 갱신한다. 상승 기간이 가장 길고 힘이 강한 파동이다.
	4파(조정파)	3번 파동의 피보나치 수열상 38.2%만큼 하락이 가능하며 조정파 중 가장 복잡하게 이루어진다. 저점은 1파의 고점보다 높아야 한다.
	5파(충격파)	3번 파동폭의 61.8% 상승하며 3파 보다 짧을 수 있고 길게 나타나는 경우도 많다.
하락장	a파(충격파)	상승추세에서 하락 추세로 전환되는 시점이며 고점에서 매물이 많이 출현되며 거래량이 급증하는 시점이다.
	b파(조정파)	하락추세에서 단기 기술적 반등으로 해석할 수 있으며 a파동의 38.2% 또는 61.8% 정도로 상승이 가능하다.
	c파(충격파)	a파동과 비슷한 크기로 하락하며 제일 많이 하락하는 파동이다.

* 상승장에서 상승하는 파동을 충격, 반대로 하락하는 파동을 조정이라고 표현한다. 하락장에서 하락하는 파동을 충격, 반대로 상승하는 파동을 조정이라고 표현한다.

3. 추세의 여러 흐름들

(1) 기본적인 추세상승 흐름

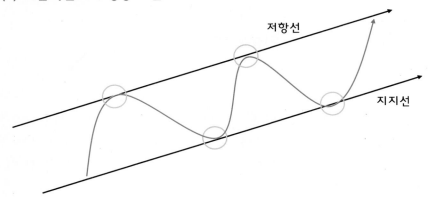

고점과 저점이 지속적으로 높아지는 것이 상승 추세의 일반적인 흐름이라고 볼 수 있다. 유형상 사다리꼴의 패턴으로 볼 수 있다. 매매의 타이밍으로는 추세의 저점에서는 매수하는 것이 좋으며 추세의 고점 부근에서는 일부 수익을 챙기면서 다시 조정을 예상하면서 대응하는 것이 좋다.

(2) 낙폭과대 추세전환 흐름(상승)

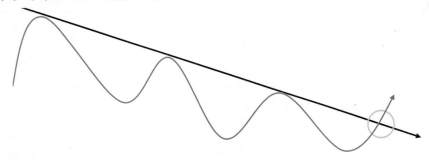

위 그래프는 고점이 지속적으로 낮아지면서 추세 하락이 지속적으로 이어지는 상태이다. 하지만 지지선이 양호하게 작용하면서 주가의 추가 하락은 나타나지 않는 상황이다. 보통 상승을 많이 했던 종목들이 하락으로 전환되면서 고점 대비 많이 하락을 했을 때 이런 흐름이 많이 발생한다. 지지선에서 지지를 받으면서 추가 하락은 더 이상 발생하지 않고 저항선을 돌파했으므로 매수타이밍으로 볼 수 있으나 추세 자체가 완전히 상승으로 전환되지 않았기 때문에 반등을 하더라도 단기적으로 끝날 가능성이 많다. 그러므로 완전한 추세 전환선이 나오기 전까지는 단기적인 매매로 대응하는 것이 시간 대비 리스크를 줄일 수 있는 방법이 된다. 실전예시를 보면 다음과 같다.

❖ 실전예시 - 낙폭과대 추세전환 흐름

[인터플렉스(051370)] - 주봉

인터플렉스의 주봉을 나타내는 그림이다. 위 차트를 보면 고점인 2015년 초부터 시작해서 고점과 저점이 계속 낮아지는 하락추세를 보이고 있다. 여기서 지지선은 9,000원선에서 1년이 넘게 횡보하고 있다. 그러므로 지지선에서 매수를 했다가도 단기적으로 10~20% 정도 단기적인 수익만으로 만족하는 매매를 해야 한다. 그 이유는 상승추세를 형성하지 못하고 있기 때문이다. 하지만 저항선을 돌파하는 동그라미로 표시되는 부분은 추세 전환이 되는 시점이므로 이때 매수를 했다면 중장기 상승 흐름에 맞춰 거래를 해야 한다.

❖ 실전예시 – 낙폭과대 추세전환 흐름

[컴투스(078340)] – 주봉

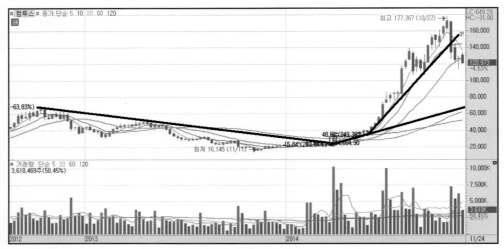

　동사는 우리나라에서 유명한 모바일 게임회사로 명성이 높은 '컴투스'라는 업체이다. 중국의 사드관련 피해와 모바일 게임의 수익성 악화 및 신작 게임 개발에 대한 비용 증가로 최근 모바일 게임 업체들의 수익성이 감소하고 있어 약세흐름을 보이고 있었다. 차트는 이전의 상승한 만큼 오랫동안 하락의 흐름을 보였다. 하지만 14년 초 추세를 전환시키는 상승이 나오면서 1년 동안 추세 상승을 보였다.

[웹젠(069080)] – 일봉

동사는 게임관련주의 대표적인 온라인/모바일 게임업체이다. 게임산업이 상승하는 경우 관련시장이 연동되면서 상승을 하는 경우가 흔하다. 17년 8월부터 시작한 북한의 핵무기인 ICBM 발사와 같은 상황이 진행되면서 리스크가 커졌지만 업종에 대한 차별화로 인한 게임업체의 상승이 진행되었다. 더욱이 하반기 모멘텀으로 작용될 이슈가 있는 업체들의 상승세가 이어지고 있었다. 동사도 하반기 전민기적2인 '기적MU:각성'과 '기적MU:최강자'의 런칭에 대한 기대감으로 상승으로의 추세전환 후 상승세를 계속 이어 갔다.

[대신증권(003540)] - 일봉

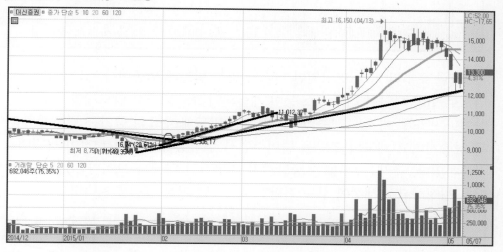

15년 시장의 상승이 본격화 되면서 가장 큰 수혜를 본 업종이 바로 증권업종이었다. 왜냐하면 주식시장이 상승의 흐름이 되면서 평소보다 거래량이 많이 늘어났다. 증권사들의 주요 수익성 중 하나가 브로커리지 영업으로 매매를 하면 할수록 늘어나는 수수료가 주요 비즈니스 모델이기 때문이다. 15년 바이오/제약 업종의 상승은 코스닥 시장의 상승으로 이어졌고 이로 인한 수수료 수입의 증가는 2분기 실적에 대한 기대감으로 이어졌다. 이는 시장에 고스란히 반영이 되면서 증권업종의 추세를 전환시켰다. 그래프를 보면 2014년 고점이 계속 낮아지고 있었지만 2015년 들어 추세선이 돌파되어 6개월 이상 상승추세를 이어갔다.

[SK하이닉스(000660)] - 일봉

　　2017년 초부터 가장 뜨거웠던 이슈가 바로 반도체 업종이다. 그 이유는 4차산
업으로 인한 다양한 디바이스 등이 개발되어 보급되면서 반도체의 수요가 함께
늘어나 반도체 가격도 상승할 수 있었다. 반도체 수요의 증가는 반도체의 가격
을 상승시키고 재고의 부담을 줄여주면서 수익성이 높아지는 점이 긍정적으로
작용하였다. 추세는 2016년 중반까지 지속적인 약세를 보이다 16년 6월 쌍바
닥을 형성하고 추세선이 상승 전환된 이후 1년 이상 상승을 지속하였다.

(3) 낙폭과대 추세전환의 흐름(하락)

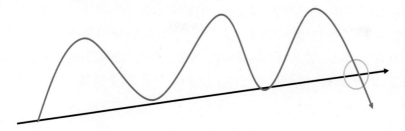

　위 그림의 추세를 보면 저점과 고점이 함께 높아지는 일반적인 추세 상승의 흐름을 보이고 있다. 하지만 2번째까지 양호한 추세흐름이 이어지다 결국 3번째부터 추세가 이어지지 않고 이탈을 하였다. 추세는 하루나 이틀, 일주일 만에 만들어지지 않고 적어도 한 달 이상 기간 동안 만들어진다.

　추세를 만드는 기간 동안 세력들은 에너지를 아래나 위로 응축해서 분출하기 위한 준비 단계를 거친다. 위에 그림은 상승이나 하락의 준비단계 중 마지막에 추세를 하락으로 전환시킨 경우이다.

❖ 실전예시 - 낙폭과대 추세전환 흐름(하락)

[KC코트렐(1196550)] - 일봉

　추세는 파란색 원까지 3번 정도 저점을 높이고 있다. 하지만 추세를 하향 돌파하기 전 장초반의 상승이 무색하게 장 막판으로 갈수록 매물이 쏟아지면서 장대 음봉을 만들었다. 장대음봉이 되면서 매물을 많이 쌓였고 이후 이틀 연속 음봉이 계속되고 결국 세 번째 음봉에서 추세선을 하향 이탈하고 하향추세로 전환되었다.

시장에서는 상승할 자리에서 상승하지 못하면 결국 매도하는 투자자가 많아진다. 이 경우에도 대부분 추세적인 상승을 기대하고 온 투자자들이 한꺼번에 매도로 전환되면서 추세가 전환되었다. 일주일 안으로 반등이 빠르게 나오는 경우 속임수의 흐름일 수도 있으나 이 경우는 하향으로 전환되었다. 이러한 경우는 쌓인 매물로 오랜 조정이 나올 수 있는 점에서 일단은 추세를 이탈하면 매도를 하는 것이 좋다.

[현대위아(011210)] - 일봉

중국 사드의 영향과 글로벌 시장에서의 매출 감소, 국내 임금협상관련 파업은 동사의 주가를 상승으로 전환시키기 어려운 부담스런 소재들이다. 연말에 하향추세선을 돌파하면서 16년 연말부터 시작한 주가의 추이가 바닥을 확인한 것이 아니냐는 다양한 투자자들의 의견이 나왔으나 결국 추세전환하지 못하고 실망매물이 한꺼번에 나오면서 하향추세로 다시 전환되었다.

[신세계(004170)] - 일봉

 내수 소비가 증가하더라도 매출에 한계가 있는 것이 바로 유통사업이다. 동사는 신세계백화점 및 이마트를 보유하고 있는 국내의 대표적인 유통업체로서 20년 전부터 진행된 중국의 이마트 진출 등 다양한 해외 사업까지 병행하고 있다. 하지만 작년부터 진행된 중국 사드 관련 이슈가 계속적으로 발목을 잡고 있었다. 16년 4월 단기적인 추세가 하락에서 상승으로 전환되었지만 이 추세는 한 달도 못되어 하락으로 추세가 전환되었다(그러나 2016년 10월 이후 이마트의 중국철수로 인한 적자해소, 자회사의 실적개선 기대감으로 주가가 상승하였다).

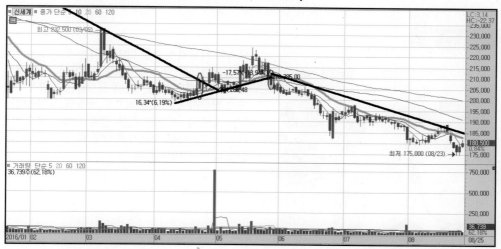

<주식 기초 상식>

1. 단기매매와 장기매매 중 어떤 매매가 수익을 낼 확률이 높은가

  단기매매를 하는 경우에 매일 매일 수익을 낸다면 얼마나 좋을 것인가? 하지만 대부분의 단기투자자들이 매일 수익을 내기는 정말 쉽지 않다. 단기매매의 경우 증권사에 내는 수수료와 국가에 내는 거래세(0.4%)가 발생한다. 한 달에 10번 매도를 하면 4%의 거래세를 내야 하고 1년으로 계산하면 48%이다(수수료는 별론임). 수수료나 세금 이상으로 수익을 내는 것이 과연 쉬울 것인가? 판단은 각자의 몫이다.

  반면에 장기 투자는 한 번 매수를 하면 기본적으로 2~3년을 보유하는 것이다. 미래에 실적이 좋아질 만한 재료를 가지고 있거나 자산가치 대비 가격 매력이 있다면 장기적으로 보유하는 경우 상승할 가능성이 커지므로 수익의 발생가능성도 높아진다. 하지만 실제 투자를 해보면 2~3년의 기간을 참을성을 가지고 보유하는 것이 얼마나 어려운지 깨닫게 된다. 보통 장기투자는 저평가의 주식을 보유하는 경우가 많으므로 주가하락의 관성이 붙어 있는 경우가 많아 주가하락의 고통을 견뎌내야 하는 어려움이 있다.

2. 경제민주화

  우리나라는 중소기업 보다는 대기업의 입심이 클 뿐만 아니라 경제의 대부분을 대기업이 좌지우지 한다고 해도 과언이 아니다. 기업의 문어발식 확장을 규제하고 부의 편중을 법으로 완화하자는 주장을 뜻하는 것을 말한다. 이는 매번 대통령 선거에 빠지지 않는 선거 정책이기도 하다.

주식만평

코스닥 시장이 상승을 많이 했다는 것은 그동안 매수를 집중적으로 한 주체에게는 수익이 많이 발생한 것이다. 특히 기관이나 개인투자자들은 업종보다는 종목에 집중하여 매수를 하므로 코스닥 대형주에서 수익을 노린다. 이러한 점은 만일 그들이 수익실현을 시도한다면 시장은 단기 조정이 일어날 수 있다는 사실을 잊지 말아야 한다.

1. 손절의 체화

주식은 살아 숨 쉬는 유기체와 같아서 이완과 수축을 연속적으로 보인다. 그러므로 투자자들은 이 부분을 잘 이용하여 주식시장이 이완 할 때는 매수를 하고, 수축 할 때는 매도를 하는 투자를 하여야 한다.

주식투자는 앞에서 말한바와 같이 확률을 높여서 거래를 해야 하는 것이다. 기술적 분석의 대부분인 차트도 투자자가 만드는 것이다. 그러므로 차트는 투자자들의 심리가 녹아있는 것이라고 보면 된다. 이러한 차트의 흐름(심리의 흐름) 속에서 매매를 하는 타이밍(확률을 높이는 타이밍)을 포착하고 그 때에 매매를 해야 수익을 극대화 할 수 있으며 손실을 절약할 수 있다.

메이저리그 홈런왕 베이브 루스는 우리에게 잘 알려진 홈런왕이었지만 삼진도 가장 많이 당한 타자 중의 하나이다. 그는 자기가 원하는 근처에 공이 오면 힘차게 배트를 휘둘렀다고 해석 할 수 있다. 삼진에 대한 두려움을 극복하지 못하였다면 과연 홈런왕이 될 수 있었을까? 결코 쉽지 않았을 것이다.

주식투자도 이렇게 확률적인 부분으로 접근해야 한다. 특히 개인투자자들이 쉽게 행하지 못하는 손절이 삼진이라고 한다면 이를 많이 해본 사람들 일수록 관련된 경험이 축적되어 투자하는데 이를 적극적으로 이용한다. 베이브 루스도 삼진을 두려워하기 보다는 홈런(수익)이라는 큰 기대를 위해 적극적인 스윙을 했던 것이다.

오목이나 장기 같은 경우에도 어떤 경우에 자연스럽게 나오는 수가 있다. 기계적으로 나오는 거의 같은 반복학습과 같은 것이다. 주식투자의 경우에도 손절을 두려워하지 말아야 한다. 손절의 경험이 쌓이는 경우 기계적으로 현명하게 할 것이므로 보다 긍정적으로 생각해야 한다. 본서는 실전에서 삼진을 줄이고 홈런을 최대한 많이 칠 수 있는 방법을 곳곳에 제시하였다.

자기만의 원칙을 보유하고 있다는 것은 험난한 주식시장에서 성공하기 위해서 반드시 필요한 것이다. 이 책을 잘 읽고 훈련하면 확실히 원하는 공이 올 때까지 버티다 비록 삼진이 되더라도 홈런을 많이 날릴 수 있는 선수가 되어 있을 것이다. 다음은 지지와 저항을 이용한 박스이론을 통해서 수익을 낼 수 있다는 것을 설명하겠다.

2. 지지선과 저항선을 이용한 매매타이밍

(1) 지지선과 저항선 일반

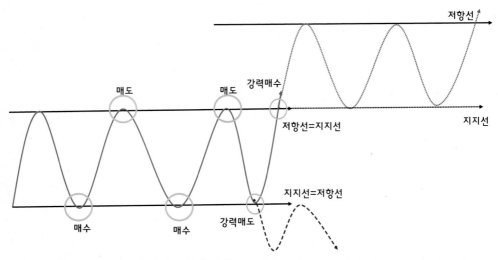

위 그래프를 보면 지지와 저항이라는 것을 아주 간단하게 표현할 수 있다. 지지는 주가의 하락에 대한 에너지를 진정시키는 마지노선 같은 개념이다. 이 가격에 오면 하락을 멈추고 올라가는 부분이라고 해석할 수 있다. 그러면 투자자들은 이 가격에서 지지될 것이라는 기대를 가지고 매수를 할 확률이 높다(이 가격선에서 하락을 멈추고 대기매수세가 들어왔기 때문임). 반면 어느 가격 이상이 되면 추가 상승이 힘들고 단기적으로 조정이 나오는 경우가 있는데(저항선이 매물대이기 때문임) 이를 저항선이라고 말한다.

하지만 주식 가격이 저항선에 3번이나 4번 정도 부딪히면 새로운 추세를 만드는 경우가 있다. 그러므로 이는 강력한 매수 타이밍으로 봐야 한다. 왜냐하면 새로운 추세가 나온다는 점은 상승세가 지속적으로 이어질 수 있기 때문이다. 반대로 3~4번 정도 하방이탈을 지지하다 지지를 못하게 되면 추세가 하락으로 전환될 수 있기 때문에 이 시점은 강력한 매도 시점으로 봐야 한다.

위의 추세 흐름에서 단기적인 추세자체가 꺾이는 경우 단기적인 하락이 꽤 오랫동안 나올 수 있기 때문에 시간적인 손실이 클 것이다. 이런 점에서 지지선 이탈은 단기적인 손절라인으로 봐야 한다. 지지와 저항이 길고 폭 자체가 클수록 상승할 확률이 높기 때문에 6개월 조정을 거친 종목보다는 1년 조정을 보이고 있는 종목이 박스권 흐름을 돌파하면 추세 전환과 함께 상승으로 전환될 확률이 높아진다.

(2) 박스권 매수 타이밍

❖ 실전예시 – 박스권 매수 타이밍

[영진약품(003520)] – 일봉

2016년 동사가 상승한 가장 큰 이유는 영진약품이 KT&G 계열사인 KT&G 생명공학과의 합병소식이 전해지면서 고점을 만들고 하락추세를 보였으나 이를 멈추고 17년 3월부터 시작해서 5월 초까지 지속적인 8,000~9,300원의 박스권을 보이고 있었다. 이후 4차례 정도 고점을 돌파하려는 시도가 있었지만 그때마다 매물이 나오면서 저항을 받았다. 하지만 5번째 시도에서는 고점을 돌파하고 새로운 추세를 만들면서 상승을 하여 저점대비 40% 이상의 높은 수익을 단기간에 얻을 수 있었다.

[한화케미칼(009830)] - 주봉

　동사는 삼성테크윈과 합병하면서 본격적인 시너지 효과가 나오면서 시장에서 긍정적인 모습을 보이고 있다. 주봉상 흐름을 보면 16년부터 17년 거의 2분기까지 22,000~29,000원선으로 박스권의 흐름을 보였다. 박스권의 기간이 길면 길수록 상승 추세로 전환되는 경우 폭발력은 크다. 동사는 그 동안 어려웠던 태양광 관련 사업이 안정적으로 자리를 잡고 석유화학제품의 매출이 꾸준하게 증가하면서 주가 상승을 계속하였다.

[한국전자금융(063570)] - 일봉

 동사는 2015년 4월부터 7월까지 약 4개월 동안 박스권에서 횡보하였다. 동사는 VAN사업을 하는 업체로서 삼성페이로 인한 시장이슈와 무인정보 안내시스템인 키오스크 사업이 자리를 잡으면서 본격적인 상승을 이어나갔다. 그리고 최근에는 카카오뱅크, K뱅크와 같은 인터넷은행 설립으로 인한 VAN의 이용이 커질 수 있다는 점이 주가에 반영되고 있었다.

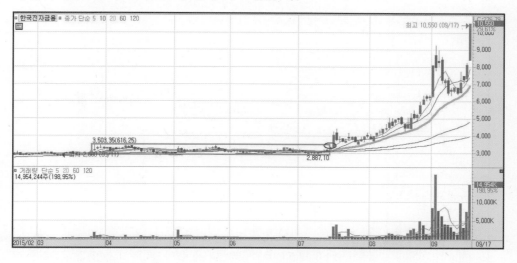

[네오위즈(09566)] - 주봉

　동사 역시 09년부터 시작해서 10년 연말까지 긴 조정을 겪었다. 그림은 주
봉이기 때문에 상당히 오랜 시간 동안 조정을 겪었다는 것을 알 수 있다. 그리
고 박스권을 벗어났다고 하더라도 다시 오랫동안 횡보를 하는 경우도 종종 있
다. 동사의 경우도 11년 8월에나 돼서야 본격적인 상승을 하였음을 확인할 수
있다. 주식투자에 100%라는 것은 없으므로 보다 확실한 타이밍에 매매를 해야
시간을 견디는 고통도 줄일 수 있는 것이다.

(3) 박스권 매도 타이밍

❖ 실전예시 - 박스권 매도 타이밍

[성우하이텍(015750)] - 주봉

이번에는 박스권 횡보 후의 하락에 대한 부분을 설명해 보도록 하겠다. 동사는 자동차 부품을 제조하는 제조업체이다. 현대차, 기아차의 해외매출이 지속적으로 급감하여 시장에서 투자심리 자체가 위축되어 16년 5월부터 시작해서 17년 7월까지 1년 동안 박스권 흐름을 보였으나 7월 중순 정도에 박스권 하단 부분을 이탈하며 하락추세로 전환되었다. 여기서 중요한 점은 이미 장기 이동평균선들의 흐름이 우하향을 하고 있다는 것이다. 박스권에서 상승으로 전환되는 경우에 장기 이평선이 우상향을 하는 것과 다른 부분이다.

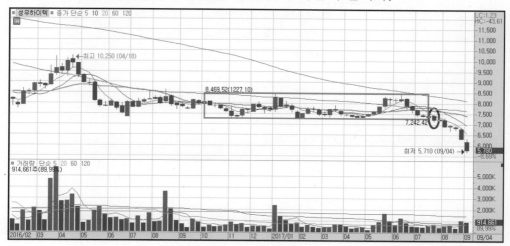

Part 2
모르면 잃고
알면 번다

[쿠첸(225650)] - 주봉

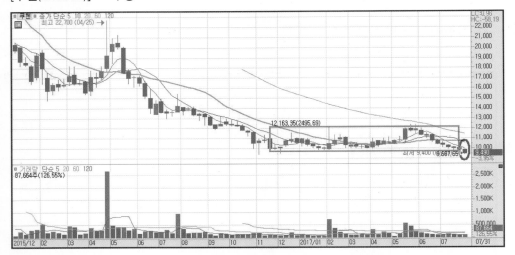

　　동사 역시 16년 12월부터 시작해서 17년 7월까지 약 8개월 간의 박스권 흐름
을 보였다. 동사도 마찬가지이지만 사드로 인하여 중국과 무역을 주로 하는 업
체들의 전반적인 하락이 이어졌다. 박스권은 오랜 기간 동안 만들어 놓은 횡보
추세로서 에너지가 응축되어 있는 상황으로 하락으로 추세를 잡는 경우 그 하
락이 클 뿐만 아니라 매물벽을 쌓아 박스권을 재돌파하기가 쉽지 않다.

〈주식 기초 상식〉

1. 기술적 분석만으로도 주식투자에서 수익이 날 수 있는가

 기술적 분석은 말 그대로 차트에 대한 흐름만 보고 투자하는 경우가 대부분이다. 우리나라의 거의 모든 단기적인 투자자들은 기술적 흐름인 차트를 보고 투자한다. 본인에게 좋은 모양을 가진 차트는 남들에게도 투자하고 싶은 마음이 들게 하는 것이 당연하다는 점에서 수급은 수급을 불러 상승으로 이어지게 된다. 다만, 단기적인 투자를 하는 사람들 중 꾸준한 수익을 올리는 사람들은 그들만의 완벽한 전략과 전술을 가지고 있다는 점이다. 그러므로 이러한 자기만의 노하우가 정립되지 않는 초보자 내지는 기존의 투자자들이 꾸준한 수익을 내기는 쉽지 않다. 기술적 분석을 제대로 공부하고 습득하는 것이 우리가 느끼는 바와 달리 기본적 분석보다 더 어렵다는 점에서 기술적 분석에 만만하게 접근해서는 결코 좋은 결과를 거둘 수 없다.

2. MSCI 지수

 세계투자은행인 모건스텐리가 발표하는 지수로 우리나라도 외국인 투자자들의 비중이 점차 높아지고 있기 때문에 MSCI 지수는 외국인들이 우리나라 시장에 투자할 수 있는 잣대라고 볼 수 있는 것이다. MSCI는 미국·유럽 등의 선진국지수(MSCI ACWI)와 아시아^중남미 지역의 신흥시장지수(MSCI EMF), 프런티어 시장 등이 있다. 우리나라는 현재 MSCI 신흥시장지수에 머물러 있다.

3. M&A의 시너지 효과 확인

 뜬금없이 회사의 이름이 바뀌거나 대주주가 변경되는 종목은 투자를 하는데 조심해야 한다. 특히 적자사업을 진행하고 있는 업체가 그동안 진행하지 않은 사업체를 인수한다면 대부분 관련 이슈를 가지고 주가를 뻥튀기 할 가능성이 크다. 이 경우 인수하는 사업이 기존사업과 시너지 효과를 발휘할 수 있는지를 검토하여 그 연관성이 희박한 경우 투자를 조심해야 한다.

주 식 만 평

처음 스마트폰이 출시되었을 때만 해도 애플은 막강했다. 하지만 최근 삼성전자는 반도체를 앞세우며 실적 최고치를 달성하고 있고 여기에 신사업인 자율주행차의 전장사업까지 진출을 하려고 한다. 앞으로 애플VS삼성의 제2차 라운드가 기대되고 있다.

기술적인 분석 중 개인 투자자들이 차트에서 많이 보는 것 중의 하나가 바로 패턴(유형)이다. 이는 예전에 보여주었던 주가의 패턴이 미래에도 그러할 것이라고 생각하는 것이다. 기술적 분석 책의 상당 부분은 패턴 분석에 할애한다. 하지만 여기서는 실전 투자에서 주로 활용되는 패턴 위주로 설명하도록 하겠다.

패턴분석은 아래와 같이 크게 두 가지로 분류할 수 있다. 즉 반전형과 지속형이다. 반전형 패턴은 기존의 추세와 반대 방향으로 움직일 수 있다는 것을 예측한 유형이고 지속형 패턴이란 기존의 추세와 같은 방향으로 추세가 이어질 수 있다고 볼 수 있는 유형이라고 한다.

패턴 모형관련	유 형
반전형 패턴	① 헤드앤숄더/역헤드앤숄더 ② 원형천정형/바닥형 ③ 천정/바닥 V자형 등
지속형 패턴	① N자형 ② 삼각형 ③ 쐐기형 등

1. 반전형 패턴

(1) 헤드앤숄더와 역헤드앤숄더 패턴

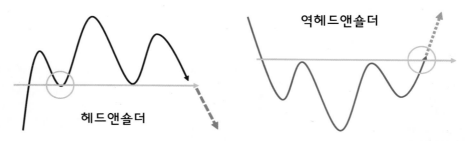

위의 그림은 헤드앤숄더 차트의 모양이다. 3개의 산이 우뚝 솟은 것처럼 보여 '삼산형'이라고도 한다. 처음 상승했을 때부터 시작해서 오랜 기간 동안 패턴을 유지하였지만 마지막 고점을 갱신하지 못하고 하락으로 전환된 것이다. 하락으로 전환하면 헤드앤숄더가 시작했던 시작점까지 하락할 수 있다는 것을 보여주고 있다.

반면 역헤드앤숄더 패턴은 여러 번 하락하며 삼중 바닥을 다지고 다시 상승하는 모양을 보여주고 있다. 고점에서 하락하며 처음 저점과 두 번째 저점을 만들었으나 기술적 반등을 하였다. 그러나 다시 두 번째 저점보다 높은 저점을 만들고 반등을 하면서 저항선을 돌파하고 처음 시작한 고점 부근까지 접근하는 모습을 보이는 패턴이다.

❖ 실전예시 – 헤드앤숄더 패턴

[아프리카TV(067160)] – 일봉

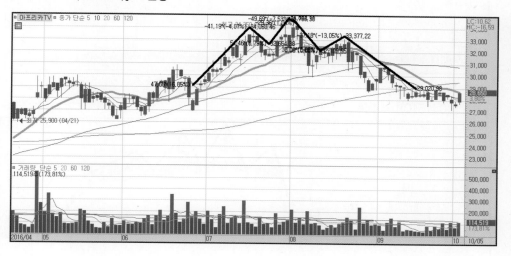

16년 인터넷 개인방송이 인기를 끌면서 아프리카TV가 강세흐름을 보였다. 주가 역시 고점을 지속적으로 갱신하며 연일 강세를 이끌었다. 우선 3개의 우뚝 뻗은 산을 그리는 추세를 보면 가운데 있는 산이 가장 크고 왼쪽에 있는 산에 비해 오른쪽에 있는 산이 더 낮아진 것으로 보아 추세흐름이 낮아진 것을 알 수 있다. 여기서는 매수타이밍을 고민하기 보다는 6월 중순의 고점이 지지선으로 작용하는지를 확인해야 한다. 결국 9월초에 이 지지선을 벗어나 주가 하락이 이어졌다. 이렇듯 헤드앤숄더의 패턴이 형성되려고 하는 경우에 하락으로 전환될 수 있음을 예상하고 매도할 포인트를 놓치지 않아야 한다. 아래 그림을 보면 그 후 하방추세가 오랫동안 이어졌음을 확인할 수 있다.

[에스엠(041510)] – 주봉

앞의 아프리카TV의 패턴에 비해 3개의 산 중 왼쪽 산보다 오른쪽 산이 크기가 높지만 추세를 상승으로 전환시키지 못하였다. 맨 처음 추세를 만들었던 왼쪽 1파의 시작되는 부분은 지지선(마지노선)으로 작용하는 가격대이다. 왜냐하면 산을 처음 만드는 시작점이 지지선으로 작용하여야 하방경직선이 유지될 수 있기 때문이다. 하지만 이 가격을 유지하지 못한다면 아래의 그림처럼 추세가 완전히 하향추세를 그리게 된다.

[S&T중공업(003570)] – 주봉

동사의 차트도 바닥을 확인한 시점에서 양호하게 상승으로 전환되었다. 하지만 그 후 3개의 산의 모양을 만들었지만 저점과 고점이 높아지고 있는 상태였다. 하지만 장기 이평선인 60일선을 봉차트가 이탈하고 헤드앤숄더 패턴을 만들며 처음 시작했던 저점 부근까지 주가가 이탈하면서 추세적인 하락으로 전환되었다.

사실 이렇게 헤드앤숄더가 하락추세로 이어진다고 법칙화되어 있다면 누구나 주식투자하기가 쉬워질 것이다. 하지만 주식투자에서 100% 법칙화 된 흐름은 없다. 단지 과거에 그러했으니 앞으로도 그러할 확률이 높으니 미리 대처하자는 것이다. 이러한 경험칙이 반드시 앞으로도 그러할 것이라고는 예단하지 말도록 해야 한다. 확률을 더 높이려면 이평선 이외의 다른 여러 보조지표들을 활용해야 한다. 그래야 더욱 확률 높은 매매를 할 수 있다.

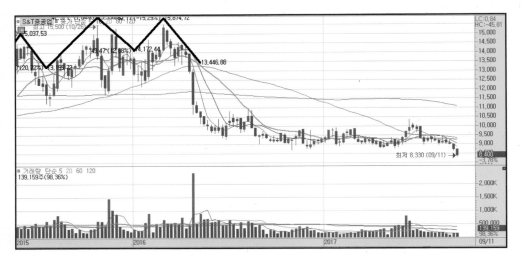

❖ 실전예시 - 역헤드앤숄더 패턴

[삼성생명(003570)] - 주봉

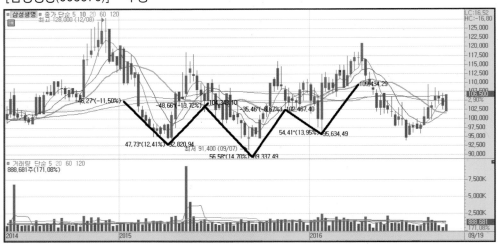

　헤드앤숄더패턴이 하락이라면 역헤드앤숄더는 상승의 흐름이 이어질 수 있는 패턴이라고 보면 된다. 세 번의 조정이 이어지는데, 가운데 조정이 가장 낮은 저점을 만든다. 첫 번째 저점이 세 번째 저점을 지지해 주며 반등이 나와야 추세가 전환될 가능성이 커진다. 만일 첫 번째 저점이 세 번째 저점을 지지하지 못하면 다시 하락으로 전환될 가능성이 크다. 이 패턴은 세 번의 조정을 보이면서 바닥을 확인했다는 점에서 신뢰도가 높을 수 있다. 저항선이 세 번의 조정을 거치는 동안 충분한 매물을 소화했다고 볼 수 있기 때문에 마지막 저항선을 돌파할 시점에서는 대게 추세가 전환될 수 있는 시점이다. 그래서 매수 타이밍은 세 번째 조정이 끝나고 마지막 저항선을 돌파할 때 가능하다.

[BNK금융지주(139930)] – 주봉

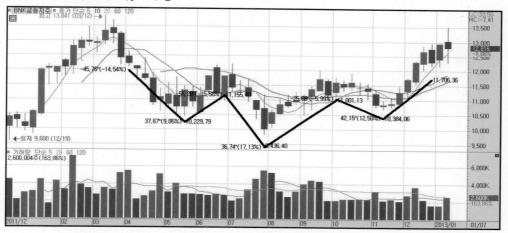

　주식투자를 하는데 있어서 가장 보수적인 업종이 은행이다. 그 만큼 성장성
은 정체되었고 경기에 민감하게 반응하지만 주가는 상대적으로 느리게 반응
하는 것이 특징이기 때문이다. 그래서 대세 상승장에서 가장 마지막으로 상승
하는 것이 바로 은행 업종이다. 동사는 부산은행과 경남은행이 합병을 하면서
'BUSAN AND KYUNGNAM'을 합쳐서 만들어진 이름이다. 차트를 보면 저점
인 11월의 10,500원을 이탈시키지 않은 시점에서 상승하여 역헤드앤숄더 패턴
을 만들었다. 역시 3번의 조정을 거치면서 두 번째 조정이 추가적인 저점을 갱
신하기는 했지만 바로 반등이 나오면서 추세를 만들었다. 두 번째 조정이 나오
고 다시 반등을 할 때 첫 번째 조정의 저항선을 돌파하지 못한다고 했을 때 1차
적으로 매수 이후 세 번째 조정이 마무리 되면서 저항선을 완전히 돌파할 때 2
차적으로 매수를 해서 수익을 극대화 할 수 있다.

Chapter 3 기술적 분석　195

[SK케미칼(006120)] - 주봉

　동사는 바닥을 만든 13년 7월의 저점 36,675원에서 시작해서 상승으로 전환되었다. 하지만 이내 65,000원 매물대에 부딪치며 조정을 보이게 된다. 55,000원 선을 단기 저점으로 만들고 다시 67,000원이라는 고점을 만들었지만 이를 돌파하지 못하고 하락을 하며 55,000원을 잠시 이탈하였지만 다시 상승하며 박스권을 형성하였다. 이후 저항선을 돌파하며 새로운 추세를 만들어갔다.

　역헤드앤숄더는 공통적으로 세 번째 저점이 중간의 저점을 이탈하지 않았다는 사실에 주목해야 한다. 투자자는 이러한 이탈에 주의하며 저항선을 돌파하는 경우 매수의 포인트를 잡으면 된다.

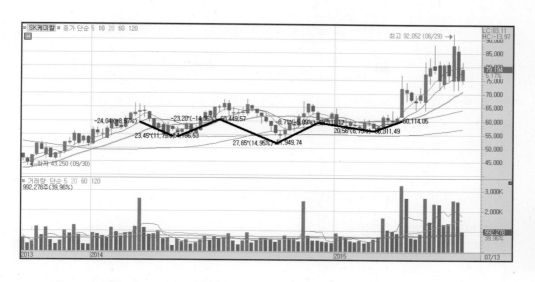

(2) 원형 바닥형과 원형 천정형 패턴

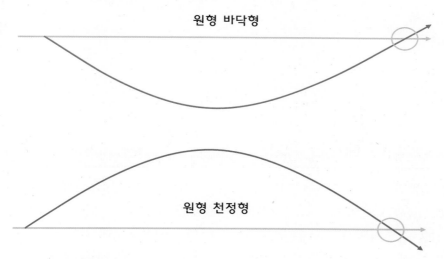

원형 바닥형

원형 천정형

❖ 원형 패턴의 의의

두 번째 반전형 패턴은 바로 원형 바닥형과 원형 천정형이다. 원형 바닥형은 상승으로 전환되는 것을 말하며 원형 천정형은 하락으로 전환되는 것을 의미한다. 원형 바닥형은 장기적인 추세 흐름을 전환시키는 부분으로 적어도 3개월 이상 추이가 전환되는 과정을 보이는 경우를 말한다. 거의 대부분 저항선으로 보는 노랑색선은 조정 기간 중 계속적인 저항선으로 작용했기 때문에 돌파를 하려는 순간 대량의 거래량이 동반하면서 돌파가 되는 경우가 대부분이다. 장기 추세의 전환이기 때문에 추세적인 상승의 시발점이라고 볼 수 있다.

원형 천정형은 장기적인 이평선의 추세 자체가 고점을 확인한 이후에 데드크로스로 전환되는 흐름을 보인다. 바닥형도 그렇고 천정형도 일부 지지선은 유지를 해주어야 한다. 왜냐하면 원형 패턴 자체가 긴 시간을 두고 만들어진 상태이기 때문에 지지를 하지 못하고 하향이탈이 된다면 추가적인 추세 하락을 피할 수 없다. 다른 투자자들도 원형 패턴을 보고 투자했다는 점에서 지지를 하지 못했다는 점은 매물이 한꺼번에 쏟아질 수 있어 주의해야 한다.

❖ 실전예시 – 원형바닥형 패턴

[대우부품(009320)] – 주봉

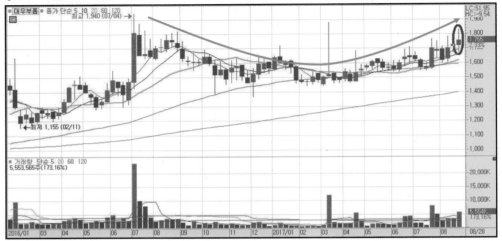

원형 바닥형의 특징 중의 하나가 주가의 변동 폭이 크지 않다는 것이다. 동사도 1,800~1,500원내에서 거의 1년을 넘게 횡보를 하고 최근에는 처음 시작할 때의 고점을 갱신하면서 새로운 추세를 만들었다. 횡보를 오랜 기간 동안 한 종목은 그만큼 에너지를 응축하기 때문에 더 오랫동안 상승을 한다. 이런 원리는 활의 시위를 길고 세게 당길수록 더 멀리 나갈 수 있는 것과 같은 이치이다.

원형 바닥형의 매수 방법은 앞선 고점을 돌파하는 시점에 몇 %가 상승하든 일부라도 매수하는 것이다. 거의 80% 이상은 추가 고점을 갱신할 수 있기 때문이다. 하지만 저항선을 돌파하지 못하고 다시 하락할 때는 돌파 시의 시가를 손절가격으로 놓고 대비해야 한다.

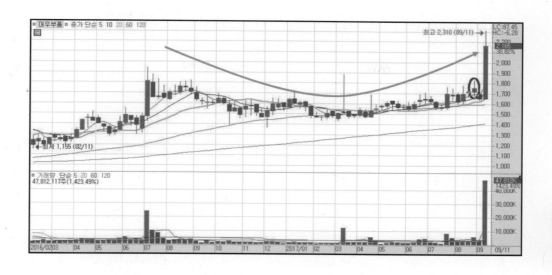

[아이진(185490)] - 일봉

동사는 17년 6월 중순에 고점을 만들고 난 이후 추가 상승하지 못하고 원형바닥형 조정을 보이면서 횡보를 하고 있었다. 그렇지만 이전 저점을 하회하는 저점을 만들지는 않은 상태이다. 거래량 또한 급감하며 사람들의 관심도 많이 희석된 상태이다. 이후 다시 상승으로 전환되면서 앞선 고점을 돌파할 수 있는 지점까지 도달하였다.

아래 그림을 보면 이전 고점을 돌파하면서 추세적인 2차 상승을 만들었다.

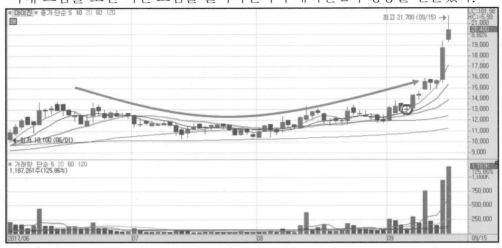

[에이디테크놀러지(200710)] – 일봉

2017년 가장 큰 이슈는 반도체 종목이었다. 동사는 TSMC의 시스템 반도체 위탁생산을 주로 하고 있는 업체로 하반기 실적이 기대되고 있었다. 차트도 5월말에 단기 고점인 6,990원을 돌파하지 못하고 지지부진한 흐름이 이어갔지만 추가적인 저점은 이탈하지 않았다. 하지만 6월말 다시 고점을 돌파하는 데 실패하였고 다시 7월에도 고점돌파에 실패하였지만 어느 정도의 매물 소화 과정을 거쳤다. 이후 8월말에 종가기준으로 저항선을 돌파하고 이후 단 한 번도 저점을 갱신하지 않고 우상향하였다.

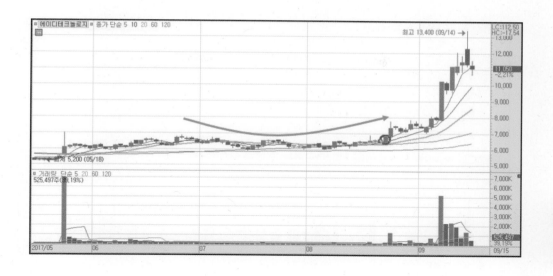

[대화제약 (067080)] – 주봉

　15년초 코스닥 시장의 광풍은 바로 제약/바이오 업종에 기인한 바가 크다. 바로 한미약품의 임상에 대한 기대감이 셀트리온 등 다른 종목까지 확산되었다. 동사는 리독스바이오라는 업체를 인수하면서 화장품 원료까지 공급받아 화장품 업종의 열풍과 함께 주가상승을 이어나갔다. 이때는 사드라는 리스크가 시장에 없었기도 하거니와 경구용 항암제 기술에 대한 시판 기대감이 함께 형성되어 있었기에 상승할 수 있었던 종목이었다. 14년 말 상승과 조정을 거치면서 15년 들어 지속적인 상승이 있었다.

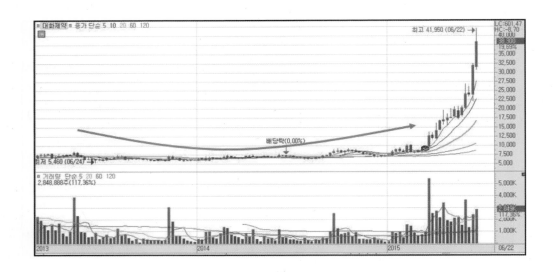

[대덕전자(008060)] - 일봉

　바닥을 다진 11월의 저점을 확인하고 우상향으로 전환되었다. 종목 자체가 그렇게 변동폭이 크지 않은 종목으로 12월 중순의 고점을 갱신하고 추가적인 상승을 이어가지 못하였다. 고점에 다가가면 개인 투자자들은 시세가 꺾일 것을 예상하고 매도를 해버려 이에 따라 추세가 실제로도 꺾이는 경우가 종종 있다. 하지만 이 경우는 그러한 예상을 깨버리고 상승으로 전환하여 추세를 이어나갔다.

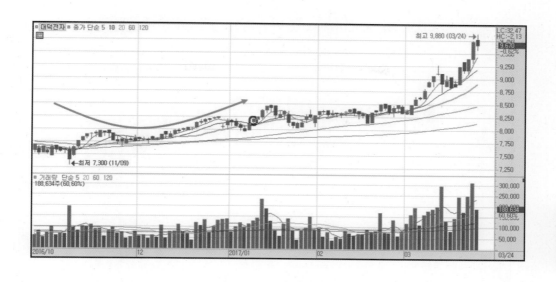

❖ 실전예시 – 원형천정형 패턴

[현대건설(000720)] – 일봉

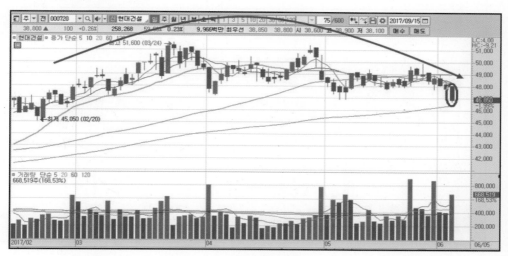

  2017년 문재인 정부가 부동산 규제정책을 내놓으면서 건설주들이 힘이 없어
지기 시작하였다. 특히 1가구 다주택자들에 대한 중과세를 하겠다는 정책이 내
수 건설업체들의 투자 위축으로 연결될 수 있다는 우려감 때문이었다. 17년 3
월말의 고점 51,600원에서 계속 우하향 하면서 17년 2월의 저점 부근까지 하
락한 양상이다.

아래 그림에서는 이 지지라인을 지키지 못하고 추가적인 하락으로 이어진 모습을 보여주고 있다.

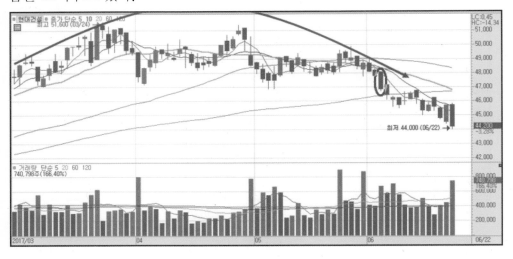

[서연이화(200880)] – 월봉

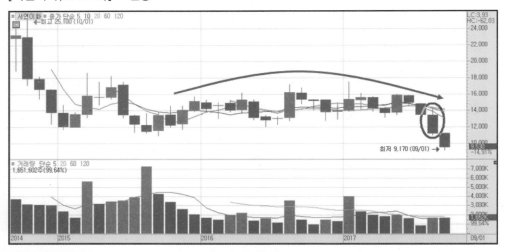

2017년 자동차업종은 큰 하락을 겪었다. 동사는 현대/기아차의 1차 밴더로서 16년 우상향으로 전환되는 듯 보였으나 17년 들어 재차 하락으로 전환되면서 추가적인 저점을 갱신하였다. 앞선 저점인 15년 9월의 10,950원을 지지해 줘야 하는 기술적인 흐름이었으나 이를 지지하지 못하고 하락으로 전환되었다.

(3) V자형 패턴

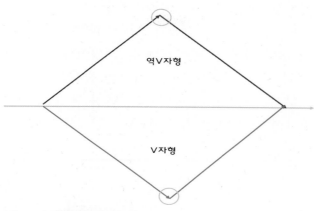

❖ V자형 패턴의 의의

V자형 패턴은 시장 자체가 특별한 악재로 단기적으로 하락한 경우에 반등이 일어나는 모습을 보이는 유형이다. 이 패턴에서는 앞선 저항선 부근에서 일부 차익실현으로 대응하는 것이 좋다. 왜냐하면 그동안 하락하였던 종목에서 매도하고 싶어하는 전고점 가격의 매도 물량이 많기 때문이다.

별다른 악재가 없는 종목이 역V자형 패턴을 보이는 경우 갑자기 싸진 가격에 매수물량이 몰려 가격이 상승하기 마련이다. 하지만 급하게 상승한 만큼 저항을 뚫지 못하는 경우 급하게 예전의 지지받았던 구간까지 하락하게 될 가능성이 크다.

❖ 실전예시 - V자형 패턴

[LG전자(066570)] – 주봉

전기차 관련 업종도 2017년 들어와 이슈가 되었다. 전기차 관련한 2차 전지 그리고 자동차 전장사업에 삼성전자와 LG전자가 뛰어든다는 기대감이 커지면서 시장에서 큰 이슈가 되었다. LG전자는 부진했던 스마트폰 부품 쪽에서 턴어라운드 하며 전장쪽 사업에 대한 성장동력을 찾는다는 계획이었다. LG전자의 주가는 위의 16년 4월 고점부근에서 시작해 지속 하락을 했지만 이슈를 선반영하면서 바닥을 확인하고 다시 상승으로 전환되었다. 만일 전 고점 부근을 돌파하는 시점에서 매수를 했다면 추가적인 2차 추세를 만드는 시점에서 수익권으로 접어들 수 있었을 것이다.

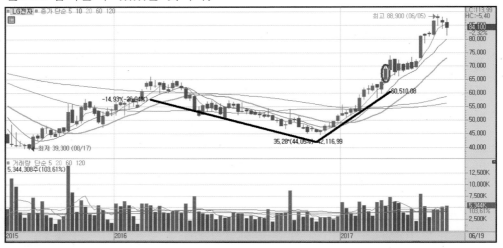

[LG생활건강(051900)] - 월봉

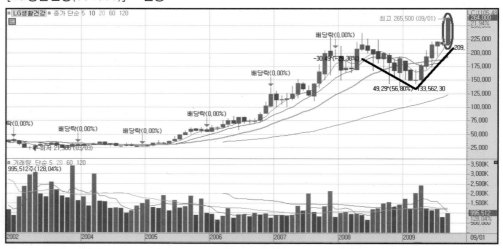

기본 차트 심리 성공투자로드맵

시장의 경기에 상관없이 꾸준한 매출을 보이는 기업이 있다면 정말 좋은 기업이다. 동사는 생필품 치약, 샴푸, 린스 등 다양한 제품을 판매하고 있고 여기에 화장품까지 연결하여 시장에 진출하였다. 월봉 차트라는 점에서 변동성이 축소된 면이 있다. 일봉 차트로 본다면 상당히 큰 변동성을 나타낼 것이다. 아래 그림을 보면 08년 차트의 이평선이 우상향을 하는 과정에서 08년 조정을 보였지만 09년 초에 바닥을 확인하고 상승으로 다시 전환되었다. 그러므로 앞서의 양봉에서 매수를 한 경우 2차 상승에 대한 큰 수익을 얻을 수 있었을 것이다.

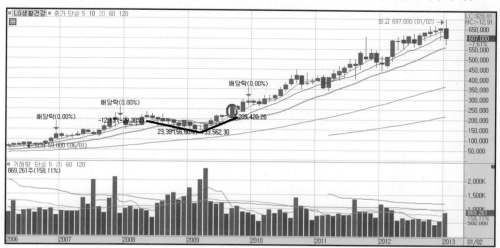

[현대모비스(012330)] – 주봉

동사의 차트의 흐름은 V자형으로 전환되었지만 강한 돌파를 하지 못하고 계속 횡보를 하고 있었다. 대게 고점을 돌파하였을 때 매수를 하는 것보다 고점을 돌파할 수 있겠다는 기대감으로 매수를 하는 경우 확률이 줄어든다. 그러므로 주식고수들은 고점을 완전히 돌파할 때 매수를 하는 경우가 많다. 이 차트는 15년 고점을 완벽하게 돌파하지 못하였고 16년 3분기까지 옆으로 횡보했다는 점에서 추가 상승이 제한적이었다.

[로체시스템즈(071280)] - 주봉

세 번의 고점을 돌파하는 시도 끝에 세 번째 고점 부근에 대형 양봉을 만들었다. 이 경우 위 꼬리를 3번이나 만드는 과정에서 그 가격대에 매물이 많이 쌓인 차트이다. 하지만 두 번의 거래량을 통한 매물의 소화와 종가 기준 장대양봉을 보이면서 상승으로 전환시킬 수 있다는 기대감을 보였다. 결국 주가는 상승하며 3,000원이었던 주가는 10,000원 이상의 주가의 상승을 가져왔다.

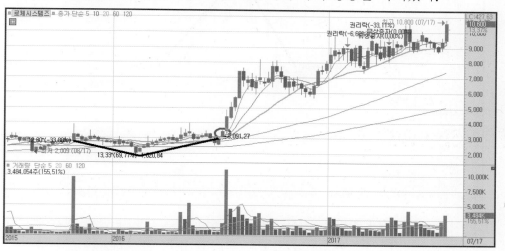

❖ 실전예시 – 역 V자형 패턴

[아시아나항공(020560)] – 일봉

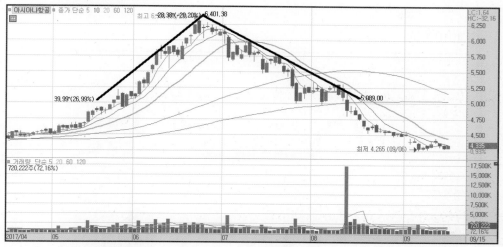

유가에 민감하게 작용하는 업종이 바로 항공주이다. 항공주는 유가가 하락하는 경우 주가 상승에 호재가 된다. 역 V자형의 시작점에서 유가가 하락하면서 주가는 상승을 이어왔지만 변곡점인 고점 부근에서는 유가가 상승을 하자 주가도 하락으로 전환된 모습을 보였다. 그리고 앞서의 주가가 상승한 시작점을 하회하는 주가의 하락이 있는 경우에는 추가적인 하락이 있었음을 나타내고 있다.

[리더스코스메틱(016100)] – 주봉

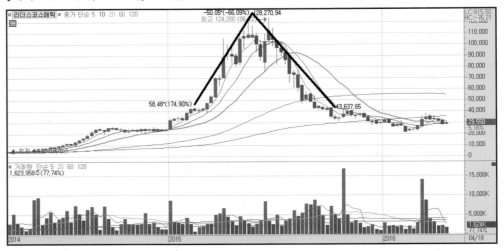

산이 높으면 골이 깊다는 주식 격언이 있다. 상승 각도가 급한 경우에는 대칭적으로 하락 각도도 급하게 형성된다. 동사는 15년 약 3개월간 엄청난 상승을 보였다. 하지만 하락할 때도 급하게 하락하며 처음 상승을 시작하였던 가격구간까지 하락하였다. 하지만 이 가격을 유지하지 못하고 재차 추가적인 하락을 보였다.

[OCI(010060)] – 월봉

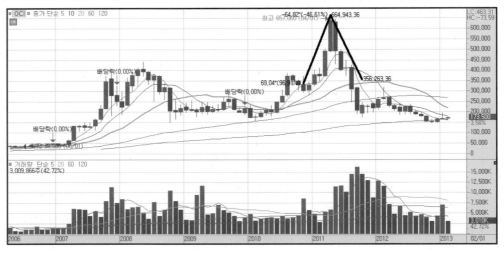

❖ 소 결

V자형은 급하게 상승과 하락을 하게 되므로 매매하기가 쉽지 않다. 그리고 기업의 가치를 분석하여 매매하기는 더더욱 어렵다. 왜냐하면 V자형은 단기적인 이슈나 재료로 상승을 하는 경우가 대부분이기 때문이다. 그래서 V자형이나 역V자형은 단기적인 매매를 하는 것이 유리하다. 그리고 반드시 분할 매수와 분할 매도를 하는 것이 리스크 관리에 용이하다.

2. 지속형 패턴

(1) N자형 패턴

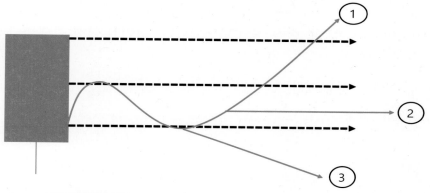

❖ N자형 패턴의 의의

대게 N자형 패턴이라면 일반적으로 상승 뒤에 나오는 눌림목 조정을 틈타서 매수하여 수익을 얻는 유형을 말한다. N자형은 그 형식이나 움직임이 'N'자의 형태로 이루어졌기 때문에 N자형이라고 한다.

여기서는 실제로 주식 투자에서 가장 많이 등장하는 패턴의 형식을 빌려서 설명하도록 하겠다. N자형이 중요한 이유는 새롭게 지속될 수 있는 추세를 만들 가능성이 크기 때문이다. 그래서 N자형 패턴 형식의 종목만 잘 찾아서 매매를 해도 1년 농사를 잘 지을 수 있는 기회가 될 수 있다.

위 그림을 보면 장대 양봉이 먼저 나온 걸 알 수 있다. 상한가가 15% 정도였을 때는 7~10% 정도만 해도 장대양봉이라고 할 수 있었다. 지금은 상한가가 30%로 늘어났기 때문에 조금 더 양봉의 크기가 커야 하지만 실제의 투자에서는 그렇게 크게 차이가 나지는 않는다.

우선 장대 양봉을 만든 이후 일반적으로 추세를 만들기 위해서는 몸통 부분을 훼손하지 않는 선에서 조정이 나와야 추세를 만들 확률이 높다. 즉 위에 보이는 점선의 3개선 중 못해도 마지막 점선 아래까지 조정을 받는 경우는 실패할 확률이 높은 것이다. 최근 들어서는 일부러 앞선 장대양봉의 몸통을 모두 하회 시킨 뒤에 상승으로 전환시키는 경우도 있지만 확률적으로 봤을 때 일단 몸통의 5분의 4 정도까지는 지지를 해줘야 한다.

조정 후에는 하루가 걸리든 이틀이 걸리든 기간 조정을 보일 가능성이 매우 크다. 이 종목의 단기적인 매수세가 몰리면 빠른 조정 이후 상승으로 전환되겠지만 그렇지 않은 경우 대게 일주일에서 최대 몇 주 동안의 조정이 일어날 수 있으므로 투자한 시간 대비 상승을 얼마나 빨리 하는지도 중요하다. 앞선 시점에서 나오는 양봉은 대부분 바닥권에서 충분히 조정을 거친 후 양봉이 나오는 경우가 많으므로 추세가 단기적으로 전환 될 수 있다는 점을 명심하여야 한다.

확실한 패턴을 알아두면 주식투자에 있어서 나만의 기법이 될 수 있으므로 실전에 대입하여 지속적으로 실전 경험이 필요하다. 그러면 이제 관련 종목들의 예시를 통해서 설명해보도록 하겠다.

❖ 실전예시 – N자형 성공 패턴

[팅크웨어(084730)] – 주봉

N자형을 만들기 위해서는 일단 장대양봉을 만드는 것이 필요하다. 동사는 국내 1위 네비게이션 업체로서 성장성에 대한 한계가 드러났음에도 불구하고 블랙박스의 신규 사업에 대한 매출이 자리를 잡으면서 주가가 다시 상승하기 시작하였다. 장대양봉을 만들고 못해도 5분의 4의 몸통 내에서 조정을 받고 있는 것이 핵심 포인트이다.

동사도 7일 정도 조정이 나오고 난 이후 5주선을 보면 다시 상승 쪽으로 돌아서면서 앞선 장대양봉의 고점 부근을 돌파하려는 시도를 하고 있다. 결국 장대양봉이 추가적으로 나오면서 2차 추세를 만들었다.

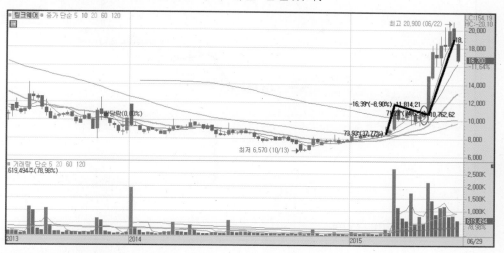

[라이브플렉스(050120)] – 일봉

동사도 역시 상승 초입에 3번째 장대양봉이 나오면서 그전의 고점을 돌파하면서 새로운 추세를 만들었다. N자형 대부분은 길어야 2주 정도 조정이 나온다고 봤을 때 8일 조정을 만들고 9일째에 양봉을 만든 이후 장대양봉이 나왔다.

N자형은 단기간의 조정을 만들고 빠르게 상승하는 패턴이기 때문에 조정이 다른 패턴들보다는 짧을 수 있다. 2차 추세 흐름을 만드는 시발점 역시 장대양봉으로부터 시작한다. 처음 장대양봉의 추세가 이어지고 있으며 5일선을 장막판 돌파한 흐름이다. 이후 8일 정도 추세를 만들다 양음양(양봉, 음봉, 양봉) 패턴을 만들고 시세 분출을 하였다. 여기서 보면 한번 만들어진 추세가 웬만해서는 하락으로 전환되지 않는다는 것이 특징적인 부분이다.

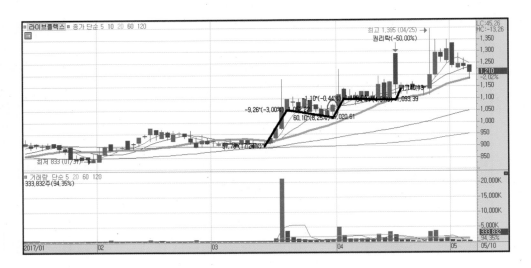

[시노펙스(025320)] - 일봉

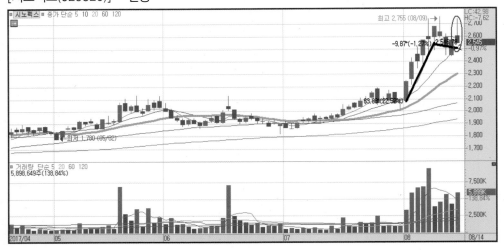

17년 8월 들어 3번의 양봉과 2번의 음봉이 나오면서 상승추세를 이어가는 흐름이었다. 마지막(전고점)에서 나온 장대양봉이 처음 나온 양봉이라고 기준을 정하면 그 장대양봉을 못해도 80% 정도까지는 지지해주는 조정이 나와야 한다.

하지만 동그라미 친 전날과 그 전날을 보면 장중에 기준봉 몸통 밑으로 떨어지려는 시도가 있었던 걸로 봐서 상당부분 투자자들이 손절을 했을 가능성도 배제할 수 없다. 하지만 장 막판 아래 꼬리를 만들면서 다시 추세를 이어갔다. 그리고 다음날 5일선까지 장중 돌파를 하면서 새로운 추세를 만들어 가는 과정을 보였다.

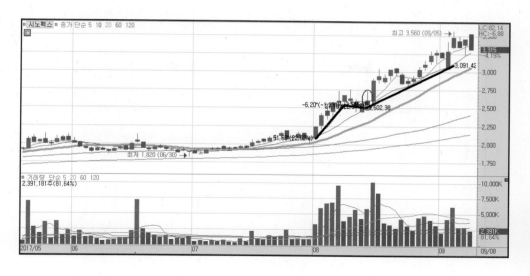

[쿠쿠전자(192400)] - 일봉

　첫 번째 장대양봉에서 매수하기란 쉽지 않다. 하지만 분할하여 매수를 하는 것은 한 번에 매수하는 것보다 쉬울 수 있다. 일단 1분할하여 매수해 놓은 다음 그 이후의 추이를 보고 추가 매매 여부를 결정한다면 리스크를 최소한으로 줄일 수 있을 것이다. 두 번째 장대양봉을 기준봉으로 하여 N자형 패턴이 만들어졌다. 4일째 되는 날 동그라미로 표시한 일봉이 5일 이평선과 만나는 것을 볼 수 있다. 단기이평선이 봉차트와 만난다는 것은 상승과 하락을 예상하기 힘들다는 것이다. 하지만 다음날 새로운 추세를 만들면서 추가적인 상승을 하였다.

[라온시큐어(042510)] - 일봉

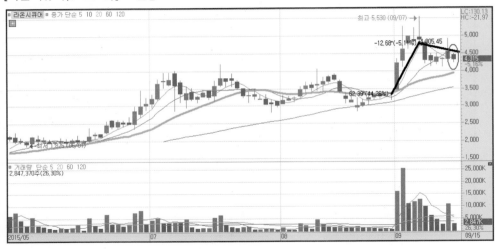

　'삼성페이'의 초창기만 해도 이로 인한 시장의 관련 테마주들이 선풍적인 인기를 불러 일으켰다. 그 중에서 가장 중요한 보안 관련된 업종의 테마주가 강한 흐름을 보였다. 동사 역시 관련된 사업을 진행하고 있는 종목으로 시장 이슈의 영향을 받아서 상승의 흐름을 보여줬다.

　첫 번째 장대양봉으로 기준을 잡고 N자형 패턴이 만들어진 것이라고 보면 10번째 봉까지 2주 이상 조정을 거쳤다. 이후 5일선이 10일선을 하향 이탈하면서 단기 데드크로스를 보였지만 한 번 정도의 조정을 보인 이후에 2번째 상승 추세를 만들었다.

❖ 실전예시 – N자형 실패 패턴

[코맥스(036690)] – 일봉

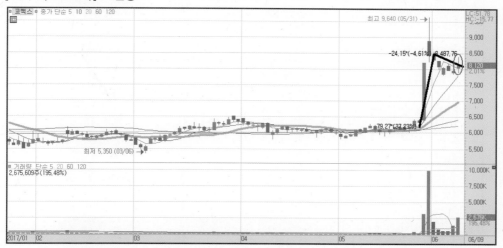

장대양봉을 기준으로 7봉째 되는 날 다시 5일선을 양호하게 돌파하며 다시 새로운 추세흐름을 만들려고 하였다. 하지만 아래 그림에서 보듯이 그 다음날 장중 견조하게 갭 상승으로 시작했으나 이내 고점에서 매물이 계속 쏟아지면서 장대음봉으로 전환되었다. 앞의 장대양봉이 30%의 상한가 흐름이기 때문에 몸통의 80% 정도 조정은 고점대비 –24%까지 보유해야 하는 위험이 있다. 그래서 30% 상승 후에 많은 투자자들이 이탈하여 N자형 패턴이 실패한 것이다. 이렇게 상한가까지 상승한 종목은 N자형 상승을 노리는 것보다는 단기매도를 하여 위험관리를 하는 것이 보다 안정적인 매매라고 할 것이다.

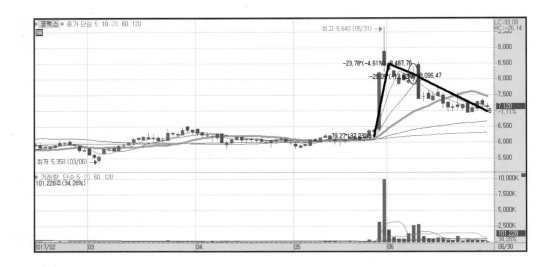

[신원(009270)] - 일봉

　　상승 시점에서는 7개의 양봉으로 바닥을 확인하였다. 그러나 고점에서 조정이 나오면서 2주 정도 시간이 흐른 시점에서 다시 장대양봉이 나왔다. 이 시점을 기준으로 N자형 패턴이 나온다고 하면 이 장대양봉의 몸통을 완전히 하회해서는 안 되었다.

　　하지만 5일 정도 새로운 상승추세에도 불구하고 이내 양봉들이 시작했던 장대양봉까지 지지하지 못하고 추세를 하락으로 돌렸다. 결국 추가적인 하락으로 다시 지지선 찾아야 하는 상황이 되어 버렸다.

[메디포스트(078160)] – 일봉

바닥국면에서 상승의 전환을 기대하게 만든 장대 양봉에서 N자형 패턴이 시작된다. 그리고 기준이 되는 몸통 부분을 하회하지 않는 것이 중요하다. 이 경우는 이동평균선인 20일선까지 봉차트가 지지를 받고 있는 점에서 만약 하락으로 전환되면 추가적인 하락이 나올 수 있는 국면이었다. 그러므로 이런 상황에서는 앞의 장대양봉 몸통을 지지하는 것을 보기 전까지 분할로 비중을 줄이는 것이 필요하다.

(2) 삼각형 패턴

❖ 삼각형 패턴의 의의

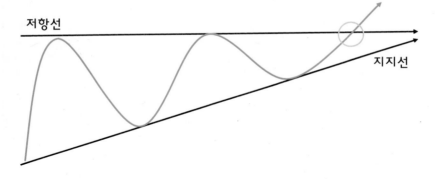

지속형 패턴 중에 하나인 삼각형 패턴은 기본적으로 저항선은 그대로이나 저점이 높아지는 경우가 있다. 이 패턴은 못해도 한 달 이상 걸려 만들어진 패턴으로 신뢰도가 높은 것이 특징이다. 그리고 이미 저항선을 3차례 정도 돌파를 하려다가 실패를 했기 때문에 고점을 돌파하려는 에너지가 축적되어 있다. 그래서 마지막 고점을 돌파하려는 시점에서 에너지가 분출하며 강한 상승이 이어질 수 있는 것이다.

❖ 실전예시 – 삼각형 패턴

[다나와(119860)] – 주봉

삼각형 패턴의 가장 중요한 부분은 저점이 높아지나 저항선은 돌파하지 못했다는 데 있다. 하지만 저항선을 돌파하는 경우 그 전에 보지 못한 시세분출로 이어질 수 있다. 비트코인 가격이 연일 상승세를 보였을 때 이슈가 된 것이 바로 채굴을 위한 고가형 그래픽 카드를 탑재한 컴퓨터 판매이다. 동사는 우리나라 대표적인 컴퓨터 판매 및 가격 비교 사이트를 제공하고 있는 업체이다. 올해 초 삼각형 패턴에서 고점을 갱신한 이후 추가적인 상승이 지속되었다.

[셀트리온(068270)] - 일봉

거래소 시장의 시가총액이 높은 기업이 삼성전자라고 한다면 코스닥 시장의 시가총액 비중이 높은 기업은 '셀트리온'이었다. 신약인 '램시마'와 실적에 대한 기대감으로 최근 주가의 엄청난 상승을 보이고 있었다. 2017년 8월 초 저점에서 장대양봉이 나온 이후 고점을 갱신하지 못했지만 이내 저점을 계속 높이면서 저항선을 돌파하는 그림이다.

이후 새로운 추세가 형성되며 상승으로 전환되었고, 9월 말 임시주총에서 코스닥에서 거래소로 이전상장에 대한 기대감까지 더해지며 추가적인 상승이 기대되는 상황이었다.

[신라젠(215600)] - 일봉

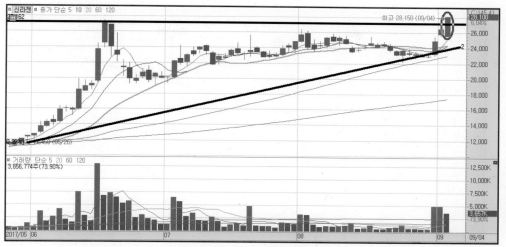

2017년 초 거래소 시장은 IT대형주로만 매기가 몰리면서 강한 상승세를 갔다. 하지만 2분기부터는 제약/바이오주들이 다시 부활하기 시작하였다. 그 중에서 신라젠의 상승이 시장의 주목을 이끌었다. 글로벌 3상 임상 진행 중인 '펙사벡' 의 시판 기대감이 시장에 전달되어 높은 상승세를 보이고 있었다. 그리고 앞선 고점을 갱신한 시점부터 시작해 50% 이상 높은 상승세를 이어나갔다.

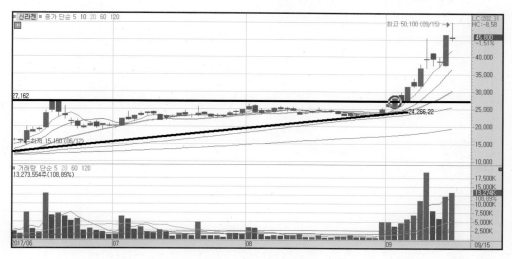

[NHN엔터테인먼트(181710)] – 일봉

  2017년 2월 중순경 고점을 찍고 나서 추가상승으로 이어지지 못하였지만 저점은 계속 높이면서 에너지를 축척하였다. 동사는 네이버에서 분리된 업체로 다양한 M&A를 통해서 성장 동력을 찾고 있는 중이다. 한국사이버결제, 벅스, 파이오링크, 인크로스 등을 인수했고 이외에도 유비벨록스에 지분투자를 진행하고 있는 중이다. 역시 고점을 돌파한 시점에서 새로운 추세가 형성되며 중장기적인 추세의 상승을 잡고 우상향하였다.

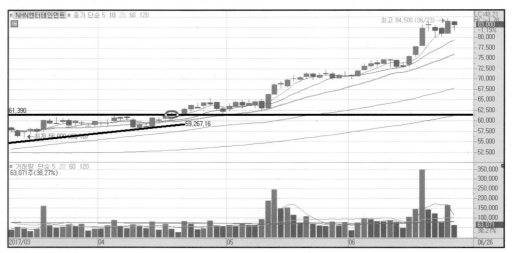

[대원미디어(048910)] – 주봉

15년 하반기에 고점을 잡고 이후 하락을 계속하였지만 추가적인 저점을 갱신하지 않은 가운데 다시 우상향으로 전환된 흐름이다. 그림은 '주봉'으로 약 9개월 이상 삼각형의 저점을 양호하게 만든 이후 6월 저항선을 돌파하면서 새로운 추세를 만들었다. 하지만 아래 그림에서 보듯이 동사 같은 경우에는 추가적인 상승이 20~30% 정도에서 그치며 다시 하락하며 앞선 장대양봉을 모두 이탈하였다. 하지만 저점 부근에서 재차 조정을 받으며 쌍바닥을 연말과 16년 초까지 만들고 상승으로 이어나갔다. 이 사례에서 알 수 있듯이 고점을 돌파하고 추가 상승으로 전환될 확률이 높기는 하나 다 그런 것은 아니라는 것을 말해주고 있다.

❖ 대칭/이등변 삼각형 패턴의 의의

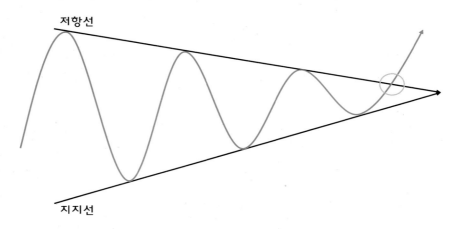

저항선

지지선

대칭/이등변 삼각형패턴은 위 그림을 보는 바와 같이 저점은 계속 높이지만 고점은 계속 낮추고 있는 것을 말한다. 앞으로의 방향은 상승할 수도 있지만 하락으로 이어질 수 있다. 하락보다는 상승 확률이 높기 때문에 대칭 삼각형 패턴이라고 한다. 종목마다 다르지만 단기간에 만들어지는 것보다는 적어도 두 달이상 만들어지는 경우가 많다.

❖ 실전예시 – 대칭 삼각형 패턴

[엔씨소프트(036570)] – 일봉

동사는 2017년 신작게임에 대한 기대감이 존재하였다. 즉 리니지 시리즈를 바탕으로 리니지M과 리니지 모바일을 런칭시켰다. 런칭을 하자마자 구글스토어와 앱스토어에서 동반 판매 1위를 차지하며 시장에서 이슈가 되었다. 이후 시장에서 관련 업종의 상승에 대한 기대감이 동반되면서 게임/컨텐츠 종목으로도 매수세가 유입되었다. 대칭 삼각형에서 장대양봉을 보인 시점에서 매수를 했다면 아래와 같은 상승률을 보인다.

[인포마크(175140)] – 주봉

위 차트는 고점 부근에서 3차례 매물이 나오면서 위 꼬리를 만들었다. 하지만 단기적으로 봤을 때 대칭 삼각형의 패턴도 같이 나온 모습이다. 이후 패턴이 만들어지고 나서 단기적인 상승이 계속 이어지고 있다. 주봉상으로 보면 매수할 타이밍이 있을 것 같지만 처음 상승시점에서 매수하지 못했다면 조정을 거치지 않았기에 매수가 힘들 수 있다. 대칭 삼각형은 다양한 시점으로 복합 연계되어 나올 수 있다.

❖ 실전예시 - 대칭 삼각형 패턴

[로엔(016170)] - 주봉

　동사는 아이유의 기획사이며 멜론이라는 음원 사이트로 유명한 업체이다. 지금은 '카카오M'으로 종목명이 바뀌었다. 다양한 스마트 디바이스의 판매와 견조한 실적을 바탕으로 주가는 급상승 하였다. 위와 아래의 그림은 2013년까지 약 2년간 조정 이후 장대양봉이 터지면서 2015년 말까지 지속적으로 상승한 모습을 보여주고 있다. 최근에는 고점 이후 조정을 보이고 있지만 카카오에 인수 후 다시 2018년 9월 합병 (카카오+카카오M) 이 진행될 예정이며, 앞으로 모바일 플랫폼을 바탕으로 다양한 컨텐츠 제공의 시너지가 기대되고 있다.

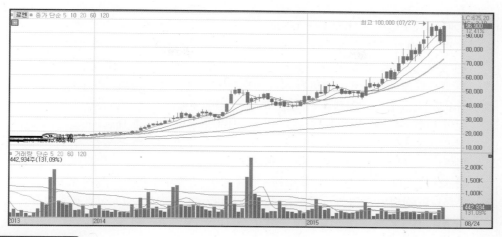

주식만평

그들만의 잔치...

2018년에 들어서며 시장이 지지부진한 가운데도 불구하고 수익에 대한 종목별 차별화는 지속적으로 이어지고 있다. 특히나 거래소 시장보다 코스닥 시장의 흐름을 좌지우지 하는 외국인 투자자들의 매매 종목들이 시장의 중심이 되고 있다. 왜냐하면 외국인들은 수익률을 만들기 위해서 여러 종목에 분산투자하는 것보다는 종목별로 집중을 하기 때문이다. 그래서 상승하는 종목은 계속 오르고 하락하는 종목은 계속 떨어지는 시장의 차별화가 지속적으로 이어지고 있는 것이다.

〈주식 기초 상식〉

1. 소문에 사서 뉴스에 팔아라

이명박 대통령의 4대강 및 녹색에너지 육성에 대한 정책이 뒷받침 되면서 태양광 사업을 진행하는 업체들에 대한 광풍이 불었다. OCI는 태양광에 반드시 필요한 폴리실리콘을 생산하는 업체로서 당시 증권사 리포트는 100만원까지 목표가를 상향되며 여기저기서 긍정적인 보고서들이 나왔다. 하지만 이런 와중에 기관이나 외국인 투자자들은 매도로 일관하였다. 그래서 주식시장의 투자자들 사이에 매수를 해야 한다는 말이 회자되는 경우 거의 꼭지라고 봐도 무방하다. 원래 투자자들의 심리는 좋은 게 있으면 자기만 갖고 싶어 하지만, 누구나 매수하려고 한다면 그것은 이미 꼭지를 지나 하락의 싸이클에 접어들었다고 봐야 하기 때문이다. 그래서 아무도 관심을 기울이지 않는 업종에 대해 숨은 가치를 발견하고 조금씩 투자하여 매집하는 것이 수익을 극대화할 수 있는 현명한 자세인 것이다.

개인투자자들이 주식투자에 대한 관심이 높아지면, 경제신문이나 경제뉴스를 먼저 본다. 하지만 이미 뉴스에 많이 나오고 있는 것은 이미 대중적으로 인지되고 있다는 것을 말한다. 그렇지만 뉴스를 무시하라는 말은 아니다. 뉴스를 참고하면서 시장의 트랜드를 파악하고 투자하되 지나친 맹신을 가지는 것은 주의해야 한다는 말이다. 중요한 것은 뉴스 가운데 숨어 있는 보석을 찾아 새로운 트랜드를 발견하여 투자하는 것이 많은 수익을 가져다준다는 것이다. 만일 인터넷 은행에 대한 뉴스가 보도되기 시작하면 인터넷 은행에 관련된 관련 솔루션이나 보안업체에 관심을 가지는 식으로 말이다. 그리고 새로운 프론티어 산업이라고 보도되는 경우에 주의해야 할 점이 있다. 보통은 프론티어 산업에 뛰어드는 업체 중에 생존하는 비율은 많지 않다. 그래서 프론티어 산업의 초기에 폭증하는 주가를 따라가는 것 보다는 그 산업에서 적자생존 과정을 거치고 살아남은 업체에 투자를 시작하는 것이 오히려 안전하고 수익성이 높은 방법일 수 있다.

2. 경제용어정리

- 유상증자 : 주식을 추가 발행하는 것으로 자본금을 늘려 신규사업 진출이나 재무건전성을 위하는 것임
- 무상증자 : 유보금이 많아서 주주들에게 주식을 비율대로 나눠주는 것을 말함
- 감자 : 자본금을 줄이기 위해서 실시하는 것
- 전환사채 : 주식으로 전환될 수 있는 권리가 있는 채권임
- 블록딜 : 매수자와 매도자간의 대량의 주식을 매매하는 것을 뜻함
- 차화정 : 자동차, 화학, 정유업체를 일컬어 차화정이라고 말함
- 보호예수 : 일정기간 동안 주식을 매도하지 못하는 기간
- IR : 투자자들에게 기업정보를 알리는 문서나 활동을 말함
- 배당락 : 기준일에 경과해 배당을 받을 권리가 없어지는 상태

06 〉 **거래량 / 핵심 매매타이밍**

1. 거래량의 의미와 특징

기본적인 거래량의 의미는 다양하게 해석할 수 있다. 간단하게 상승할 때는 거래량이 필요하다. 그리고 조정이 나오거나 소폭의 상승을 하는 경우에는 거래량이 줄어드는 것이 일반적이다. 하지만 저점을 추가적으로 갱신하거나 지지했던 지지선이 이탈하는 경우에는 거래량이 많아진다. 그러므로 거래량은 해당 거래에 대한 참여도와 신뢰도를 의미한다.

그리고 거래량을 통해서 세력이라고 하는 투자자들의 의도를 가장 잘 파악할

수 있다. 거래량은 매수자와 매도자가 어떤 의도를 가지고 매매를 하는지를 알수 있는 유일한 증거로 속임수가 작용될 여지가 별로 없다. 그래서 거래량은 신뢰성을 가지는 것이다.

대부분 기술적인 지표는 후행적으로 움직이는 지표이다. 하루의 종가가 결정이 되어야 봉차트도 만들어지고 봉차트가 모여 이동평균선도 만들어진다. 하지만 거래량은 실시간으로 매매하는 사람들의 매매 의도를 대략적으로라도 실시간으로 파악을 할 수 있다. 그래서 동일가격에서의 지난 거래량과 현재의 거래량을 비교하여 미래의 주가를 예측할 수 있다. 즉 우리는 거래량을 통해서 미궁에 빠진 사건의 범인을 찾는 실마리를 찾을 수 있는 것이다.

주가흐름에 대한 거래량의 의미		
상승하는 경우	보합의 경우	하락하는 경우
거래량이 늘어날 가능성이 높다.	거래량 변동이 크지 않다.	• 상황마다 다르나 대부분의 하락에서 거래량이 줄어든다. • 추세전환을 하거나 저점을 갱신하는 경우 거래량이 많아진다.

- 거래량으로 대기매물 혹은 대기매수세의 규모를 가늠할 수 있다.
- 거래량이 급증하는 경우 주가는 반드시 변동하고 저항이나 지지의 돌파나 이탈을 예측할 수 있다.
- 동일 가격에서 지난 거래량과 현재의 거래량을 비교하여 미래의 주가를 예측할 수 있다.

거래량 자체는 앞에서 언급한대로 선행적 지표이기 때문에 거래량의 변화가 있는 경우 그 의미를 분석하는 것이 중요하다. 주가는 바닥인데 거래량이 늘어나면 어떤 매수 창구로부터 매수세가 지속적으로 유입되며 매집을 하고 있다는 뜻으로 볼 수 있다. 하지만 거래량이 늘어나지 않는데 상승이 지속적으로 이어진다면 단기간에 크게 하락을 할 수도 있는 것이다.

그러면 거래량의 의미있는 분석을 3가지 방향으로 정하여 매수타이밍, 매집중, 매도타이밍으로 나누어서 설명하도록 하겠다.

2. 거래량 분석

(1) 매집, 매수, 매도 거래량 분석

❖ 실전예시

[한미약품(128940)]

한미약품의 지분분석 총주식수: 11,163,000	
대주주지분 64.39% / 7,187,855	유통주식수 3,975,145
한미사이언스 41.39% 신동국외1 9.13% 국민연금 7.14% 박문화 0.01% 고민섭 0.01% 외국인 6.71% 15년 3/10일 기준	소액 주주관련 35.61%

[한미약품(128940)] – 일봉

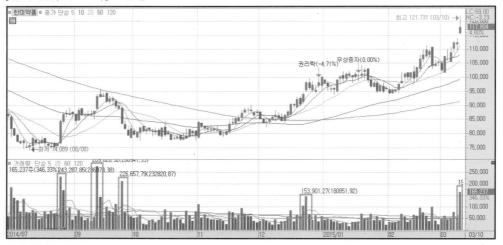

　한미약품의 유통주식수는 390만주 정도가 된다. 대주주 물량은 팔지 않는다고 가정했을 때 유통주식의 지분인 35% 정도에 5~10% 정도를 더하면 40~50%가 될 수 있다. 왜냐하면 긍정적인 호재성 뉴스의 발표를 앞두고 있는 경우 회사 임직원들의 지인들은 어느 정도 주식을 매입할 수 있기 때문이다(내부자거래정보를 이용한 거래의 위법성은 별론으로 하고 이러한 거래량이 있다고 가정한다).

　보통의 경우 상승할 때 거래량이 늘고 하락할 때는 거래량이 상승할 때 보다 줄어들어야 한다. 그래야 추가적인 상승이 이어지더라도 조금의 거래량 상승으로 추가 상승을 만들 수 있기 때문이다. 동사의 차트를 보면 앞선 두 번의 거래에서는 상승할 때 거래량이 늘어났다. 하지만 세 번째는 하락할 때 거래량이 터졌다. 그렇지만 상승했을 때만큼 하락했을 때 거래량이 늘어나지 못했다. 여기서 추가적인 하락으로 추세를 만들었다면 앞선 매수세는 단기적으로 들어온 매수세라고 판단할 수 있다. 하지만 추세를 재차 만들고 상승할 때까지 별다른 거래량이 터진 시점이 없었다는 점과 추세를 지속적으로 만들어 가는 과정에서 상승했을 때 거래량이 수반되는 걸로 봐서는 앞의 거래량 증가는 꾸준한 매집의 흔적이라고 판단할 수 있다.

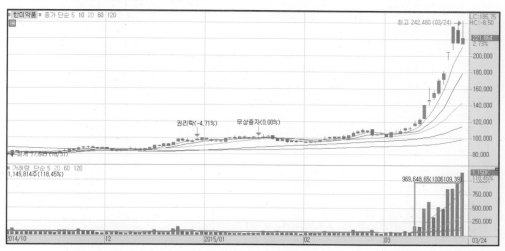

Part 2
모르면 잃고
알면 번다

위의 그림에서 임상 관련 호재성 뉴스가 나오면서 본격적으로 거래량이 실렸다. 대게 이런 식으로 주가가 상승할 때 거래량이 실리기 마련이다. 호재성 뉴스의 경중에 따라 그 정도가 강해진다고 보면 된다.

첫 번째 장대양봉의 상한가에서 거래량이 급증하며 50만주 가까이 거래량이 늘어났다. 그 다음날은 그 전날 매수했던 투자자들이나 그 이전의 매집자들이 차익매물을 내 놓으면서 하루 거래량이 67만주로 급증하였다. 그 이후에도 거래량은 줄어들지만(파란색 거래량봉으로 표시된 부분) 주가는 상승하는 것으로 보아 매도자보다는 매수자들이 많은 것으로 파악된다.

이 지점에서 생각할 수 있는 것은 동사의 긍정적인 뉴스가 단기적인 호재로 끝나기 보다는 장기적 상승의 모멘텀으로 작용하고 있다는 사실이다. 그 후에도 호재성 뉴스와 거래량이 연일 터지면서 주가가 상승하였다.

처음 상한가였던 거래량에서 갭 상승 했던 구간까지의 거래량을 모두 더하면 약 330만주 정도의 거래량이 발생하였다. 유통 주식수가 390만주라는 것을 고려하면 단기적으로 매매를 하러 들어온 거래량이 매우 많다. 그리고 다시 다음

날도 상한가를 가며 거래량이 85만주 이상이 발생하였다. 그러나 이틀 연속의 상한가와 단기간 저점에서 많이 상승한 탓으로 차익매물이 쏟아지면서 음봉과 함께 100만주의 대량거래량이 터졌다.

이 지점에서 주가의 추가 하락이 있다면 다음 날 갭 하락을 하며 장 막판까지 하락을 했었을 것이다. 하지만 다음 날 장 막판에는 플러스권으로 마감하며 주가의 추이를 다시 살리고 마감을 한 것으로 보아 시세분출이 아직 끝나지 않았음을 알려준다.

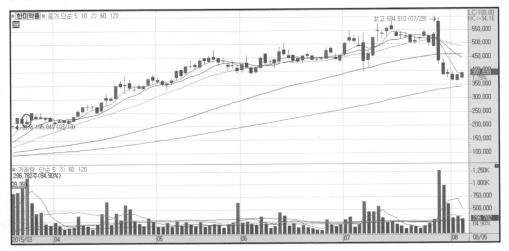

하지만 단기간 유통물량만큼의 거래량 발생과 단기적인 가격상승으로 인한 차익실현 욕구에 대한 부담이 있었지만 위의 그림에서 보듯이 그 후에도 꾸준하게 우상향을 하면서 상승하였다. 보통 단기간에 유통주식 만큼의 거래량이 되면 고점 부근에서 많은 거래량이 발생하면서 음봉이 등장한다.

그러나 이후에도 별다른 거래량 없이 우상향의 추세를 지속한 것으로 봐서는 세력들의 매집이 완료되었다는 것을 의미하는 것이라고 볼 수 있다.

맨 처음 10만원 이었던 주가는 55만원까지 가고서야 대량의 거래량이 풀리기 시작한다. 15년 6월 15일 상하한가가 15%에서 30%로 늘어나면서 수익의 범위도 커졌으나 리스크도 커져버린 상황이 돼버렸다. 7월 7일 장대음봉이 나오면서 거래량이 70만주 이상 터진 시점부터 매수보다는 매도의 에너지가 강해진 느낌이었다. 이후 주가의 재차 상승하였으나 7월 29일 장중 고점 이후 음봉을 만들면서 대량거래가 터지고 주가가 하락하였다.

(2) 바닥에서 상승전환 거래량

❖ 실전예시

인터플렉스 지분분석
총주식수 : 21,079,000

대주주지분 57.37% / 12,093,022	유통주식수 8,985,978
코리아써키트외 7인 53.48% 정진섭 0.09% 이봉준 0.02% 외국인 3.78%　　　　16년 5/20일 기준	소액 주주관련 42.63%

[인터플렉스(051370)] - 일봉

동사는 우리나라 대표적인 FPCB 제조업체로 잘 알려진 회사이다. 15년 하반기부터 16년 초까지 하락추세를 보이고 있었다. 그 이유는 실적이 적자 전환을 했기 때문이다. 동사는 삼성전자와 애플을 고객사로 두고 있는 업체이다. 하지만 스마트폰이 성장의 정체기에 도달하면서 주가가 오랫동안 하락하였다. 위의 차트를 보면 15년 11월 27일 고점부근에서 하락을 하며 12,000원 대의 주가가 9,500원까지 하락하는 현상을 보였다. 다행히 거래량이 실리지 않은 하락으로 수급만 좋아지면 어렵지 않게 상승할 가능성이 있었다.

하락은 멈췄지만 다시 11,000~10,000원선 사이를 횡보하고 16년 5월 하방으로 추세를 잡기 시작한다. 이때는 거래량이 실리면서 하락을 하였다. 그동안 기다려온 투자자들의 손절물량이 한꺼번에 나오면서 지지선 9,500원을 이탈하면서 저점 8,219원을 확인하였다.

그리고 다시 8,500~ 9,500원 박스권 흐름을 유지되다가 7월 중순 들어서면서 급등을 하였다. 이는 6월 중순경부터 3분기 흑자로 전환될 것이라는 소식과 인터플렉스 대표의 27,000주 가량의 장내 매수를 하면서 주가는 상승하였다. 여기서 알 수 있는 부분은 하락 시의 앞선 네모를 친 거래량보다 뒤의 네모의 상승거래량이 더 적다는 것이다. 그런데 두 번째 박스의 주가는 적은 거래량으로 급등하기 시작했다는 것을 주목해야 한다. 이는 이미 투자자들이 매집을 해놓았을 가능성을 배제할 수 없다. 대게 지지선이라고 여겨지는 가격대를 유지하지 못하는 경우 매물이 많이 나오기 마련이지만 앞에서 만들어진 거래량 자체는 장대양봉을 만들고 이후 추세를 만들기 위한 거래량이었다는 점이다.

5월초에 만들어진 지지선 9,500원을 하향 이탈했을 때 실망 매물이 크게 나오지 않았다는 것은 세력들이 동사의 주식을 이미 매집을 해놓았을 가능성이 크다. 대개 거래량은 지지선을 이탈할 때와 저항선을 돌파할 때 급격하게 많아지는 경우가 많기 때문이다. 하지만 다시 추세를 잡고 상승으로 전환되고 나서 9,500~11,000원선까지 임박하면서 다시 저항선 11,000원을 돌파할 때는 그동안 이 가격대에서 물려있는 물량이 한꺼번에 출회되기 때문에 거래량이 많이 실려야 하는 것이 정상이지만 예전 4월 말에 만들었던 장대 양봉에서 출현했던 거래량보다 적은 수로 고점을 돌파했다는 점은 이미 매집이 되었다는 의미일 것이다. 일단 상승 탄력이 붙는 경우 앞선 고점을 쉽게 돌파하는 경우가 많다. 아래 그림에서 결국 단숨에 16,000원까지 상승을 했고 다시 14,000원까지 조정을 보이고 있다. 하지만 조정권에서 거래량이 많지 않다는 점은 이미 매수한 투자자들의 매물이 나오지 않은 것으로 봐야 한다. 이 매물은 지금 가격이 아닌 다시 16,000원 고점을 돌파할 때 나올 가능성이 높다.

역시 16,000원을 돌파를 할 때 거래량이 수반되면서 매물을 소화하고 2차 상
승을 하면서 고점을 갱신하고 이후 조정이 이어졌다. 이는 추가적인 상승을 위
해서는 다시 고점을 돌파하면서 단기 매수세의 유입이 들어와야 하지만 그렇지
못하여 조정이 계속되고 있는 것이다.

〈주식 기초 상식〉

1. 거래량을 보기 전에 발행주식수와 유통주식수를 파악

거래량을 살펴보기 전에 먼저 살펴봐야 하는 것이 바로 유통주식수이다. 대주주 및
우호지분은 대게 시장에 유통되지 않을 가능성이 높기 때문에 이를 제외하고 나머지
주식수(유통주식수)를 확인하고 이것이 적으면 적을수록 최근 간간히 이슈가 되고 있
는 품절주가 될 수 있다. 왜냐하면 주식의 유통물량이 적을수록 세력이 주가를 움직
이기 쉽기 때문이다.

2. 거래량 없이 하락하는 경우 재상승이 원활한가

마지노선이라고 생각한 지지선을 이탈하면 어떻게 할 것인가? 과감히 손절매를 하
고 다음 기회를 노릴 것인가 아니면 계속 기다릴 것인가? 이러한 결정을 보다 더 현명
하게 할 수 있는 방법이 매도물량을 파악하는 것이다. 지지선을 이탈할 때 매도물량
이 많이 나오는 경우 손절할 타이밍이 된다. 왜냐하면 이때의 거래량은 상승할 때 소
화해야 할 매물이기 때문이다.

2018년 우리나라와 미국과 북한 사이에 적대적인 관계에서 벗어나 화해무드에 접어들어 남북경협주가 상승하고 있다. 하지만 언제 어떻게 한반도의 지정학적 리스크가 커질지 모르는 상황이다. 다시 리스크가 커지는 경우 방산주들의 개별적인 상승이 이어질 것이다. 이렇듯 북한 리스크와 관련된 종목과 남북경협주가 있음을 인지하고 상황에 맞는 종목을 체크해야 할 것이다.

07 보조지표 / 낙폭과대 매매 / 핵심 매매타이밍

1. 보조지표 일반

보조지표는 말 그대로 투자를 위하여 보조적으로 사용하는 지표라고 말할 수 있다. 중장기적인 투자보다는 주로 단기적인 매매를 위한 타이밍을 잡기 위해 많이 사용하는 방법이다. 그리고 개인투자자일수록 쉬운 투자방법에 눈이 가기 마련이므로 보조지표에 의존하는 것을 많이 본다. 확실한 수익을 위한 투자의 방법이 있다면 누구나 주식투자로 성공할 수 있었을 것이다. 한 가지 지표 보다는 자신에 맞는 2~3개의 지표를 찾아내는 것이 필요하다. 그리고 보조지표만을 보고 매매타이밍을 정하는 것보다는 앞에서 공부한 이동평균선의 매매타이밍과 접목한다면 확률을 높일 수 있을 것이다. 그렇다고 너무 많은 투자지표를 사용하는 것은 오히려 매매타이밍을 놓치게 하는 요인이 된다는 점에 주의해야 한다.

여기서는 필자가 투자를 하면서 확률이 높았다고 생각하는 3가지 보조지표만을 설명하고자 하겠다. 이밖에 스토캐스틱, RSI, 볼린저밴드, 일목균형표, P&F차트 등의 다양한 지표 등은 동영상강의를 통해서 소개하도록 하겠다.

2. MACD(Moving Average Convergence & Divergence)

*Moving Average : 이동평균선, Convergence : 집합점, 수렴, Divergence : 나누어진다. 갈리다

(1) 의 의

　MACD는 쉽게 말해 이동평균선의 수렴과 팽창의 정도를 표시하는 지표라 할 수 있다. MACD지표만을 보는 것 보다는 앞에서 공부한 이동평균선의 매매타이밍을 같이 접목하여 접근하는 것이 확률을 높이는 방법이다. 이동평균선의 매매타이밍에서는 단기 이평선이 중장기 이평선을 상향 돌파하는 시점에서 매수 타이밍을 잡았다면 MACD는 이동평균선의 골든크로스에 대한 타이밍을 보조적인 지표로 나타내 준다고 보면 될 것이다. 쉽게 말해 MACD선이 시그널선을 상향돌파 할 때 매수를 하고 반대로 MACD선이 시그널선을 하향돌파 할 때 매도를 한다고 생각하면 될 것이다.

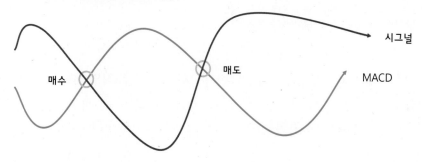

[MACD를 이용한 매매타이밍]

시그널

매수　　　　매도

MACD

MACD선이 시그널선을 돌파 시 매수
시그널선이　MACD선을 돌파 시 매도

• MACD곡선 = 단기이평선(12일) − 중기이평선(26일)
• 시그널곡선 = N일(9일) 동안의 MACD 지수 이동평균

　　* 괄호의 날짜는 일반적인 수치이며 직접 변경도 가능하다

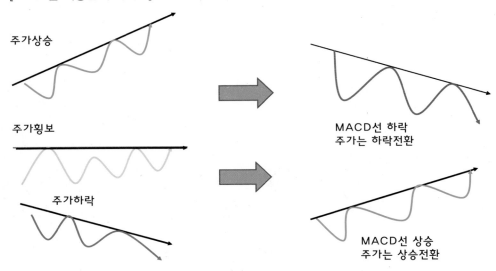

[MACD를 이용한 주가예측]

주가상승

주가횡보

주가하락

MACD선 하락
주가는 하락전환

MACD선 상승
주가는 상승전환

- 다이버전스 : 주가흐름이 보조지표 방향으로 진행되는 것
- 하락형 다이버전스 : 주가는 결국 하락으로 전환
- 상승형 다이버전스 : 주가는 결국 상승으로 전환

다이버전스는 MACD가 시장의 흐름과 반대 방향으로 움직일 때 더 신뢰도가 높은 흐름이라고 볼 수 있다. 즉 주가가 상승이나 횡보를 보이고 있을 때 MACD 추세 자체가 하락으로 전환된다면 주가는 하락으로 전환될 확률이 높다는 것이다.

반면에 주가가 횡보나 하락을 그리고 있을 때 MACD선이 지속적인 상승 추세를 보이고 있다면 주가는 반등을 시작하거나 그동안의 하락을 멈추고 상승으로 전환될 수 있다는 것이다. 그러나 이러한 부분은 무조건적인 건 아니라는 것을 알아야 하며 시장에서는 다양한 케이스가 많다는 점을 명심해야 한다.

MACD 매매 타이밍 관련	
매수타이밍	매도타이밍
• MACD선이 SIGNAL선 돌파시 • 주가는 상승하거나 보합을 보일 때 MACD가 상승하는 경우(상승 다이버전스)	• SIGNAL선이 MACD선 돌파시 • 주가는 하락하거나 보합일 때 MACD가 하락하는 경우(하락 다이버전스)

(2) 실전예시

❖ 실전예시 – MACD

[게임빌(063080)] – 일봉

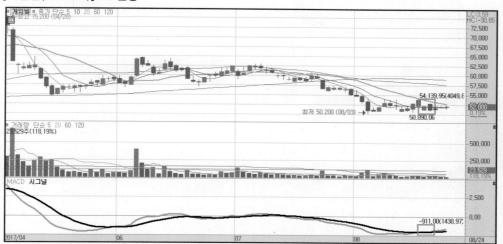

   낙폭이 컸던 게임주들이 2017년 8월 들어 많은 관심을 받았던 것은 바로 신작
게임의 출시라는 이슈이다. 동사도 역시 신작게임 런칭에 대한 기대감이 있으
므로 결국 바닥을 어느 시점에서 확인하느냐가 관건이었다. 거래량도 늘어나지
않고 있었다는 점에서 매집에 대한 가능성도 크지 않았지만 단기 이평선이 수
렴하면서 바닥을 다지는 부분이 그나마 위안거리였다. 그리고 MACD선이 시그
널선을 상향 돌파하는 지점이 나왔다.

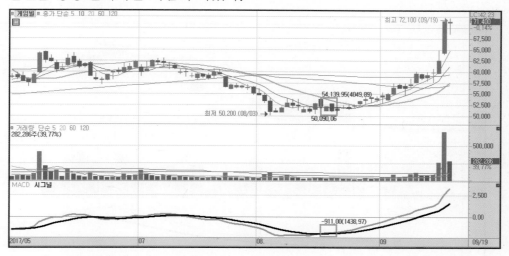

여기서의 보조지표는 매매타이밍을 찾는 것 보다 추세적인 대응을 위해 더 필요하다. 왜냐하면 이 경우 MACD선이 이탈하기 전까지 추세는 계속 상승하기 때문이다.

[하나머티리얼즈(166090)] - 일봉

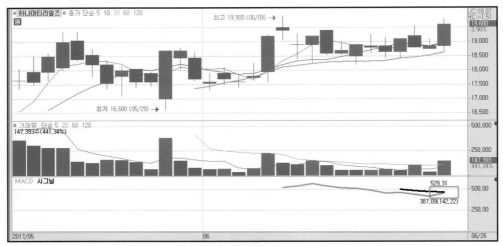

신규 상장한 업체일수록 살펴봐야 할 것이 바로 최대주주의 보호예수이다. 대부분 상장 후에는 3개월 이상 보호예수 물량이 묶여있는 경우가 많다. 아직 시장에서 주가흐름이 자리를 잡지 못한 경우와 인지도가 높은 업체가 아닌 경우 대주주 및 기관 투자자들의 보호예수 기간이 중요하다. 동사는 5월 상장 이후 6개월 정도 보호예수가 있기 때문에 11월까지는 관련 영향으로 인한 변동이 크지는 않다.

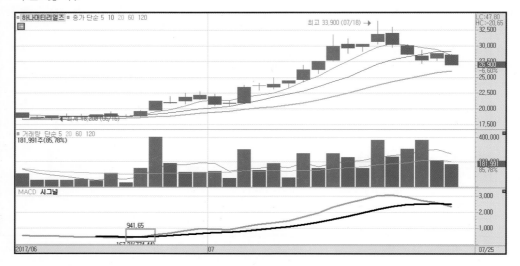

동사는 반도체를 생산하는데 있어서 필요한 소재와 가스 등을 공급하는 업체이다. 삼성전자와 SK하이닉스 등의 엄청난 실적이 연결되어 상승할 수 있었다. 중요한 것은 정배열에서 박스권 상단 부분에 근접하고 MACD가 시그널을 돌파했다는 것이다.

[예림당(036000)] – 일봉

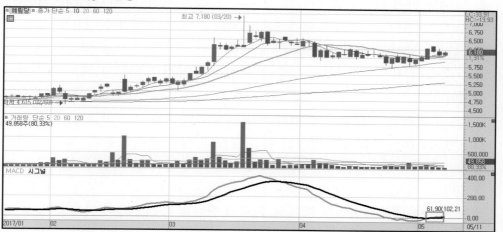

MACD 보조지표는 이동평균선과 연결되어 같이 움직인다고 봐야 할 것이다. 단기 5일선이 20일선을 돌파하는 단기 골든크로스가 만들어질 때 MACD선도 시그널선을 돌파하는 타이밍이 동일하게 발생될 가능성이 높다. 동사는 티웨이홀딩스라는 저가형 항공사를 보유한 지주사이기도 하고 WHY시리즈를 히트 시킨 출판사이기도 하다.

연초 대비 유가 하락이 지속되면서 티웨이홀딩스의 주가는 강하게 상승하였다. 그리고 지주사인 예림당의 주가도 함께 상승하면서 대세 상승의 흐름을 이어갔다.

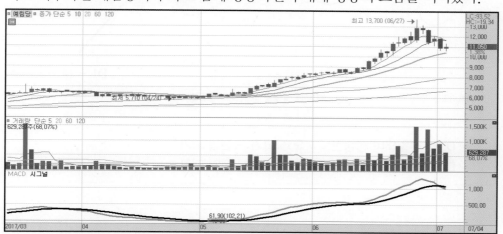

3. DMI(Directional Movement Index) - 방향 운동의 지표

(1) 의 의

　DMI는 선물매매에서 추세 방향성의 변화를 확인하기 위해서 만든 지표이다. 주식에서 한번 방향을 잡은 추세는 쉽게 방향을 바꾸지 않는다는 것이다. 이것을 잘 이용하면 단기적인 수익을 내는 것 보다 추세적인 매매를 해서 고수익을 낼 수 있는 것이다. 앞의 추세매매에서 확인을 했듯이 어떠한 이유로 상승을 했든 그것은 당시 최고의 이슈로 추세를 잡았기 때문에 정해진 방향으로 지속적으로 움직이는 경향이 있다. 상승할 때와 마찬가지로 하락할 때도 마찬가지의 이치이다.

　다른 추세적인 지표는 상승인지 하락인지의 방향을 확인하는데 초점이 맞춰졌다면, DMI는 추세적인 방향과 함께 추세의 강도도 확인할 수 있다는 점에서 장점이 있다. 하지만 추세상승이 이어져 단기 과열이 된 시점에서는 일단 비중을 줄일 필요도 있다. 왜냐하면 상승이 이어진 주가는 고점 부근에서 변동성이 크기 때문에 매도타이밍을 제대로 잡지 못한다면 수익권에서 바로 손실로 전환될 가능성이 높기 때문이다.

[DMI 매수타이밍]

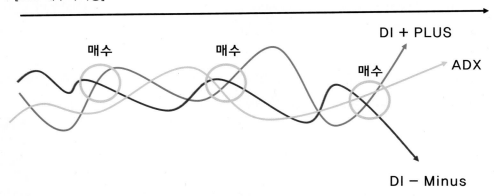

* DMI지표는 전일 대비 주가의 고가, 저가에 생성된 가격으로 생성한다.

> - DI + 전일대비 상승한날 : 오늘 고가 – 전일 고가
> - DI – 전일대비 하락한날 : 오늘 저가 – 전일 저가

매일 발생하는 주가의 가격을 기준으로 DI+와 DI-의 가격이 정해지면 두 가격을 비교해서 큰 값만을 선택해서 큰 값에 계속 더해주는 가격이라고 보면 된다.

DMI지표는 다른 보조지표와 함께 연결하여 사용하는 것이 역시 확률을 높이는 방법 중에 하나이다. DI+가 DI-를 상향 돌파할 경우 이평선이나 ADX선도 DI- 선을 같이 돌파하면 신뢰도가 높은 상승 추세로 발전할 가능성이 크다. 이 부분은 다양한 예시와 함께 뒤에서 설명해 놓았기 때문에 관련 차트를 같이 병행하여 보면 더 도움이 될 것이다.

DMI 매매 타이밍 관련	
매수타이밍	매도타이밍
• DI+ 선이 DI- 선 돌파 시 • DI 지표가 10~30 사이에서 횡보 중 (에너지 축적을 위한 바닥권가능)	• DI- 선이 DI+ 선 돌파시 • DI 지표가 70 이상 될 경우 단기 고점 가능(일부수익 실현 후 보유)

(2) 실전 예시

❖ 실전예시 - DMI

[파워로직스(047310)] - 일봉

DMI 지표는 선행적으로 움직이는 경우가 많이 있다. 위의 차트를 자세하게 보면 단기적인 이평선이 골든크로스를 만들기 전에 DMI지표가 먼저 크로스를 하였다. 차트 흐름상 약 3개월 횡보했기 때문에 강한 상승세가 이어진다면 앞선 고점인 5,700원선을 돌파할 가능성이 높다.

하지만 여기서 지켜봐야 하는 부분이 바로 120일선 장기이평선을 돌파하는지를 주목해야 한다. 아래 그림에서 연두색 박스 이후 장대양봉과 거래량을 발생시키면서 120선을 돌파하고 추세를 상승으로 전환시켰다.

[넵튠(217270)] - 일봉

''넵튠'은 스펙을 통해서 상장된 업체로 게임업체로 굵직한 넥슨이 지분투자를 해서 시장에서 이슈가 되었다. 하지만 코스닥에 상장되고 난 이후에 단기 7,120원까지 하락했지만 두 번의 거래량 급증을 만들며 매집이 어느 정도 마무리가 되었다. DMI 지표는 급등을 하는 경우 DI+가 급하게 상승하면서 DI- 지표를 크로스하면서 매수 타이밍을 만드는 경우가 많다. 첫 크로스는 실패하였지만 두 번째 크로스는 변동성이 있기는 하였지만 저점을 갱신하지 않은 상태로 움직이며 상승하였다.

DMI 차트의 흐름 설명을 뒷받침 해주는 부분이 바로 넵튠이 비상장사인 '블루홀'에 대한 지분투자를 한 것이다. 블루홀은 전세계를 대상으로 공전의 히트를 친 '배틀그라운드'라는 게임을 만든 게임개발사로서 이에 대한 지분평가 이익에 대한 기대감으로 주가가 상승한 것이다.

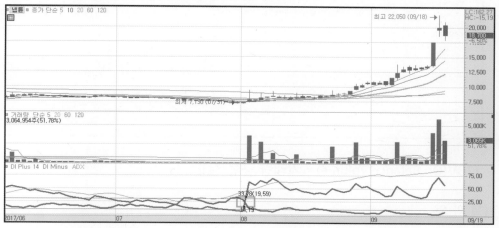

[모다이노칩(080420)] – 일봉

2분기 실적에 대한 긍정적인 뉴스가 나오고 나서 가격 제한 폭까지 주가가 급등하였다. 여기서 주목해야 할 부분은 바로 장대양봉이 나오면서 단기 이평선이 골든크로스로 전환되었으며 DMI지표도 크로스 되었다.

장대양봉이 나온 만큼 N자형 패턴의 흐름을 같이 한다고 봐야 한다. 30% 상한가 장대양봉이 나왔기 때문에 매수 타이밍은 장대양봉의 몸통 내에서 잡아야 한다. 만일 고점에서 매수를 해서 조정이 심하게 나오는 경우 -30%까지 하락을 할 수 있기 때문에 섣불리 매수하지 않고 DMI지표와 더불어 패턴을 이용하여 리스크를 최소화 할 수 있어야 한다.

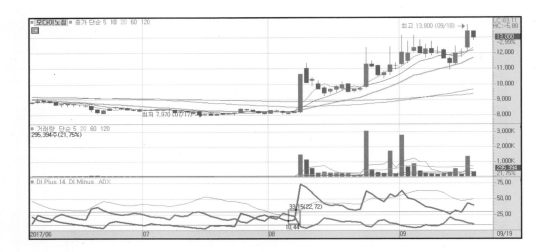

4. OBV(On Balance Volume) - 거래량 균형 지표

(1) 의 의

　주가에 선행되는 지표 중 가장 신뢰성이 있는 지표가 거래량이다. 다른 지표
들은 대부분 주가가 만들어지고 후행적으로 만들어지는 지표라면 거래량은 매
일매일 실시간으로 변화하기 때문에 중요하게 지켜봐야 하는 지표이다. OBV
는 그러한 거래량 분석을 하는 지표이다. OBV지표는 주가가 상승한 날의 거래
량 누계에서 주가가 하락한 날의 거래량 누계를 빼 산출하는 지표를 말한다.

　　＊ 주가 상승한 날 거래량은 어제의 OBV지표에 가산하고, 주가 하락한 날 거래량은 어제의 OBV지표에 차감한다.

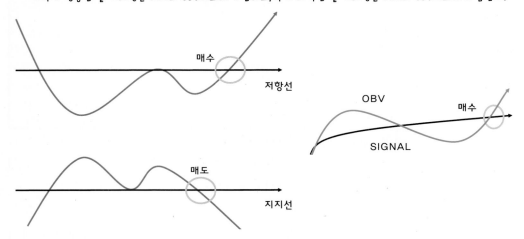

＊ 위의 왼쪽 두 그림은 OBV차트로 지지선과 저항선을 이용한 매수와 매도 타이밍이다.

＊ 오른쪽 그림은 OBV선과 SIGNAL선을 이용한 매수 타이밍을 표현한 것이다.

＊ SIGNAL선은 지수이동평균선이라고 말한다. OBV선이 SIGNAL선을 돌파하는 시점을 이용해서 매수 타이밍을 잡을 수 있다.
　 SIGNAL선은 대게 9일로 지정 되어있다.

OBV 매매 타이밍 관련	
매수타이밍	매도타이밍
• OBV선이 Signal선 돌파 시 • OBV선이 저점이 높아지면서 고점 돌파 시 • 주가는 하락하고 있으나 OBV가 횡보하는 경우 • 주가는 횡보하나 OBV는 상승하는 경우	• Signal선이 OBV선 돌파 시 • OBV선이 고점이 낮아지면서 지지 실패 시 • 주가는 상승하고 있으나 OBV는 직전 고점 아래에서 횡보하는 경우 • 주가는 횡보하나 OBV의 고점이 하락하는 경우

(2) 실전예시

[녹십자셀(031390)] - 일봉

　차트는 고점을 찍고 우하향으로 추세가 전환되었다. 거래량 역시 계속 조금씩 줄어드는 추이이므로 OBV 지표도 하락을 하였다. 주가는 120일선 장기 이평선의 지지를 받아 단기적인 충격이 완화되고 다시 반등을 시작한다. 그리고 거래량으로 반응하는 OBV차트는 이미 골든크로스를 만들며 매수 타이밍을 선행적으로 제시하고 있다.

　그리고 4일 동안 상승을 하면서 장기 이평선들을 차례로 골든크로스하며 상승 추세로 전환되는 흐름이다. 결국 이평선은 역배열에서 정배열로 진행이 되었고 OBV도 추세가 지속적으로 상승을 이어가다 마감하였다.

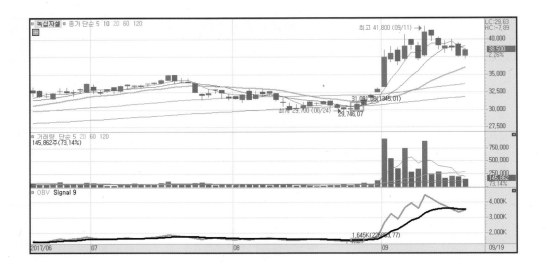

[이녹스(088390)] – 일봉

　차트 패턴은 상향 직각삼각형 패턴으로 고점은 16,500~17,000에서 지속적인 저항을 받으며 저점은 지속적으로 상승하고 있다. 역시 상승의 초입으로 상승이 계속될수록 거래량이 조금씩 늘어나기 시작하고 이평선도 정배열로 전환되고 있다. OBV 지표는 그림에서 알 수 있듯이 단기적으로 사용하는 것보다는 추세적인 흐름으로 본다면 큰 수익을 가져다 줄 수 있다.

[SK하이닉스(000660)] – 일봉

　동사는 일본의 도시바 반도체에 대한 우선 협상자 대상으로 선정되었고 2017년 거래소시장에서는 니프티 피프티 장세와 IT대형주들에 대한 매수세가 집중되고 있었다. 동사도 이들 IT대형주 중의 하나이다.

　OBV 차트는 고점에서 하락 추세였으나, 차트는 고점이 낮아지고 저점이 높아지는 대칭 삼각형 패턴의 모습을 그리고 있었다. 이후 주가는 대세 상승으로 지속적인 상승을 이어가고 있다. OBV는 단기적인 이탈을 하기도 했지만 크게 하회하지 않고 꾸준한 상승세를 이어갔다.

5. 보조지표에 의한 낙폭과대 매매타이밍

(1) 이격도

　　주가와 이동평균선 사이를 말한다. 일반적으로 이격이 크다는 것은 주가와 이동평균선 차이가 많이 벌어졌다고 볼 수 있다. 그러므로 조만간 아래든 위든 방향을 틀 가능성이 높다고 해석할 수 있다. 이격을 100%을 기준으로 110% 이상이 되면 과열이라고 볼 수 있어 주가는 고점에서 조정을 받을 가능성이 커지며, 100%을 기준으로 95% 미만이 되면 주식은 침체 되었다고 볼 수 있기 때문에 하락한 주가는 반등을 할 가능성이 높아진다. 하지만 이 지표도 보조지표로서 말 그대로 보조적으로 이용을 해야 한다. 주가의 추세나 패턴과 함께 연결해서 분석을 한다면 조금 더 객관적인 매수타이밍을 알 수 있다.

강 도	이격도율	매매포지션
과열	100기준 110~115%이상	주가 하락가능 매도
보통	100기준	방향 확인 중
침체	100기준 95~90% 미만	주가 상승가능 매수

주가의 추세흐름	대응 전략
상승 국면일 경우	• 25일 이동평균인 경우 – 110% 이상이면 매도 타이밍 / 95% 수준이거나 그 미만이면 매수 타이밍 • 75일 이동평균인 경우 – 110% 이상이면 매도 타이밍 / 95% 수준이거나 그 미만, 매수 타이밍
하락 국면일 경우	• 25일 이동평균인 경우 – 105% 이상이면 매도 타이밍 / 90% 수준이거나 그 미만, 매수타이밍 • 75일 이동평균인 경우 – 108% 이상이면 매도 타이밍 / 85% 수준이거나 그 미만, 매수타이밍

(2) 투자심리선

주식 투자를 하는데 있어서 여러 변수가 주가의 방향을 결정한다. 하지만 이런 변수에 상관없이 오직 주가의 상승과 하락만을 놓고 분석된 선이 투자심리선이다. 12일 중 상승 일수가 며칠인지를 보고 과열인지 침체 상태인지 분석을 하는 방법이다.

투자심리선 = 12일 동안 주가상승일수 / 12일 × 100

예를 들어 12일 동안 6일 동안 상승을 했다면 투자심리선은 50%라고 말할 수 있다. 역시 투자심리선 하나만 놓고 판단을 하기보다는 다른 보조지표 및 추세흐름과 같이 연결해서 분석을 해야 확률을 높일 수 있다. 투자심리선은 1~3개월의 매매에서 코스닥 대형주의 매수보다는 매도지표로 적당하다.

강 도	투자심리선	매매포지션
과열	75% 이상	주가 하락가능 매도
보통	상승 절반일 경우 50%	방향 확인 중
침체	25% 이하	주가 상승가능 매수

<주식기초 상식>

1. 모든 기술적인 지표는 완벽한 것인가

   기술적인 지표만 보고 매매를 하는 사람들의 특징은 기업의 기본적인 가치보다는 단기적인 차트의 흐름을 보고 매매를 하는 경향이 강하다. 주식시장에서 성공한 사람들은 주식시장에서 수많은 매매를 통해서 자기만의 법칙을 만들었을 것이다. 그리고 그들은 기술적인 지표 하나를 보고 매매하기 보다는 여러 개를 합하여 매매의 확률을 높인다. 하지만 너무 많은 기술적 지표를 보는 것은 매매 타이밍의 포착에 어려움을 준다. 시간이 걸리더라도 자신에게 맞는 지표를 찾기 위한 노력을 통해 자신의 매매 습관에 맞는 기술적인 지표를 찾아야 한다. 그냥 얻어지는 자기만의 노하우는 없다.

2. BDI 지수

   발틱운임지수라고 뜻하며 벌크선 지수라고도 한다. 곡물이나 철강 등에 사용되는 다양한 원자재를 옮기는 벌크선의 지수를 99년 말부터 영국의 발틱 해운 거래소에서 선박들의 운임을 평균해서 나타내고 있다.

주식만평

최근 업황의 흐름이 좋아지기는 했으나 여전히 불황을 겪는 업종이 자동차, 조선, 화학 업종이라고 할 수 있다. 화학, 조선업종은 그나마 글로벌 경기의 호전이 이어지면서 긍정적으로 전환되고 있지만 자동차 업종은 글로벌 업황의 불황과 대규모 구조조정 및 사드 피해의 여파로 고전을 면치 못하고 있다. 과연 언제까지 업황에 대한 부진이 이어질 것인지 고민이 커지고 있는 시점이다.

1. 갭투자 분석관련

(1) 갭(Gap)의 의의

일반적으로 갭의 의미는 평상시 주가의 흐름과 다른 변칙적인 신호이다. 기술적 분석의 대부분은 일봉 차트의 종가를 기준으로 일정한 방향과 규칙을 만든다. 하지만 갭의 출현은 앞으로 이전과 다른 방향이나 규칙이 나올 수 있다는 것을 말해 준다.

(2) 갭은 왜 만들어지는가

갭은 주식시장에서 돌발적인 호재나 악재가 나타난 때에 전일 종가의 위나 아래로 가격의 공백을 두고 형성된다. 대부분 갭이 만들어지면 그동안 정상적인 차트의 흐름이 갭을 만드는 순간 매수나 매도의 힘이 강화된다. 즉 상승 쪽으로 갭을 만드는 경우는 추세가 상승으로 만들어지는 경우가 많다. 하지만 상승 공백을 메우며 하락하는 경우 상승갭의 시가가 지지선 역할을 한다. 반면 하락 쪽으로 갭을 만드는 경우는 이후 주가가 하락하는 경우가 많고 이후 하락갭은 저항선으로 작용을 한다. 그러므로 갭 형성 이후 주가의 방향에 따라 앞으로의 추가적 분석이 진행될 수 있다.

[일반적인 갭]

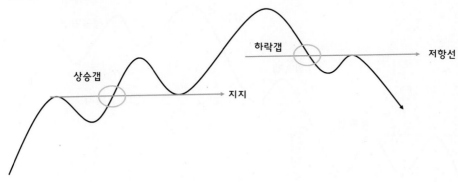

(3) 갭의 종류

갭의 종류는 다양하나 일반적으로 보통갭, 돌파갭, 지속갭, 소멸갭, 섬꼴반전형갭으로 나눌 수 있다.

갭의 종류	갭의 특성
보통갭	일반적인 갭을 보통갭이라고 하며 짧게 형성되며 대부분 갭이 메워지고 정상적인 방향을 보인다.
돌파갭	상승할 때 많이 나타되는 갭으로 이후 매수의 힘이 한꺼번에 집중되므로 이후 갭을 메우지 않고 그대로 상승하는 경향을 보이는 경우가 많다. 추세가 상승으로 전환되거나 박스권의 흐름에서 상승으로 돌파할 때 나타나는 경우가 많다. 이때 거래량이 필수적으로 수반되어야 한다. 대부분 고점을 갱신하지만, 하락 돌파갭의 경우는 하락으로 추세가 전환되거나 신저점을 갱신하는 경우가 많다.
지속갭	주가의 추세가 상승이나 하락으로 진행이 계속될 때 나타나는 경우가 많다. 상승추세의 경우에는 지속갭이 지지선 역할을 하면서 추세를 지속 시키지만 반대로 하락추세의 지속갭은 저항선으로 작용하면서 지속적으로 하락하는 경우가 많다.
소멸갭	상승 추세의 마지막 국면에서 나타나는 갭으로 고점 부근에서 많이 나타나며 이후 주가의 추이는 하락으로 전환하는 경우가 많으므로 하락에 대한 시그널이라고 볼 수 있다.
섬꼴반전갭	소멸갭에서 반등으로 나타나는 상승갭이 나온 뒤에 다시 하락으로 전환되는 반전형 갭이 나타나 육지와 떨어진 섬과 같은 모양을 만든다고 해서 섬꼴반전갭이라고 한다. 하지만 소멸갭에서 바로 하락으로 전환되는 갭이 나오는 경우도 있으므로 섬꼴반전형은 고점 부근에서 나오지 않기도 한다.

[갭분석]

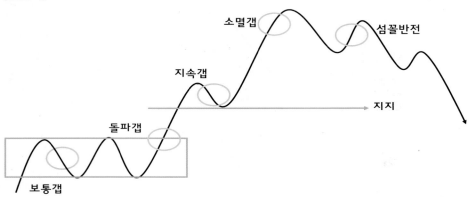

(4) 실전투자에서의 갭

일반적으로 갭이 등장하는 경우 이 갭이 어떻게 움직일지 예측하기란 쉽지 않다. 하지만 갭의 리스크를 관리하는 방법을 안다면 단기간에 많은 수익을 얻을 수 있다. 대게 갭이 나타나는 것은 매수나 매도를 하는 사람이 한꺼번에 몰리면서 나타나는 것이므로 갭 투자 매수를 할 때는 확실한 손절매 가격을 정하고 분할매매를 해야 한다.

상승갭의 경우에 장을 마친 후 주식시장 상황이 아닌 종목의 호재성 뉴스로 다음 날 장 시작하자마자 갭을 띄우는 경우가 있다. 혹은 돌파갭이 만들어지기 전에 차트를 양호하게 만든 후 다음 날 갭을 만들기도 한다. 하지만 시작하자마자 갑자기 상승한 주가 때문에 대부분의 투자자들은 비싸게 매수하기 꺼려한다. 이때 이러한 심리를 거슬러서 매수를 하는 투자자는 큰 수익을 얻을 수 있다. 하지만 돌파갭 이후 다시 주가의 하락으로 상승 공백을 메워 매수 후에 손실이 발생할 수 있으므로 이러한 위험을 회피하기 위해 분할매수를 해야 한다.

❖ 실전예시 – 돌파갭

[셀트리온제약(068760)] – 일봉

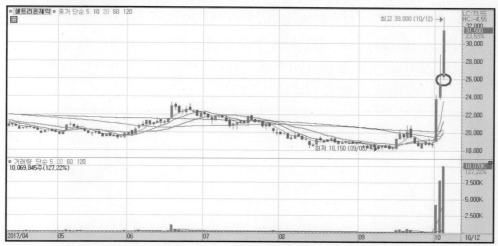

10월 12일 장초반부터 어제의 상승강도가 주가에 이어지며 시가가 +3.14% 상승하는 갭이 나타났다. 갭을 완전히 메우지 않는다는 조건으로 3% ~ 1%의 구간에서 나눠 매수 주문을 내놓는다. 30%만 시가에 매수한 뒤에 +2.16%로 1% 정도 밀리는 저가에 20%를 매수한다. 이후 갭을 메우지 않고 상승하여 시가를 넘어서는 경우 20%를 매수한다. 나머지 분량은 이후 추세에 따라 매매한다. 이는 오전장 1시간 내의 주가 상황을 통해 결정해야 한다.

이 후 갭을 메우지 않고 상승하는 경우에 갭의 시가를 손절가로 놓고 대응하면 된다. 이때 분봉을 통하여 장초반의 평균적 거래량이 상승하는 것을 반드시 확인하고 매매해야 한다. 이 부분을 확대해서 5분봉 차트로 보면 아래 그림과 같다.

돌파갭 이론은 갭을 메우지 않는 것에 초점을 맞춰야 한다. 돌파갭이 나타나 상승하면서 전일 위꼬리를 보였던 가격대인 27,500~28,800원에 매물이 많을 것이라고 생각하고 1차적인 목표가의 중간인 28,000원대로 대응하며 수익을 분할로 챙기는 것도 좋은 전략이다. 그리고 추가적인 목표가는 라운드피겨 가격인 30,000원으로 맞춰 대응하면 된다.

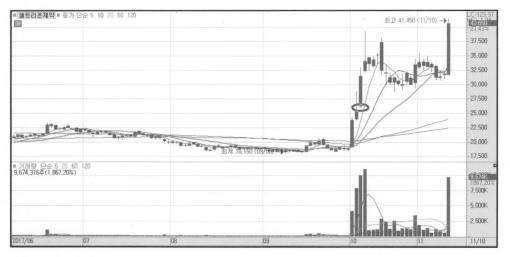

당시 고점이 33,000원을 찍고 하락을 했으므로 그냥 추세대로 놓아도 그 다음 갭 상승까지 수익을 얻을 수 있었다. 결국 현재 종가인 11월 10일까지 추세가 여전히 상승으로 이어지고 있고 아직 소멸갭이나 섬꼴반전갭은 나타나지 않으므로 계속 보유할 수도 있다. 위에서 설명한 것처럼 갭 상승 이후 추가적인 상승이 이어지지 않고 갭을 메우고 하락할 때 바로 매도를 해서 위험을 회피하면 된다. 하지만 이 정도의 경지는 매매 훈련이 많이 된 사람들이 할 수 있으므로 초보자는 소량의 매매를 통하여 기계적인 매수·매도를 클릭하는 단계까지 도달하도록 노력해야 한다.

일반적으로 갭이 출현하여 상승으로 추세를 형성하는 경우 그동안 억눌렸던 매도세를 한꺼번에 누를 수 있는 계기가 될 수 있으므로 10~20% 상승이 아닌 50%~100% 이상 상승으로 이어질 수 있다는 것을 염두에 두어야 한다. 더욱이 현재 시장의 이슈가 되는 주도주 종목이라면 추세 대응을 하여 수익을 극대화해야 한다.

❖ 실전예시 – 지속갭

[인디에프(014990)] – 일봉

동사는 개성공단에 공장을 가지고 있는 의류업체이다. 2018년 4월 27일 남북정상회담이 있기 전 2월초 돌파갭을 만들면서 추세를 형성하였다. 이후 1,400원대 안정적 지지를 하며 다시 지속갭을 통해 이 가격을 유지한 뒤 다시 추세를 잡고 상승을 하고 있다. 아래 그림에서 보듯이 이후 2차 돌파갭을 만들면서 1,100원대 처음 시작했던 가격에서 정확히 150% 이상 상승하였다는 것을 주목해야 한다.

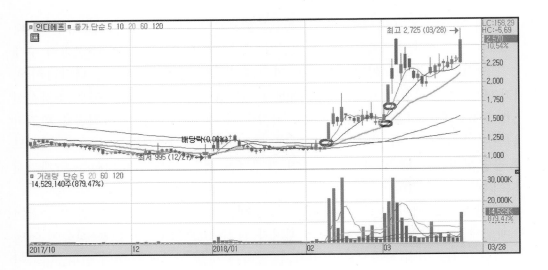

❖실전예시 – 소멸갭

[네이처셀(007390)] – 일봉

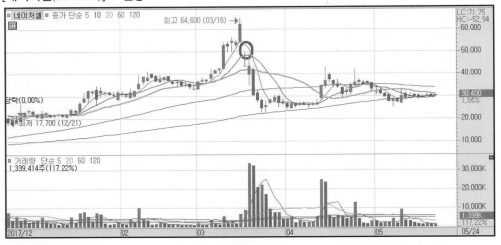

동사는 18년 초 바이오업종의 강세가 이어지면서 17,700원에서 60,000원 초
까지 상승하였다. 하지만 이후 고점 부근에서 소멸갭이 나오면서 바로 추세가
하락으로 전환되었다. 물론 동사의 가장 큰 이벤트인 관절염치료제 조인트스템
의 식약처 조건부 허가 불발에 대한 악재가 반영되면서 하한가 시세를 보인 이
후 반등다운 흐름을 한 차례도 보이지 못하였다.

이는 호재가 성사되지 못하는 경우 기대감으로 몰린 투자자들의 매수세로 인
한 비이성적인 상승이 실망스러운 소식에 차익 매도세가 소멸갭을 통하여 표출
되면서 하락으로 이어지는 것을 보여주는 것이다. 이 때 기업의 본질인 실적과

상관없이 고점에서 따라 들어간 개인투자자들은 큰 손해를 보게 된다.

❖실전예시 – 소멸갭, 섬꼴반전갭

[한국콜마(007390)] – 일봉

위 그림은 고점 부근에서 소멸갭의 장대음봉이 나왔지만 이후 그 갭을 메우는 매수세가 등장하였다. 그리고 다시 상승으로 전환되는 두 번째 동그라미의 돌파갭이 나타나며 추세 연장의 기대를 주었지만 섬꼴반전으로 전환되어 고점에서 30% 이상의 지속적인 하락을 보였다. 섬꼴반전형은 이렇듯 세력이 팔기 위해 상승의 기대를 준 후 하락으로 이어진다는 점에서 반드시 매도해야 할 타이밍이다.

2. 시장에서의 갭 분석

주식시장에서 갭이 만들어지는 경우는 종목의 갭을 만드는 확률보다 수익률이 현저히 떨어진다. 하지만 갭이 만들어지는 것은 아래든 위든 방향이 결정되는 경우 그 방향으로 더욱 움직일 수 있다는 것을 의미한다. 그리고 갭이 등장하는 경우 장 시작 이후 1시간 동안 지속적인 관찰이 필요하다. 왜냐하면 주식시장에서 갭의 형성은 종목 자체의 시세로 움직이는 경우도 있지만 전체 시장의 시세나 선물옵션이나 프로그램 같은 다양한 지수에 따라 갭이 형성되는 경우가 많기 때문이다. 시장갭의 경우는 대부분 다시 메워지는 경우가 많으므로 시장갭이 아닌 종목 자체의 갭에 주목을 하여 대응하는 것이 필요하다.

1. 갭이 만들어 지기 전의 주가의 추이를 분석하는 것이 중요하다.

   주식시장에서 이슈가 되는 종목이 갭을 만들어 상승한다면 대세 상승을 염두에 두어야 한다.

2. 돌파갭이 만들어지는 때 분할매매로 대응하되 확실한 리스크 관리(손절)가 필요하다.

   박스권 상향 돌파나 하향 돌파를 한다면 못해도 현재 가격에 50% 이상 변동이 가능하다

3. 10% 이상 갭을 아래든 위로 메울 경우에는 방향이 변경될 수 있으므로 리스크 관리를 반드시 해야 한다.

주 식 만 평

금리를 인상하면 건설업종의 경우 주가가 하락한다. 왜냐하면 PF(프로젝트파이낸싱)로 인한 이자의 부담 때문이다. 그러므로 해외 플랜트 사업이나 다양한 사업 포트폴리오가 없는 건설주 같은 경우에는 주가 부양이 힘들 가능성이 크다.

Part 3 실전에서 클릭하기

◈ 주가변동은 우연의 산물이 아닌 일단 방향이 정해지면 자석이 움직이는 방향에 따라 물체가 움직이듯 미리 정해진 방향으로 상승 또는 하락하는 성질이 강하다.   - 니콜라스 다비스 -

◈ 투기꾼은 처음에 발생한 사소한 규모의 손실을 받아들임으로써 상당한 규모의 손실을 입게 될 때를 대비한 보험에 스스로 가입해야만 한다.   -제시 리버모어-

◈ 모든 사람이 주식투자한다는 말이 입에 오르내릴 때가 주식에서 빠져 나와야 할 때다.

-앙드레 코스톨라니-

◈ 모든 기업에는 성장, 성숙, 쇠퇴의 3가지 국면이 있는 데 이 중 이익이 빠르게 증가하는 성장기에 있는 기업에 집중 투자한다.   -토마스 로 프라이스

◈ 모든 거래방법 중에서 장기투자가 최고의 결과를 낳는다.   -앙드레 코스톨라니-

◈ 돈을 잃는 트레이더는 자신을 변화시키지 못하기 때문이다. 자신을 변화시키는 일은 수익을 쌓아가는 트레이더들만이 할 수 있다.   -에드 세이코타 -

Part 2 부동산에서 돈 나온다

01 자신의 투자성향 파악하기

1. 투자자의 유형

　주식투자에서 무엇보다 중요한 것은 투자자들이 자기 자신의 성향을 파악하는 것이다. 투자자들의 환경은 제각각이지만 크게 유형을 나누면 전업투자자, 직장인, 자영업자이면서 부업으로 하는 경우 등으로 나눌 수 있다. 이 유형에 따라 투자의 목적과 기간 등이 달라질 수 있다는 것이다. 투자라는 건 사람의 심리와 밀접하게 관련되어 투자스타일이 달라지므로 이에 따라 투자전략을 수립하는 것이 좋을 것이다.

[개인 투자자들의 분류]

전업투자자	직장이나 회사(재테크)	자영업	우리사주(스톡옵션 등)
• 단기적 투자 • 단타, 스윙 • 빠른 손절매 가능 • 목표수익률 낮음	• 단기와 중기 병행 가능 • 단타보다는 스윙 • 손절매 어려움 • 물린 종목은 중기 종목 • 목표수익률은 높음	• 단기와 중기 병행 가능 * 돈 되는건 다됨 • 손절매 가능 • 자율적인 목표 수익률	• 회사에서 의무적 매수 • 단타보다는 중·장기 보유 • 보호예수 매도 어려움 • 목표수익률은 높음 * 기타 : 학생, 가정주부, 은퇴자 등

　주식은 무조건 높은 수익을 원하는 경우에 그에 따른 위험을 감수해야 하는 'High Risk, High Return'의 원칙이 작용하는 분야이다. 혹자는 단기투자를 하는 사람들이 위험선호형이라고 하지만, 사실은 단기투자자들은 장기투자가 가져오는 유동성이나 변화를 회피하기 위하여 단기적인 투자를 하는 위험회피형이라고도 할 수 있다. 하루 후의 주가와 1달 후의 주가 중에 어느 것이 더 예측하기 쉬울까? 당연히 하루 후의 주가가 예측하기 쉬운 것이다. 단기투자자들

은 많은 사람들이 생각하는 위험선호형 투자자가 아닌 것이다. 단기투자의 바람직함을 떠나서 단기투자자들은 단기투자의 위험에 노출되었다는 것이 문제가 아니라 그들이 부담하는 수수료과 세금 등의 거래비용이 더 큰 위험이다. 거래가 많아질수록 부담해야 하는 세금과 수수료의 부담이 커지기 때문이다.

장기투자자는 변동성이 크므로 오히려 더 위험한 위험선호형이라고 할 수 있으나 추세가 우상향으로 형성된 종목에 대하여 수익을 극대화할 수 있으며 수수료와 슬리피지비용을 최소화할 수 있다는 것이 장점이다. 그리고 주식투자기법에 대해 잘 모르더라도 산업의 흐름이나 시황을 잘 파악하면 안정된 수익을 가져올 수 있다는 점이 또한 장점이다. 매일매일 수입을 얻어야 하는 전업투자자의 경우에는 단기적인 투자를 하는 것이 유리하지만 이러한 부담이 없는 직장인이나 자영업자 등은 장기적인 투자를 하는 것이 보다 유리하다. 그러므로 주식투자를 하기 전에 자신의 상황이나 성향을 잘 파악해야 하는 것이다.

2. 손실을 방지하기 위한 분할매매전략

자신이 처해 있는 상황에 맞게 투자 기간이나 목표수익률을 어떻게 할지를 결정했다면 다음에 확인해야 할 것이 바로 리스크 관리이다. 리스크 관리가 중요한 이유는 손실이 커질수록 그 손실을 복구하기 위해서 배 이상 수익이 필요하기 때문이다. 그래서 손실이 커지는 경우에 이를 방지하기 위한 전략이 바로 분할매매 전략이라고 할 수 있다.

개인투자자들이 가장 어렵게 생각하는 것이 분할 매매이다. 한 번에 100% 매수해서 바로 주가가 상승하면 얼마나 좋을 것인가. 하지만 수익을 내는 대부분의 사람들은 100%를 한꺼번에 매수를 하기 보다는 3번이나 4번 등으로 분할해서 투자를 하는 경우가 훨씬 많다. 그 이유는 한 번에 매수한 사람들보다는 여러 번 나눠 투자한 사람들의 투자심리가 더 여유롭기 때문이다. 그리고 만약 100% 집중매수를 하는 경우에 주가가 하락하면 손실의 폭도 커지기 때문이다. 매도를 하는 경우에도 한 번에 100% 매도하는 것 보다는 여러 번을 나눠 매도하는 것이 좋다. 분할 매도하는 경우 수익이 줄어들 수도 있으나 매도 후에 상승하는 주가에서 수익을 취할 수 있으며 추후의 주가 흐름에 대응할 수 있기 때문이다.

3. 단기투자에 대한 전략 - 분봉차트 보고 매매하기

 일반적으로 가장 쉬운 방법이 기술적 분석에서 사용했던 이동평균선에 대한 수축과 팽창에 대한 전략이다. 일봉과 같이 분봉차트에서도 이동평균선의 분석이 동일하게 적용되기 때문이다. 특히 1분, 3분, 5분, 10분, 15분, 30분, 45분, 60분 봉차트가 있는데 단기적인 투자자들이 주로 사용하는 분봉은 3분봉과 5분봉이지만 필자가 봤을 때 확률이 가장 높았던 것은 5분봉 차트라는 점에서 5분봉 차트로 사례를 설명해 보도록 하겠다.

[와이제이엠게임즈(193250)] - 5분봉

 동사는 VR게임을 만든다는 기대감이 작년부터 이어졌다. 하지만 시장이 고점에서 조정이 나오면서 동사는 이렇다 할 추세를 만들지 못하고 전 저점을 계속 갱신하였다. 위의 그림의 경우 5분봉을 통해 바닥을 확인한 시점에서 매수 타이밍을 잡았다. 위 5분봉 차트에서 5선이 20선을 돌파하면서 이평선이 정배열로 전환되고 수축에서 팽창으로 진행되려는 타이밍에서 매수를 하였다. 하지만 이보다 먼저 상승 타이밍을 알려준 차트가 바로 다음 그림의 30분봉 차트이다. 차트를 보면 14일 이미 30분봉 차트에서 5선이 20선을 돌파하면서 이미 골든크로스를 만들었다. 15일 장중 잠시 이탈이 되기도 했지만 18일 장 초반부터 강세 흐름을 보이면서 고점을 만들면서 급등하였다.

[30분봉]

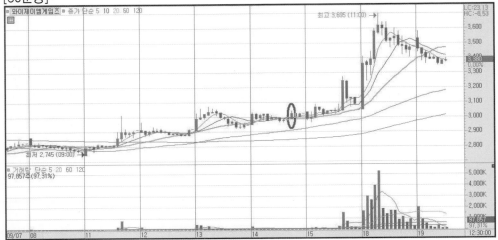

[일봉]

　이 부분을 다시 일봉으로 보면 위의 차트 흐름이 나온다. 14일 이미 일봉상 5
일선이 20일선을 돌파하는 시점이 나왔으나 15일 고점에서 차익실현의 매물이
나오면서 십자 양봉이 나온 흐름을 보였다. 그리고 다음 그림에서 18일 저점대
비 15% 이상의 수익으로 단기간 시세 분출로 인한 시세차익을 챙길 수 있는 구
간이 되었다.

[주봉]

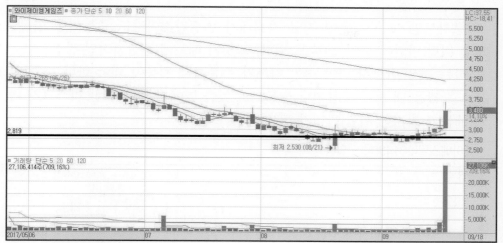

　위의 예에서 알 수 있듯이 이평선들이 모여 있는 곳을 노리는 것이 필요하다. 그 이유는 손절을 하더라도 짧게 하여 손실을 줄일 수 있고 이평선들이 모여 지지를 하고 있다는 점에서 대기 매수자들이 많은 것이 추가적인 저점을 갱신하지 않을 확률이 높기 때문이다.

　손절가는 14일 3,050원 밑에 있는 20일선 부근인 2,880원으로 두는 것이 맞다. 손절가가 −4% 남짓이기 때문에 −2% 이상 하락을 하면 비중을 줄이면서 리스크 관리를 하며 비중 조절을 하면 된다. 이러한 손절가가 오지 않는 한 어렵지 않게 수익을 낼 수 있었을 것이다. 그리고 목표가를 정하는 것도 바닥권에서 상승을 하기는 했지만 라운드피겨(소수점없이 떨어지는 가격)인 9월 18일 종가인 단기적인 저항선인 3,500원을 기준으로 매물이 나올 것이라고 미리 생각을 하고 그 가격이 오면 절반 정도 수익을 챙기면서 대응하면 좋을 것이다.

✠ 주식투자 핵심 Tip ✠ 분봉매매

분봉에서는 골든크로스가 너무 빈번하게 나오므로 일봉을 중심으로 관찰을 하면서 분봉을 통하여 매매타이밍을 찾는 것이 좋다. 일봉과 달리 분봉(특히 짧은 분봉인 경우)에서 추세의 전환이 빈번하게 나온다. 분봉의 경우에도 핵심은 추세 분석이므로 당일 거래를 하는 단기투자자는 5분봉, 1주일 정도 투자를 하는 사람은 30분봉, 2주일 정도를 투자하는 사람은 60분봉을 통하여 추세를 관찰하고 매매하는 것이 필요하다. 그리고 분봉에서는 갭 상승과 갭 하락이 큰 의미가 없으며 거래량은 순간 거래량보다는 연속된 거래량을 보고 그 크기를 판단해야 한다. 이외는 일봉, 주봉, 월봉을 보는 판단기준과 같다고 보면 된다.

4. 중장기 투자에 대한 예시

일봉차트만 보는 경우에 지금 가격대가 손절가격이라도 주봉이나 월봉으로 보면 버틸 만한 구간이 될 수도 있다. 그렇기 때문에 중장기적인 관점으로 투자를 하는 경우 반드시 봐야 하는 차트가 주봉이나 월봉이 돼야 한다. 하지만 일봉으로 봤을 때 보다 주봉이나 월봉으로 봤을 때에 손절에 대한 리스크가 더 크기 때문에 철저한 위험 관리가 필요하다.

[세아베스틸(001430)] – 일봉

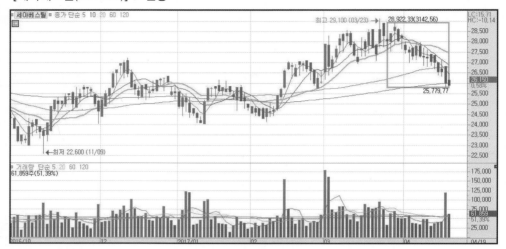

위의 차트를 보면 고점을 찍고 계속 내려오면서 추세를 하락으로 이탈시켰다. 이평선도 20일선과 중기선인 60일선을 이탈하고, 장기선인 120일선까지 이탈하려 하고 있다. 이미 고점 대비 −10% 이상 하락했기 때문에 주식비중이 30%라면 손실이 클 것이다. 그래서 −2~−3%의 손실에서 비중 30%에서 못해도 15~20%까지 주식포트의 비중을 줄이면서 대응해야 리스크를 관리할 수 있다.

[주봉]

일봉으로 보면 단기 추세가 이탈되면서 하락으로 전환될 것 같은 차트였으나 중장기적인 시각인 주봉에서는 20주선도 이탈을 하지 않은 상태이다. 그래서 일봉을 보면 하락추세이지만 중기추세인 주봉의 측면에서는 비중을 줄이고 재차 매수할 타이밍을 포착하는 것도 현명한 투자 자세인 것이다.

[삼성SDI(006400)] - 일봉

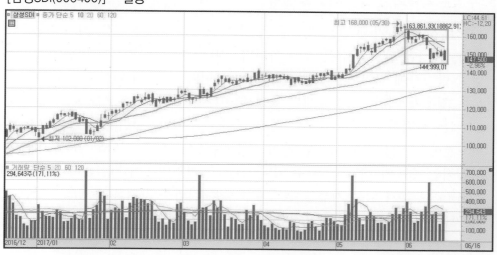

동사는 전기차 2차전지의 이슈 종목이다. 고점 부근에서 역시 단기적인 추세가 꺾이면서 하락으로 전환되는 듯 보였으나 아래 그림의 주봉을 보면 아직까지 완전히 하락으로 전환된 것은 아니다. 이후 주봉상 10주선에서 재차 반등을 하고 추세를 만들면서 상승을 하였다.

30% 비중으로 삼성SDI의 일봉을 보고 매수하여 수익 중이라면 5일선이 고점에서 꺾였을 때 못해도 절반 이상 보유비중을 줄여 위험관리를 해야 한다. 왜냐하면 일봉에서 단기 이평선이 꺾였다는 점은 추가 하락의 징조이기 때문이다. 아래 그림에서 매도 이후에 다시 주봉을 보고 매수하였다면 일부 수익은 확보한 이후에 더 큰 수익을 얻을 수 있었다.

[주봉]

5. 수익은 극대화 손실은 최소화 전략

주식투자에서 가장 좋은 전략은 수익은 극대화하고 손실은 최소화하는 전략이다. 하지만 말처럼 쉬운 것이 아니다. 왜냐하면 주식투자는 위험에 노출되어 있고 단기간에 급락이 나오기도 하기 때문이다. 급락에 머뭇거리다 손실을 키우는 경우가 개인투자자에게는 늘상 일어나는 일이다. 손실을 보고 단칼에 매도 버튼 클릭하는 것은 말처럼 쉽지 않기 때문이다. 이런 경우에 요즘에는 스마트폰에도 '자동감시주문'을 할 수 있는 증권사들이 늘어나고 있다. 이를 통해 기계적인 매수와 매도를 할 수 있다. 그리고 기업내용이 건실하고 경제적 해자 (Economic Moats)가 있는 기업을 선택하면 좋은 결과를 가져올 수 있다. 매년 적자로 이윤 창출을 하지 못하는 기업은 투자하지 말아야 한다.

〈주식 기초 상식〉

1. 개인투자자들이 주식에서 수익을 얻을 확률

매년 새롭게 주식시장에 진입하는 개인투자자들이 많이 있으나 이들이 수익을 내는 비율은 현저히 떨어진다. 수익을 내는 비율은 개인투자자 전체의 5~10% 정도이다. 그 이유는 개인투자자의 대부분이 장기적인 관점에서 투자하는 행태를 보이기보다는 단기적인 수익만을 추구하려 하기 때문이다. 수익이 조금만 나면 이를 잃을까봐 안달하여 매도해 버리고 조금만 주가가 하락하여도 참지 못하고 매도해 버리기 때문이다. 물론 손절매의 관점도 제대로 정립되지 않은 개인투자자가 대부분이다.

2. 분할매매를 왜 해야 하는 것인가

주식투자는 확률적인 접근을 해야 한다. 개인투자자는 투자 자본도 한정되어있고 투자 정보도 부족하다. 그렇기 때문에 수익 못지않게 리스크 관리를 중시해야 한다. 수익이 나는 경우에 추세가 이탈하지 않는 한 수익을 극대화해야 하지만 목표가격이 오지 않는 경우 분할 매도를 하여 수익을 지키고 손실은 최소화하는 것이 필요하다. 주식은 상승하기는 어려워도 하락하는 경우 단 번에 떨어지므로 수익을 지키는 방어적인 분할 매도를 하는 것이 유리한 것이다.

3. 경제적 해자(垓字)

경쟁사나 신규진입자가 쉽게 넘볼 수 없는 경쟁우위에 있는 부분을 말한다.
- 예 삼성전자의 반도체의 규모경제로 인한 가격/생산 경쟁우위, 더존비즈온의 회계 관리소프트웨어

4. 라운드피겨

정확히 떨어지는 기수를 뜻한다. 라운드피겨 가격은 지지와 저항선의 역할을 한다.
- 예 지금 주식가격이 10,100원이라면 10,500원과 11,000원이 라운드 피겨

5. 자동감시주문

보유한 종목에 대한 감시조건과 주문 설정을 통해서 자동으로 체결되도록 하는 주문을 말한다
- 예 주로 자동 손절라인을 잡을 때 많이 사용하는 방법

2017년말부터 2018년 거래소 시장이 주춤하는 사이에 코스닥의 화려한 종목별 장세가 이어지고 있다. IT반도체, OLED 장비쪽을 시점으로 게임, 컨텐츠, 2차 전지, 전기차, 화장품, 제약, 바이오 업종이 강세를 보이고 있다. 거래소에서 추가적인 상승이 나오기 위해서는 시가총액이 큰 IT대형주들의 기관/외국인의 재매수가 필요한 시점이다. 그 전까지는 코스닥 종목별 장세가 지속될 가능성이 높다. 이렇듯 장이 상승장이 아닌 경우에는 코스피200보다는 소형주 위주로 매매하는 것이 좋다.

02 자신만의 투자원칙과 투자타이밍 만들기

1. 손절의 중요성

 사람들이 장기를 잘 두려는 경우 어떻게 할 것인가? 한 번 두는 것보다는 두 번 두는 것이 아니 열 번 두는 것이 기계적으로 장기를 잘 둘 수 있다. 당연한 말이지만 주식매매에서도 마찬가지의 원리가 적용된다. 단기적인 매매를 잘 하는 것은 단기적으로 수익을 내는 것이다. 하지만 한 종목에 대한 손실이 두려워 손절을 못한다면 자금이 일시적으로 묶여 기회비용이 발생하기 시작한다. 이는 즉시 수익을 얻기 힘들다는 말과 같다. 그러므로 단기매매에서 수익을 올리기 위해서는 우선 자금이 일정 종목에 묶이지 않도록 손절을 잘해야 하는 것이다. 손절도 장기와 마찬가지로 많이 해본 사람이 기계적으로 손절을 잘하는 것이다.
 손절매는 한 번 하기가 어려우나 여러 번 반복하다보면 어렵지 않게 기계적으로 잘 할 수 있다. 손절매는 복싱선수의 맷집에 비유할 수 있다. 어려운 순간(최악의 순간)에 매(손실)를 견뎌낼 수 있다면 내가 원하는 때에 경기를 지배할 수(수익을 낼 수) 있는 것이다. 그리고 손절매를 통한 교체 매매로 수익을 내면 손절이 단기적 매매에서 중요한 수익발생의 요인임을 알게 된다. 다만, 손절을 처음부터 전체의 자금으로 매매하면서 연습을 하면 안 되고 익숙해질 때까지는 적은 돈을 가지고 자기만의 손절기법을 익힐 때까지 연습을 해야 한다. 물론 이때도 원금을 잃지 않도록 수익이 날 때까지 적은 돈으로 매매를 해야 한다.

2. 단기적인 매매를 위한 원칙

그렇다면 단기적으로 매매를 할 때와 중장기적으로 매매를 할 때의 원칙을 필자가 겪은 경험을 통하여 설명해보도록 하겠다.

(1) 확실한 시간대에서만 매매한다(9:00~10:30 혹은 14:30~15:30)

단기적으로 매수세가 집중되는 시간은 보통 장시작 후 1시간과 장마감 전 1시간이다. 이 시간을 제외하고는 매매를 해도 수급이 강하게 수반되지 못하는 경우가 많다. 그렇기 때문에 거의 대부분의 매매는 위의 오전 시간대에 이루어지는 것이 좋고 나머지 시간에는 매매를 최대한 자제할 필요가 있다. 굳이 매수를 하고 싶다면 두 번째 매수 타이밍인 장마감 1시간 전인 종가 매수가 다음날 상승할 확률이 높다고 할 수 있다.

(2) 어제 준비한 종목만 매수하고 뇌동매매는 자중한다.

단기적인 매매를 위해서는 전날 내일 오를만한 종목들을 선별해 놓았을 것이다. 하지만 그 다음날 시장의 분위기에 따라 어제 선별하지 않았던 종목들이 눈에 띄게 된다. 어제 매수를 준비했던 종목들은 어떻게 매매를 할 것인지에 대한 시나리오가 준비되어 있지만 지금 갑자기 보이는 종목은 물리적이나 심리적인 준비가 되어 있지 않다. 준비되어 있지 않은 종목을 매매하는 것은 수익을 떠나 바람직하지 않다. 단기적인 매매라도 철저한 준비와 전략을 통해 매매하는 것이 좋기 때문이다. 아쉽더라도 미련을 버리고 전날 준비한 종목을 중심으로 매매를 하는 것이 수익이나 심리측면에서 유리한 것이다.

(3) 손절을 하는 한이 있더라도 절대 물리지 말아야 한다.

단기적인 종목을 매수하는 것 자체가 빠른 판단력과 순발력을 필요로 한다. 매일 수익이 나면 좋지만 매매를 하다 보면 그렇지 못한 경우가 종종 있다. 이럴 때 가장 좋은 방법은 매매를 쉬는 것이다. 매매를 일찍 마감하고 바람을 쐬러 나간다던지 아니면 다시 투자할 종목을 열심히 검색하여 찾는 것이 낫다. 하지만 특정 종목에 물려있거나 현금이 없는 경우 이런 기회조차 주어지지 않는다. 그렇기 때문에 단기적인 매매에서는 손실이 발생하는 경우 일정한 기준에 따라 손실을 짧게 끊고 나오는 손절매가 반드시 필요하다. 매매할 기회는 언제든지 있는 것이므로 유리한 시기와 상황에 매매하는 것이 좋다.

(4) 저점을 갱신하면 무조건 비중을 줄이며 리스크를 관리한다.

단기적인 매매에 가장 중요한 것이 타이밍이다. 그 중에서 매수타이밍은 이평선들이 최대한 수렴구간에 위치해 있는 조건을 주로 이용하는 것이 필요하다. 왜냐하면 이평선과 봉차트 사이의 이격이 큰 경우에 하락하면서 손실을 키울 수 있고 상승하는데 시간이 걸리기 때문이다. 그러므로 이평선이 최대한 수렴하는 종목을 매수하는 것이 좋다.

그리고 단기적 매매에서는 변동성이 크다는 점에서 일주일 정도 지지를 받았던 저점을 갱신하는 경우 추가적인 하락을 방지하기 위해 과감하게 매도를 하거나 아니면 비중을 줄이면서 리스크 관리를 해야 한다.

(5) 시나리오를 생각하며 매매한다.

매수를 하기 전 다양한 시나리오를 생각하여 전략을 세워야 한다. 매수를 할 때는 분할매수를 생각하고 단기적인 1차 목표가 2차 목표가를 생각하고, 내가 원하는 가격까지 매수가격을 주지 않고 상승할 때 최종 얼마에 매수를 할지 정해야 한다. 그리고 손절하는 경우 1차적인 손절가와 2차적인 손절가는 얼마로 할 것인지를 시나리오로 정리하여야 한다. 그리고 저항가와 지지가를 생각하여 저항가까지의 목표가와 지지선까지의 목표가를 정해두고 수익을 낼 가격이 높지 않은 경우에는 매수를 다시 고려해야 한다.

3. 중장기 매매를 위한 원칙

(1) 이 종목이라는 확신은 가지되 무조건 보유하는 것은 현명한 투자가 아니다.

중장기적인 종목은 보통 확신을 가지고 장기투자를 해야 되는 것이 맞다. 하지만 손실이 커지고 있는 데 무조건 보유하는 것은 현명한 대응이 아니다. 그럼 어떻게 해야 하는 것인가? 처음 시작할 때부터 분할로 매수를 해야 한다. 예를 들어 매수 구간을 −7%까지 생각을 하고 매수를 하면 중장기적으로 리스크를 줄일 수 있다. 하지만 원하는 가격까지 떨어지지 않을 수도 있다. 이럴 때는 구간을 정하여 상승할 때와 하락할 때를 나누어 매집을 하는 것이 좋다. 예를 들면 2번은 하락비율을 나누어 매수를 하고 나머지 1번은 상승할 때 매수를 하는 식으로 말이다. 하지만 이런 방식으로 3번이나 4번 정도로 나눠 매수 했는데도 불구하고 원하는 흐름을 보여주지 않았다면 전략을 달리 해야 한다. 바로 손절 가격을 정해두는 것이다. 만약 −7%를 손절라인으로 정하고 그 가격으로 하락하면 비중을 줄이는 것이다. 무조건 손실을 감수하면서 보유하는 게 능사는 아니기 때문이다. 왜냐하면 분할로 매수하더라도 시장이 안 좋은 경우 마냥 기다리는 상황이 발생하여 기회비용이 커지기 때문이다. 그러니 확실한 마지노선을 정한 뒤에 나머지 투자금을 가지고 다른 투자방법을 모색하는 것이 현명한 것이다.

(2) 일봉과 함께 주봉과 월봉에 대한 차트를 함께 고려한다.

중장기적인 투자를 하는 경우에는 단기적인 시세를 줄 수 있는 일봉 차트의 흐름보다는 주봉이나 월봉 차트의 추세를 함께 보는 것이 확률을 높일 수 있는 방법이다.

❖ 일봉과 주봉의 시각차이

[신라젠(215600)] – 일봉

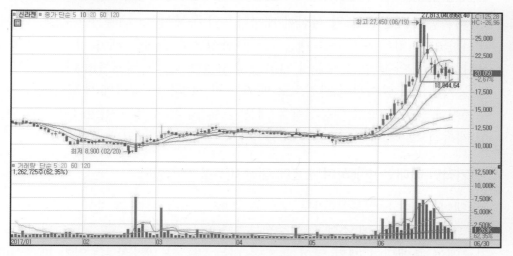

신라젠은 3상 임상 항암치료제 이슈로 시장에서 부각되면서 6월 중순경부터 강한 상승으로 이어졌다. 일봉상으로 보면 네모 박스를 그리기 전부터 상승이 무려 +36%였다. 물론 조정이 나오면서 장대양봉의 처음 시작했을 때 시작점까지 하락을 했으니 그만큼 상승했던 부분을 모두 반납하였다.

내가 고점에서 매수를 했다고 하면 계좌에 찍힌 손실은 계좌에 −30% 이상은 찍혀있을 가능성이 크다. 그럼 그냥 보유해야 하는 것인가? 위 그림의 상황은 시장이 지지부진한 상황에서 상승하는 종목 쪽으로만 관심이 모이면서 상승했다고 볼 수 있어 부담이 되는 게 사실이다 하지만 저 부분을 주봉으로 보면 다음과 같이 볼 수 있다.

[주봉]

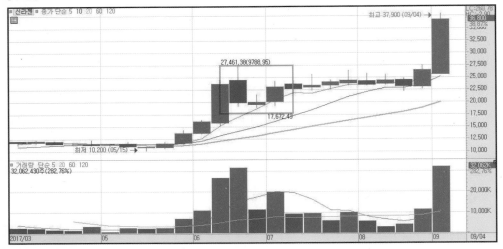

장대음봉이 나왔던 조정 시점이 네모박스의 음봉이고 그 후 주봉 상의 흐름을 표시하였다. 일봉으로 봤을 때는 하락변동성으로 손절을 해야 할 것처럼 보였으나 주봉은 아직 추세 흐름이 완전하게 꺾였다고 보기에는 이르다. 그래서 일봉을 기준으로 단기적인 관점으로 매매를 한 사람들은 급락에 매도를 했겠지만 주봉이나 월봉을 보고 대응전략을 세운 투자자들은 추세가 이어지고 있기 때문에 계속적으로 보유할 수 있는 상황이다.

4. 단기적인 매매와 병행하며 포트에 대한 비중을 생각한다.

금액이 적은 소액투자자라도 포트에 대한 구성을 통해 투자를 하는 것이 좋다. 왜냐하면 처음에 소액으로 주식투자를 하는 사람들도 투자를 하다보면 투자금액이 증액되어 계획 없이 투자를 하는 경우가 발생할 수 있기 때문이다. 즉 종목이 손실이 나는 경우 물타기를 통해 보유비중을 늘리고 싶은 욕구가 생기기 때문이다. 그러므로 만일 1억원의 투자금액이 있다면 중기종목 하나에 100%를 집중해서 매수하기 보다는 30%의 비중은 중장기를 투자하고 30%는 단기투자, 나머지 40%는 현금을 보유하는 전략을 수립하여야 한다.

투자금을 분배하여 투자하는 것은 초보 주식투자자에게 주식투자에 대한 노하우를 쌓게 하는 데 좋기도 하거니와 초보투자자는 수익보다는 손실을 볼 확률이 높기 때문이다. 그러므로 자금의 여유가 있더라도 주식투자금 중 일정 비율은 현금을 보유하는 습관을 만들어야 한다. 이렇듯 주식투자에서 인간의 욕구를 참는 훈련은 수익을 위하여 반드시 필요한 부분이다.

<주식 기초 상식> 투식투자에서 확률 100%는 없다.

주식투자를 하면서 손실을 볼 것이라고 생각하고 투자하는 사람은 없을 것이다. 하지만 투자에는 원금의 손실에 대한 위험이 항상 상존하고 있다. 변화무쌍한 경제상황에서 그 변동성을 모두 예측하고 투자하는 주식투자자는 없을 것이다. 다만, 갑작스러운 상황에 대응할 뿐이다. 그래서 주위에 확실한 정보라며 이 주식을 매수하면 정말 돈을 많이 벌수 있다고 말하는 사람이 있다면 그것은 사람들을 유인하기 위한 사기성 멘트이거나 이미 정보로서의 가치가 없어진 것일 확률이 99%이다. 만일 그런 정보를 믿고 투자를 하여 손실을 입는다면 과연 누구를 원망할 것인가? 주식시장에서 믿을 사람은 자기 자신뿐이다. 그나마 신뢰할만한 자료는 재무제표나 재무지표이다. 스스로를 믿고 꾸준하게 공부하여 스스로의 가치를 높이는 것이 주식시장에서 살아나갈 수 있는 유일한 방법이라는 사실을 명심하자.

03 레버리지 투자와 신용/미수

1. 레버리지 투자

주식투자를 많이 하다보면 이번 매매는 큰 기회가 될 것 같다는 생각이 드는 경우가 있다. 그래서 이 경우 자기가 보유한 자본보다 더 많은 자본을 이용해서 투자를 하는 경우가 발생하는 데 이를 레버리지 투자(지렛대의 원리의 투자)라고 한다. 고정적 지출(차입금이나 사채 등)이나 고정 비용(설비 등)과 같은 고정적 요소가 지렛대 작용을 하여 손익의 변동을 더 발생시킨다는 데서 나온 용어이다.

예를 들면, 1억을 보유한 사람이 10% 수익을 내면 수익금은 1천만원이 된다. 반면에 5천만원 있는 사람이 5천만원을 빌려 투자를 해서 10% 수익을 내는 경우에도 수익금은 1천만원이 된다. 첫 번째 경우는 자기자본 100%인 경우이고 두 번째 경우는 자기자본이 50%라는 점이 다르다. 여기서 두 번째 경우에는 차입금 5천만원이 지렛대 역할을 하여 자기자본이 적은 경우에도 1억을 보유한 사람과 같은 1천만원의 수익을 얻게 해준 것이다. 결국 5천만원으로 1천만원의 수익이 발생하였으므로 수익률 20%로서 원금 100%인 경우보다 수익률이 높은 것이다.

하지만 앞의 경우와 같은 상황으로 자기자본 5천만원으로 레버리지 투자를 이용해서 5천만원 차입하여 투자하였을 때 -10% 손실이 났다고 가정해보자. 그럼 자기자본 5천만원에 손실이 -1천만원이기 때문에 -20% 손실의 효과를 보게 되는 것이다.

레버리지 투자는 주식투자의 경험이 많은 투자자도 손실이 나는 경우 심리적으로 이를 감내하기가 힘들다. 주식투자의 경우에 100번을 잘해도 한번 실패하면 큰 손실이 나는 경우가 바로 레버리지 투자이다. 대게 시장이 상승장의 흐름이고 저금리인 경우에 이자비용이 크지 않으므로 주식 담보대출이나 일반대출 등의 레버리지 투자를 하는 경우가 종종 있다. 하지만 경기가 좋지 않거나 장이 좋지 않은 경우에는 손실의 액수가 눈덩이처럼 불어난다는 사실도 명심해야 한다.

우리나라에서는 현재 원활하게 투자를 잘하는 투자자가 아닌 지속적 손실을 보고 있는 투자자가 한 번에 원금을 회복하기 위한 수단으로 이용하는 경우가 많기 때문에 부정적인 면이 크다.

2. 신용 및 미수

레버리지 투자 형식으로 증권사에서도 합법적으로 사용하는 방법이 바로 신용과 미수라는 제도이다. 신용은 증권사와 약정을 맺어 관련 계좌를 만들어 증권사로부터 자금을 빌려 주식을 사는 것이므로 만기가 있으며 약정기간이 길다. 신용은 증권사에 본인이 가진 주식평가금액을 가지고 대출을 받는 것이다. 신용으로 거래를 하는 경우 신용이자, 수수료, 세금 등이 원금대비 추가되므로 이 이상의 수익을 내야 계좌가 플러스가 되는 것이다. 신용 이자율은 증권사마다 다르고 기한은 보통 90일이다.

미수는 주식을 매수해서 매도할 때까지 체결일과 결제일이 다르다는 원리에 착안한다. 오늘 주문을 해도 오늘 바로 매수금액이 출금되지 않으며 기업의 신용에 따른 증거금(30%, 40%, 50%, 60%, 100%)만 출금되고 나머지는 계좌에 남아 있어 이를 미수로 매수할 수 있다는 말이다. 본인이 매수하고 싶은 업체의 주식증거금이 50%라고 하고 1,000만원을 월요일에 매수한다면, 500만원만 계좌에 있으면 500만원은 미수로 매수를 할 수 있다는 것이다. 그리고 실제 결제는 현금 500만원이 되고 미수금 500만원은 남은 상태가 되어 +2영업일까지 500만원을 입금을 해야 한다. 만약 입금을 하지 않는다면 미수결제일(수요일) 다음 영업일인 목요일에 미수금을 해소하는 금액만큼 자동으로 반대매매가 들어가 매도되어 버린다.

신용과 미수는 레버리지 투자로 일단 확신을 가지고 투자를 해야 하는 부담이 있다. 단기간에 투자를 해서 수익을 내는 방법은 미수 투자가 조금 더 유리할 수 있고 몇 개월에 걸쳐 이자를 부담하면서 투자하는 방식은 신용 투자가 더 긍정적일 수 있다. 하지만 신용과 미수는 일반적인 투자방법은 아니고 위험성이 높은 투자이므로 되도록 신용과 미수는 사용하지 않는 것이 좋다. 그래도 신용이나 미수 투자를 해야 한다면 필히 숙고를 한 후에 사용을 해야 할 것이다. 신용과 미수는 한방을 노리는 투자심리가 밑바탕에 깔려 있으므로 결코 바람직한 투자자의 자세는 아니다. 그리고 신용이나 미수의 비율이 많은 종목은 외국인이나 기관투자자들이 쉽게 시세를 주지 않는다는 점도 유념해야 할 것이다.

증권사에서 제공하는 레버리지 투자	
신 용	미 수
• 신용계좌를 개설해야 할 수 있음 • 증권사에 신용으로 대출을 받는 부분임 • 신용이자는 90일까지 대출금리를 받음 • 증권사마다 기간과 금리가 다름	• 일반 주식투자 거래 계좌로 가능 • 기업의 증거금 비율의 차이로 매매함 • 부족한 부분을 결제일에 입금해야 반대매매 안됨

〈주식 기초 상식〉

1. 상 하한가는 30% 인가요?

현재 주식 종목의 시세가 하루에 움직일 수 있는 범위는 상 하한의 한도 30%이다. 2016년까지만 해도 상한과 하한이 15%였으나 박근혜 정부에서 주식시장의 활성화 정책의 일환으로 30%로 범위를 늘렸다. 30%로 상하한의 범위가 늘어나면서 상한가나 하한가 종목들이 나오기 힘들어졌다. 미국이나 홍콩 같은 경우는 가격 제한폭 자체가 없기 때문에 하루의 변동폭이 무제한이다.

2. 제1, 2, 3금융권

제1금융권이 시중에 많이 볼 수 있는 일반은행이라고 한다면 제2금융권은 증권회사, 상호저축은행 등을 총칭한다. 제3금융권은 대출을 전문으로 하는 대부업체나 사채업자가 이에 해당한다.

3. 재난에 영향을 받는 업종

계절적인 문제로 인해 홍수나 침수가 되면 해당 피해를 입은 업종은 주가가 하락할 수 있다. 또한 보상을 해줘야 되기 때문에 보험주들도 약세 흐름을 보일 가능성이 크다.

Chapter 2

01 종목 선정하기 02 시장 주도주 파악하기
03 일상생활에서 투자의 영감찾기 04 테마주 전략과 IR 투자

종목 선정과 전략

01 종목 선정하기

1. 종목 선정에서 시간적 가치의 중요성

우리는 시장에 가서 물건을 사는 경우에도 좋은 물건을 고르기 위해 같은 가격의 상품이라도 더 좋은 것을 찾는다. 주식시장에서도 마찬가지의 원리가 작동한다. 그러므로 주식시장에서 같은 가격이면 시장에서 가치평가를 제대로 받지 못하는 종목을 매수하는 것이 좋다. 그 이유는 주식시장에서 저평가된 종목은 언젠가는 적정 가격에 수렴한다는 이론 때문이다. 하지만 기회비용의 측면을 생각하면 시간적으로 손해를 보지 않는 투자가 요망된다. 그러므로 단기적인 관점으로 주식을 매수했을 때 저평가된 주식을 매수하는 것은 전략에 부합되지 않는 것이다. 그러므로 투자의 시간적 가치에 따라 종목을 선정하는 방법을 다루는 것은 가치있는 것이다. 이번파트에서는 종목 선정 방법에 대해 확인해 보도록 하자

기간별 중요도	수 급	차 트	실 적
단 기	수급은 두 번째로 중요	차트의 움직임이 가장 중요	실적보다는 차트나 수급이 중요
중 기	수급보다는 실적이 중요	수급보다는 중요	실적이 가장 중요

2. 수급의 주체와 예시

단기적인 매매를 하는 경우에 차트 다음으로 중요한 것이 수급이다. 매수의 주체세력이 있어야 주식가격이 올라가기 때문이다. 단기적인 투자를 하는 사람들은 수급이 현재 많이 들어올 수 있는 조건을 가지는 있는 종목을 매수해야 한다. 수급이 단기적으로 많이 들어오기 위한 조건 중에 중요한 것이 역시 차트의 모양이므로 본인이나 남들이나 상승할만한 주식을 매수하려고 한다. 반면 중장기적인 투자를 하는 사람들의 경우에는 수급이나 차트보다는 실적이 좋거나 앞으

로 좋아질 것으로 생각되는 종목을 선정하려고 한다. 현재는 저평가되었지만 언젠가는 제 가격을 찾아 움직일 것이라고 생각하고 투자를 한다. 그리고 세력들의 경우 이러한 종목을 가격을 올려 매수하기보다는 싸게 매집하려고 한다. 이러한 매집 단계에서는 일반적으로 거래량은 많지 않고 시간에 기대어 기다리는 투자를 한다. 그러므로 저평가된 종목에 대한 수급의 주체는 그다지 문제가 되지 않는다.

하지만 시가총액이 큰 종목의 경우에는 개인들이 시세를 움직이는 것은 힘들기 때문에 외국인이나 기관이 시세를 움직인다. 특히 시가총액이 상위권에 있는 종목의 경우에는 기관보다도 자금력이 있는 외국인의 수급이 매우 중요하다. 이에 비해 시가총액이 적은 기업들은 단기적으로 매수하려는 개인의 수급이 한꺼번에 몰리면서 급등하는 경우가 있기 때문에 투자주체별 매매동향을 보면 개인 또는 외국인들이 수급 주체로 등장한다. 기관의 경우는 시가총액이 1,000억원 이상의 종목을 주로 매수하려 한다. 하지만 코스닥의 많은 종목의 경우에 외국인보다는 기관들이 시세를 움직이는 경우가 많으므로 그들의 수급을 잘 살펴야 한다.

(1) 수급의 예시 – 시가총액(시총) 1,000억 미만 종목

아래 종목은 '수산아이엔티'라는 보안 솔루션 업체의 종목별투자자 매매동향을 표로 나타낸 것이다. 시가총액 600억 내외로 소형 종목에 속한다. 일반적으로 투신권이나 외국인들이 적극적으로 들어오기 위해서는 시가총액이 1,000억 이상이 되어야 한다. 그래야 자산운용사나 자문사에서 가치펀드나 소형펀드를 구성하고 있는 수익형 펀드에서도 관심을 가지고 비중을 귀속시키려 한다. 이 종목의 경우 연기금이 지속적으로 매수를 하고 있는 건 특이한 점이지만 대부분 소형주의 수급동향은 개인이나 외국인 투자자들에 국한된다.

일자	현재가	전일비	거래량	개인	외국인	기관계	금융투자	보험	투신	기타금융	은행	연기금등	사모펀드	국가	기타법인	내외국인
누적순매수				-151	-45	+194	-267					+457	-20	+23	+2	
17/09/29	8,940 ▲	130	10,343	-22	-2	+25	-9					+34			-1	
17/09/28	8,810 ▲	50	10,766	-7	-8	+15	-17						+36	-4		
17/09/27	8,760 ▲	310	10,515	-39	+2	+37	-6					+43				
17/09/26	8,450 ▲	60	15,950	+4	+17	-20	-17									
17/09/25	8,390 ▼	380	24,757	+16	+3	-19	-19						-3			
17/09/22	8,770 ▼	260	28,050	+43	-27	-18	-18								+1	
17/09/21	9,030 ▼	50	16,253	+16	-17											
17/09/20	9,080 ▼	200	14,153	+25	-7	-18	-18									
17/09/19	9,280 ▲	40	10,935	-36	-9	+45						+45				
17/09/18	9,240 ▲	80	19,715	-67	+20	+47	-18					+65				
17/09/15	9,160 ▼	40	27,688	+15	+3	-18	-18									
17/09/14	9,200 ▲	100	24,035	+12	-3	-10	-10									
17/09/13	9,300 ▼	90	12,357	+30	-11	-19	-19									
17/09/12	9,390 ▲	90	15,678	-52	+6	+47	-9					+56				
17/09/11	9,300 ▼	90	14,436	+39	-20	-19	-19									

아래 그림의 회사는 'CNH'라는 여신전문금융업을 영위하는 지주회사로서 시가총액이 500억 내외의 업체이다. 대부분의 소형주들은 개인과 외국인이 매수 주체가 되는 것이 대부분이다. 그래서 일단 1,000억 미만의 소규모 업체들은 대중적이지 않아 유동성의 문제가 발생하는 종목들이 있을 수 있다는 점을 인지해야 한다.

(2) 수급의 예시 – 시가총액(시총) 1조 이상 종목

'셀트리온헬스케어'라는 종목은 '셀트리온'의 바이오 시밀러 및 기타 의약품에 대한 독점판매권을 가지고 이에 대한 마케팅을 전문적으로 담당하는 업체로서 시가총액이 13조(2018년 6월 기준) 정도에 이른다. 셀트리온에 대한 거래소 이전상장이 임시주총에서 통과되면서 셀트리온 헬스케어는 코스닥의 시가총액 상위 종목 중의 하나가 되었다. 여기서 종목별투자자의 매매동향을 보면 외국인뿐만 아니라 기관계의 수급들이 다양하게 있음을 알 수 있다. 아래의 수급을 보면 다양한 투자자들이 관심을 가지고 있는 대중주임을 알 수 있다.

3. 차트와 그 예시

(1) 차트와 수급

차트가 상승추세이거나 상승이 예상되는 모양을 가지고 있는 경우에 모두에게 좋아 보이는 것이 당연한 것이다. 그러므로 단기적인 관점에서 상승할 만한 차트에 단기적인 수급들이 모여 대량의 매수로 이어진다면 시장에서는 수급이 수급을 부르게 된다. 이럴 때는 적정 가격이라고 여겨졌던 가격 이상으로 상승할 수 있기 때문에 기술적으로 대응하는 것이 유리하다.

반면에 차트가 하락추세로 망가져 있는 중장기 종목들 같은 경우에 상승하기에는 상당한 시간이 걸릴 것이다. 하지만 저점과 고점이 높아지는 박스권이나 일관적인 패턴을 보여주고 있는 종목이라면 긍정적일 수 있다는 점에서 중장기 투자를 하는 경우에도 차트를 간과해서는 안 될 것이다.

(2) 차트의 예시(수급이 수급을 부르는 차트)

아래 차트는 면역 항암제 펙사벡의 치료제를 만드는 '신라젠'의 주가이다. 첫 번째 네모 박스의 경우에 신약이 조만간 판매될 것이라는 기대감으로 10,000원 주가가 25,000원 이상 상승하였다. 그리고 2번째 네모 박스에서는 제약·바이오 업종의 상승에 대한 기대감으로 동반 상승한 부분이다. 이 종목의 경우 실적보다는 기대감이 반영되면서 수급이 수급을 불러 주가를 부양한 결과로 만들어진 상승이다.

[신라젠(215600)] – 일봉

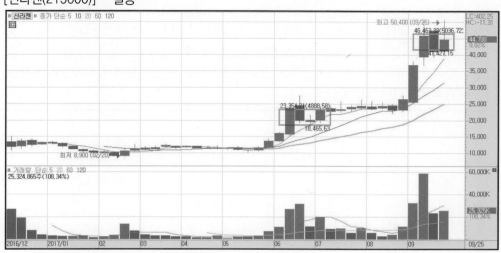

4. 실 적

　투자를 하는데 있어서 등한시 하는 부분이 바로 실적이다. 그 이유는 단기투자를 하는 경우에는 그 종목의 실적과 상관없이 수익을 낼 수 있기 때문이다. 하지만 주식투자는 100번 잘하다가도 1번 잘못해서 실패할 수 있다. 차트만 보고 오늘 매수한 종목이 다음날이나 투자한 날 바로 거래정지 후 상장폐지를 당하는 일을 겪는 사람을 주변에서 드물지 않게 볼 수 있다. 그러므로 단기투자를 하는 데 있어서도 그 기업의 투자성과나 재무건전성을 확인해야 하는 것이다.

　그리고 중장기적으로 매수를 하는 경우에는 업황의 호전에 대한 기대감과 설비투자로 인한 신규매출 그리고 적자에서 흑자로 전환, 신제품 판매같은 희망으로 투자를 할 것이다. 결국 그러한 점은 실적상승의 기대감에 대한 표현인 것이다. 그러므로 중장기적인 투자에 있어서 가장 중요한 것이 실적이다.

〈주식 기초 상식〉

1. 감사보고서가 제출되는 시즌에는 실적주 매매

　12월 결산 법인인 경우 3월말까지 감사보고서를 제출하여야 한다. 감사보고서를 제출하고도 일정한 요건을 충족하지 못하는 경우 상장폐지를 당할 수 있다. 그래서 단기매매를 하는 경우에도 최소한 3월말부터 4월말까지는 실적이 뒷받침 되지 못하는 종목에 대한 매매를 하지 말아야 할 필요가 있다.

2. 패시브 펀드 VS 액티브 펀드

　패시브펀드는 KOSPI200이나, 대형주를 가지고 지수가 상승할 때 얻을 수 있는 만큼만 수익을 내는 펀드로 인덱스펀드라고 볼 수 있다. 반면 액티브펀드는 시장 초과수익을 얻기 위하여 주가가 오를만한 종목에 적극적인 투자를 하는 펀드로 높은 수익률을 추구하기 위해서 공격적으로 투자를 하는 경향이 있어서 수익률은 높지만 리스크가 크다는 단점이 있다.

주식시장도 수능처럼 싫든 좋든 반드시 거치는 일정이 있다. 즉 국내외 주식시장의 일정이나 수능 일정은 특별한 사정이 없는한 매년 일정 시기에 실시된다. 내가 보유한 종목에 연결될 수 있는 일정을 점검하고 그 결과를 파악하는 것이 깨어있는 주식투자를 할 수 있는 조건이다.

02 시장 주도주 파악하기

1. 주도주를 파악해야 하는 이유

주식시장은 매일 변화하면서 업종이나 종목에 대한 관심도도 변화된다. 오늘 제약주가 올랐다면 내일은 IT관련주들이 오르고 다음날은 게임주가 오르는 순환매 구조가 시장에서는 반복된다. 시장 주도주를 파악해야 하는 것은 주도주가 상승하는 경우 동일 업종의 종목들에 저점 매수세가 유입이 된다는 논리 때문이다. 그래서 주도주를 파악하는 경우 단기적으로 시장만 견고하게 유지된다면 주도주와 관련된 종목을 매수하는 경우 수익을 낼 수 있는 확률이 높아진다.

2. 주도주 파악 전 시장 흐름 확인하기

강세 업종을 파악하기 전 가장 먼저 봐야 할 부분이 바로 시장(코스피나 코스닥)의 흐름을 파악해야 한다. 시장이 강세 시장이거나 박스권 시장의 흐름이라면 당일 강세 업종을 파악하여 단기적인 수익을 내기가 쉽다. 하지만 시장이 약세 시장이거나 하락하는 추세에 있다면 이런 주도주라고 해도 매수하여 수익을 내기가 쉽지 않다. 그러므로 일단 시장의 흐름이 좋은 경우에 주도주를 파악하고 종목을 매수하는 습관을 들이도록 해야 한다.

❖ 시장 흐름 확인하기 위한 예시

장 시작 이후 10분만 지나면 오늘 어떤 종목들이 많이 상승하고 있는지를 파악할 수 있다. 아래 페이지를 클릭한 후 카테고리(거래소/코스닥 : 시가대비 상승률 상위)에서 확인 가능하다.

[키움증권(0130)]

확인을 하고 상승 탄력이 좋은 종목을 선택한 후 그 종목에 대해서 잘 모르는 경우 그 종목을 클릭하여 현재가의 기업분석에서 어떤 회사인지를 찾아보면 속해있는 업종을 확인할 수 있다. 그런 후에 관련주 중에서 좋은 흐름을 보이고 있는 차트를 찾아 종목을 선정하는 것이다. 예를 들어 만약 오늘 '아모레퍼시픽'이 상승률 상위 종목으로 뜨는 경우 관련 업종의 종목 중에 한국콜마, 코스맥스, LG생활건강 같은 종목에서 차트가 양호한 것을 단기 매수하는 것이다.

3. 주도주 순환매 패턴 확인

(1) 순환매 패턴의 파악

위의 시장 흐름을 통해 본격적으로 주도주를 찾아서 단기매매가 가능하다는 것을 설명하였다. 그렇다면 최근 업종별 흐름이 어떻게 움직였는지를 파악하는 것은 어떻게 하는 것인가. 순환매로 한 업종이 지속적으로 상승을 하지는 않고 A업종, 다음은 B업종, 그리고 다시 A업종… 이런 식의 패턴으로 일주일 정도 순환매가 이어진다는 것을 파악하고 투자를 하는 것이 수익률을 높일 수 있다. 그리고 순환매와 관련하여 미국과 같은 글로벌 시장과의 연계성을 살펴서 투자하는 것도 좋다. 즉 미국시장에서 오른 종목들의 업황과 같은 우리나라 시장의 업황을 연계시켜 투자한다면 보다 효율적인 투자를 할 수 있을 것이다.

(2) 주도주 순환매 패턴 확인 예시

2017년 시장의 흐름을 예시로 살펴보면 거래소는 IT대형주인 SK하이닉스와 삼성전자가 이끌고, 코스닥에서는 중소형 IT관련주들의 선별적인 상승으로 이어갔다. 이어서 신라젠과 셀트리온 같은 제약/바이오주들의 상승과 에코프로와 일진머트리얼즈 같은 전기차/2차전지 업종들의 상승 그리고 게임주와 화장품주 같은 낙폭과대 종목들의 순환매가 이어지고 있었다. 그래서 기본적인 강세 업종은 IT대형주, 제약/바이오, 전기차/2차전지 업종을 구성하고 뒤를 이어 게임주, 화장품주들을 순환매 업종으로 구성하면 시장의 흐름에서 소외되지 않고 수익률을 높일 수 있었다.

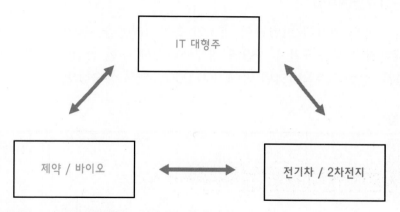

4. 매일 매일 주도주를 찾아서 수익내기

주식시장이 시작하고 10분 후에 현재 시장에서 강한 업종과 약세 업종을 파악해야 한다. 그 중에서도 전날 특별한 호재성 뉴스가 없는 가운데서 상승하는 강세 업종이 장 막판까지 상승할 가능성이 높다. 그리고 강한 업종의 확인이 완료되면 가장 많이 오르는 종목을 검색한다. 시장이 뒷받침해 준다면 장막판으로 갈수록 강세 관련주 중에서 오르지 못한 종목들이 상승할 것이다.

대게 주식시장이 시작될 때 주도주는 갭상승으로 시작하는 경우가 많으므로 일반인들은 이를 따라잡지 못하는 경우가 많다. 주도주를 매수하는 것이 가장 좋으나 주도주를 잡지 못하였다면 이와 밀접하게 연관이 있는 주변종목을 찾아 매수하는 좋다. 주도주는 한 번 상승하는 경우 일시적인 현상으로 끝나지 않고 상승의 추세를 형성하며 중기적인 상승을 지속한다.

[주도주 찾고 수익내는 순서]

주도주 찾기 → 주변주 확인 → 차트확인(매수) → 시장변동성 확인

(1) 주도주 예시 07년(차화정) vs 17년(IT대형주)

주도주는 단기적으로 매일 확인하여 파악할 수 있다. 하지만 중장기적으로 시장의 주도주가 되기도 한다. 2007~2011년까지 거래소시장에서 투자자문사들이 랩 상품을 이용해서 차화정(자동차, 화학, 정유)이라는 업종을 주도주로 만들어 시장을 이끌었다. 이런 주도주들은 시장을 강세장으로 만드는 데 반드시 필요하다. 반면에 그 당시 거래소시장과 달리 코스닥 시장은 차화정 업종에 속하는 종목이 별로 없어 시장 자체가 지지부진하였다.

(2) 주도주 예시 - 07년(차화정)

다음 제시하는 종목은 태양광 집열판의 재료인 폴리실리콘을 공급하는 OCI라는 업체이다. 차화정이 상승하면서 관련된 대체에너지에 대한 관심이 커지면서 07년초 50,000원 이었던 주식이 4년 만에 650,000원까지 상승하였다.

[OCI(010060)] - 월봉

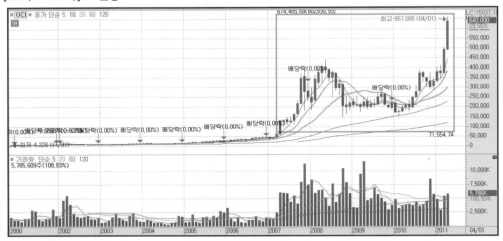

두 번째 종목으로는 2차 전지와 기초소재 제품을 판매하면서 시장에 이슈가 된 LG화학이다. 동사 역시 주도주로 편입되면서 07년 50,000원이었던 종목이 4년 만에 550,000원을 기록하며 엄청난 상승률을 기록하였다. 상승 이후에 박스권을 형성하다가 2017년 들어 2차전지에 대한 이슈가 이어지면서 다시 상승 추세를 타고 있다.

[LG화학(051910)] – 월봉

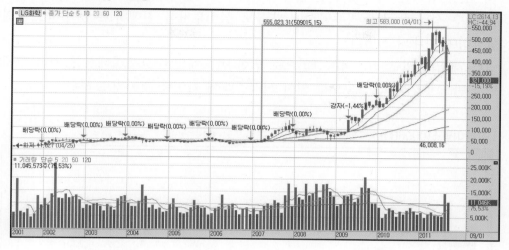

(3) 주도주 예시 – 16년(IT대형주)

[삼성전자(005930)] – 월봉

    2016년부터 거래소 시장을 이끈 주도주는 바로 IT대형주인 삼성전자이다. 스마트폰과 함께 VR(가상현실), AR(증강현실), 사물인터넷, 자율주행차, AI(인공지능)에 필요한 반도체 수요가 급증하면서 제2의 전성기를 기록하고 있는 중이다. 17년에도 상승하였으며 2018년에도 주도주 역할을 할 수 있을 것으로 기대되고 있다.

두 번째 종목은 반도체 관련 업종인 SK하이닉스이다. 2018년 도시바 반도체의 인수 성공과 국내 청주공장에 대규모 설비투자를 진행하고 있어 앞으로의 성장성이 기대되고 있다.

반도체 업황의 호전은 4차산업으로 인한 반도체의 수요증대에도 있지만 그것보다 반도체 가격의 상승으로 인한 실적증대에 기인한 것이기도 하다.

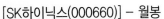

[SK하이닉스(000660)] – 월봉

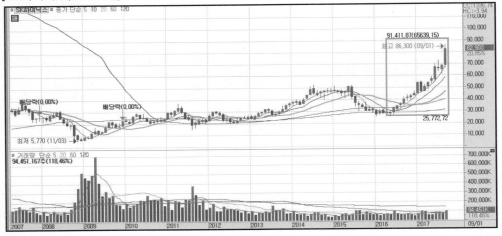

〈주식 기초 상식〉

1. 주력주의 필요성

주식투자를 하는데 있어서 나의 포트에 반드시 필요한 종목이 바로 주력주이다. 왜냐하면 주력주는 포트비중에 많게는 50% 적게는 30%정도는 할애 할 필요가 있기 때문이다. 그 이유는 전업을 하는 사람들도 결국 투자 비중을 높여야 수익금액이 클 수 있다는 점이다. 그리고 언제나 단타로 수익을 내는 것도 한계가 있다는 점에서 주력주는 중장기적으로 포트에 비중을 두고 대응해야 할 필요가 있는 투자방법이다.

2. 5G란 무엇인가

4세대 LTE에 이은 차세대 통신기술을 5G라고 말한다. 속도, 용량, 보안 등이 한단계 업그레이드 된 통신으로 5G가 중요한 이유는 다른 사업으로 전개를 할 수 있는 인프라로 현재 사물인터넷, 자율주행차, VR(가상현실), AR(증강현실), AI(인공지능)등을 연계할 수 있는 통신이기 때문이다. 우리나라는 2018년 평창동계올림픽 동안 5G이동통신 시범서비스를 진행하였다.

1. 주식투자에 필요한 자질

주식투자를 하는 사람들에게 반드시 필요한 것이 긍정적인 마인드, 다양한 사회적인 트랜드의 파악, 주변의 다양한 의견에 귀를 기울이는 경청능력이다. 왜냐하면 주식에서 상승하는 종목의 경우 다양하고 예상을 벗어난 곳에서 주가상승이 나타나기 때문이다. 그러므로 책상에서 한 가지 공부만 한 사람은 의외로 주식투자는 잘못한다는 말은 허튼 소리가 아니다. 오히려 수많은 경험과 다방면의 지식을 알고 있으며 융통성이 있으며 개방적인 사고를 하는 사람이 투자를 하기에 적합하다. 고지식하거나 자기 의견만을 내세우는 사람은 주식투자에 적합하지 않다. 주식시장은 변화무쌍하므로 이에 대한 유연한 대응능력이 요청되기 때문이다.

2. 모든 것이 투자에 영감을 주는 것이다.

(1) 피터린치의 실생활 투자

주식시장에서는 인기가 많은 종목들이 상승하기 마련이다. 사회에서 이슈나 인기를 끌면서 주가에 본격적으로 반영하기 전에 미리 주식을 매수해서 엄청난 수익을 거두는 경우가 많이 있다. 이 분야의 대표적인 전문가가 피터린치이다. 피터린치는 시장에서 어떤 제품이 많이 팔리는지를 관찰하여 어떤 트랜드가 시장에서 형성되어 있는지를 포착하여 이와 관련된 주식에 투자하여 많은 수익을 올렸다.

(2) 실생활 적용에 대한 투자의 예시

기업은 끊임없이 상품을 만들지만 이 중에서 히트를 치는 상품은 별로 없다. 히트상품 중에서도 공전의 빅히트를 치는 상품이 나오는 경우 시장에서는 큰 이슈가 되어 주가에 반영된다. 쉬운 예로 얼마 전 인기가 많았던 '봉구비어' 프랜차이즈는 생맥주와 안주를 저가로 판매하는 전략이 통하면서 동네 맥주집 치고는 엄청난 히트를 쳤다.

인기상품에 관련된 종목은 시장의 영향을 크게 받지 않는다는 것이 장점이다. 시장상황이 좋지 않더라도 호재성 뉴스로 상승 추세를 탄 종목은 여간해서는 하락으로 전환되지 않는다. 그러므로 시장에서 어떤 제품들이 인기가 많은지를 파악하고 관심을 기울여야 한다. 이는 필수소비재와 관련된 종목만 그런 것은 아니고 기계류, 화학, 조선 등 모든 종목이 그러하다. 물론 전문성이 떨어질 수 있지만 관련업종에 종사하는 사람을 통하여 이에 대한 정보를 얻는 노력을 하면 어렵지 않게 정보를 얻을 수 있을 것이다. 그러므로 주식투자를 하는 사람들은 다양한 직업에 종사하는 사람들과 교류하면서 정보를 얻을 필요가 있는 것이다.

다음은 시장에서 제품이 히트를 치며 관련 주가까지 상승을 한 경우를 예를 들어 설명하겠다.

❖ 기업의 인기상품 '필라이트' 2017년 4월 28일 런칭

필라이트는 하이트진로에서 야심차게 내놓은 발포 맥주이다. 필라이트가 시장에서 이슈가 된 가장 큰 요인은 저렴한 가격 때문이다. 현재 일반 맥주는 10% 이상 맥아의 함량 때문에 주류 세금을 부과하지만 필라이트 맥주는 맥아 비중을 10% 미만으로 낮춰 제3의 맥주로 분류되어 세금이 크게 낮추었다는 점에서 가격인하가 가능하였다.

[하이트진로(000080)] – 일봉

하이트진로는 필라이트 맥주를 2017년 4월 28일 본격 런칭하며 마케팅을 했다. 근데 주가의 추이를 위의 그림으로 보면 거래량이 4월 11일 기준으로 저점에서 늘어나면서 일부 투자자들은 매집을 하고 있었다. 그리고 그 후 역배열에서 정배열로 추세전환 하면서 26,000까지 상승을 하였다. 필라이트는 판매 이후 4개월만에 5,000만 캔 판매를 기록하며 히트를 치고 있었다.

❖ 기업의 인기상품 '리니지2 레볼루션' 2016년 12월 14일 런칭

리니지는 우리나라 초창기 PC통신 게임의 선두업체인 엔씨소프트를 지금까지 있게 해준 게임이다. 여기에 아이온, 블러드앤소울, 길드워 등 다양한 히트 게임이 존재하고 있지만 리니지만큼 인지도와 인기 있는 게임은 없다고 해도 과언이 아니다. 이번 리니지2 레볼루션은 그동안 동사의 모바일 게임 히트작이 없던 가운데 절치부심해서 만든 작품이라고 볼 수 있었다.

리지지2 레볼루션의 런칭 전 차트 흐름을 보면 "주가가 올라갈까?"라는 반신 반의의 흐름이라고 볼 수 있다. 왜냐하면 12월 초만 해도 최근 저점을 크게 이탈하는 흐름을 보였기 때문이다. 하지만 그 이후 리니지2 레볼루션의 폭발적인 인기에 힘입어 대량의 거래량을 수반하면서 V자 반등에 성공한다.

[엔씨소프트(036570)] – 일봉

이후 단기 조정으로 잠시 주춤하고 상승이 계속되면서 32만원까지 도달하였다. 2월초에는 한 달간 조정을 보였지만 42만원까지 추세적인 상승을 하였다.

하이트진로와 엔씨소프트의 경험처럼 신제품이 나온다고 이렇게 한 번에 상승하는 것은 드문 경우이다. 하지만 평소에 관심있는 기업이 어떤 신제품을 출시하는지와 그 반응 정도를 관심있게 살펴보며 주가의 추이를 살펴야 한다. 이처럼 기업의 생존과 직결되는 신제품의 반응을 살피는 것은 주식투자자의 필수적인 행동사항이다.

3. 사회적인 트랜드 – 인구고령화와 1인 가구의 증가

(1) 인구고령화

주식시장의 변동성의 정도와 상관없이 사회적인 트랜드는 바뀌기 마련이다. 인구노령화는 주식시장의 상황과 별개로 앞으로 우리 시장이 필수적으로 겪을 수밖에 없는 사회적인 트랜드이다. 그렇다면 인구노령화가 되면 어떤 업종이 발전하고 관심이 많을지 생각해보자. 지금 노령화에 대한 관심주가 상승하지 않을 때 투자를 하는 것이 좋다. 고령화로 인한 노동력의 부족으로 앞으로는 스마트팩토리, 공장자동화가 가속화될 수 있으며 고령화로 인한 의약품의 판매가 증가될 가능성이 매우 높은 것이다.

[대웅제약(069620)] – 일봉

　고령화 사회가 되면서 의약품의 판매는 빠르게 증가되고 있다. 정부에서도 치매 치료와 의료보험 개정을 통해서 다양한 의료혜택을 지원하려 하고 있다. 동사는 국내 상위권의 제약 판매와 신약개발을 하고 있는 회사이다. 2017년 초반 제약 바이오주들의 상승과 더불어 저점에서 거래량이 터지면서 이평선들이 역배열에서 정배열로 전환되는 타이밍을 보인 후 2018년 6월 현재까지 추세 상승이 만들었다. 이후 1년 동안 7만원이었던 주가가 20만원까지 상승하였다. 물론 제약주들의 상승과 연계된 부분이기도 하였지만 기본적인 트랜드 변화가 준 상승이라고 볼 수 있다.

(2) 1인 가구의 증가

　고령화와 더불어 1인 가구인 싱글족의 증가도 사회적인 트랜드가 될 수 있다. 1인 가구의 증가는 당연히 자기 자신에게 대한 투자가 증가하는 관계로 여행이나 문화적 소비가 1인 가구에 맞춰 진행될 가능성이 높다. 핵가족의 감소와 1인가구의 증가는 교육서비스업에 대한 비중은 줄어들고 가구, 의류, 전자제품이 모두 소형화될 가능성이 크다. 특히 편의점(BGF리테일 등)이나 가정대용식(Home Meal Replacement)과 같은 음식도 증가할 수밖에 없는 구조일 것이다. 우리나라 보다 조금 더 일찍 싱글족이 늘었던 일본도 편의점 관련 주가가 몇 년에 걸쳐 많이 올랐다. 우리나라는 2017년 들어 관련업종의 주가가 상승을 하다가 최저임금 상승으로 인한 단기적인 악재로 주가가 고점대비 많이 하락하였지만 사회적인 트랜드에 맞는 업종이라고 할 수 있다.

[BGF리테일(282330)] – 일봉

4. 정부 정책관련 이슈

(1) 2017년 최저임금인상(사회트랜드)

[한국전자금융(063570)] - 일봉

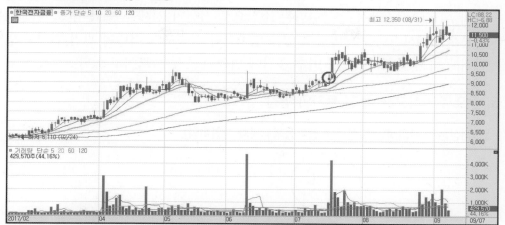

정부의 정책에 반기를 들지 말라는 주식 격언이 있다. 동사는 키오스크라는 무인단말기와 VAN(현금인출기) 관련 사업을 하는 업체이다. 최저임금의 인상으로 인한 자영업자들의 인건비 부담의 감소를 위해 관련 키오스크 매출이 급증할 것이라는 기대가 시장에 반영이 되는 듯 한 흐름이다. 최저임금법이 통과되고 나서 하루 정도 지난 이후 시장에서 관련 이슈가 부각되면서 추세 상승으로 전환되어 고점을 갱신하면서 상승이 지속적으로 이어졌다.

(2) ADAS시스템 2017년 7월 18일 의무시행(사회트랜드)

[대성엘텍(025440)] - 일봉

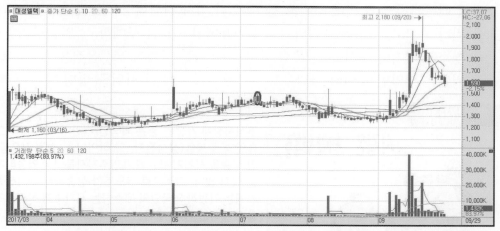

최근 대형사고 등이 터지자 국토교통부는 2017년 교통안전법을 개정하여 통과시키면서 대형사업자인 버스나 트럭 등에 졸음운전을 방지하기 위한 차로이탈 경고장치의 장착을 의무화하였다. 주식시장에서는 법이 통과되기 이전부터 종목별

차별화가 진행되면서 주가가 상승하였다. 동사는 2017년 9월 14일 르노삼성자동차에 ADAS 시스템을 공급한다는 소식으로 상한가 시세를 보였다. 그 이전에는 다른 ADAS시스템을 개발하고 있는 업체보다 상승세가 더디어 관련 업체로 인식하지 못하는 분위기였으나 이후 주가에 반영된 흐름을 보이고 있다.

5. 앞으로 관심 가져야 할 투자의 영감

[인기상품 + 사회적인 트랜드 + 정부정책 = 4차 산업혁명]

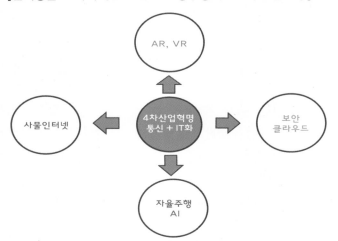

    4차 산업혁명은 아직 본격화되지 않았지만 지속적으로 관심을 가져야 한다. 4차 산업의 핵심은 모든 사물이 다양한 의사소통을 통해 시너지 효과를 발휘해야 하기 때문에 통신과 IT에 있다고 볼 수 있다. 4차 산업혁명으로 스마트폰으로 불을 켜거나 끄고, 가상현실 디바이스를 이용해서 제품을 구매하고, 인공지능을 통해 청소를 하거나 문서를 만들 수 있고, 자동차는 자율적으로 운전을 한다. 그리고 기업은 다양한 보안과 클라우드 시스템으로 다양한 사업을 병행 할 수 있다.

주 식 만 평

주식시장에 가장 큰 손은 외국인/기관이다. 하지만 그들만의 종목들(삼성전자, SK하이닉스, 셀트리온등)만 상승을 시키기 때문에 개인투자자들이 수익올리기는 쉽지 않다. 그러므로 주도주가 상승하는 주가상승기에는 기관과 외국인의 매수하는 시가총액 상위종목을 매매하는 것이 좋다.

<주식 기초 상식>

1. 고객예탁금의 중요성

증시가 상승하기 위해서는 주식투자를 하는 투자자들의 자금추이를 볼 필요가 있다. 왜냐하면 시장에 물건은 많은데 매매를 할 사람이 없다면 상품이 제 가격을 받기가 쉽지 않기 때문이다. 주식시장도 고객예탁금이 줄어드는데 투자를 하는 것보다는 고객예탁금이 많이 늘어나야 투자를 하기가 수월하다. 그렇기 때문에 주식 투자를 하는데 있어서 고객예탁금의 증감에 대한 확인이 필요하다.

2. 인구절벽의 의미

국가에서 생산할 수 있는 인구(15~64세) 자체가 급감하는 부분을 인구 절벽이라고 한다. 우리나라는 고령화 사회와 싱글족 증가로 인해서 신생아 비율이 점차 줄고 있다. 전문가들은 우리나라가 2018년 인구 절벽에 직면할 수 있다고 언급하고 있기 때문에 경제활동이 심각하게 제한될 가능성이 높다

04 테마주 전략과 IR 투자

나비효과는 지금 여기의 나비의 작은 날갯짓이 지구 반대편의 날씨 변화를 만드는 것과 같이 사소한 변화나 작은 사건이 발전되어서 예상치 못한 엄청난 파장을 일으킨다는 뜻이다. 2007년 미국의 초대형 모기지론이 파산하면서 시작한 세계 불황은 아시아를 넘어 유럽까지 파급되어 엄청난 피해를 가져왔다. 테마주도 나비효과처럼 처음에는 미미한 사건부터 시작하지만 엄청난 효과를 가지고 오는 경우가 있다. 그래서 우리는 항상 열린 마음으로 시장을 바라봐야 하는 것이다

1. 테마주 전략

(1) 테마주의 나비효과 기능

애플에서 아이폰을 개발하고 나서 본격적인 스마트폰 시장이 개화되었다. 스마트폰의 개화에 있어서 첫 테마는 스마트폰의 제조에 필요한 부품을 공급하는 업체에 관련된 것이었다. 그래서 PCB, 카메라모듈, 터치스크린, 디스플레이 등 다양한 제조업체의 주가 상승이 나타났다. 그리고 스마트폰이 어느 정도 보급이 된 후에는 게임과 컨텐츠, SNS/소셜미디어, 전자결재, 클라우드/보안의 종목이 순환매 상승하였다. 테마주는 일반적으로 단발성으로 끝나는 경우도 있

지만 스마트폰과 같이 대중적으로 많이 사용하는 혁신적인 제품이 시장에 나오는 경우에는 엄청난 테마의 시세를 가져올 수 있다.

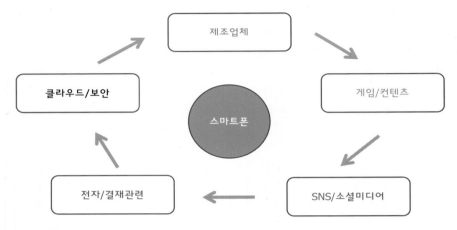

(2) 테마주 형성이유

시장에 테마주가 형성되는 가장 큰 이유는 시장에서 수익이 발생하기 때문이다. 세력들이나 기관, 외국인 투자자들은 시장에서 어떻게든 수익을 만들어야한다. 그러기 위해서는 지금 주식시장의 상황과 상관없이 상승하는 종목이 필요한 것이다. 하지만 그 상승의 이유가 실적이 뒷받침되지 않은 상승이라면 테마주의 주가상승은 신기루와 같은 것이다. 그러므로 테마주가 만들어지는 경우이것이 단기적인 테마로 끝날 것인지 아니면 장기적인 테마가 될 수 있을지를생각해 보는 것이 중요하다.

시장에서 테마로 자금이 몰려 있다는 것은 손쉽게 수익을 낼 수 있는 판이 만들어졌다는 뜻으로도 해석할 수 있다. 특히 세력들이 선취매를 해놓은 종목들은 더 쉽게 수익을 낼 수 있는 것이다. 테마주가 많이 형성되는 때는 대세상승기보다는 박스권에 갇혀 있는 경우나 시장의 상승 모멘텀이 부재했을 때 나오는 경우가 많다. 그러므로 테마주는 갑갑한 시장상황에서 세력들이 수익을 내기 위해 테마주를 만들고 개인들을 끌어들이는 장치와 같은 것일 수 있다.

(3) 테마주들의 종류

❖ 모두 알고 있는 뉴스에 대한 테마주 – 대선테마주

대선과 같이 모든 국민이 참여하는 빅이벤트 등이 여기에 포함이 된다. 2017년 3월 박근혜 대통령이 파면당하면서 대통령 선거가 예정보다 일찍 실시되었다. 대통령 선거는 5년마다 한 번 있어 이때마다 주식시장에 등장하는 단골테마로서 단기적인 수익 기회의 장이 된다. 대선테마주의 핵심은 누가 당선이 될 수 있냐는 부분이다. 대선테마에서 당선확률에 따라 관련 테마주의 변동성이 발생한다. 하지만 대선이 끝난 후에는 기대감으로 상승한 주가는 다시 제자리로 복귀하게 된다.

　대선테마주는 후보의 학연, 지연, 혈연 등에 얽힌 기업들이 대상이 되며 지지율에 따라 변동이 크다. 그리고 실적이나 기업의 가치보다는 기대감이 주가에 반영되어 상승하기 때문에 테마주에 투자하는 경우 철저하게 기술적 분석에 입각한 투자가 되어야 한다.

❖ 반기문후보 사퇴(2017년 2월 1일) 관련주 확인

　반기문 UN사무총장의 임기가 끝나면서 대권주자로 등장할 수 있다는 의견이 언론을 통해서 전해졌다. 만약 대선 후보로 출마한다면 당선이 유력하다고 하여 대선주 중에서 가장 먼저 움직이기 시작했다. 그 당시 여당이 특별히 내세울 수 있는 인물이 없다는 점에서 강력한 반전카드의 해결책으로 등장하였다. 하지만 결과는 반기문 총장의 사퇴로 마감이 되었다.

　반기문 전총장의 후보사퇴는 17년 2월 1일 주식시장이 끝나고 난 이후에 발표되었다. 2월 2일 주식시장이 개장하자마자 그동안 반기문 테마주로 형성되어 있던 종목들이 거의 대부분 갭 하한가로 가면서 관련 종목에 투자했던 투자자들은 엄청난 손실을 보게 된다. 이후에도 실적이 뒷받침되는 종목들은 어느 정도 올라왔으나 실적이 뒷받침되지 않는 기업은 아직도 그 당시의 가격을 찾지 못하고 있다. 아래 차트는 '광림'이라는 기업으로, 반기문 후보의 관련테마로 엮였지만 나름 건실한 실적을 기록하고 있었기 때문에 저점에서 반등을 하였다.

[광림(014200)] - 일봉

❖ **박근혜대통령 파면(2017년 3월 10일) 관련주 확인**

 협법재판소에서 박근혜 대통령 파면이 되면서 대선 관련주들이 심한 변동성을 보였다. 아래 그림의 '세우글로벌'은 당시 유승민 후보 관련 테마주였다. 유승민 후보는 새누리당을 탈당하고 바른정당을 창당하면서 갈라져 나왔으나 지지율에 밀렸다. 하지만 여당에도 강력한 후보가 필요하다는 여론으로 새누리당과의 합당이나 국민의당과 연대를 할 수 있을 것이라는 기대감이 반영되면서 파면 당시 주가가 당시 상한가 시세로 마감한다. 이후 고점을 찍고 추가적인 지지율의 상승이 정체되면서 다시 하락으로 전환되었다.

[세우글로벌(013000)] – 일봉

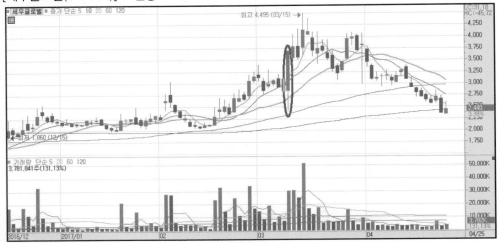

❖ **대통령선거(2017년 5월 9일) 관련주 확인**

 대통령선거가 있기 얼마 전 대선테마 관련주들은 더 이상 상승하지 못하였다. DSR제강은 당시 문재인 후보 관련 테마주로서 가장 많이 상승하였지만 대통령선거가 다가올수록 주가는 예전 상승하기 전까지 하락하였다.

[DSR제강(069730)] - 일봉

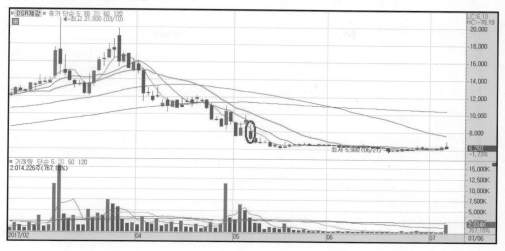

❖ 시장을 주도하는 대장주 후광을 입는 테마주 - 반도체관련주

　17년 상반기 가장 뜨겁게 움직였던 업종이 바로 반도체 업종이다. 그 이유는 앞에서도 설명했지만 다양한 사업에서 새로운 디바이스 출현으로 인해 그에 필요한 반도체 수요가 지속적으로 증가하였다. 여기에 반도체 가격 또한 지속적으로 상승하면서 규모의 경제에 입각한 안정적인 반도체를 생산할 수 있는 삼성전자와 SK하이닉스 같은 경우 시장을 이끈 주도주가 된 것이다.

　일반적으로 테마주가 만들어지기 위해서는 경기와 상관없이 강한 흐름을 보이는 것이 먼저 선행되어야 한다. 반도체 업황은 실적과 성장성이 같이 겸비되면서 상승하였기 때문에 삼성전자, SK하이닉스와 직·간접적으로 연계된 반도체 장비나 소재를 공급하는 업체들도 같이 상승하였다. 앞에서 말한 나비효과가 바로 이럴 때 사용될 수 있다. 하지만 업종의 실적과 성장성이 뒷받침이 되지 않는다면 주가는 잠깐의 상승으로 끝날 가능성이 높다. 계절적인 특수를 보이는 황사 관련주들이 여기에 속할 수 있다. 중국의 황사나 미세먼지가 국내에 전달되는 봄이나 여름에 관련주들이 잠깐 이슈가 되면서 상승하기는 하지만 실적이나 성장성이 별로 없어 잠깐의 상승으로 마무리 짓는다. 그러므로 테마가 만들어진다고 하더라도 실적과 성장성이 겸비되어야 한다는 것을 명심하자.

　아래 그래프는 삼성전자의 주가와 연계되는 소재관련 업체인 케이씨텍과 반도체 장비인 원익IPS이다. 케이씨텍과 원익IPS의 주가의 추이를 보면 삼성전자의 우상향 주가흐름과 비슷한 주가 흐름을 보이고 있다.

❖ 삼성전자 후광을 입은 주가 연계성

[삼성전자, 케이씨텍, 원익IPS] – 주봉

❖ 중국진출 테마주 – 화장품주

중국과의 교역이 점차 커지면서 가장 큰 수혜를 봤던 업종이 바로 화장품주이다. 중국의 1인당 국민소득이 증가하면서 의식주에 사용되는 제품의 소비가 점차 증가하였다. 그에 따라 국내에서 중국으로 진출한 화장품의 소비가 증대되면서 전례 없는 새로운 매출이 형성되면서 화장품주의 비약적인 발전이 있었다.

화장품업체는 중국에 직접 진출하여 제품을 판매하기도 했지만 OEM, ODM 등으로도 제품을 꾸준하게 판매하고 있어서 2015년 시장 상승의 한축을 담당했을 정도였다. 하지만 2016년 국내에 미국 사드(고고도 미사일방어 체계)를 배치하면서부터 우리나라에 대한 중국의 사드 보복이 심해져 매출이 감소하고 있었다. 더군다나 대형 유통마트였던 롯데와 이마트는 중국에서의 철수를 결정하였다.

앞에서도 얘기했지만 테마주가 되기 위해서는 시장에서 강한 상승을 하는 것이 중요하고, 상승의 가장 큰 명분은 실적이다. 화장품 업종이 판매시장이 국내에 머물렀다면 상승이 제한될 가능성이 높았다. 하지만 중국 진출을 하면서 시장의 크기가 커지고 실적과 성장에 대한 기대에 따라 테마가 형성되면서 많은 상승을 할 수 있었다.

❖ 중국사드 보복에 노출된 화장품 업체들

아래 차트를 보면 16년 하반기 국내에 사드 배치에 대한 소식이 전해지면서 화장품 관련주들이 고점대비 절반 정도가 하락하였다. 하지만 최근 사드관련한 중국의 제재가 해결될 수 있다는 기대감이 반영되면서 주가가 반등하고 있다. 아래 그림은 한국콜마홀딩스, 아모레퍼시픽, 코스맥스의 월봉 차트이다. 2014년과 2015년 주가의 지속적인 상승이 있었으나 사드배치 문제가 붉어져 나온 2015년부터 주가는 계속해서 하락하고 있었다. 2018년 사드제재가 완화되면서 화장품 관련주의 주가가 반등하고 있다.

[한국콜마홀딩스, 아모레퍼시픽, 코스맥스] – 월봉

2. 순환매라는 것은 무엇인가

앞에서 설명을 했듯이 테마가 형성되면 한 업종의 테마로만 시장을 부양하지 못한다. 그래서 다양한 테마주가 돌고 돌면서 상승을 한다. 이것이 바로 순환매라고 하는 것이다. 한 업종으로 매수세가 유입되지 않고 계속해서 다른 업종으로 매수세가 유입이 되면서 시장 전체가 돌아가면서 상승한다는 것을 의미한다.

(1) 시장에서의 업종별 순환매

주도업종의 순환매에서도 간단히 설명했지만 시장이 대세 상승을 보이는 경우에는 한 업종만으로 상승을 하기에는 한계가 있다. 그러므로 오늘은 IT대형업종이 상승했다면 내일은 바이오제약 모레는 다시 금융, 석유화학 업종이 번갈아 상승하는 것을 말한다. 하지만 그중에서도 역시 주도 업종의 상승 탄력이 좋기 때문에 다른 업종보다 보다 주도적으로 시장을 이끌어간다.

[시장에서의 업종별 순환매]

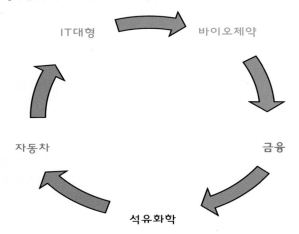

　이런 순환매 장세에서는 한 업종이 올라간다고 무조건 매수하면 낭패를 보기
가 쉽다. 그 업종이 그날 상승하더라도 다음날은 조정을 보일 가능성이 크기 때
문이다. 그래서 이런 대세 상승장의 순환매의 장세에서는 조정권에서 매수를
하되 지수가 우상향의 추세를 유지하는 동안 단기매매로 수익을 짧게 챙기는것
보다는 추세를 추종하여 수익을 극대화 하는 전략이 중요하다.

시장이 대세 상승을 하는 경우	지수를 이끄는 대형주 위주의 순환매 가능
시장이 박스권이나 하락하는 경우	대형주 보다는 중소형주들의 순환매 가능

❖ 업종에서의 종목별 순환매

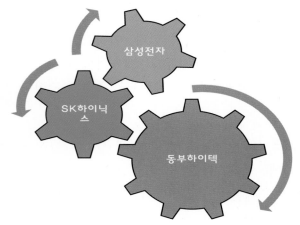

시장에서 특히 많이 오르는 업종들이 있을 것이다. 앞에서 설명한 업종별 순환매의 시작이 IT대형주라고 한다면 이후 관련 종목들이 순번을 정한 것처럼 오르는 경우가 있다. 삼성전자가 오르면 SK하이닉스가 오르고 다시 동부하이텍이 상승하는 것처럼 시가총액이 큰 종목에서 작은 종목으로 순차적으로 상승하는 경우가 있다. 이런 경우 오늘의 상승 업종이 무엇인지를 보고 장 초반부터 적극적인 매매로 수익을 낼 수 있다.

그리고 어제 대형주 시가총액 1조 이상 종목이 5% 이상 오른 업종은 다음날에는 조정을 보일 가능성이 크다. 이 경우 다음날 아직 상승하지 못한 다른 업종을 살펴봐야 한다. 시장이 시작하고 20~30분 정도만 지나면 오늘 어떤 업종이 많이 올라가는지 확인할 수 있다.

위의 경우와는 반대로 시가총액이 적은 종목이 특별한 호재 없이 상승한다면 중대형주로도 매수세가 확산이 될 가능성이 크다. 예를 들어 자동차 업종 중 평화정공, 세종공업, 서연, 화신 같이 시가총액 2,000억 내외 종목들이 아무 이유 없이 5% 이상 상승한다면 현대차, 기아차, 현대모비스 등의 시가총액 상위 종목들로 확산이 될 수 있다. 이런 경우 그날 하루는 자동차 업종의 시세가 강할 가능성이 크다는 점에서 단기적으로 자동차업종을 집중적으로 매매하는 것도 나쁘지 않은 투자방법이다.

해당하는 Part 3
실전에서
클릭하기

(2) 종목의 시가총액관련 순환매

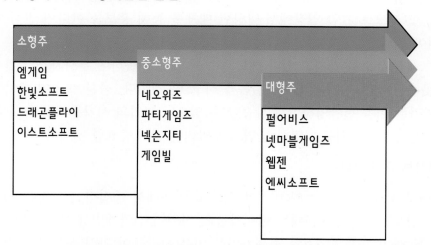

장 시작하는 시점에서 종목들의 흐름이 파악되지 않는다면 장중에 어떤 종목들이 강세 흐름을 보이는지 살펴봐야 한다. 특히 세력은 소형주를 일부러 상승시켜 중대형주의 상승을 유도하는 경우가 많다. 이런 경우 소형주의 상승은 미끼로서 단기적인 상승에 그치는 경우가 많다. 그러므로 소형주가 기술적으로 추세를 형성하지 않는다면 단기적인 매매로 그쳐야 할 것이다.

3. 순환매 진행 시 고려해야 할 사항

　관찰하는 종목이 상승하는 경우 시장의 전체적인 상승 분위기로 올라가는 것인지 업종의 대장주 성격으로 올라가는지를 파악해야 한다. 시장이 전체적으로 좋은 상황이면 대부분 종목들이 좋을 가능성이 크므로 순환매흐름이 강하게 이어지지 않을 것이다.

　위의 경우와는 달리 시장이 약세나 조정을 보일 때에 강한 업종들로 순환매가 될 가능성이 크다. 그러므로 약세나 조정장에서 되도록 상승을 보이는 주도 업종 연관 종목들을 매수해야 할 것이다. 그리고 한번 추세를 잡고 상승하는 업종이나 종목들은 추세를 잡으면 하락으로 쉽게 전환되지 않기 때문에 추세추종 매매를 해야 한다.

4. IR투자

(1) 기업홍보의 중요성

　기업들이 IR(Investor Relation ; 기업설명회)이나 NDR(Non Deal Roadshaw ; 거래를 수반하지 않는 기업설명회)을 한다는 것은 투자자들에게 기업을 홍보할 거리가 있다는 것이다. 제약/바이오 업체들 같은 경우에는 신약 개발에 대한 소식을 전할수도 있을 것이고 반도체 장비업체일 경우에는 장비를 중국에 판매한다는 소식을 전하기도 할 것이다. 그러므로 기업 입장에서 다양한 매체를 통해 홍보를 한다면 관심 있게 지켜봐야 한다.

　기업이 호재성 뉴스를 가지고 있다 해도 홍보를 제대로 못하여 투자자들의 관심을 받지 못하는 경우 주가는 제자리걸음을 하고 말 것이다. 물론 실적이 좋아지는 경우 주가는 이를 선반영하면서 상승할 수 있으나 기업의 시가총액이 크지 않은 경우에는 기업의 소식을 다양한 방법으로 알리는 것이 중요할 것이다.

(2) 미공개정보 규제 강화

　기업의 내부자 및 임직원 등이 미공개 정보를 이용해서 불법적인 이익을 취득하고 있는 경우가 많다. 최근에는 한미약품의 직원이 신약개발에 대한 계약 이전에 매수를 하여 호재성뉴스로 시세차익을 얻은 사람들이 과징금을 부과 받거나 구속되는 경우가 있었다.

　아래는 CJ E&M이 미공개 정보인 '부진한 실적'을 증권 애널리스트들에게 미리 제공하고 이들은 자산운용사의 펀드매니저들과 미리 정보를 공유하여 악재가 나오기 전에 주식을 먼저 매도를 해서 100억 가량의 손해를 피할 수 있었다.

이와 같은 미공개정보를 이용하여 이익을 얻거나 손실을 미리 피하여 대다수 투자자에게 손해를 끼치는 행위를 차단하려는 금융감독원의 감시가 강화되고 있다. 이러한 조치로 기업들이 실적에 대한 부분을 쉽게 알려주는 관행이 많이 줄어들고 있다는 점에서 개인투자자에게 좋은 투자환경이 조성되고 있다고 볼 수 있다.

기관의 대량의 매도가 나오면서 CJ E&M주가는 단기간에 - 20% 이상의 하락을 보였다. 물론 이후 주가는 다시 바닥을 확인하며 제자리를 찾아갔지만 단기적인 매도로 인해서 주가 추이가 훼손되었다는 점에서 개인투자자들의 손실이 컸을 것이다.

[CJ E&M(130960)] - 일봉

그 당시 투자주체별 매매동향을 보면 기관의 매도세가 계속적으로 나오면서 하락을 부추겼다고 볼 수 있다. 주가가 특별한 이유 없이 갑자기 매도세가 커지면서 이렇다 할 지지 없이 하락하는 것은 내부적인 악재가 있다고 추정할 수 있기 때문에 리스크를 줄이는 방편으로 보유비중을 줄여야 한다.

(3) IR투자 정보 취득방법

　IR투자에 관련한 정보를 어디서 얻을 수 있는지가 중요하다. 직접적으로 확인할 수도 있으나 간접적으로 유료사이트 등을 이용해서 확인하는 경우도 있다. 하지만 원하는 기업에 계속적인 관심을 가진다면 기업이 대규모 IR을 할 때 HTS를 통해서 공시를 하거나 자료를 첨부해서 등록하기 때문에 이 부분을 참조하면 좋을 것이다.

직접 확인	간접 확인
• 해당 기업 사이트 • 한국증권거래소 • 공시담당자 전화 • HTS 공시확인	• FN가이드 • 인포스탁 • 증권사 사이트

　투자자들마다 IR에 대한 중요 정도를 다르게 생각하지만 기업 입장에서는 IR을 형식적으로 하는 경우보다 어떤 의미와 계기를 갖기 위해 하므로 이에 적극적으로 참여하여 그 의미를 생각해보는 것이 반드시 필요하다. 그리고 IR이나 탐방 등을 참여하는 경우에 외부에서 알지 못하는 현장의 분위기와 함께 여러 무형의 가치를 얻을 수 있을 것이다. 해당 회사의 주주로서 IR에 참여해 보기를 권하고 싶다. 만일 참여가 어렵다면 관련 자료를 회사 사이트나 한국거래소 등을 통해서 업데이트 하여 살펴보아야 한다.

❖ IR투자 성공예시 – 파나진

　파나진이라는 기업은 HTS를 통해서 하루 전에 IR를 한다고 공표하였다. 23일 기사로 보아 IR에서는 신약에 대한 얘기가 나올 것이라는 것을 충분히 예상할 수 있었다(키움증권 종합시황뉴스 – 0700).

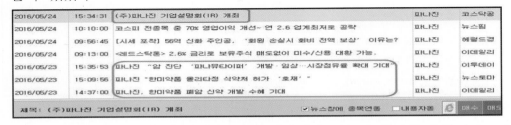

　아래 차트의 동그라미 친 부분은 IR이 시작하기 2일 전 차트의 흐름이다. 이날 차트는 역배열에서 정배열로 전환되는 조짐을 보여 주고 있었다. 장 초반부터 강한 매수세가 유입되었으나 단기 고점에서 경계 매도 물량이 나오면서 위꼬리를 크게 만들었다.

[파나진(046210)] - 일봉

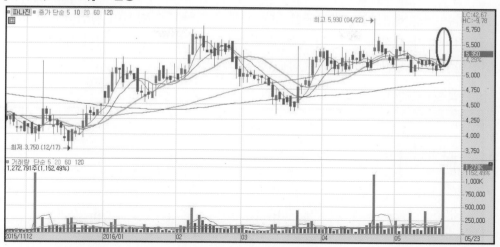

이후 하루 정도 조정이 나오고 해당 IR 때는 장대양봉을 그리며 시장에서 긍정적인 흐름이 진행될 것이라는 것을 어렵지 않게 알 수 있다. 이후 5,500원이었던 주가는 8,000원까지 상승하며 추세를 형성하였다.

❖ IR투자 성공예시 - 코스맥스(192820)

2017/09/25	12:44:49	[IR일정] 코스맥스, BAML 2017 Korea Conference 참가(국내)	코스맥스	IRKOREA
2017/09/25	10:43:01	코스맥스(주) 기업설명회(IR) 개최(안내공시)	코스맥스	거래소공
2017/09/25	09:08:00	화장품 ODM 업계도 뒤늦은 '사드풍파', 국내판로·현지법인 확대 탈	코스맥스	헤럴드경
2017/09/25	04:11:36	사드 악재에도 승승장구…中서 질주하는 화장품 ODM	코스맥스	머니투데
2017/09/22	12:09:20	[오마주] 코스맥스, 현대건설기계	코스맥스	채널K
2017/09/22	10:45:00	불확실성 완화에도 힘빠진 증시...수익 높여줄 '숨은 진주'는?	코스맥스	서울경제
2017/09/22	08:21:02	[유망주 TOP3] 뉴트리바이오텍, 코스맥스, 두산인프라코어	코스맥스	채널K

제목:코스맥스(주) 기업설명회(IR) 개최(안내공시)   ☑뉴스창에 종목연동 □내용자동 상 🔄 매수 매도

기업설명회를 9월 26일 개최한다고 공시를 하였다. 아래의 차트 흐름을 보면 IR을 하는 즈음에 차트는 바닥권을 양호하게 지지하고 이평선이 밀집하면서 상승으로 전환하기 시작하였다. 이처럼 긍정적인 IR은 기관, 외국인이나 세력들이 차트를 인위적으로 관리를 한다는 점을 명심하기 바란다.

[코스맥스(192820)] - 일봉

❖ IR투자 실패예시 - 파인텍(131760)

2017/08/02	17:40:47	[IR일정] 파인텍, 2017년 2분기 실적발표(국내)	파인텍	IRKOREA
2017/08/02	16:50:35	(주)파인텍 기업설명회(IR) 개최	파인텍	코스닥공
2017/08/02	12:59:52	파인텍(131760) 소폭 상승세 +4.62%, 엿새만에 반등	파인텍	인포스탁
2017/07/31	18:51:00	[재송]31일 장 마감 후 주요 종목뉴스	파인텍	이데일리
2017/07/31	16:28:56	파인텍, 281억4100만원 규모 제조장비 공급 계약	파인텍	인포스탁
2017/07/31	15:30:40	파인텍, 281억 규모 제조장비 공급계약	파인텍	한국경제
2017/07/31	15:17:02	파인텍, 281억원 규모 제조장비 공급계약	파인텍	연합뉴스

제목 : (주)파인텍 기업설명회(IR) 개최   ☑뉴스창에 종목연동 □내용자동 상 🔄 매수 매

[파인텍(131760)] - 일봉

동사는 디스플레이 부품제조업체이다. 이번 IR에서는 연말까지 어떻게 사업을 진행할 것인지와 향후 새로운 시장 진출에 대한 부분을 설명하였다. 하지만 시장은 이를 일상적인 보고로 생각하고 주가는 반등을 못하고 저점을 장중에 갱신하면서 상승에서 하락으로 전환되고 있는 모습을 보이고 있다. 그 이후 주가는 7,400원에서 5,200원까지 하락하였다. 이렇듯 기업에서 유치하는 IR투자 설명회는 긍정적일 수도 있으나 투자자들에게 기대감을 형성하지 못하는 경우 하락을 하기도 한다.

주식만평

테마가 잘 형성되는 시장은 거래소시장 보다 코스닥 시장이다. 문재인 대통령이 2017년 러시아를 방문했을 때도 가스관 관련주들이 개별적으로 상승을 하였다. 그러므로 대통령이 해외에 방문을 할 때 회담 결과 등에 민감하게 대응하므로 이를 통하여 단기적 테마를 찾는 것이 필요하다.

〈주식 기초 상식〉

1. 주가의 액면분할

상장된 주식의 종목 중에 대주주들의 지분율이 높은 경우 투자하기가 쉽지 않다. 즉 시장에 돌고 있는 유통주식수가 많지 않으므로 개인들이 투자를 하고 싶어도 하지 못하는 경우가 있다. 이를 위해 주식수를 늘리는 동시에 주식 가격을 낮추는 효과를 주는 것이 액면 분할이다. 액면가 5,000원을 500원으로 줄이면 주식수가 10배 늘어나는 대신 주식가격도 10분의 1로 줄어들어 투자자들이 접근하기가 용이해진다.

2. BCG 매트릭스

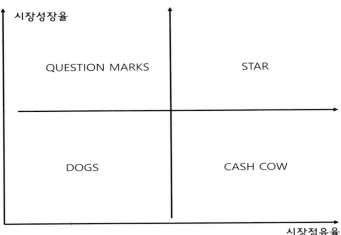

보스턴 컨설팅그룹에서 만든 기업의 제품 개발과 시장전략으로 STAR 단계의 종목을 투자하는 것이 주식 수익에서는 유리하다.

- DOGS : 시장점유율도 낮고 시장성장율도 낮은 부분의 사업으로 현재 사업을 진행하면 할수록 현금 고정비가 지속적으로 소요되고 있다는 점이 사업에 대한 새로운 방향을 잡아야 할 필요가 있는 구간이다.
- CASH COW : 시장점유율은 현재 높지만 시장성장율은 낮은 부분으로 현재 기업이 양호한 점유율을 바탕으로 현금에 대한 창출능력을 안정적으로 가지고 있는 사업을 뜻한다.
- STAR : 시장점유율과 시장성장율이 빠르게 증가하고 있기 때문에 동종업체와의 경쟁에서 이기기 위한 전제적인 투자가 빠르게 진행되어야 하는 시기이다.
- QUESTION MARKS : 현재 성장률은 높을 것이라는 건 알지만 시장점유율이 현저히 낮은 상태이다. 지속적인 투자로 STAR로 갈 건지 아니면 사업을 조정해서 DOGS로 진행할 것인지를 명확하게 해야 하는 시점이다.

01 선택과 집중 매매전략(현금전략)

1. 투자유형별 포트폴리오의 구성

주식투자에 있어서 가장 기초가 되는 동시에 중요한 전략이 포트폴리오를 세우는 것이다. 보유하고 있는 투자금액에 따라 어떤 종목에 얼마나 투자를 할지 결정해야 하는 것이 수익을 위해 긴요하기 때문이다. 포트폴리오 전략을 세우고 수익과 손실에 따라 적절한 전략을 수립하고 수정해 나가야 리스크 관리가 되는 것이다.

[금액별 포트폴리오 전략]

금 액	투자전략	종 목	섹 터
3천만원 미만	단기위주	대형주 〈 중소형주	주도주, 테마주
3천만~1억 이하	중기위주	대형주에 비중	실적주, 테마주
1억 이상	장기위주	대형주 〉 중소형주	가치주, 주도주, 실적주

위의 표에서 3천만원을 기준으로 정한 것은 주식투자에 있어서 평균 투자금액이 3천만원 정도이기 때문이다. 소액투자를 할 때는 발 빠른 매매를 통해서 투자금을 늘리는데 초점을 맞춰야 하는 것이다. 그리고 손절도 많이 해보고 수익도 많이 내야 하는 것이다. 그리고 단기매매하면서 수익이 나는 확률이 높아졌다 생각하면 중기적인 투자도 병행해야 할 것이다.

눈덩이를 굴리는 경우 처음에는 티가 나지 않지만 어느 정도의 크기가 되면 조금만 굴려도 쉽게 눈덩이가 커진다. 주식 투자금도 눈덩이와 마찬가지이다. 처음에 운영자금을 만들기가 어렵지만 한번 만든 운영자금이 불어나 큰 눈덩이가 되는 것은 순식간의 일이다. 하지만 단기투자로 수익을 내는데 한계가 있다고 생각되는 경우에는 중장기 투자와 병행을 하여 자금운영을 한다면 보다 안정적인 계좌운영이 가능해진다.

투자금이 커지면 커질수록 단기투자에 대한 비중보다는 장기투자의 비중을 늘리는 것이 유리하다. 단기투자는 매매를 빈번하게 할수록 늘어나는 수수료와 슬리피지 비용으로 수익을 내기가 어려워지기 때문이다. 물론 확실한 단기수익 기법을 터득한 사람들은 단기투자의 비중을 줄이지 않아도 된다. 하지만 그렇지 않고 단기투자를 거듭할수록 수익이 나지 않는 사람들은 대형주와 우량주에도 비중을 높이는 투자가 필요하다.

그렇다면 포트를 어떻게 복구시켰는지 예를 보면서 설명해 보겠다.

필자가 MBN(매일경제증권방송) 전문가로 활동하는 동안 시청자의 계좌를 가지고 실시간 어드바이스를 하면서 계좌를 복구해놓은 사례를 제시한다. 대부분의 투자자들은 분산투자 때문에 계좌에 종목이 많을 것이다. 하지만 계좌에 종목이 10개 이상 되는 사람은 자신의 포트폴리오에 대하여 심각한 고민을 해보아야 한다. 아래에서 그 이유를 설명하고자 한다.

2. 계좌 복구에 대한 예시

아래의 계좌에는 총매수한 주식평가금액이 1,438만원이며 주식 수는 12종목으로 배분되어 있다. 어떤 종목은 투자금 대비 비중이 높은 종목과 비중이 낮은 종목이 있을 것이다. 일단 보유종목을 줄이기 위하여 매수비중이 큰 종목보다는 매수비중이 작은 종목을 매도하여 현금을 유지해야 한다. 왜냐하면 계좌를 보면 대부분의 종목이 손실이므로 일부 종목을 손절하여 종목을 줄인 후에 집중적인 관리를 하는 것이 보다 전략적이기 때문이다. 그래서 비중이 작은 종목과 차트상 회복하는데 시간이 걸리는 종목인 아남전자, 대영포장, 한솔홈데코, 모헨즈, 이월드, 인피니트헬스케어를 과감하게 정리하여 현금을 확보하고 KMH 한 종목을 계좌로 편입하였다.

종목	매수일	매수가	잔량	총매수가	수수료	당일종가	등락	평가액	수익	수익률	목표가	손절
아남전자(008700)	2015-06-04	1,185	200	237,000	50	1,120	-65	224,000	-13,050	-5.51	1,304	1
대영포장(014160)	2015-06-04	1,200	500	600,000	150	1,020	-180	510,000	-90,150	-15.03	1,320	1
KEC(092220)	2015-06-04	1,504	500	752,000	180	1,350	-154	675,000	-77,180	-10.26	1,654	1
한솔홈데코(025750)	2015-06-04	1,726	300	517,800	120	1,565	-161	469,500	-48,420	-9.35	1,899	1
쌍방울(102280)	2015-06-04	2,057	700	1,439,900	350	1,755	-302	1,228,500	-211,750	-14.71	2,263	1
이월드(084680)	2015-06-04	2,377	272	646,544	160	2,070	-307	563,040	-83,664	-12.94	2,615	2
모나미(005360)	2015-06-04	3,926	300	1,177,800	290	3,355	-571	1,006,500	-171,590	-14.57	4,319	3
모헨즈(006920)	2015-06-04	4,815	300	1,444,500	360	4,205	-610	1,261,500	-183,360	-12.69	5,297	4
주성엔지니어링(0369)	2015-06-04	6,612	100	661,200	160	6,620	8	662,000	640	0.10	7,273	6
인피니트헬스케어(07)	2015-06-04	10,000	100	1,000,000	250	9,350	-650	935,000	-65,250	-6.53	11,000	9
남해화학(025860)	2015-06-04	11,096	440	4,882,240	1,220	10,900	-196	4,796,000	-87,460	-1.79	12,206	10
KC그린홀딩스(009440)	2015-06-04	12,625	81	1,022,625	250	11,750		941,750	-72,125	-6.95	13,888	1

증권잔량 합계	총매수가 합계	수수료 합계	평가액 합계	평가수익 합계	평가 수익률	보유현금
3,793	14,381,609	3,540	13,282,790	-1,102,359	-7.67	0

종목	매수일	매수가	잔량	총매수가	수수료	당일종가	등락	평가액	수익	수익률	목표가	손절가
대영포장(014160)	2015-06-04	1,200	500	600,000	150	1,020	-180	510,000	-91,500	-15.33	1,320	1,15?
KEC(092220)	2015-06-04	1,504	500	752,000	180	1,295	-209	647,500	-104,680	-13.92	1,654	1,459
쌍방울(102280)	2015-06-04	2,057	700	1,439,900	350	1,725	-332	1,207,500	-232,750	-16.16	2,263	1,995
모나미(005360)	2015-06-04	3,926	300	1,177,800	290	3,345	-581	1,003,500	-174,590	-14.82	4,319	3,808
주성엔지니어링(0369:	2015-06-04	6,612	100	661,200	160	6,470	-142	647,000	-14,360	-2.17	7,273	6,414
남해화학(025860)	2015-06-04	11,096	440	4,882,240	1,220	10,550	-546	4,642,000	-241,460	-4.95	12,206	10,763
KC그린홀딩스(009440	2015-06-04	12,625	81	1,022,625	250	11,350	-1,275	919,350	-103,525	-10.12	13,888	12,246
KMH(122450)	2015-06-05	13,325	160	2,132,000	530	13,350	25	2,136,000	3,470	0.16	14,658	12,925

증권잔량 합계	총매수가 합계	수수료 합계	평가액 합계	평가수익 합계	평가 수익률	보유현금
2,781	12,667,765	3,130	11,712,850	-958,045	-7.56	1,476,120

보유종목 8개	매도 기준	매수 기준
1. 대영포장 2. KEC 3. 쌍방울 4. 모나미 5. 주성엔지니어링 6 남해화학 7. KC그린홀딩스 8. KMH	• 주식에 대한 비중이 적은 종목부터 매도해서 현금비중을 만들고 종목의 수를 최소화하여 투자비중을 집중하였다. • 단, 주식비중이 높은 기업은 바로 매도하지 않고 일단 추이를 지켜본뒤 대응한다.	• 확실한 종목들을 단기적으로 매수하여 수익을 빠르게 극대화 하는 전략을 추구한다. • 손절하지 못하여 물리거나 종목의 수가 많아지면 계좌를 복구하기 힘들어지는 것이다.

종목	매수일	매수가	잔량	총매수가	수수료	당일종가	등락	평가액	수익	수익률	목표가	손절
모나미(005360)	2015-06-04	3,926	300	1,177,800	290	3,540	-386	1,062,000	-116,090	-9.86	4,319	3
주성엔지니어링(0369:	2015-06-04	6,612	100	661,200	160	6,440	-172	644,000	-17,360	-2.63	7,273	6
남해화학(025860)	2015-06-04	11,096	440	4,882,240	1,220	10,800	-296	4,752,000	-131,460	-2.69	12,206	10
한국콜마홀딩스(1618:	2015-06-08	58,600	50	2,930,000	730	57,400	-1,200	2,870,000	-60,730	-2.07	64,460	56
케이티스(058860)	2015-06-09	6,310	350	2,208,500	550	6,340	30	2,219,000	9,950	0.45	6,941	6

증권잔량 합계	총매수가 합계	수수료 합계	평가액 합계	평가수익 합계	평가 수익률	보유현금
1,240	11,859,740	2,950	11,547,000	-315,690	-2.66	1,946,215

보유종목 5개	매도종목 5개	매수종목 2개
1. 모나미 2. 주성엔지니어링 3 남해화학 4. 한국콜마홀딩스 5. 케이티스	1. 대영포장 2. KEC 3. 쌍방울 4. KC그린홀딩스 5. KMH	1. 한국콜마홀딩스 2. 케이티스

주식비중이 적은 기업들과 주가가 상승하기 어려운 종목들을 매도하고, 현금을 어느 정도 확보했기 때문에 또 다시 물리거나 손실이 나는 경우 짧게 매매해서 최대한 리스크를 관리하는 데에 초점을 맞추었다. 만일 수익이 난다면 이를 분할로 챙기고 추세가 형성되는 경우 이를 추종하여 수익을 극대화 할 것이라

는 전략을 세웠다. 기존에 있던 대영포장, KEC, 쌍방울, KC그린홀딩스는 매도하고 단기적으로 들어간 KMH는 소폭 수익실현을 하고 신규 종목인 한국콜마홀딩스, 케이티스를 매수 편입하였다.

종목	매수일	매수가	잔량	총매수가	수수료	당일종가	등락	평가액	수익	수익률	목표가	손절
모나미(005360)	2015-06-04	3,926	300	1,177,800	290	3,575	-351	1,072,500	-105,590	-8.97	4,319	3
남해화학(025860)	2015-06-04	11,096	440	4,882,240	1,220	12,200	1,104	5,368,000	484,540	9.92	12,206	10
한국콜마홀딩스(1618	2015-06-08	58,600	50	2,930,000	730	56,400	-2,200	2,820,000	-110,730	-3.78	64,460	56
케이티스(058860)	2015-06-09	6,310	350	2,208,500	550	5,950					-0.73	6,941	

증권잔량 합계	총매수가 합계	수수료 합계	평가액 합계	평가수익 합계	평가 수익률	보유현금
1,140	11,198,540	2,790	11,343,000	141,670	1.27	3,076,970

보유종목 4개		매도종목 1개	매수종목
1. 모나미　　　　2 남해화학		1.주성엔지니어링	없 음
3. 한국콜마홀딩스　4. 케이티스			

비중이 컸던 남해화학은 다행히 많은 손실이 나지 않았고 보유하는 도중 플러스권으로 전환되었다. 비중이 제일 컸던 만큼 수익도 커서 계좌를 어느 정도 복구하는데 도움이 되었다. 그래서 현재 가장 비중이 높은 종목을 잘 대응하여 계좌를 관리를 하는 것이 가장 신경을 많이 써야 할 부분이다. 한편 지지부진했던 주성엔지니어링은 매도해서 현금을 확보하고 계좌 종목 수를 최소로 줄였다.

종목	매수일	매수가	잔량	총매수가	수수료	당일종가	등락	평가액	수익	수익률	목표가	손절
이엠코리아(095190)	2015-06-16	6,330	500	3,165,000	790	6,250	-80	3,125,000	-40,790	-1.29	6,963	6
휴비츠(065510)	2015-06-18	21,200	200	4,240,000	1,050	20,600	-600	4,120,000	-121,060	-2.85	23,320	20
SBI인베스트먼트(0195	2015-06-19	949	1,500	1,423,500	710	983	34	1,474,500	50,290	3.53	1,044	
KMH(122450)	2015-06-22	13,850	220	3,047,000	760	14,000	150	3,080,000	32,240	1.06	15,235	1

증권잔량 합계	총매수가 합계	수수료 합계	평가액 합계	평가수익 합계	평가 수익률	보유현금
2,420	11,875,500	3,310	11,799,500	-79,310	-0.67	3,045,557

보유종목 4개	매도종목 4개	매수종목 4개
1. 이엠코리아	1. 모나미	1. 이엠코리아
2. 휴비츠	2. 남해화학	2. 휴비츠
3. SBI인베스트먼트	3. 한국콜마홀딩스	3. SBI인베스트먼트
4. KMH	4. 케이티스	4. KMH

보유했던 모나미는 매수가격까지 오기에는 시간이 많이 걸릴 것으로 판단해 매도해 현금을 확보하고, 남해화학, 한국콜마홀딩스, 케이티스도 수익권으로 매도하였다. 앞으로는 매수도 신중하게 시장에서 이슈가 되는 종목으로 하려 했으며, 종목도 5개 내외로 포트를 구성하여 집중적이면서도 수익을 극대화 하는 전략을 추구하였다.

종목	매수일	매수가	잔량	총매수가	수수료	당일종가	등락	평가액	수익	수익률	목표가	손절
KMH(122450)	2015-06-22	13,850	220	3,047,000	760	13,800	-50	3,036,000	-11,760	-0.39	15,235	13
부광약품(003000)	2015-06-24	30,036	70	2,102,520	520	34,000	3,964	2,380,000	276,960	13.17	33,715	2

증권잔량 합계	총매수가 합계	수수료 합계	평가액 합계	평가수익 합계	평가 수익률	보유현금
290	5,149,520	1,280	5,416,000	265,200	5.15	10,249,464

보유종목 2개	매도종목 3개	매수종목 1개
1. KMH 2. 부광약품	1. 이엠코리아 2. 휴비츠 3. SBI인베스트먼트	1. 부광약품

2015년의 가장 큰 이슈가 되었던 업종이 제약/바이오 업종이었다. 그래서 부광약품을 매수했고, 지지부진한 이엠코리아는 매도하였다. 휴비츠, SBI인베스트먼트는 약간의 수익 처리로 나머지 종목을 집중하였다. 종목이 많으면 관리도 어렵고, 대응하기도 쉽지 않기 때문이다.

종목	매수일	매수가	잔량	총매수가	수수료	당일종가	등락	평가액	수익	수익률	목표가
아세아시멘트(183190)	2015-07-13	132,000	22	2,904,000	720	138,500	6,500	3,047,000	142,280	4.90	145,200

증권잔량 합계	총매수가 합계	수수료 합계	평가액 합계	평가수익 합계	평가 수익률	보유현금
22	2,904,000	720	3,047,000	142,280	4.90	12,370,657

보유종목 1개	매도종목 2개	매수종목 1개
1. 아세아시멘트	1. KMH 2. 부광약품	1. 아세아시멘트

이후 부광약품은 10% 이상 수익이 나서 이를 실현했다. 이후 한 달간 리스크는 최소화하고 수익은 극대화한 결과가 위의 최종적인 계좌이다. 2015년만 하더라도 화장품, 제약/바이오 업종이 초특급 강세였기 때문에 주도주 후보 업종으로 단기매매를 진행하였다. 2018년 중반기까지라고 한다면 남북경협주, 제약/바이오, 수소, 2차전지 등을 위주로 매수하였을 것이다.

마지막 주에는 아세아시멘트를 매수하여 10% 이상의 수익을 내면서 마지막 평가금액 1,541만원 근처에서 마무리를 하였다.

설정 기간	평가 금액	평가 수익
15년 6/4~15년 7/13	14,381,609원	15,417,657원 (+1,036,048) 수익 약 +7.5%

포트를 재구성 하는데 있어서 필요한 것은 결단력이다. 계좌의 손실로 머리가 아플 때는 단호하게 포트를 정리하고 새로운 출발을 통해 수익을 노리는 것이 빠르게 계좌를 복구할 수 있는 길이다. 이러한 손실의 극복과정을 통해 성공을 거두려면 무엇보다도 주식 공부를 열심히 해야 한다. 주식을 매매하여 수익을 낼 수 없는 실력인데 종목을 손절하고 포트폴리오를 재구성한다고 해서 계좌가 좋아지지는 않을 것이다.

그래서 이 책이라도 우선 3회독 이상을 한 후에 주식투자 하기를 권하는 것이다. 그 다음에는 본인이 여러 매체를 찾아가면서 주식공부를 해야 한다. 주식시장에서 오랫동안 살아남기 위해서는 열심히 공부하고 이것을 실천하지 않으면 시장은 절대로 수익을 주지 않는다.

그리고 포트폴리오를 구성하는 종목이 많다고 위험이 분산되는 것이 아니다. 시장이 좋지 않으면 거의 모든 종목이 하락하고, 장이 좋은 경우에는 선별적으로 종목이 상승하기 때문이다. 차라리 분산투자를 하려면 국내 주식보다는 해외의 주식을 포트폴리오로 구성하는 것이 보다 안정적인 투자에 도움이 된다. 하지만 해외 주식투자를 하는 것이 개인투자자에게는 어려운 일이다. 리스크를 줄이는 또 다른 방법은 장이 안 좋은 경우에는 주식의 보유비중을 줄이거나 모두 현금화 하여 쉬는 것이다. 주식투자는 결국 시장이 좋은 시기를 노려 4종목 이하의 선택을 통해 집중투자를 하는 것이 수익성을 위해서 좋다.

✠ 주식투자 핵심 Tip ✠ 손실 중인 포트에 대한 재구성의 순서

1. 비중이 적은 종목의 주식부터 과감히 매도한다(현금확보).

2. 비중이 큰 종목은 분할로 비중을 줄일지를 결정하고 새 포트를 구성한다(단기매매).

3. 시장 주도주를 매매하면서 포트를 재구성한다(리스크관리와 수익극대화).

<주식 기초 상식>

1. 기업의 수익성, 안정성, 성장성 중 가장 중요한 것

주식은 꿈을 먹고 자라는 사업을 하는 업체의 주가가 많이 오르기 마련이다. 즉 3가지 중 주식이 상승을 할 수 있는 요인은 성장성이라는 점이다. 하지만 분명 수익성과 안정성이 뒷받침이 되고 있어야 기업은 길게 사업을 진행할 수 있다. 또한 어떤 업종에 속해 있느냐에 따라서 중요도가 달라진다. 신약을 만들고 있는 신약개발 업체들은 기술특례로 상장되어진 경우가 많기 때문에 안정성, 수익성은 보장이 되지 않는다.

2. 프로그램매매와 선물옵션 만기일

• **프로그램 매매**:주식을 대량으로 매매하는 데 있어서 일정한 프로그램을 이용하는 매매

  예 종목에 대한 매수 의사결정을 하면 시스템을 통해서 20~30개 종목에 대한 매수진행

• **선물 옵션 만기일**:선물에 대한 권리를 행사하기 위한 날로서 3, 6, 9, 12월 둘째 주 목요일

  예 선물과 옵션에 대한 모든 포지션을 만기일 이전에 청산해야 된다. 그래서 만기일에는 변동성이 커지는 경우가 있다.

02 호가창과 투자전략 / 기업의 공시

1. 호가창과 투자전략

(1) 호가투자의 의의

주식투자를 하면서 매 순간 집중해서 봐야 하는 것이 바로 호가창이다. 호가창은 실시간으로 움직이는 거래의 현장이다. 내가 매수와 매도를 하는 순간 기관이나 외국인들이 어떻게 거래하고 있는지를 실시간으로 살펴볼 수 있는 곳이 호가창이다. 힘이 분산된 개인투자자들은 결국 큰 자금을 쥐고 주가를 움직이는 기관이나 외국인투자자들의 힘을 빌려야 수익을 낼 수 있다. 매일 매일 호가창을 보는 것은 힘들겠지만 호가를 관찰하다 보면 특이한 점을 알 수 있다. 바로 기업의 유통주식수와 주식의 변동성은 반비례하는 경우가 많다는 것이다. 그래서 유통주식수가 적을수록 주가의 변동폭은 커진다.

그리고 체결강도를 확인하여 매수와 매도의 기회로 삼는 것이 필요하다. 주식거래에 있어서 이상 거래인 대량의 매수나 매도가 들어오는 경우 주가의 예측

을 하기 어렵게 만드는 부분을 방지하기 위해 단순히 거래를 매수, 매도로 구분하여 분석하는 것을 체결강도라고 한다. 체결강도가 100% 이상이라면 매수체결이 매도체결보다 많은 것이라고 할 수 있어 매수의 타이밍으로 볼 수 있고 반대로 체결강도가 100% 이하라면 위의 반대의 경우로 매도 타이밍이라고 할 수 있다.

❖ 체결강도 관련

아래 현재가 페이지 우측 하단에 표시된 부분을 보면 체결강도가 표시가 되어있다. 현재 체결강도는 119.56으로 매수세가 우위에 있다고 설명할 수 있다. 체결강도의 크기가 커지는 것은 거래량이 매수나 매도 쪽으로 많아진다는 의미이다. 아래 우측 하단에 주황색 박스권을 보면 거래량이 130주부터 800주까지 거래되는 것을 볼 수 있다. 체결강도도 119.41에서 119.59로 높아지고 있다. 즉 체결강도가 강해진다는 소리 즉 100 이상 되는 부분에서는 매수거래가 증가되는 시점이고 반대로 체결강도가 약해진다는 소리는 매도를 하는 호가가 많아지면서 체결강도가 하락한다고 볼 수 있다.

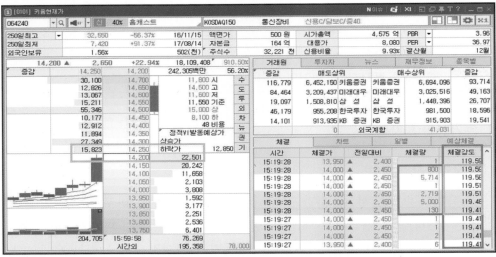

우측 아래 박스권에 빨간색으로 색이 들어가 있는 매수의 체결량은 지금은 현재가가 13,950원이지만, 14,000원에 있는 호가에 대고 높게 매수를 했다는 뜻이다. 고로 왼쪽 호가의 표를 보면 현재가격이 14,200이라고 봤을 때 그 가격보다 높게 14,250원에 100주 주문을 내면 체결량은 빨간색이 되며 체결강도가 높아지는 것이고, 반대로 14,250원에 호가에서 아래로 14,200원에 매도를 하면 파란색으로 체결량이 표시되며 체결강도는 떨어져 이것을 매도형 체결이라고 말한다.

(2) 매수를 적극적으로 하는 호가

　일반적으로 시가총액 1조 이상 종목들은 개인의 매수로 주가가 올라가기 보다는 외국인과 기관의 매수로 주가가 올라갈 확률이 높은 종목이다. 그러므로 개인들의 매수는 주가에 영향을 별로 주지 못한다. 그렇다면 외국인과 기관이 매수하는 습관을 아는 경우 대략적인 호가의 방향을 확인하는 데에 도움이 될 수 있다.

　아래 종목은 한미약품이다. 시가총액 5조 이상이기 때문에 외국인과 기관의 매수가 주가에 영향을 미친다. 특히 KOSPI200 종목의 경우 프로그램 매매까지 고려해야 한다. 기관이나 외국인들의 매수 특성은 한 방향으로 계속 매수하는 특징이 있다. 이는 개인투자자들처럼 주식가격의 움직임에 따라 매수와 매도를 하지 않는다는 의미이다. 만일 한미약품이라는 종목을 455,000원까지 매수한다고 하면 그 가격이 올 때까지 기계적으로 매수를 한다. 그러므로 매도호가보다 매수호가가 적어지기 마련이다. 즉 매도호가가 많다는 소리는 매도하려고 준비하는 투자자들이 많다는 소리이지만 결국 일정 가격까지 계속적인 매수를 해서 호가를 높여가는 매수를 하기 때문에 매수호가는 적어지지만 주가는 계속 올라가는 기이한 현상을 보이게 된다. 이런 거래흐름이 발생하는 종목들의 대부분은 기관이나 외국인들이 당일 매수를 많이 하는 종목에 많이 나타난다.

　위를 보면 매도호가는 꽉차있는 상태이지만 매수호가에는 물량이 많지 않다. 이는 어느 가격까지는 인위적으로 매수를 한다는 의미이기 때문에 가격이 올라갈 가능성이 크다. 우측 하단 끝에 보이는 체결강도도 319.16으로 매수 타이밍의 신호가 계속 나오고 있고 거래원에는 외국인 투자자들의 투자자별 매수상위 증권사로 메릴린치가 현재 매수를 하고 있는 것을 볼 수 있다.

위에 호가에 대한 이 시기의 매매동향(키움 0796)을 보면 외국인과 기관의 매수가 집중되면서 상승을 이어갔다는 것을 알 수 있다.

위의 설명한 것처럼 대게 상승하는쪽의 호가는 매수호가가 매도호가보다 많은 경우가 대부분이다. 특히 시가총액이 적은 업체들은 적은 투자금으로 인위적인 주가부양이 가능하므로 아래의 호가창을 보면 거래가 되고 있는 11,550~11,600원의 호가는 잔량이 많이 쌓여있지 않다. 특히 매수호가 11,450원까지는 호가가 많이 비어져 있다. 그래서 시가총액이 적을수록 호가를 채워서 매수하는 것보다는 비워두고 바로 매수를 하는 경우가 많이 있다.

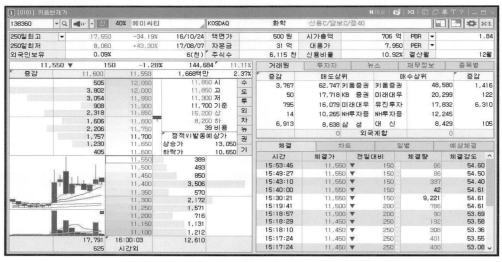

투자자별 매매동향의 경우 1,000억 미만에서는 대게 개인과 외국인에 의하여 이루어진다고 볼 수 있다. 체결강도는 54.60으로 단기적인 조정이 이어지고 있다. 위 호가에서 또 관심 있게 봐야 하는 부분이 바로 라운드피겨 가격대이다. 라운드피겨 가격이란 딱 떨어지는 마디가 끊어지는 가격을 말한다. 예를 들어 12,050원은 마디가격이 아니고 12,000원이 마디가격이다. 이러한 라운드가격에는 매물이 몰리므로 그 가격은 지지와 저항의 역할을 한다. 이는 마디가격이 사람들이 심리적으로 선호하는 가격대로 매물이 몰리기 때문이다. 매수와 매도의 주문을 내는 경우 라운드가격은 피해서 주문을 하는 것이 좋다.

일자	현재가	전일비	거래량	개인	외국인	기관계	금융투자	보험	투신	기타금융	은행	연기금등	사모펀드	국가	기타법인	내외국인
누적순매수				+585	-520	-6	-6								-58	-1
17/09/29	11,550 ▼ 150		144,664	+5		-6	-6								+1	
17/09/28	11,700 ▲ 400		1,301,997	+128	-129										+1	
17/09/27	11,300 ▲ 400		166,697	+78	-78											
17/09/26	10,900 ▲ 450		234,314	-203	+205											-2
17/09/25	11,350 0		355,599	+81	-61											
17/09/22	11,350 ▲ 750		741,491	-35	+36											-1
17/09/21	10,600 ▼ 1,100		1,531,916	+395	-397											+1
17/09/20	11,700 ▲ 250		540,092	+41	-30										-10	-1
17/09/19	11,450 ▲ 1,740		2,528,295	-88	+79										+9	
17/09/18	9,710 ▲ 130		50,404	+17	-17											
17/09/15	9,580 ▲ 30		25,214	+11	-11											
17/09/14	9,550 ▲ 60		18,819	+1	-1											
17/09/13	9,490 ▲ 90		15,454	+17	-17											
17/09/12	9,580 ▲ 110		25,125	+2	-2											
17/09/11	9,690 ▲ 260		54,944	+10	-10											
17/09/08	9,950 ▼ 100		31,652	+67	-9										-58	
17/09/07	10,050 ▼ 170		60,362	+17	-17										-1	
17/09/06	9,880 ▼ 10		32,355	+31	-31											

✤ 주식투자 핵심 Tip ✤ 매수를 적극적으로 가담하는 호가의 특징

1. 매수호가 보다 매도호가의 잔량이 더 많다

시가총액이 클수록 외국인과 기관의 매수가능성을 염두에 두어야 한다.

2. 갑자기 큰 매수세가 유입된다.

보통 10~100주 거래되는 호가에 10,000주 이상 찍히는 경우

3. 라운드피겨 가격을 돌파하면 급등세가 이어진다.

매물이 많은 가격대를 돌파하는 경우 추가적인 수급이 진입한다.

4. 허매도를 일부러 매도 가격에 올려놓고 매집하는 경우도 있다.

(3) 매도를 적극적으로 하는 호가

매도를 적극적으로 하는 호가는 매수를 적극적으로 하는 호가와 반대의 상황이라고 보면 된다. 시가총액이 1조 이상이 되는 경우의 매도를 적극적으로 하는 호가에서도 외국인과 기관의 매도가 중심이 되어 거래체결이 이루어진다. 이 경우 매도체결의 호가보다 매수체결의 호가에 대한 매물이 많아야 한다. 매수를 하려고 하는 사람이 많고 매도를 하려고 하는 물량은 많지 않지만 외국인과 기관의 매도는 일정한 가격을 정해두고 시간이나 심리와 상관없이 한꺼번에 밑으로 매도를 하는 경우가 많다.

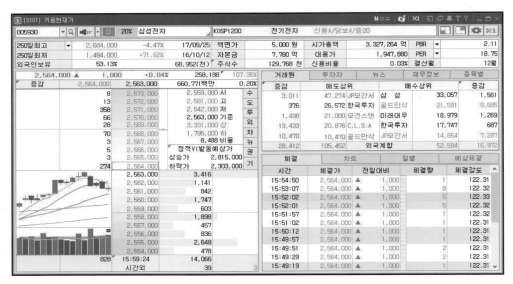

　역시 아래의 거래원을 보면 매도상위에 외국인들 거래창구가 1위부터 5위까지 4군데나 포함되어 있는 것을 볼 수 있다. 매수합계가 5만주 내외였지만 매도합계는 10만주가 넘어 배 이상의 매도를 하면서 주가의 상승을 방해하는 모습을 보인다.

　역시 이 시기 투자자별 매매 동향을 보면 최근 3일간 외국인과 기관의 대량매도세가 나오면서 삼성전자 주가의 추가적인 상승을 방해하고 있는 모습이다. 반면 기타법인과 개인은 계속해서 매수하고 있다.

　2017년 후반기 시장 자체가 고점에 근접을 했다는 분석 등이 나오는 외중에 외국인/기관의 매도세가 이어졌지만 2018년 1분기에도 사상 최대실적을 발표하여 앞으로의 주가 추이가 궁금한 상황이다.

주가 조정 시 시가총액이 작은 기업들의 호가는 매수를 적극적으로 하는 호가와 반대로 매도호가보다 매수호가의 잔량이 많다. 누르는 성격의 매도세가 많을수록 매도 호가의 잔량은 꽉 채워진 걸 볼 수 있다. 매수호가는 허매수로 일부러 매수 주문을 내놓은 가격의 호가도 많기 때문에 정확히 매수호가에 있는 호가가 매수를 대표한다고 볼 수 없다.

위의 가격차트를 보면 현재 거래되는 가격이 1,755원에서 1,765원이지만 1,745원에 4만주가 쌓여 있다. 이는 일부러 허매수를 호가로 받친 뒤에 보유한 물량을 비싼 가격으로 팔기 위한 모습으로 볼 수 있다.

✠ 주식투자 핵심 Tip ✠ 매도를 적극적으로 가담하는 호가의 특징

1. 매수호가 보다 매도호가의 잔량이 더 적다

시가총액이 클수록 외국인/기관의 매도가능성을 염두에 두어야 한다.

2. 갑자기 큰 매도세가 유입이 된다.

보통 10~100주 거래되는 호가에 10,000주 이상 매도호가가 찍힌다.

3. 라운드 피겨 가격을 하락 돌파하면 추가 하락이 계속 이어진다.

매물이 많은 지지 가격대를 하향 돌파 시 추가적인 매도량이 증가한다.

4. 매수호가의 잔량이 많은 건 허매수 일 수 있다.

2. 기업의 공시(호재, 약재)

　공시란 기업의 중요한 의사결정이나 재무상황, 영업실적 등을 투자자들에게 알리는 것을 말한다. 주식시장에 상장되어 있는 주식회사는 중요한 일정사항이 발생 시 신속, 정확, 명확하게 투자자들에게 이를 알릴 의무가 있다. 기업공시는 보통 유통시장공시를 말하며 정기적으로 사업보고서와 반기보고서를 제출하는 정기공시와 특별한 일이 있을 때 알려야 할 의무가 있는 수시공시가 있다. 또한 주식시장에 풍문 등을 증권거래소가 조회할 경우 이에 대한 사실을 확인해주는 조회공시가 있다.

(1) 기업 공시의 종류

중요 공시	단순 공시
• 채권발행(CB, BW, EB) 등 재무적 부분 • 유상증자(일반, 주주, 3자배정)/무상증자 • 흑자전환/적자전환 기업경영부분 • 사업목적추가/회사분할 • 공장증설/설비투자 확대 • 자사주신탁계약 매입/자사주 소각 • 기업대표 탈세 • M&A관련	• 조회공시(풍문, 소문, 루머 등) • 임원 변경 및 사퇴, 임명 • 액면분할/액면병합 • 사업보고서/반기보고서

　공시를 통해서 시장에서는 해당 회사의 주식이 앞으로 상승할지 하락할지를 파악할 수 있다. 그 이유는 공시를 통해 나온 사건들 중 신규사업의 진행이 현재 사업과의 연계를 통해 시너지 효과를 높일 수 있는지, 현재는 적자이지만 사업목적추가를 진행하면서 흑자전환을 할 수 있을지, 회사의 경영난 타개를 위한 다른 업체와의 인수·합병이 될 수 있을지 등의 다양한 사례를 시장은 냉정하게 평가하여 주가에 반영한다.

(2) 보유 주식 등에 대한 계약

가. 계약 여부

신탁·담보·대차·일임·장외매매·공동보유 등 주요계약 체결, 변경 여부
있음

*주요계약 체결·변경사실 미보고시 해당 미보고분에 대해 의결권이 제한될 수 있음

나. 계약 내용

성명 (명칭)	보고자와의 관계	생년월일 또는 사업자등록번호 등	주식등의 종류	주식수	계약 상대방	계약의 종류	계약체결 (변경)일	비고
(주)카카오	본인	120-81-47521	의결권있는 주식	9,728,351	(SIH) Star Invest Holdings Limited	장외매매계약	2016년 01월 11일	주1) 참고
(주)카카오	본인	120-81-47521	의결권있는 주식	6,250,239	(SIH) Star Invest Holdings Limited	현물출자계약	2016년 01월 11일	주2) 참고

주1) 장외매매계약(Share Purchase Agreement)

❖ 보유 주식 등에 관한 계약(위 설명)

장외매매계약에 대한 공시이다. 기존 STAR Invest Holdings Limited의 주식을 1주당 약 97,000원 가격으로 9,000억 현금으로 인수한다는 조건이다. 주식인수예정일은 거래 종결이 모두 충족되는 날부터 3영업일이 되는 날 또는 합의로 정해진 경우이다.

❖ 공시를 이용한 투자예시

카카오는 작년 1월 11일에 로엔을 인수한다. 로엔은 멜론이라는 국내 1위의 음원서비스 제공 및 아이유가 있는 연예기획사를 보유하고 있는 업체이다. 3,800만명의 멜론 유저들과 다양한 음원 서비스를 카카오에 접목하여 긍정적인 시너지효과를 내기 위한 인수라고 설명을 하였다.

아이러니하게도 로엔 인수를 한 시점이 카카오의 주가가 저점 부근이었다는 점이다. 2017년 주가는 인터넷 은행과 카카오게임 및 카카오의 자회사들의 실적이 긍정적으로 전환될 것이라는 기대감으로 힘차게 상승 전환되었으며 저점대비 약 50% 이상 상승을 기록하고 있는 중이었다.

아래 차트는 2017년 1월 11일이 포함이 되어있는 날짜인 주봉을 그려 놓은 부분이다. 약 2주간 조정을 거치더니 다시 상승으로 전환돼서 145,000원 가량의 가격을 만들었다. 단기 조정이 10만원 부근에서 한차례 나오기도 하였으나 7월 27일 카카오뱅크가 영업을 시작하면서 예상을 뛰어넘는 인기에 주가는 다시 반등을 시작하였다. 이후 거침없이 상승을 하며 2015년의 고점까지 임박한 모습이다.

그렇다면 과연 이 공시가 좋은 공시인지(호재), 나쁜 공시인지(악재)를 판단하는 시간을 가져보도록 하겠다. 100% 맞지는 않지만 공시가 나왔을 때 주가의 움

직임이 아래 표에 제시한 방향으로 움직였던 확률이 높았다는 점을 분석해서 제시하였다. 자신이 보유한 종목이 어떤 공시나 뉴스가 있는지 비교·확인해보기 바란다.

(3) 기업의 공시와 뉴스 호재, 악재 파악하기

[기업뉴스의 호재와 악재 분류]

호 재	악 재
• 유상증자(3자배정) • 무상증자 • 실적 흑자전환 공시 • 설비투자 확대 / 공장증설 • 자사주신탁계약 매입 • 정부의 육성정책 • 적자 구조 사업 정리 / 구조조정 • 기업의 대규모 NDR, IR • 대주주 주식매수 • 현금 배당이나 주식배당, 주식소각	• 기업대표 탈세 • 실적 적자전환 • 정부의 규제대책 • 유상증자(일반, 주주) • 보호예수해제 • 대주주 주식매도 • 감사의견거절 • 거래정지, 감자
• 기타 : M&A, 대주주변경 등	

(4) 기업의 내부적인 재정상태 / 유상증자, 무상증자, CB, BW

❖ 유상증자

자금조달은 되도록 안하는 것이 좋지만 인수주체가 중요하다. 기업을 운영하다 보면 자금 사정이 항상 여유로운 것은 아니므로 자금이 부족할 때 자본을 조달할 수단을 강구하게 된다. 상장된 기업의 경우 증자라는 수단을 동원하게 되는데 이 때 어떤 종류의 증자를 통하느냐가 중요하다.

3자 배정을 통한 증자는 회사에 우호적인 자가 투자를 하는 것이므로 투자받는 회사 입장에서는 큰 어려움이 없이 든든한 지원군을 얻는 효과가 생긴다. CB(전환사채), BW(신주인수권부사채)의 경우도 제3자 배정을 통한 증자와 마찬가지의 효과를 얻을 수 있다. 하지만 일반공모나 주주배정방식의 증자는 불특정 다수가 주주가 되는 경우가 많으므로 주가는 대부분 하락한다. 단, 주주배정방식에서 대주주나 대표이사를 상대로 배정하는 경우는 긍정적일 수 있다.

대게 유상증자는 주가 상승기이거나 시장의 수급이 좋은 경우에 할 때가 많다. 이유는 증자로 인한 권리락이 되는 경우 주가가 많이 하락 할 수 있으나 주식시장이 상승장이면 이러한 부작용을 극복할 수 있을 것이라 생각하기 때문이다. 하지만 유상증자의 경우 대부분 주가는 하락한다는 점을 반드시 알아두어야 한다. 그래야 유상증자 발표 직후 매도한 다음 주가가 나중에 제 자리를 찾아가는 경우 재매수하는 전략을 취할 수 있기 때문이다. 장중에 갑자기 증자에 대한 뉴스가 뜨는 경우 제3자배정 유상증자가 그나마 긍정적이지만, 일반공모나 주주배정은 부정적이라는 것을 인식하고 뉴스에 대한 대응을 해야 할 것이다.

❖ 무상증자

무상증자는 해당 비율만큼 현재 주식을 보유하고 있는 주주들에게 주식을 무상 제공하는 것이다. 100% 무상증자라고 하면 만약 100주를 보유하고 있다면 추가로 100주를 더 받을 수 있는 권리를 제공받는 것이다. 하지만 주가는 절반으로 줄어든다. 대게 주식 수는 적지만 안정적인 사업을 진행하고 있고 유보율이 높은 기업들이 주주친화적인 무상증자를 통하여 종목의 인기를 올리고 주식 분산에 긍정적인 효과를 보기 위해서 무상증자를 진행한다. 하지만 무상증자는 사업을 통해 벌어들인 이익인 잉여금을 자본금으로 이동시키는 것으로 자본총액의 변화는 없으며 권리락으로 주가가 하락할 수 있다는 점을 알아야 한다.

❖ 기업의 채권발행(CB전환사채, BW신주인수권부사채)

❶ CB(전환사채) : 주식으로 전환될 수 있는 채권으로 만료 기간 동안 확정이자(평균 4% 정도)를 받을 수 있는 권리를 가지는 채권이다. 보통 주식으로 전환되는 기간은 계약 요건마다 다르지만 통상 3개월 정도이며 주식으로 전환될 때의 주식가격은 채권과 주식가격의 비율로 정해진다. 정해진 기간 동안 주식가격이 전환가격 이상이 된다면 이자와 함께 주식시세차익까지 얻을 수 있다. 옵션에 따라서 전환사채를 일정가격으로 매도할 수 있는 풋옵션(Put-option)과 발행회사에서 다시 매수할 수 있는 콜옵션(Call-option) 조건이 붙기도 한다. 전환사채는 일반사채와 같이 이사회의 결의를 통해서 진행될 수 있다.

전환사채를 발행할 때는 공모와 사모로 나누어서 할 수 있다. 공모는 불특정 다수인 누구에게나 관련 권리를 줄 수 있게 해주는 것을 말하며 사모는 기업이 매입자를 찾아서 매도하는 경우가 대부분이다. 즉 사모발행은 알고 있는 투자회사나 대주주의 친인척이나 관련 업체를 대상으로 하는 경우가 많다. CB발행은 채권이 자본금으로 포함되기 때문에 자본금은 늘어난다. 그리고 CB발행이 많았다면 만기되는 시점에서 주식이 시장에 많이 유통되어 주가가 상승하는데 제한이 있다는 점을 유념해야 한다.

❷ BW(신주인수권부사채) : 신주인수권과 회사채가 결합된 상품으로 고정된 이자를 받을 수 있는 채권과 신주 주식으로 발행될 수 있는 권리를 따로 매매하는 채권이라고 볼 수 있다. 미리 정해진 가격으로 주식 발행을 청구할 수 있으며 주식 가격이 낮으면 권리를 행사하지 않고 포기해도 무방하다. BW는 보통 사채보다는 저렴하게 발행할 수 있는 것이 장점이며 채권과 신주인수권을 한꺼번에 거래하는 비분리형과 따로 거래할 수 있는 분리형으로 나눌 수 있다. 역시 자금조달이라는 점에서 많이 발행하면 할수록 주식으로 전환될 가능성이 높아 유통주식이 많아진다는 점에서 주가에 부담이 되는 것이 사실이다. 전환사채는 채권을 주식으로 전환 시 별도의 주식대금을 부담할 필요가 없으며 전환되면 채권은 소멸되나 신주인수권부 사채는 주식으로 전환 시 별도의 일정 금액을 부담해야 하고 인수권부분은 소멸되나 사채권은 남아있다는 점이 전환사채와 다르다.

- **전환사채(사채 + 주식전환청구권) 전환 시 = 주식**

- **신주인수권부사채(사채 + 신주인수권) 전환 시 = 채권 + 주식**

* 투자자는 공시를 통하여 기업이 어떤 방식으로 채권을 발행 하는지와 만기가 언제인지를 확인하는 것이 필요하다. 그리고 채권 발행이 투자한 회사에 어떤 도움이 될 수 있을지를 반드시 확인해야 한다. 왜냐하면 사업의 방향성을 잘못 잡으면 결국 무리한 투자로 종국적으로는 기업이 부실해질 수 있기 때문이다.

* 보호예수 : 일반적으로 채권을 발행하면 보호예수 기간 동안에는 주식을 매도하지 못하는 계약을 맺는 것으로 소액투자자를 보호하고 주식시장의 안정을 위한 것이다. 보호예수 기간은 1년이 평균적이며 기간이 지나기 전에 미리 인수하는 경우도 있지만 대부분 보호예수 기간 이후에 시장에 나온다는 점에서 단기적으로 주가에 부정적인 영향을 미치나 실적 개선의 기대가 있는 경우에는 그 하락을 매수의 기회로 활용할 수 있다.

[나라케이아이씨] – 3자배정 유상증자

동사는 2017년 11월 10일 오전 최대주주 변경이 되며 주가가 상한가 시세를 보였다. 이때 BW 1,000억, CB 1,000억 발행과 제3자배정으로 600억 이상 유상증자를 하며 단기적 자금 2,600억을 모집한다는 이슈가 시장에 긍정적으로 작용하였다. 참고로 대주주에 대한 지분도 500억에 매도한다고 하였으므로 거래되는 금액만 3,100억 이었다.

(5) 기업의 주주 친화정책 : 주식/현금배당, 주식소각, 자사주신탁계약

❖ 주식/현금 배당

　기업이 주식배당이나 현금배당을 통해서 보유하고 있는 주주들에게 주식의 수익에 버금가는 현금이나 주식을 주면서 보유한 주식에 대한 브랜드 가치를 높이고 중장기 우호적인 투자자들을 만들어 안정적인 주가의 흐름을 보일 수 있도록 지속적인 당근을 제시하는 것이다.

❖ 주식소각

　2017년 삼성전자는 보유한 주식을 소각하였다(자사주 소각). 주식소각은 유통주식수를 줄여 주가의 희소성을 높이기 위한 수단이다. 주식소각은 주가관리의 효과가 자사주 매입보다 높은 것이 일반적이다. 즉 주식수가 줄어들어 물량부담이 없어져 중장기적인 주가를 관리할 수 있다고 보기 때문이다. 다만, 자사주를 소각하면 자기자본이 줄어들어 부채비율이 높아진다는 단점이 있다.

[삼성전자] – 주식소각

❖ 자사주신탁계약

　일정 기간 동안 기업에서 증권사에 맡긴 돈으로 해당 기업의 주식을 매입하여 운용하는 계약을 말한다. 인위적으로 기업의 주가를 안정시키고 경영권을 방어하기 위한 목적으로 자기 주식을 취득하는 것이다. 만약 2018년 8월 9일까지 50억 자사주 신탁계약을 한다면 어느 증권사와 계약을 했는지를 잘 보기를 바란다. 그 창구로 주식을 매수를 할 가능성이 높기 때문이다. 대게 회사에 유보금은 많지만 주가가 상승하지 않는 종목들이 자사주신탁계약을 많이 한다.

[위닉스] – 자사주신탁계약

(6) 기업의 사업변화 : 흑자/적자 전환 , 설비투자확대, 공장증설, 구조조정, 적자사업 정리

❖ 흑자전환 / 적자전환

실적이 꾸준히 늘고 있다는 뉴스나 공시는 긍정적이다. 실적 발표 전까지 주가의 추이가 어떻게 되고 있는지를 꾸준히 관찰해야 한다. 즉 실적 호전이 미리 주가에 선반영이 되면서 주가가 지속 상승을 했는지 아니면 주가는 그대로 인데 시가총액이 큰 종목일수록 호실적이나 긍정적인 실적에 대한 이슈에 대하여 그 날이나 다음날 증권사 리포트가 나와 주가에 영향을 줄 수 있으므로 실적 시즌에는 이를 예의주시해야 한다.

반면에 실적이 좋았던 업체가 갑자기 예상실적에 크게 못 미치거나 적자 전환이 되었다는 뉴스가 나오면서 주가가 곤두박질을 치는 경우가 있다. 이는 뉴스 이전에 주가가 하락하지 않은 경우이다. 이와 달리 적자 전환 뉴스가 나오기 전 미리 주가가 하락하는 경우가 있기 때문에 자신이 보유한 종목이 실적 시즌인데 갑자기 주가가 하락하는 경우에는 이에 대한 대응을 미리 준비해 두는 것이 좋다.

❖ 설비투자확대, 공장증설 / 신사업 추진(무리한 확대)

투자한 기업에서 공장증설이나 설비투자를 확대한다는 소식은 동사가 보유한 제품의 판매가 지속되고 있고 동사가 보유한 생산시설로 수요를 못 맞추는 상황이라고 볼 수 있다. 그래서 제조업체의 경우 공장증설이나 설비투자확대 등으로 기업의 생산량을 확대하는 경우 현재 주가가 좋지 않더라도 앞으로 기대를 가지고 지켜봐야 할 것이다.

이와 대비되는 경우로 회사의 수익성이 떨어지고 있는데 신규 사업을 지속적으로 추진하는 경우가 있다. 이는 현재 사업에 대한 비전이 없어 새로운 사업으로 수익성을 돌파해 보자는 의미인 경우가 대부분이다. 이는 적자 회사에서 신규사업을 추진하고 기존 사업과의 시너지도 별로 없는 경우가 많아 자칫 상폐로도 진행이 되기 때문에 주의를 해야한다.

❖ 구조조정, 적자사업정리

회사 입장에서 가장 큰 부담은 '고정비'이다. 특히 고정비중 대부분이 판관비 (판매와 관리, 유지에서 발생하는 비용의 총칭)라는 명목의 인건비와 복리후생비, 접대비 등이다. 그러면 이런 판관비를 줄이기 위한 가장 빠른 방법은 무엇일까? 바로 구조조정이다. 기업의 규모가 클수록 구조조정으로 감축되는 인원도 많아지므로 고정비를 줄일 수 있어 재무건전성이 좋아질 수 있다.

(7) 기업의 적극적인 홍보 : NDR, IR 관련

앞에서 기업 IR투자에 대해서 자세하게 설명하였지만, 기업이 홍보를 많이 하는 이유는 투자자들에게 자신 있게 내놓을 수 있는 상품이나 로드맵이 있기 때문이다. 이를 악용하는 업체들도 있지만 대부분 적극적인 홍보를 통해 제품의 매출을 신장하고자 하는 경우가 많기 때문에 이러한 업체는 그 실적을 관심 있게 지켜봐야 한다.

(8) 기업 오너나 대주주의 관심 : 주식매매관련

상장 주식의 회사에 대해 가장 잘 아는 사람은 역시 대표이사나 임원, 대주주일 것이다. 그러므로 이런 사람들이 주식을 매수한다는 것은 상당히 긍정적인 소식이다. 왜냐하면 회사의 임원이 현재의 주가와 회사의 앞으로의 실적을 대비하여 앞으로 주식의 가격이 상승할 가능성이 높다고 생각하기 때문에 매수를 하는 경우가 많기 때문이다. 이와 반대로 현재 회사의 미래 사정에 비해서 주가가 너무 올라있는 경우에는 매도하려는 욕구가 강해지므로 매도로 이어지는 경우가 많다. 그러므로 개인투자자들은 회사 관계인의 매수, 매도 여부를 잘 관찰하여 주식의 보유 여부나 비중을 결정하는 것이 좋다.

(9) 정부의 정책 확인 : 육성정책, 관련법 제·개정

회사차원의 전망이 좋은 사업을 진행하더라도 행정규제에 촘촘하게 연결되어 사업변경의 여지가 적은 경우에는 사업이 지지부진할 가능성이 크다. 예를들어 이명박 대통령 시절 인터넷 게임업종에 대한 청소년보호정책의 하나로 '셧다운제'(저녁12시부터 6시까지 16세미만 청소년의 인터넷게임에 대해서 강제 차단된다는 법)가 시행되었다. 현재는 규제가 완화되어 있지만 그 당시에는 관련법으로 인해서 해당업종의 주식가격이 영향을 받아 지지부진하였다. 이와 달리 관련 사업을 육성하는 국가의 정책이 뒷받침이 되는 종목은 미래의 기대효과로 주가가 상승하는 경향이 있으므로 개인투자자는 항상 국가의 새로운 정책이나 정책의 변화에 민감하게 반응하여야 한다.

(10) 기타 감사의견, 감자

❖ 감사의견

감사의견은 공인회계사가 기업들의 재무제표를 감사하여 해당 기업의 회계정보의 건전성을 판단해서 일반인들에게 공표하는 지표라고 할 수 있다. 이는 '적정의견 – 한정의견 – 부정적의견 – 의견거절'의 단계로 나눌 수 있다. 한정까지는 기업의 회계기준이 적정 기준을 통과한 것이지만 부정적으로 전환될 수 있기 때문에 대부분의 경우 적정의견을 제외한 단계는 비적정의견이라고 보고 종목을 평가해야 할 것이다.

❖ 감 자

기업의 재무구조가 좋지 않을 때 이를 적정으로 만들기 위하여 사용하는 방법이 '감자'이다. 주식소각 등의 방법으로 감자하여 얻은 이익을 주주에게 환급하는 유상감자(실질적 감자)가 있으나 실제로 주식시장에서 유상감자가 행해지는 경우는 거의 없다. 대부분의 감자는 주주들에게 이익이 환급되지 않는 무상감자(형식적 감자)이다. 즉 결손금이 누적되어 갈 때 자본금을 줄여서 자본잠식 상태에서 벗어나 회계상 적정수준을 만드는 것이라고 할 수 있다. 즉 주식수나 주식가격을 인위적으로 낮추어 자본을 줄이는 것을 뜻한다. 기존 주주들은 주식수가 줄기 때문에 손해를 보지만 투자 회사가 상장폐지를 당하는 것보다는 낫기 때문에 울며 겨자 먹기로 계속 보유를 하는 경우가 대부분이다. 무상감자를 하는 것은 보통 회사의 기업의 경영상태가 좋지 않은 경우로서 회사의 미래가 밝지 않다고 보면 된다.

대부분 감자를 하는 기업들은 유상증자를 같이 병행하는 경우가 많기 때문에 감자를 하고 나서 바로 주가가 반등한다고 해도 좋아할 필요는 없다. 또한 감자 이후 첫 거래일은 대게 변동폭이 크기 때문에 단기적인 접근은 가능하여도 중장기 투자는 피하는 것이 좋다.

Part 4 주식에서 고수되기

❖ 지식을 시장과 연결 시킬 줄 알아야 한다.　　　　　　　　제럴드 로브

❖ 포트폴리오 투자의 핵심은 분산이 아니라 관리다.　　　　윌리암 오닐

❖ 상식적으로 생각해도 주식투자에 비법은 없다.　　　　　에드 세이코타

❖ 이익은 달리게 하고 손실은 짧게 끊어라.　　　　　　　빅터 스페란데오

❖ 신고가를 기록하는 주식은 고점을 돌파할 때 매수하라.　제시 리버모어

❖ 흥분이나 두려움을 느낄 때는 매매를 중단해야할 시점이다.　알렉산더 엘더

❖ 단지 싼 주식이 아니라 최고로 싼 주식을 매수해야 하고, 다른 사람들이 실망 매물을 내놓을 때
　매수하는 용기와 실천력이 필요하다.　　　　　　　　　　존 템플턴

❖ 현재의 주식시장이 사이클의 어느 국면에 있는지를 정확히 파악해야 한다.

　　　　　　　　　　　　　　　　　　　　　　　　　　앙드레 코스톨라니

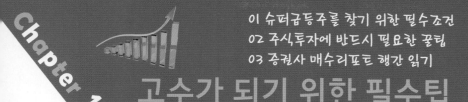

01 슈퍼급등주를 찾기 위한 필수조건
02 주식투자에 반드시 필요한 꿀팁
03 증권사 매수리포트 행간 읽기

Chapter 1

고수가 되기 위한 필수팁

01 슈퍼급등주를 찾기 위한 필수조건

 기본적으로 슈퍼급등주는 못해도 최소 +50% 이상에서 세 자리 정도는 수익이 나는 종목을 기본 전제조건으로 한다. 왜냐하면, 상하한가가 예전에만 해도 15%라는 것을 생각하면 현재 50% 수익이 나기 위해서 과거에는 상한가 3번 정도 가야 하는 수익이다. 하지만 최근에는 상·하한선이 30%로 변동폭이 커진 만큼 급등주의 경우 +30%에서 −30%를 가는 경우 −60%가 되기 때문에 +50% 이상은 큰 수익이 아닐 수 있다. 그래서 계좌에 한 종목 이상 +50% 이상 수익이 나는 경우 그동안 손실이 난 계좌를 한 번에 복구를 시킬 수 있다는 점에서 의미가 크다.

Part 4
주식에서
고수되기

1. 바닥권 종목보다는 상승추세의 조정을 보이는 종목을 선택

 슈퍼급등주는 바닥에서 시작하는 종목보다는 이미 상승추세를 보이는 종목에서 상승하는 경우가 더 많다. 그러므로 바닥권에서 거래량이 집중되어 상승하면서 바닥을 탈출해서 지속적인 급등을 만드는 확률보다 상승추세를 보였던 종목이 고점에서 조정을 보이는 종목이 앞선 고점을 돌파하는 경우 상승하는 확률이 더 높다.

 그 이유는 여러 가지를 들 수 있지만 가장 큰 이유는 세력이 주가를 끌어올릴 때 바닥권에서 주가를 부양하는 것보다는 추세가 만들어진 종목을 부양하기가 투자금이 더 적게 소요되기 때문이다. 그리고 바닥권에서 올라가는 종목은 앞선 매물이 많으므로 그 매물을 모두 소화하기 위해서 투자금이 많이 소요된다. 하지만 상승추세로 고점을 갱신하고 있는 종목은 앞선 매물이 없고 일반 개인 투자자들까지 매수에 가담하므로 수급이 수급을 불러 원하는 가격 이상까지 상승시키기가 용이하다.

2. 조정이 길면 상승폭도 클 가능성이 높음(주봉과 월봉)

앞선 파트에서 설명을 했지만 용수철을 많이 누르면 누를수록 상승할 탄력도 크다는 점을 생각하면 이해가 빠를 것이다. 주가도 2년 조정을 보인 종목보다는 5년 아니 10년 이상 조정을 보인 종목이 한번 상승을 하면 거침없는 상승을 하는 경우가 많다. 슈퍼급등주는 단기적으로 일봉 차트 보다는 주봉이나 월봉으로 봐야 더 길게 볼 수 있다. 여기서 추가적인 상승을 더하는 요인으로 그동안 보지 못했던 실적이나 정책적인 이슈가 더해진다면 더 큰 상승이 이어질 가능성이 높다. 또한 주봉과 월봉상 흐름 중, 박스권 이론에 대한 상단 돌파가 나오는 시점에서 더욱더 가열차게 상승할 가능성이 높다. 즉 일봉 보다는 주봉과 월봉상 박스권 상단 돌파가 나오는 종목이 슈퍼 급등주가 될 가능성이 높다.

[제이스텍(090470)] – 월봉

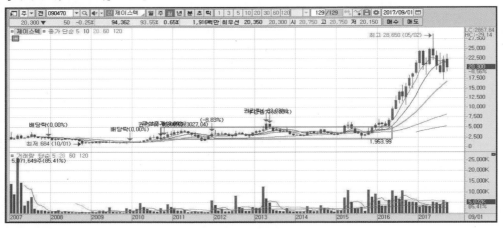

'AST젯텍'이라는 회사가 제이스텍과 합병한 후 얼마되지 않아 OLED 슈퍼사이클이 발생하고 실적이 증가하면서 상승을 시작하였다. 2010년부터 2016년까지 횟수로 7년 정도 오랫동안 조정을 거치면서 에너지를 축적하였고 5,000원의 주가는 28,000원까지 상승하며 대세 상승의 흐름을 기록하였다.

3. 박스권 상단은 진입하되 실패 시 재차 조정 이후 다시 상승 전환 타이밍을 포착

박스권 상단을 돌파할 때, 지금의 상승으로 상승추세를 형성할 수 있을지를 따져보며 매매해야 한다. 왜냐하면, 박스권 상단을 돌파하여 새로운 추세를 만들 수 있기도 하지만 그렇지 않은 때도 있기 때문이다. 그래서 박스권 횡보를 끝마치고 돌파를 할 때 앞 차트에서 얼마나 많은 고점을 만들었는지 반드시 확인해야 한다. 왜냐하면, 박스권을 한 번에 돌파하며 추세를 형성할 확률보다는 여러 번 고점을 터치한 경우가 박스권 돌파 후 추세를 형성하기가 쉽기 때문이다. 즉 횡보가 긴 경우 세력이 선행적으로 박스권 상단뿐 아니라 하단까지 주가를 관리하며 에너지가 응축되어 상승추세를 길게 가져갈 수 있다는 말이다.

박스권 돌파로 시세가 크게 나오면 좋겠지만, 만일 박스권 돌파에 실패하여 박스권 하단 부근까지 하락하는 경우가 있다. 이는 세력이 일부러 시장에서 돌파 종목에 대한 관심을 없애기 위한 수단일 수 있다. 이럴 때 이 종목의 투자자들은 손절매를 하고 관심에서 멀어져 갈 가능성이 매우 커진다. 만일 관찰 종목이 이런 흐름이라면 관심은 가지되 주가가 다시 안정적으로 상승할 때까지 관찰하며 기다리는 것도 현명한 투자 자세라고 할 수 있다.

4. 시장의 트랜드 이슈를 파악

주식시장은 다양한 트랜드와 이슈가 형성되고 없어진다. 하지만 대통령 선거의 테마주나 정부에서 추진하고 있는 정책적 사업은 추진될 가능성이 높으므로 주식시장에서 반드시 이슈가 된다. 그리고 '스마트폰'과 같은 혁신적인 킬러 제품의 등장은 주식시장의 큰 반향을 일으킨다.

5. 실적이 적자에서 흑자로 전환된 기업

실적이 지속적으로 적자를 기록하고 있는 기업은 시장에서 인기를 얻을 수 없다. 그래서 이러한 기업의 주가는 지지부진한 경우가 많다. 하지만 해당 기업이 적자사업의 정리, 새로운 사업의 진출 또는 앞으로의 실적개선이 이뤄질 기대감이 높아지는 경우 미래의 주가를 반영하여 주가가 상승하는 경우가 빈번하다. 주식시장은 꿈을 먹고 자라는 속성을 가지고 있다. 그래서 성장이 정체된 기업보다는 적자에서 흑자로 전환되거나 앞으로 성장할 가능성이 높은 기업의 주가가 좋은 경우가 많다. 그러므로 향후 실적의 개선가능성이 있거나 새로운 사업에 대한 진입으로 기업의 성장성이 기대되는 경우 이를 주목하여야 한다.

[텍셀네트컴{현재 상상인(038540)}] - 월봉

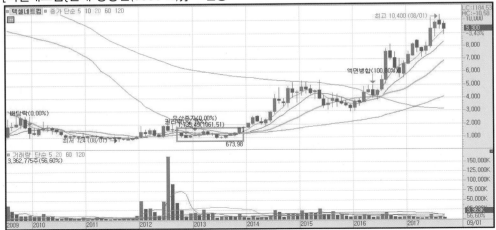

　　동사는 2009년부터 시작해서 2014년까지 구조조정은 물론 자회사들의 재무
건전성과 영업력을 증가시켜 지금은 우량주로 변신하였다. 흔히 말하는 동전주
에서 시작해서 지금은 22,600원(2018년 7월 18일 현재)의 가격을 보여주고 있다. 즉
실적이 오랫동안 적자에서 흑자로 전환되었고 액면병합까지 단행하면서 유통
주식수가 줄어들어 이로 인한 주가 상승이 있었다.

[코웰패션(033290)] - 월봉

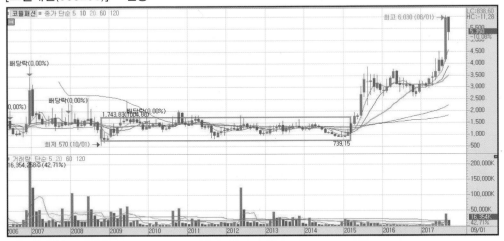

　　동사는 '필코전자'라는 업체였으나 2014년 '코웰패션'과 합병하면서 적자에서
흑자로 전환되었다. 즉 7년 정도의 조정이 이어지면서 잠재된 매물까지 소화하
면서 1,500원이었던 주가는 6,000원까지 견조하게 상승하면서 시장의 긍정적
인 평가를 받게 되었다.

1. 선물/옵션으로 주식시장 읽어보기

(1) 선물/옵션의 의미

선물과 옵션은 주식투자를 하는 데 있어서 반드시 알아야 할 필요성이 있는 파생상품이라고 할 수 있다. 왜냐하면, 앞으로의 주식시장이 어떻게 움직이는지를 선물옵션 시장을 보고 판단할 수 있기 때문이다.

선물시장은 1848년 시카고에서부터 시작하였다. 매해 반복되는 농산물 등의 수요와 공급의 불균형을 해소하여 곡물가격을 안정시키기 위한 제도적 장치로 설립된 것이 시카고 상품 거래소(Chicago Board of Trade)이다. 시카코 상품거래소는 현재는 곡물의 수량과 품질을 표준화하는 데에서 더 나아가 외환, 주식, 금, 유가 등 다양한 상품의 미래가격에 대한 지수가 매매되는 시장으로 발전되었다. 이렇듯 농산물 등을 기본자산으로 두고 선물 매매가 거래되듯이 우리 시장에서는 유가증권이라는 자산의 미래가격의 지수에 대한 매매가 이루어진다고 볼 수 있다. 우리나라 주식시장에서는 KOSPI 200을 기본자산(=기초자산)으로 두고 선물거래를 진행한다. KOSPI200은 거래소 시장의 우량한 종목 200종목을 편입해서 만든 지표로서 거래소 시장을 대표하는 종목들을 포함한다. 200종목이 코스피 시가총액 총액의 70~80% 비중을 차지하고 있어서 주식시장의 흐름을 쉽게 파악할 수 있다.

옵션은 쉽게 말해 카지노에 갔을 때 슬롯머신에 1,000원을 넣고 잭팟을 터트리는 개념이라고 쉽게 설명될 수 있다. 즉 매수자는 고액의 프리미엄을 기대하고 슬롯머신에 금액을 지불한 다음 당첨이 되면 고액을 받을 수 있는 것이다. 하지만 카지노에서 잭팟을 터트리기는 여간 쉽지 않은 것처럼 대부분 투자자는 빈손이 된다. 옵션도 이처럼 수익률도 클 수 있으나 손실도 크게 늘어날 수 있어 리스크가 크다는 점을 비유하여 설명한 것이다. 선물이 상품가격의 상승과 하락에 대하여 미리 거래한다면, 옵션은 가격의 방향성을 보고 미래에 어떻게 될 것인지의 권리를 사고파는 것이다. 1억의 아파트 거래로 비유하여 설명하면 선물거래의 경우 아파트의 가격이 상승한다고 생각하면 아파트를 사는 것이 맞고 아파트 가격이 하락한다고 생각하면 매도하는 것이다. 이에 비해 옵션은 아파트 가격이 상승할 것으로 생각하면 한 달 뒤 1억 1,000만원에 매수할 수 있는 권리(콜옵션매수 혹은 풋옵션매도)를 사고, 반대로 아파트 가격이 하락한다고 생각하면 아파트 청약권을 매도할 수 있는 권리(풋옵션매수 혹은 콜옵션매도)를 갖는다고 보면 된다. 주식의 경우 주식이 가격이 하락하는 경우 주식이 상승하길 기다리면 되지만, 선물(만기 3개월마다)과 옵션(만기 1개월마다)은 일정 만기일에 청산하여야 하므로 장기보유를 할 수 없으므로 손실이 났다면 그것을 확정지을 수밖에 없는 것이므로 위험성이 그만큼 크다고 볼 수 있다.

(2) 선물/옵션 시장의 기본상식

KOSPI200 종목 변경	매년 6월 두 번째 목요일
선물상품 만기	3, 6, 9, 12월 두 번째 목요일
선물가격	1계약, 1포인트 = 50만원 / 증거금 3,000만원
옵션상품 만기	매월 두 번째 목요일
옵션가격	1계약, 1포인트 = 10만원, 0.01포인트 = 1,000원, 증거금 5,000만원
선물상품	KOSPI200 F03, 06, 09, 12

[선물현재가(키움증권 – 0401)]

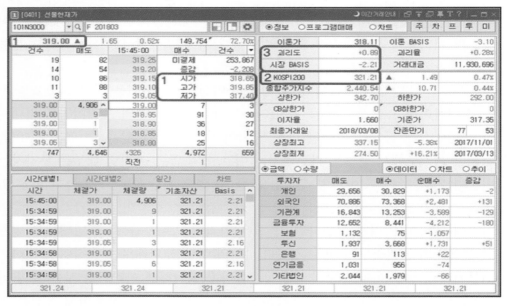

위는 선물현재가를 나타낸 그 림이다. 1번의 319.00은 현재 F2018 03월물의 가격을 표시한 것이다. 아래의 1번은 주식의 일봉처럼 오늘의 시가, 고가, 저가가 나타나 있다. 2번은 KOSPI200 현물의 현재가격이다. 비교해 보면 3월물 선물가격보다 현물의 현재가격이 더 높은 것을 알 수 있다. 결국 선물가격과 현물가격은 만기일에 같아진다는 점에서 미래에 현물가격이 조정받을 수 있다는 점을 시사하는 것이다.

(3) 선물로 주식시장 흐름 읽어보기

종 류	정 의	특 징
스프레드	• 스프레드 = 원원물선물 − 근월물 • 스프레드 = 18.6월물 − 18.3월물	• 스프레드 확대 → 시장강세 (3월물 매도, 6월물 매수) • 스프레드 축소 → 시장약세 (3월물 매수, 9월물 매도)
차익거래	주가지수와 선물가격 차이 이용	• 매수차익거래 = 주식매수 + 선물매도 / 지수상승(지수선물 고평가이고 주식이 저평가된 경우 → 프로그램매수) *선물이 높이 평가된 경우 선물을 팔아 현물을 싸게 살 수 있으므로 프로그램매수를 하는 것이다. • 매도차익거래 = 주식매도 + 선물매수 / 지수하락(지수선물이 저평가, 주식이 고평가 → 프로그램매도) *선물이 낮게 평가된 경우 선물을 사기 위해 높이 평가된 현물을 파는 프로그램매도를 하는 것이다.
베이시스	베이시스 = 선물가격 − 현물가격 → 베이시스가 양(+)이면 콘탱고라고 하며 음(−)이면 백워데이션이라고 한다.	• 정상시장 : 선물가격이 현물가격보다 높은(콘탱고) 경우 선물을 매도하고 현물을 매수하여 시장은 수요가 공급을 초과하는 경우를 말한다. → 베이시스 확대, 프로그램매수, 매수차익, 시장강세 • 비정상시장 : 선물가격이 현물가격보다 낮은(백워데이션) 경우 선물을 매수하고 현물을 매도하므로 공급이 수요를 초과하는 경우를 말한다. → 베이시스 축소, 프로그램매도, 매도차익, 시장약세

미결제약정	선물매수, 매도에 거래되지 않고 남아있는 계약건수 (cf. 카지노 포커의 판돈) → 일반적으로 지수가 상승하거나 하락하는 추세에서 해당 미결제약정이 증가하는 경우 현재의 추세를 지속시킬 자금의 유입으로 판단할 수 있다.	• 선물매수 : 전매(선물매도), 환매(포지션청산), 매도하지 않고 남은 상태 • 선물매도 : 매수하지 않고 남은 상태 • 강세시장 : 미결제약정 확대 : 콘탱고 (강세시장에서 미결제약정이 줄어드는 경우 약세시장으로 전환할 가능성 있다) • 약세시장 : 미결제약정 축소 : 백워데이션(약세시장에서 미결제약정이 줄어드는 경우 강세시장으로 전환할 가능성이 있다)
프로그램 매매	• 선물과 현물의 가격차이 이용 • 차익거래 : 선물과 현물의 차이를 이용하는 거래(베이시스) • 비차익거래 : 선물에 상관없이 현물로만 시장의 방향에 투자	• 차익프로그램 매수 : 베이시스확대 : 지수강세 • 비차익프로그램 매도 : 베이시스축소 : 지수약세

❖ 스프레드

스프레드 거래는 위에서도 설명했듯이 결재월이 다른 종목의 가격 변동성의 차이를 예상하여 투자하는 거래 방법이다. 일반적으로 가격변동의 방향을 보고 예측하여 투자하는 것보다는 선물 간의 가격 차이를 이용해서 투자하는 것이다.

＊「스프레드 = 원월물 선물(18년 6월) - 근월물 선물(18년 3월)」 공식에 비추어 스프레드가 확대되는 것은 원월물 선물의 가격의 변동성이 커지고 근월물의 가격 변동성은 같거나 축소되면 스프레드가 더 커지기 때문에 원월물 6월물을 매도하고 근월물인 3월물을 매수하는 전략을 사용한다.

❖ 차익거래

주가지수와 선물의 가격 차이를 대상으로 투자를 하는 것을 말한다. 쉽게 말해 같은 상품의 질을 가지고 있는 커피가 서울은 1,000원이고 경기도는 500원이라고 하면 경기도에서 사서 서울에 파는 일도 가능할 것이다. 선물의 가격이 이론적인 가격보다 높을 때 선물은 이미 고평가되어 선물을 매도하고 저평가된 주식을 매수하는 것이다. 이런 가격의 차이를 이용하는 경우 주식을 기준으로 평가하는 데, 현물인 주식을 매수하면 매수차익거래, 매도하면 매도차익거래라 한다.

❖ 미결제약정

미결제약정은 선물이나 옵션시장에서 투자자가 선물·옵션계약을 사거나 판후에 전매도(선물을 매수한 사람이 다시 매도계약을 체결하는 것)나 환매수(선물매도한 사람이 다시 매수계약을 하면서 청산하는 것)를 하지 않고 그대로 보유하게 되는 것을 의미한다.

❖ 베이시스

베이시스는 선물가격에서 현물가격을 뺀 차이를 말한다. 베이시스가 확대되면 선물가격이 고평가되었으므로 선물을 매도하고 저평가된 현물을 매수한다. 반대로 베이시스가 축소되는 경우 저평가된 선물을 매수하고 고평가된 현물은 매도한다.

❖ 프로그램매매

한꺼번에 많은 종목을 자동매매 시스템으로 매매하는 것이다. 바스켓 안에 들어있는 종목을 함께 매매한다고 해서 바스켓 매매라고 한다. 프로그램매매는 베이시스를 기반으로 하여 선물과 현물의 방향보다는 가격의 차이를 두고 매매하는 차익거래와, 선물과 상관없이 현물시장의 방향성을 위해 거래하는 비차익거래가 있다.

2. ETF(주가지수연계펀드)의 주요상품 투자

상장 지수펀드라고 하는 ETF는 특정지수를 포트폴리오(기초)로 만든 상품이다. 인덱스 펀드와 뮤추얼 펀드를 합성해서 만들었으며, 직접 거래소 시장에 상장되어 있으므로 주식처럼 직접 매매가 가능하다. 장점으로는 주식에서 부과되는 증권거래세 0.3%가 면제된다는 점이다. 그래서 최근에는 거래가 많이 되는 ETF상품에는 단기적인 시세차익을 노리는 투자도 늘어나고 있다.

차이점	일반적인 펀드	ETF
운용수수료	선취수수료 + 성과보수 2% 수준	일반적인 펀드보다 낮다. 0.5% 정도
매매수수료	0.3%(증권거래세)	면제
매매가능여부	환매 시 수수료부과	언제든 매매가능
시장충격	시장에 둔감	시장과 직접 연계

대표적인 ETF	운용사	홈페이지
KODEX	삼성자산운용	http : //www.kodex.com
TIGER	미래에셋자산운용	http : //www.tigeretf.com
KINDEX	한국투자신탁운용	http : //www.kindexetf.com
KOSEF	키움자산운용	http : //www.kosef.co.kr
ARIRANG	한화자산운용	http : //www.arirangetf.com

기초자산에 따라 상품의 성격이 달라지므로 어떤 지수를 벤치마킹하는지가 중요하다. 일반적으로 우리나라 KOSPI200과 KOSDAQ150의 지수를 기초자산으로 상품을 만든다. 하지만 지수가 하락하면 이익을 얻는 인버스 상품은 시장의 주가가 하락해야 수익을 얻는 것으로 주식 종목투자의 헤지용으로 투자하는 방법이 된다. 다양한 기초자산은 주식 관련 지수에만 국한되지 않는다. 금가격, 유가, 원자재가격 등에 대한 ETF상품도 있어 자신이 관심이 있는 상품을 선택하여 투자할 수 있다. 다만, 유동성이 어느 정도 확보된 ETF상품에 투자하는 것이 좋으므로 거래량이 많은 상품을 찾아 투자를 해야 한다.

03 ▷ 증권사 매수 리포트 행간 읽기

각 증권사에 소속되어 있는 리서치 센터는 앞으로의 해당 기업의 업종 및 종목을 분석하여 앞으로 주가의 움직임을 판단하여 발표하는 기관이다. 이렇듯 애널리스트는 각 종목을 분석하여 발표하면서 매도, 매수의견을 낸다. 우리나라는 종목에 대한 매수 추천 보고서는 있지만 매도 추천 보고서는 거의 없다. 그 이유는 만일 특정 종목에 대하여 매도 보고서가 나오는 경우 그 기업의 주주나 해당 기업으로부터 엄청난 압박을 받기 때문에 애널리스트는 매도의견을 내려고 하지 않는다. 그래서 매도의견보다는 '목표주가 하향', 기존의 매수의견에서 '중립의견'으로 변경 등으로 간접적으로 표현하기 때문에 이를 매도의견으로 보면 된다.

그래서 매도보고서가 없는 우리나라의 증권사와 달리 외국계 증권사는 매도의견을 내놓고 있다. 리포트는 투자를 하는 데 있어서 일반 투자자들에게 도움이 될 수 있다. 어려운 용어와 내용으로 구성된 리포트를 읽기가 부담스러운 경우에는 요약하여 내용을 압축해 놓은 것이 있으니 그것이라도 반드시 읽어보기를 권한다. 그리고 매일 매일의 리포트를 읽고 어떤 종목에 대한 리포트가 많은지를 분석하고 활용할 수 있어야 한다. 예를 들어 반도체 업종에 대한 종목의 리포트가 많이 나올 때에는 투자종목을 반도체에서 골라 투자하는 것이 시장의 흐름에 뒤처지지 않는 것이다.

먼저 증권사 리포트 등은 먼저 매수/보유/매도의 의견이 먼저 눈에 띄게 된다. 아래 그림을 보면 DB금융투자(과거 동부증권)의 리서치센터에서 18년 1월 12일 '엔씨소프트'에 대한 보고서가 나온 것이다. 그리고 현재 주가대비 목표주가까지 얼마나 남아있는지 확인할 수 있다. 2018년 1월 11일 기준 목표가까지 +42.9% 남아있는 것을 알 수 있다. 대게 증권사 리포트는 6개월이나 1년의 기간을 두고 작성하는 경우가 많으므로 지금 주가 차트와 괴리가 있다는 것을 알아야 한다.

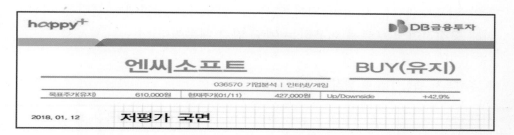

그리고 해당 주가가 현재 가격에서 목표가격까지 상승할 수 있는지를 분석한 글이 나온다. 대게 현재 주가가 상승하지 못한 이유를 먼저 설명한다. 이것은 뒤에 긍정적인 서술을 더 부각하고자 하는 이유일 것이다. 대게 현재 주가가 상승하지 못하는 이유는 시장의 소외업종이거나 실적이 부진하기 때문이라는 이유가 대부분일 것이다. 그런 다음 앞으로 주가 상승의 동인(動因)은 무엇인지를 설명하는 것이 설득력이 있는 글이 될 것이다. 그러므로 투자하고 싶은 기업이 있는 경우 애널리스트가 분석한 동인을 찾아 그것이 진행되는 상황을 보고 매수타이밍을 찾아야 할 것이다. 반대의 리포트는 이 반대로 설명이 되어 있을 것이다. 즉 상승하였던 이유를 제시하고 앞으로 부정적인 요소를 언급하는 리포트 형태가 될 것이다. 아래 설명을 보면 현재 컨센서스 하회 전망이 먼저 나오고 앞으로 신작모멘텀이 강할 것이라는 설명을 부연하고 있다.

이런 서술형태의 투자리포트는 앞으로 투자종목을 선택하는 데 도움이 될 수 있다. 하지만 저점 대비 2~3배 이상 상승하였음에도 불구하고 매수보고서가 계속 나온다면 의심을 두고 리포트를 대해야 한다. 증권사와 연계된 운용사펀드와 리포트센터는 연결이 되어 있을 수 있으므로 개인에게 물량을 떠넘기기 위해 긍정적인 리포트를 이용하는 예도 있기 때문이다.

✠ 주식투자 핵심 Tip ✠ 정리

선물옵션	주식시장의 흐름을 파악하며, 시장을 이기는 종목은 없다.
ETF시장	증권거래세 없는 다양한 헤지 형태로 매매 가능한 상품이다(인버스상품의 경우).
업종별파트	종목과 업종 마다의 특징을 잘 파악해서 투자해야 한다.
증권사보고서	투자에 참고하되 무조건 믿지 말아야 한다.

<주식 기초 상식>

1. 선물거래에 있어서 증거금의 종류

 • **개시증거금** : 선물계좌를 만들기 위해서 증거금계좌에 예치해야 하는 보증금 형태를 말하는 것으로 현재 3,000만원으로 지정되어 있다.
 • **유지증거금** : 선물거래를 하기 위해서는 최소한의 금액이 필요한 데 이러한 증거금이 유지증거금이다. 매매하다가 손실이 나면 개시증거금만큼 금액을 충당하도록 요구받는데 이를 유지증거금이라고 한다.

2. **대주주의 주식 증여**

  대주주가 주식을 자녀 등에게 주식을 증여하는 가장 큰 이유는 증여세를 덜 내기 위해서이다. 일반증여의 세금이 최대 50%인 데 비해서 주식증여는 특례세율을 10% 정도까지 적용받을 수 있으므로 주식증여를 한다. 이러한 관련된 이슈가 나온 업체들은 증여 이후 주가의 흐름을 관심있게 지켜봐야 한다.

주식만평

미국의 3대 신용평가사인 무디스와 S&P, 피치는 신용을 평가하는 기관들이다. 과거 재정위기에 처한 그리스, 아일랜드, 포르투갈 3국에 대해 연이어 부정적 신용평가를 하여 유럽은 유로존 국채시장이 요동치는 결과를 가져왔다.

Chapter 2

산업과 기업 한눈에 파악

01 반도체 업종

주식투자를 하는 데 있어서 해당 투자하려는 업종에 대해서 얼마나 시간을 투자해서 관련 정보를 취득하고 있는가? 이번 파트는 각 업종이나 사업에 필요한 용어나 산업에 관해서 설명해 보는 시간을 갖도록 하겠다. 이 파트는 각 산업의 근간을 소개하므로 이를 통하여 본인이 투자하는 종목을 체계적으로 분석하는 바탕으로 삼았으면 한다.

1. 반도체 업종의 소개

우리나라의 산업과 주식시장에서 가장 큰 비중을 가진 업종으로는 삼성전자와 SK하이닉스가 속해있는 반도체이다. 반도체 업종은 2017년에 지수를 주도적으로 부양한 업종으로 분류된다. 앞으로도 4차산업의 혁신적인 제품들의 출시와 함께 반도체 수요도 급증할 수 있다는 점에서 지속적인 관심을 가져야 할 분야이다.

(1) IT 업종의 개요

대표종목	삼성전자, SK하이닉스, 동부하이텍
시장과 연계성	KOSPI 1기준일 때 전기전자 1.29 상승
업종평균PER	KOSPI 13.1배 / 전기전자 12.3배
시가총액비중	KOSPI 1,605조 / 전기전자 494조 약 30%
이벤트관련	세미콘코리아 1~2월, 세미콘타이완 9월

17년에 이어 18년에도 4차 산업의 발전으로 인하여 반도체의 수요가 지속적으로 증가할 것으로 생각된다. 4차 산업은 상호 통신을 통한 네트워크의 확보가 중요하므로 반도체칩은 수요가 증가할 것이다. 반도체업종은 베타계수가 높은 업종으로 시장 상승 대비 더 상승을 한다(베타계수는 증권시장 전체의 변동에 대한 개별종

목의 민감도로서 수치가 높을수록 경기민감주라고 한다). 위 표는 17년 12월 28일 기준으로 작성된 것으로 반도체 업종은 지수가 1 움직였을 때 +0.29%만큼 더 움직였다. 시가총액도 30% 이상이라는 것은 삼성전자와 SK하이닉스의 주가가 종합주가지수의 방향 설정에 큰 영향을 미친다는 것이다. 연초에 해외에서 열리는 다양한 이벤트 등도 기대할 거리 중에 하나라고 볼 수 있다.

(2) IT 업종 용어설명

실리콘	규소라 불리지만 반도체와 같은 공업분야에 사용 될 때는 '실리콘'이라 말함
웨이퍼	실리콘을 원기둥모양의 잉곳으로 만든 후에 이를 얇게 자르는 것을 말함
전공정	웨이퍼를 이용해서 반도체회로를 집적하거나 회로를 형성하는 과정
후공정	가공된 웨이퍼를 절단해서 칩을 만드는 것을 말함
팹리스	공장을 갖지 않고 반도체 설계만 전문
파운드리	반도체만 전문적으로 생산하는 업체

2. 반도체 업종의 공정과 종목

(1) 반도체 업종의 공정

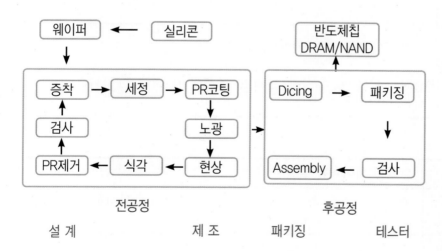

(2) 반도체 업종의 공정별 관련 종목

[반도체 종목]

소재관련	동진쎄미켐, 케이씨텍, 네패스신소재, SKC솔믹스, 솔브레인, 원익QnC, 엠케이전자, 티씨케이, 덕산하이메탈 등
전공정장비	유진테크, 테스, 피에스케이, DMS, 주성엔지니어링 등
후공정장비	와이아이케이, 엑시콘, 유니테스트, 한미반도체, 이오테크닉스, 에이티테크놀로지, 폭스브레인 등
테스트장비	마이크로콘텍솔, ISC, 오킨스전자, 리노공업 등
팹리스	(TV)아나패스, 티엘아이, (자동차)텔레칩스, 넥스트칩, (드론)칩스앤미디어, (VR) 에이디테크놀로지 등

[전공정 관련]

증 착	금속이나 화합물을 가열하고 증발시켜, 증기로 얇은 막으로 입히는 일
세 정	고품질 웨이퍼 생산을 위해서 제조공정 중 발생하는 오염원들을 화학용액으로 처리
P R	감광성 재료로 얇은 막을 이용해 빛을 쐬서 만들 수 있는 것
노 광	반도체 미세공정화로 반도체 회로가 그려진 마스크를 대고 비추는 일
식 각	원하지 않는 부분을 제거하는 것
현 상	노광된 웨이퍼에 약품처리를 해서 굳어지지 않은 PR 부분을 제거하는 일

• 그 밖의 관련업체 : 원익IPS, 유진테크, 테스, 주성엔지니어링, 케이씨텍, 프롬써어티, 제우스, SK머티리얼즈

[후공정 관련]

Dicing	완성된 웨이퍼를 절단
BGA	패키징된 칩을 격자방식으로 배열한 금속 ball을 이용하여 실장하는 방식
Assembly	패키징된 칩을 메인보드에 이식
패키징	잘라진 웨이퍼 조각을 기판에 옮겨서 연결, (Wire bonding, Bumping) 방식

Wire bonding	웨이퍼와 기판을 금선으로 이용해 연결
검사	패키징 단계에서 불량 여부 테스트
Bumping	잘라진 웨이퍼 조각을 bump를 이용해서 연결하는 방식

- 그 밖의 관련업체 : 영우디에스피, 세메스, 탑엔지니어링, 엘비세미콘, SFA반도체, 시그네틱스, 에이티세미콘, 티에스이, 테크윙, 테스나, 고영, 엑시콘 등

02 디스플레이 업종

1. 디스플레이 업종의 소개

전기·전자 업종에 포함되며, 대표적인 기업은 LG디스플레이와 삼성전기를 둘 수 있다. 디스플레이에서 가장 큰 시장은 TV와 모바일로 나눌 수 있다. TV는 LCD TV에서 이제는 LED, OLED TV까지 대형화, 고화질화되고 있다. 스마트폰 역시 처음 LCD에서 시작해서 이제는 OLED까지 발전하였고, 앞으로는 처음으로 플렉서블을 이용한 디스플레이가 선보일 예정이다. 그만큼 디스플레이는 전기·전자 부분에서 중요하고 많이 사용되는 부품이다.

(1) 디스플레이 업종의 개요

대표종목	LG디스플레이, 삼성전기, LG전자
시장과 연계성	KOSPI 1기준일 때 전기전자 1.29 상승
업종평균PER	KOSPI 13.1배 / 전기전자 12.3배
시가총액비중	KOSPI 1,605조 / 전기전자 494조 약 30%
이벤트관련	상해박람회 3월, 동경디스플레이박람회 4월

(2) 디스플레이 업종 용어설명

LCD모듈	디스플레이 화면을 구동하는 제품
PDP	플라즈마 디스플레이
CRT	브라운관 디스플레이

QLED	양자점 유기발광다이오드
BLU	디스플레이 화면에 균일한 빛을 공급해주는 광원 장치
TFT기판	전기적 신호를 제어해 화소를 동작시키는 일종의 스위치
액 정	빛의 방향성을 제어할수 있는 소재
편광판	특정 방향의 빛으로 변환시켜주는 필름
구동회로	영상 신호를 패널에 전달하는 회로
캐소드(Cathode)	전자를 공급하는 전극
퀀텀닷TV	LCD백라이트 장착, LCD기반TV
플렉서블 디스플레이	디스플레이가 유연하게 휘어지는 디스플레이

• 그 밖의 관련업체 : 비아트론, AP시스템, 아이씨디(OLED장비)

2. 디스플레이 공정과 종목

(1) LCD 디스플레이 공정

TFT/CF 투입 → LC CELL 공정 → 모듈공정 → 제품생산

(2) 디스플레이 소재/제품과 관련 종목

소재 및 장비	필 터	삼성전자, LG디스플레이
	글래스	유아이디
	드라이버	DB하이텍, 실리콘웍스
	편광판	삼성물산
	광학필름	신화인터텍, 미래나노텍
	백라이트	한솔테크닉스, 금호전기, 우리이티아이
	증착장비	주성엔지니어링, 에스에프에이
	식각장비	DMS

디스플레이	TV	삼성전자, LG디스플레이
제품분류	스마트폰	삼성전자, LG이노텍, LG디스플레이, 삼성전기
	스마트워치	구글, 테그호이어, 삼성전자, LG전자
	VR관련제품	주연테크, 퀄컴, 페이스북, 엔비디아, 남코
LED, OLED제품	조명관련	금호전기, 서울반도체, 파인테크닉스, 루멘스, 루미마이크로
	플렉서블 OLED	덕산네오룩스, 삼성SDI, LG디스플레이, 에스에프에이, 비아트론, 아바코, 사파이어테크놀로지, 동진세미켐, 일진디스플레이, 테라쎄미콘
	폴더블 관련 제품	원익큐브, 테이팩스, 파인텍, 아이컴포넌트

보통 스포츠 이벤트가 많은 해에 디스플레이 교체 수요가 많다. 2018년 2월 평창올림픽을 시작으로 3월의 패럴림픽, 6월의 러시아 2018 월드컵과 8월에 인도네시아 아시안게임 등 다양한 스포츠 이벤트가 있다는 점은 대형 디스플레이 패널에 대한 교체 수요가 많을 수 있다는 것을 시사한다.

03 통신장비 업종

1. 통신장비 업종의 소개

우리나라는 2018년 평창동계올림픽을 통해서 5G 통신서비스가 본격적으로 시범서비스 되는 최초의 국가가 되었다. 5G가 중요한 이유는 4차 산업혁명이라는 업종에 통신이 핵심분야이기 때문이다. 즉 전자제품 및 다양한 하드웨어 간 의사소통을 원활하게 하려면 5G 통신이 필요하다. 5G를 사용하기 위해서는 인프라 확충이 선행되어야 한다. 다만, 5G는 4G와 같은 기지국 사용은 어려우므로 먼저 선투자가 이어지면서 인프라 관련 시설의 확충이 필요하다.

(1) 통신장비 업종의 개요

대표종목	인터플렉스, 케이엠더블유, 파트론 등
시장과 연계성	KOSPI 1기준일 때 / IT HW 0.94 상승

업종평균PER	KOSDAQ 43.8배 / IT HW 153.7배
시가총액비중	KOSDAQ 279조 / IT HW 54조 약 20%
이벤트관련	CES 1월, MWC 2월

(2) 핸드셋 업종 용어설명

케이스	스마트폰 몸체로 대부분 플라스틱 제조
메탈케이스	스마트폰 케이스를 메탈로 제작
PCB	핸드셋에 들어가는 회로기판
칩바리스터	전류 등의 정전기 방지가능 부품
진동모터	스마트폰 매너모드 시 진동가능 부품
카메라모듈	스마트폰에 장착된 카메라
FPCB	연성회로기판으로 스마트폰에 장착
렌 즈	카메라에 들어가는 제품
안테나	스마트폰 통신 송수신에 필요
카메라필터	고효율을 내기 위한 카메라부품

• 그 밖의 관련 업체 : 가온미디어, 인포마크, 셀바스AI(AI스피커)

(3) 5G/통신장비 업종 용어설명

중계기	통신을 하기 위해서 약해진 신호를 받아 증폭하고 재송하는 부분으로 중간에서 중계해주는 역할을 말하며 해당 제품이 많을수록 중계기는 큰 용량을 가질 수 있다.
기지국	고정으로 육상에 있고 무선통신과 연결해주는 곳이 기지국 예 기차 안에 무선통신을 사용하기 위해 기차역에 설치된 것이 기지국
광전송장비	광통신을 위한 장비
유선통신망	회선을 이용한 통신망

• 그 밖의 관련업체 : 삼영이엔씨(통신장비), 현대통신(스마트홈시스템)

2. 핸드셋 부품업체와 5G통신의 계통도

(1) 핸드셋 부품업체의 공정별 관련 종목

TFT/CF 투입 →	LC CELL 공정 →	모듈공정 →	제품생산
일반케이스	**PCB**	**LCD/OLED**	**카메라모듈**
인탑스, 피앤이솔루션	삼성전기, 대덕전자, 대덕GDS, 이녹스, 디에이피, 이수페타시스, 에이엔피, LG이노텍	삼성SDI, LG디스플레이, 삼성전자, 삼성전기	파트론, 나무가, 엠씨넥스, 옵트론텍, 하이비젼시스템, 캠시스, 알비케이이엠디
메탈케이스	**칩바리스터**	**FPCB**	**렌즈**
KH바텍, 알루코, 성우전자, 유지인트, 파인테크닉스, 이랜텍, 서진시스템, 아이엠텍	아모텍, 모다이노칩	인터플렉스, 코리아써키트, 뉴프렉스, 시노펙스, 비에이치	차바이오텍, 세코닉스, 삼양옵틱스, 아이엠텍, 코렌, 재영솔루텍
액세서리/케이스	**진동모터**		**카메라필터**
슈피겐코리아	자화전자, 블루콤, 와이제이엠게임즈, 와이솔, 하이소닉		옵트론텍, 나노스
			안테나
			EMW, 알에프텍, 파트론

(2) 통신 발신 단계(5G)별 관련 종목

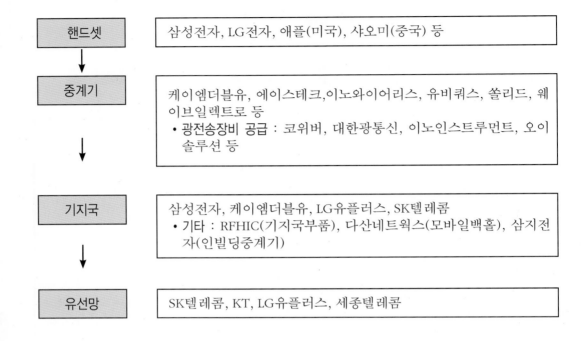

| 핸드셋 | 삼성전자, LG전자, 애플(미국), 샤오미(중국) 등 |

| 중계기 | 케이엠더블유, 에이스테크,이노와이어리스, 유비쿼스, 쏠리드, 웨이브일렉트로 등
• 광전송장비 공급 : 코위버, 대한광통신, 이노인스트루먼트, 오이솔루션 등 |

| 기지국 | 삼성전자, 케이엠더블유, LG유플러스, SK텔레콤
• 기타 : RFHIC(기지국부품), 다산네트웍스(모바일백홀), 삼지전자(인빌딩중계기) |

| 유선망 | SK텔레콤, KT, LG유플러스, 세종텔레콤 |

04 자동차/수소차 업종

1. 자동차/수소차 업종의 소개

국내 자동차 내수 소비에 대한 기대감은 계속 감소하고 있다. 반면 북미와 중국, 유럽, 인도시장에 대한 수요처의 개척은 계속하고 있다. 작년 자동차 산업은 사드 문제와 관련되어 중국에서 수요가 부진하며 주가의 하락이 진행되었다. 하지만 2018년에 들어서면서 사드 문제로 인한 갈등의 완화와 신차에 대해 기대감이 높아져서 주가의 소폭 상승이 있었다. 여기에 현대/기아차는 수소차에 대한 투자를 지속하고 있어 앞으로 성과가 나타날 수 있다.

(1) 자동차 업종의 개요

대표종목	현대/기아차, 성우하이텍, 평화정공, 유니크 등
시장과 연계성	KOSPI 1기준 / 운수장비 0.86 상승
업종평균PER	KOSPI 13.1배 / 운수장비 10.6배
시가총액비중	KOSPI 1,605조 / 운수장비 111조 약 8%
이벤트관련	프랑크푸르트모터쇼 9월, 제네바모터쇼 3월

(2) 자동차 업종의 용어설명

프레스	소재에 힘을 가해 제품을 찍어내는것
엔 진	자동차를 이동할 수 있게 만드는 구동장치
머플러	소음을 줄이기 위한 내연장치
크랭크축	피스톤의 왕복운동을 회전운동으로 바꿔주는 역할을 담당하는 부품
트랜스미션	동력을 회전력으로 바꾸는 변속장치
섀 시	차체를 제외한 차대
쇼 바	차량의 흔들림을 보완해주는 장치
브레이크	차량의 속도를 제어할 수 있는 부품
차량전장화	자동차를 구성하는 제품들이 모두 전자부품으로 변화되고 있는 것을 뜻함
브레이크패드	브레이크를 제어하는 마찰재

• 그 밖의 관련업체 : 대우부품, 일진다이아, 뉴로스(수소차부품)

2. 자동차 생산공정과 관련 종목

A 차체공정

- 프레스 : 성우하이텍, 세원정공, 동원금속, 엠에스오토텍, 현대로템 등
- 공정설비 : 우신시스템 등

B 용접공정

- In-house : 우신시스템, 엠에스오토텍, 화신 등

C 도장공정

- 도료 : 유성기업, 인지컨트롤스, 코다코, 우수AMS 등

D 파워트레인

- 엔진 : 현대위아, S&T중공업, 영화금속, 에스엔씨엔진그룹 등
- 트랜스미션 : 경창산업, 코다코, 우수기계 등

E 의장공정

- 인테리어(시트, 칵핏모듈) : 두올, 대원강업, 서연이화, 조광피혁 등

- 전장 및 전자(부품) : 한국테크놀러지, LG전자, 삼성전자, 한국단자, 현대모비스, 아모텍, 덕우전자, 갑을메탈, 다산네트웍스

- 오디오, AV 등 : 대성엘텍, 텔레칩스, 칩스앤미디어, 팅크웨어, 파인디지털, 인포뱅크, 캠시스, 모바일어플라이언스, 트루윈 등

- 구동계통(액슬, 샤프트) : S&T중공업, 한국프랜지 등

- 조향/현가/섀시(펌프, 섀시, 쇼바) : 오스템, 현대모비스, 만도 등

- 제동/안정장비(브레이크, 시스템, 에어백) : 만도, 상신브레이크, KB오토시스, 우수AMS, 새론오토모티브 등

- 공조(공조센서) : 한온시스템, 우리산업, 디에스티 등

- 기타(모듈, 램프, 방진, 호스, 범퍼, 유리, 머플러, 타이어, 자율주행시스템) : 에스엘, 평화정공, 동원금속, 평화산업, 에코플라스틱, 세종공업, SJM, 에스디시스템, 지디, 켐트로닉스, 넥스트칩, 만도, 유니퀘스트, 아진산업, 이에스브이이 등

1. 전기차/2차전지 업종의 소개

현재 세계에서 화석연료로 인한 환경오염의 대안으로 떠오르는 분야가 전기차이다. 중국은 2025년부터 내연기관차의 생산과 판매를 전면 금지한다고 선언하였고, 프랑스와 영국도 2040년부터 내연기관차 판매 금지를 선언했다. 인도와 일본도 2030년까지 내연기관차의 비중을 절반 이하로 줄인다는 계획이다. 이러한 각국의 환경오염을 줄이려는 노력의 일환으로 전기차산업이 화두로 등장하고 있다. 각국은 전기차산업의 선점을 위하여 전기차 도입 드라이브정책을 강력하게 펼치고 있다. 특히 자동차 발전이 뒤쳐진 중국은 2018년 8%, 2020년에는 12% 이상 전기차 점유를 목표로 정부주도의 정책을 추진하고 있다. 우리나라도 2017년 전기차 관련주들의 주가가 많이 상승하였다. 2017년에는 기대감으로 상승하였다고 한다면 2018년 들어서는 전기차 분야에서의 실적이 주가에 반영될 것이다.

(1) 2차전지 업종의 개요

대표종목	에코프로, 코다코, 상아프론테크 등
시장과 연계성	KOSDAQ 1기준 / 제조 1.09 상승
업종평균PER	KOSDAQ 43.8배 / 운수장비 31.4배
시가총액비중	KOSDAQ 279조 / 운수장비 123조 약 45%
이벤트관련	상하이모터쇼 4월, 디트로이트모터쇼 1월

(2) 2차전지 업종의 용어설명

삼원계배터리	리튬이온 배터리의 종류로 니켈, 망간, 코발트로 양극재를 만든 전지
음극재	충전 중 양극에서 나오는 리튬이온을 음극에서 받아들이면서 활성화되는 소재
양극재	리튬이온 배터리를 구성하는 한 요소, 양극재+분리막+음극재로 구성
분리막	2차전지에서 양극재와 음극재를 분리해주는 역할을 하는 소재
전해액	전기를 분해할 때 사용하는 용액

축전지	전력을 생기게 하여 전원으로 사용하게 만드는 장치

그 밖의 관련업체 : EMW(2차전지), KG케미칼(2차전지 핵심소재)

2. 2차전지 계통도와 관련 종목

2차전지 계통도	양극재	에코프로, 코스모신소재, 휘닉스소재, 삼성SDI
	전해액	솔브레인, 후성, 리켐
	분리막	SK이노베이션, 시노펙스(수소차)
	CELL	삼성SDI, LG화학, SK이노베이션
	음극재	포스코켐텍, 더블유에프엠, 엠케이전자
	장 비	피앤이솔루션, 피엔티, 씨아이에스, 엔에스, 브이원텍, 넥스트아이, 디에이테크놀러지, 엠플러스, 미래테크놀러지 등
	부 품	파워로직스, 일진머티리얼즈, 이랜텍, 상아프론테크, 상신이디피

06 조선 업종

1. 조선 업종의 소개

우리나라 경제발전의 한 축을 담당하였던 조선업종이 힘든 한해가 2017년이었다. 삼성중공업은 실적 턴어라운드할 것이라는 기대와 달리 실적 부진과 대량의 유상증자로 주가 하락을 겪었고, 현대중공업 또한 대규모 유상증자를 실시하며 주가가 곤두박질 쳤었다. 그만큼 조선업의 국제경쟁이 격화되어 출혈경쟁을 펼친 결과 기업의 수익성은 감소한데다 중국의 저가공세에 대하여 비교우위를 가지지 못하고 불황을 겪고 있는 상황이다. 이에 조선산업은 선택과 집중을 위하여 해양플랜트와 고부가 상품인 가스선과 크루즈선과 같은 고가격의 선적으로 눈을 돌리고 있다. 2018년 들어 전 세계 선박들이 배출가스의 규제로 인한 선박의 교체수요와 해운업의 신규 선박 발주가 늘어나면서 경기회복의 기미를 보이고 있다.

(1) 조선 업종의 개요

대표종목	현대미포조선, 삼성중공업, 대우조선해양, 두산엔진, STX조선해양
시장과 연계성	KOSPI 1기준 / 기계장비 1.12 상승
업종평균PER	KOSPI 13.1배 / 기계장비 적자
시가총액비중	KOSPI 1605조 / 기계장비 21조 약 1%

(2) 조선 업종 용어설명

BDI	벌크선 운임지수로서 경기회복의 신호로 활용
FPSO	부유식 저장설비를 보유하고 있는 선박
DWT	선박에 적재할 수 있는 화물의 중량
CBM	가스용량의 단위를 말함
VLOC	초대형 탱크를 보유한 선박
PSV	시추설비에 인력 및 보급품의 운반 담당

그 밖의 관련업체 : POSCO, 현대제철, 동국제강(조선후판생산)

2. 해양 유전 개발과 상선별 종목체계도

(1) 해양 유전 개발 순서

유전/발굴 → 시추 → 생산/저장 → 운송 → 원유생산

[반잠수식 시추선]

[드릴쉽]

[FPSO]

[LNG/FPSO]

[셔틀탱크선]

(2) 조선 상선별 종목

운반선	선박 기준
벌크선 → 고체류(철광석, 석탄, 곡물)	벌크선, 탱크선
대한해운, 현대상선, 홍아해운, 팬오선, KSS해운	적재중량에 따라 구분 톤으로 정해짐(기준단위는 DWT)
탱크선 → 액체류(원유, 화학제품)	컨테이너선
대우조선해양, 삼성중공업, 현대중공업, 한국카본, 동성화인텍	얼마나 많이 적재할 수(개수) 있는지에 따라 구분(기준단위는 TEU)
컨테이너선	가스선
현대상선, 두산엔진, 삼성중공업, 현대중공업, 대우조선해양, SM상선(비상장)	얼마나 많이 적재 할 수(개수) 있는지에 따라 구분(기준단위는 CBM)
가스선 → 액화된가스(LNG, LPG)	[선박건조공정] RG발급 / 선수금 → 절단 / 1차 중도금 → 탑재 / 2차 중도금 → 진수 / 3차 중도금 → 인도 / 4차 중도금
KSS해운, 삼성중공업, 현대중공업, 대우조선해양	

1. 제약 · 바이오 업종의 소개

2017년 주식시장에서 핫 이슈 업종이 바로 제약/바이오 업종이었다. 2017년 반도체업종의 상승 랠리를 이어받아 2017년 후반기와 2018년 상반기 시장을 주도하였다. 이 와중에 바이오의 대장주인 셀트리온이 코스닥에서 거래소로 이동한다고 하면서 이슈가 되었다. 하지만 2018년 제약·바이오 업종이 주가의 고점을 형성하면서 2017년과 같은 무조건적인 상승은 제한적일 가능성이 높다. 그 이유는 실적에 대한 상승보다는 기관과 외국인의 수급에 의한 상승이라는 점에서 한계가 있기 때문이다. 그러므로 2018년 이후에도 바이오·제약주들에 관심을 갖는다면 다양한 신약 파이프라인을 가지고 있으면서 임상3상을 통과할 가능성이 있는 종목을 선택하는 것이 좋을 것이다. 그리고 코스닥의 주요 종목이 바이오/제약 업종이라는 점을 감안하면 정부의 코스닥 육성정책과 연결되어 있다는 점을 인식하고 코스닥 시장의 흐름과 궤를 같이 하여 투자를 해야 할 것이다. 그리고 바이오/제약의 상승은 제약/바이오, 진단, 헬스케어, 검사장비 쪽으로 순환하면서 상승하기도 한다.

Part 4
주식에서
고수되기

(1) 제약 · 바이오 업종의 개요

대표종목	셀트리온헬스케어, 셀트리온제약, 신라젠 등
시장과 연계성	KOSDAQ 1기준 / 제조 1.09 상승
업종평균PER	KOSDAQ 43.8배 / 제조 31.4배
시가총액비중	KOSDAQ 279조 / 제조 123조 약 45%
이벤트관련	JP모건컨퍼런스 1월, 미국바이오컨퍼런스 6월

(2) 제약 · 바이오 용어설명

전임상	임상시험 전 동물을 대상으로 실험
임상1상	20~100명 건강한 지원자 대상 인체 내 작용 확인
임상2상	100~500명 선정 치료목적 환자대상, 약효의 적합한 용량 시험
임상3상	1,000~5,000명 대규모 지원자에 대하여 실제 약의 효과 확인과 장기적인 안정성 확인
바이오배터 (개량신약)	이미 특허권이 만료된 신약에 장점을 배가해서 개발하는 것으로 개발기간 4~5년 소요
제너릭(복제약)	특허권이 종료된 오리지널신약 그대로 복제한 제품
오리지널신약	기존에 없던 물질을 개발해서 특허를 인정할 수 있는 효과를 보이는 신약
바이오시밀러	단백질 신약의 제너릭으로 특허가 만료된 오리지널 의약품을 복제하여 만든 약품
일반의약품	의사가 처방전 없이 약사가 바로 환자에게 판매할 수 있는 제품
전문의약품	의사의 처방에 따라서만 판매할 수 있는 의약품을 말함

• 그 밖의 관련업체 : 에스텍파마(비마약성진통제 – 국내외 임상2상), 티슈진(인보사 – 미국 임상3상)

(3) 신약개발과정 흐름

단 계	후보물질연구발굴	동물실험	임상시험허가	임상1상	임상2상	임상3상	신약허가신청	시판 후 임상
내 용	후보약물발견	기초안전성확인	인체실험개시신청	정상인대상안전성확인	약효 및 부작용확인	정기적안정성확인	시판승인신청	시판 후 부작용확인
평균기간	전 임상기간 3~6년 사이 투자비중 45% 정도			• 6~7년 투자비중 50% 이상 각 임상 마감 후 라이센스 아웃 가능 • 개량신약의 경우 기간 짧아짐			• 4~6년 • 투자비중 5~10%	

2. 종목별 신약개발과정

차바이오텍	• CB-AC-01(뇌졸증치료제) 국내1/2A상 진행	안트로젠	• 큐피스템(크론성누공) 미국 임상1상 • ALLO-ASC-EB(수포성표리박리증) 국내 임상1상
셀트리온	• 램시마SC(자기면역질환) 글로벌 임상 3상 진행	유한양행	• YH25448(폐암치료제) 국내 임상 1/2상 진행
신라젠	• 펙사백(대장암) 미국 임상 1상 진행	제넥신	• Hybrid FC(성장호르몬)성인/소아 임상2상완료 • GX-188E(자궁경부암)유럽/한국 임상2상
대웅제약	• HL036(안구건조증 치료제) 임상2상	한 독	• CHC2014(표적항암제)미국허가신청 중 • 메지온(폰탄수술환자치료제)미국 임상3상 진행 중
녹십자	• IVIG-SN(면역글로블린) 임상3상 완료 미국승인 신청 중	메디포스트	• 뉴모스템(기관지폐이형성증) 국내 임상2상 진행
한미약품	• (호중구가소증) 3상발표 중간결과 발표 대기 중 • HM71224(류마티스관절염) 글로벌 임상2상 • HM12525A(당뇨/비만)미국 임상1상 • HM95573(고형암) 한국 임상1상 발표 예상	젬백스	• GV1001(알츠하이머) 국내 임상2상 진행
종근당	• CKD-504(헌팅턴증후군) 미국 글로벌임상 진행 • CKD-506(자가면역질환)유럽 글로벌 임상 진행	안트로젠	• ALL-ASC-DFU(표리박리치료제) 미국 임상1상 승인

동아에스티	• DA-9805(파킨슨병 치료제) 미국 임상2상 • DA-1241(당뇨병 치료제) 미국 임상1상 • DA-8010(과민성방광염치료제) 유럽 임상1상 • 글로벌 임상 진행 중 : DA-7218(폐렴), DA-1229(당뇨병), DA-8010(방광염), DA-9801(당뇨병성신경병증)	오스코텍	• SKI-O-703(관절염치료제) 미국 임상1상 진행
		바이로메드	• VM202(유전자치료) 미국 임상3상 진행
보령제약	• VT-EVB-N(림프종치료제) 임상2상	큐리언트	• Q203(약제내성결핵) 미국 임상1A상 완료 • Q301(아토피치료제) 미국 임상2A상 진행
JW중외제약	• CWP-231A(급성골수성백혈병) 임상1상 완료	에이치엘비	• 아파티닙(위암치료) 글로벌 임상3상 진행

08 ▷ 제지 업종

1. 제지 업종 소개

제지업종은 시장과 민감하지 않게 움직이는 업종 중에 하나이다. 제지업종은 본래의 산업보다는 금융자산이나 토지같은 자산이 많은 것이 특징이다. 물론 시장 자체의 발전 기대보다는 시장이 순환매가 이어지는 경우 자산대비 저평가의 종목들이 오르거나, 시장의 상승이 제한적인 경우 이런 종목들이 순환매로 상승할 수 있다. 시장지수의 연계를 의미하는 베타계수도 0.87 정도에 불과하여 시장이 상승하더라도 타 종목보다는 상승률이 적다는 점을 명심해야 한다.

(1) 제지 업종 개요

대표종목	한솔제지, 무림P&P, 페이퍼코리아 등
시장과 연계성	KOSPI 1기준 / 종이, 목재 0.87 상승
업종평균PER	KOSPI 13.1배 / 종이, 목재 85.4배
시가총액비중	KOSPI 1605조 / 종이, 목재 2.4조 약 0.2%

(2) 제지 업종 용어설명

골판지	택배에 사용되는 물결무늬 종이
백상지	주로 복사나 인쇄를 위한 종이
백판지	화학약품 처리하지 않은 종이
아트지	백상지를 화학처리한 고급광택종이
감열지	열이 발생되면 잉크가 작성되는 종이 ⓔ 휴대용 카드단말기 사용되는 종이
중질지	백상지와 갱지의 중간 정도 종이
위생용종이	휴지나 티슈라고 불리는 종이
크라프트지	크라프트 펄프로 만든 갈색종이

그 밖의 관련업체 : 잉크테크, 자화전자, 성호전자(프린터부품)

2. 제지종류별 종목

	제품과 용도	생산업체
펄프 및 재활용종이	1. 펄프	무림P&P, 삼정펄프, 한솔제지 등
	2. 신문용지 - 신문제작	페이퍼코리아, 전주페이퍼(비상장) 등
	3. 인쇄용지 - 책, 달력, 교과서, 잡지	한솔제지, 한국제지, 무림페이퍼 등
	4. 크래프트지 - 시멘트 포장재	쌍용제지(비상장), 아세아제지 등
	5. 백판지 - 스낵, 약품, 경공업 포장재	한솔제지, 깨끗한나라, 신풍제지, 세하 등
	6. 골판지 - 전자, 농업, 식품 포장재	아세아제지, 신대양제지, 삼보판지 등
	7. 위생용 - 티슈, 벽지, 기저귀	모나리자, 깨끗한나라 등

1. 인터넷 업종 소개

인터넷 업종의 주도권은 온라인에서 스마트폰으로 이동하고 있는 흐름이다. 그만큼 스마트폰의 사용이 일반화되었고 접근성이 용이해져 관련 사업이 지속적으로 성장하고 있다. 특히 글로벌화된 인터넷 기반은 전자상거래를 통한 시장개척이 용이하다는 것이 장점이다. 인터넷 업체 중 시장점유력이 높은 기업으로는 인터넷 포털을 가지고 있는 NAVER, 카카오라고 할 수 있다. 이 업체는 '라인'이나 '카카오톡'같은 모바일 플랫폼을 보유하고 있어 무한한 시장을 개발할 수 있다는 점이 다른 업체보다 장점이 되고 있다.

(1) 인터넷 업종 관련

대표종목	카카오, NAVER, 이스트소프트
시장과 연계성	KOSPI 1기준 / 서비스업 0.94 상승
업종평균PER	KOSPI 13.1배 / 서비스업 18.4배
시가총액비중	KOSPI 1,605조 / 서비스업 127조 약 7%
이벤트관련	구글 I/O 5월, WWDC 6월, NAVER 10월

(2) 인터넷 업종 용어설명

Visit	해당사이트에 방문한 횟수
모바일광고	모바일 플랫폼을 이용하는 광고
PV	순방문자들의 총조회수
클라우드	데이터를 중앙처리장치에 넣고 인터넷을 이용해서 언제든지 사용가능한 것
Daily Unique Visitor	일정기간 동안 하루에 방문한 순 방문자수
CPC(Cost Per Click)	노출에 상관없이 광고 클릭당 가격
CPT(Cost Per Time)	정해진 시간대 과금
PPC(Price Per Click)	검색광고 클릭당 단가

• 그 밖의 관련업체 : 삼성출판사, 대원미디어(아동용콘텐츠제작)

2. 인터넷 업종 계통도

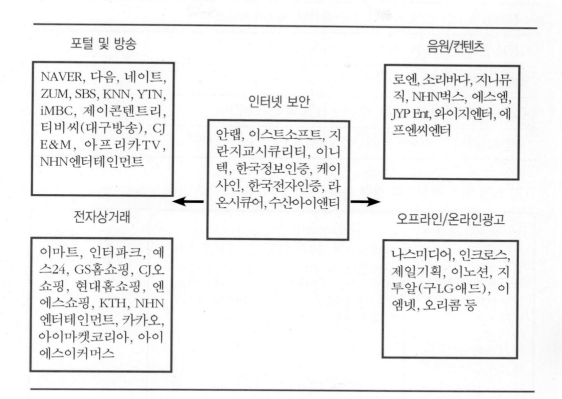

포털 및 방송

NAVER, 다음, 네이트, ZUM, SBS, KNN, YTN, iMBC, 제이콘텐트리, 티비씨(대구방송), CJ E&M, 아프리카TV, NHN엔터테인먼트

인터넷 보안

안랩, 이스트소프트, 지란지교시큐리티, 이니텍, 한국정보인증, 케이사인, 한국전자인증, 라온시큐어, 수산아이앤티

음원/컨텐츠

로엔, 소리바다, 지니뮤직, NHN벅스, 에스엠, JYP Ent, 와이지엔터, 에프엔씨엔터

전자상거래

이마트, 인터파크, 예스24, GS홈쇼핑, CJ오쇼핑, 현대홈쇼핑, 엔에스쇼핑, KTH, NHN엔터테인먼트, 카카오, 아이마켓코리아, 아이에스이커머스

오프라인/온라인광고

나스미디어, 인크로스, 제일기획, 이노션, 지투알(구LG애드), 이엠넷, 오리콤 등

10 게임 업종

1. 게임 업종의 소개

게임 업종은 근래에 들어와 온라인과 모바일의 장벽이 허물어지고 있다. 특히 모바일이나 온라인게임으로 인지도를 높인 상태에서 크로스(PC나 모바일 등의 플랫폼을 하나로 통합하여 즐기는 게임)로 진출하는 것이 일반화되고 있다. 온라인게임으로 성공한 엔씨소프트의 '리니지'는 모바일로 재탄생되면서 엄청난 성장성을 부여받고 있으며, 웹젠은 '뮤'라는 IP를 가지고 중국에서 성공을 거두었다. 이밖에도 블루홀의 '베틀그라운드', 펄어비스의 '검은사막' 등이 PC에서 모바일로 진출 중이다. 4차 산업혁명의 한 축이라고도 볼 수 있는 게임사업의 비전은 여전히 긍정적이며 국회에서 셧다운제에 대한 법률도 수정될 수 있다는 기대감이 이어지고 있다.

(1) 게임 업종의 개요

대표종목	엔씨소프트, 웹젠, 게임빌, 넷마블게임즈
시장과 연계성	KOSDAQ 1기준 / IT S/W 0.97 상승
업종평균PER	KOSDAQ 43.8배/ IT S/W 55.7배
시가총액비중	KOSDAQ 279조 / IT S/W 25조 약 9%
이벤트관련	E3게임쇼 6월, 동경게임쇼 9월, 지스타 11월

(2) 게임 업종 계통도와 관련 종목

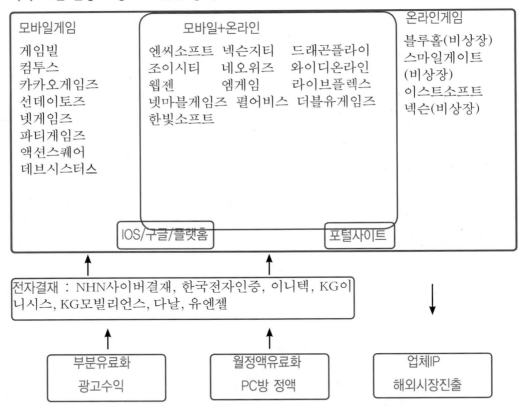

2. 게임 업종의 용어설명

FTP(Free To Play)	모바일/온라인 게임 중에서 무료로 다운 받을 수 있으나 아이템 구매는 유료인 경우가 대부분
상용화	온라인게임인 경우 많이 사용되며 베타버전이 모두 마무리되고 본격적인 결재가 되는 부분을 말함
OBT(오픈베타서비스)	상용화 전에 하는 테스트
CBT(클로즈베타서비스)	소수정예만 테스트
클라이언트	온라인 게임을 설치하는 프로그램
게임플랫폼	게임을 홍보할 수 있는 매개체

• 그 밖의 관련업체 : 룽투코리아, 바른손게임즈, 넵튠, 썸에이지(게임사)

---

11 엔터테인먼트 업종

1. 엔터테인먼트 업종 소개

국내 엔터테인먼트 업종은 다양한 사업으로 커지면서 세분화되고 있다. 영화사업을 예로 들면 배급과 제작하는 업체와 유통업체가 나누어진 상태이다. 연예기획사들은 예전에는 단순히 연예인을 발굴해서 육성하는 역할을 했다면, 지금은 막대한 자금력을 바탕으로 드라마제작이나 영화제작도 진행하고 있다. 대표적인 회사 '에스엠'을 예로 들면 90년대만 해도 아이돌을 발굴하여 가수로 입문 시켜주는 역할을 하였다. 하지만 현재는 음원제작, 드라마, 쇼, 영화제작 등 다양한 엔터사업과 연계되는 사업을 진행하고 있다. 현재 엔터테인먼트 업종은 규모가 점차 커지면서 규모의 경제를 이루고 있으며 다양한 컨텐츠 개발을 진행 중이다.

(1) 엔터테인먼트 업종 개요

대표종목	CJ E&M, IHQ, 에스엠, 와이지엔터 등
시장과 연계성	KOSDAQ 1기준 / 방송서비스 0.73 상승
업종평균 PER	KOSDAQ 43.8배/ 방송서비스 21.7배

시가총액비중	KOSDAQ 279조 / 방송서비스 9조 약 4%

(2) 엔터테인먼트 업종 용어설명

조인트벤처	신규 시장에 접근하기 위해 해당국가의 업체와 절반씩 지분을 투자해서 필요한 업체를 만드는 회사
제 작	영화나 드라마를 만드는 일을 하는 것 **예** 아이디어－시나리오－자금조달－사전제작－제작－후반제작－마케팅
배 급	영화나 드라마를 개인들에게 볼 수 있게 전달하는 것을 말함
유 통	배급 이후의 순차적인 진행을 말함 **예** 극장상영－DVD－IPTV－무료케이블
연예기획사	연예인들을 지원하고 관리해 주는 곳
연예메니지먼트	영화, 방송, 음악의 다양한 엔터테인먼트 사업을 진행하는 것을 의미

• 그 밖의 관련업체 : SM C&C(여행, 메니지먼트), 스튜디오드래곤(드라마기획/제작)

2. 엔터테인먼트 업종 계통도와 관련 종목

드라마/영화 제작

초록뱀, 삼화네트웍스, NEW, 드래곤스튜디오, 레드로버, CJ CGV, 쇼박스, 덱스터, W홀딩컴퍼니, 이매진아시아, 팬엔터테인먼트, 대원미디어, 손오공

드라마/영화+연예기획

에스엠, 와이지엔터, IHQ, CJ E&M, 키이스트, SBS, 제이콘텐트리, 에스엠, 와이지엔터, NEW, JYP ent

연예기획사

판타지오, 에프엔씨엔터, 아리온, 씨그널엔터테인먼트그룹

지상파3사
종편/케이블방송

해외진출
조인트 벤처

12 > 은행 업종

1. 은행 업종 소개

올해 주식시장의 가장 큰 이슈가 바로 미국의 '금리인상'이다. 그 만큼 경기가 좋아졌다는 것으로 해석할 수 있지만 장기적으로는 주식시장에 긍정적인 요인보다는 부정적인 요인이 많을 것이다. 은행 업종은 금리인상의 가장 큰 수혜를 볼 수 있는 업종이다. 왜냐하면 금리의 인상은 '예대마진'을 통하여 기업에 빌려준 대출에 대한 이자를 많이 받을 수 있기 때문이다. 미국은 2018년 최소 3번 이상 금리인상을 단행할 것으로 예상되는데 이의 수혜업종인 은행 업종은 금리인상의 이슈가 있을 때마다 관심있게 지켜보아야 한다. 최근 우리나라는 인터넷은행인 KT컨소시엄과 카카오컨소시엄이라는 인터넷은행이 이슈가 되고 있다. 점포 없이 인터넷을 바탕으로 기존 은행과 차별적이고 혁신적인 서비스를 진행할 수 있다는 점에서 성장성이 주목되어 시장의 관심을 받고 있다.

(1) 은행 업종 개요

대표종목	KB금융, 기업은행, 하나금융지주 등
시장과 연계성	KOSPI 1 기준 일 때 금융업 0.93 상승
업종평균 PER	KOSPI 13.1배 / 금융업 8.6배
시가총액비중	KOSPI 1605조 / 금융업 313조 약 20%

(2) 은행 업종 용어설명

BIS비율	위험자산과 비교한 자기자본비율
DTI(총부채상환비율)	금융부채의 감당 능력을 소득으로 확인하고 대출한도를 예상하는 비율을 말함
LTV	주택담보대출 비용
PF(프로젝트파이낸싱)	특정사업을 하는데 있어서 은행에 대출을 받아 지원하는 금융법
가계부채	사채를 포함하지 않는 가계의 총부채
신용판매	상품을 신용으로 주고 지불형태는 후불로 자금을 받는 것

그 밖의 관련업체 : 브리지텍, KT, GS리테일, 우리은행(K뱅크지분투자)

2. 은행 업종 계통도와 관련 종목

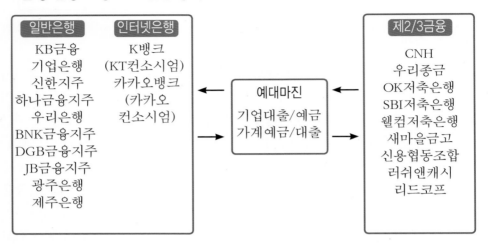

```
┌─────────────┬─────────────┐
│   일반은행   │  인터넷은행  │
│   KB금융     │   K뱅크      │
│  기업은행    │ (KT컨소시엄) │
│  신한지주    │  카카오뱅크  │
│ 하나금융지주 │  (카카오    │
│  우리은행    │  컨소시엄)   │
│ BNK금융지주 │             │
│ DGB금융지주 │             │
│ JB금융지주  │             │
│  광주은행    │             │
│  제주은행    │             │
└─────────────┴─────────────┘
```

```
┌──────────────┐
│    예대마진   │
│ 기업대출/예금 │
│ 가계예금/대출 │
└──────────────┘
```

```
┌──────────────┐
│   제2/3금융   │
│     CNH       │
│   우리종금    │
│  OK저축은행   │
│  SBI저축은행  │
│ 웰컴저축은행  │
│  새마을금고   │
│ 신용협동조합  │
│  러쉬앤캐시   │
│  리드코프     │
└──────────────┘
```

---

13 > 증권 업종

1. 증권 업종 소개

주식시장이 우상향으로 지속적인 강세시장이 된다면 주식시장의 거래량 또한 늘어날 것이다. 과거 우리나라 증권사들의 대부분 수익은 바로 브로커리지 영업에서 나왔다. 하지만 최근 수수료 평생 무료를 앞 다투어 경쟁적으로 제공하고 있다는 점에서 브로커리지 수입은 감소하고 있다. 그러므로 증권사들은 이제 새로운 수익 모델을 모색하고 있다. 그 중 하나가 바로 IB투자은행(종합금융사업투자자)으로 기업의 장기자금을 조달하거나 인수합병, 프로젝트파이낸싱 등의 업무를 수행하는 은행이다. 하지만 까다로운 요건을 충족시키기가 어렵다.

우리나라 대형 투자은행으로는 한국투자증권, NH투자증권, 미래에셋대우, 삼성증권 등이 있다. 올해 다채로운 매출 구조의 혁신을 만드는 것이 모든 증권사의 목표이므로 이를 계획하고 실현하는 증권사들을 주목해야 한다.

(1) 증권 업종 개요

대표종목	미래에셋대우, 대신증권, KB증권, 한국금융지주 등
시장과 연계성	KOSPI 1기준 일 때 증권 1.61 상승
업종평균 PER	KOSPI 13.1배/ 증권 13.1배
시가총액비중	KOSPI 1605조 / 증권 24조 약 1.7%

(2) 증권 업종 용어설명

브로커리지	주식을 매매할 수 있도록 일정 부분 수수료를 개인들로 받고 진행하는 사업
IPO	비상장 기업이 거래소/코스닥으로 상장하기 위해 재무적인 내용을 공시하는 일
MMF	초단기 공사채형 상품으로 안전하지만, 수익성은 낮은 상품
IB	브로커리지 보다, 회사채발행, 증자, 인수합병 등을 주간하거나 자문함
증권사수수료	주식을 매매하는데 증권사가 가져가는 수수료를 말함. 최근 평생무료로 변경되고 있는 상태
수익증권	수익에 대한 권리를 표시하는 증권

그 밖의 관련업체 : 메릴린치, 골드만삭스, 모건스텐리(외국계증권사)

2. 증권 업종 계통도와 관련 종목

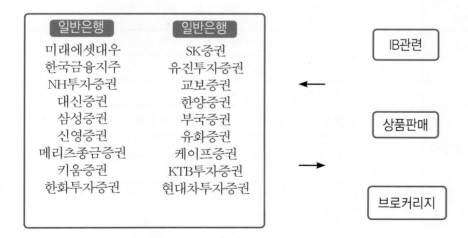

1. 음식료 업종 소개

먹거리 사업에서 가장 큰 화제의 단어는 바로 '혼밥'이다. 즉 혼자 밥을 먹는 사람들이 많아지고 있어서 HMR(Home Meal Replacement) 사업이 파격적으로 성장하고 있다고 한다. 식사 형태도 싱글족 증가와 고령화 사회로 인해서 탄수화물의 매출이 점차 감소하고 편의점에서 완제품으로 판매되는 편리한 음식 등이 많이 판매되고 있다고 한다. 앞으로는 음식료 업종은 영양보다는 '편리성'에 더 초점을 맞추어 종목을 선별하는 것이 좋다.

(1) 음식료 업종 개요

대표종목	CJ제일제당, 삼양사, 대상 등
시장과 연계성	KOSPI 1기준 / 음식료품 0.65 상승
업종평균 PER	KOSPI 13.1배 / 음식료품 17.3배
시가총액비중	KOSPI 1605조/ 음식료품 34조 약 2.2%
이벤트 관련	부산국제음식박람회 10월

(2) 음식료 업종 용어설명

HMR(Home Meal Replacement)	가정식 대표식품이라고 할 수 있는 1회용제품
식품첨가물	식품에 첨가하는 해롭지 않은 화학적/천연적 물질
영양표시	식품에 들어있는 정확한 영양정보
식품위생	식품에 관한 위생을 말함
식중독	식품으로 유해한 미생물이나 물질로 감염된 질병
AI(조류인플루엔자)	닭이나 오리 등 조류에 의해서 발생해 사람에게 전염되는 바이러스병
구제역	발굽이 2개인 소, 돼지 등에 발생해 전염되는 병이며 사람에게는 직접적인 피해보다는 간접적인 피해가능
콜레라	오염된 음식 등으로 감염되며 주로 설사와 복통을 수반함

그 밖의 관련업체 : 보라티알(식자재유통/생산), 인선이엔티(폐기물관리)

2. 식품 원자재 계통도와 생산업체

(1) 식품 원자재 및 생산업체 1

	제품과 용도	생산 업체
원재료 관련	1. 원맥, 밀 - 제분, 밀가루	대한제분, CJ제일제당, 한탑 등
	2. 옥수수 - 전분(당), 식용유지	대상, 삼양사 등
	3. 대두(콩) - 식용유지	CJ제일제당, 롯데푸드, 오뚜기 등
	4. 원유 - 유가공, 식용유지	매일유업, 남양유업, 빙그레 등
	5. 원당 - 제당, 설탕	CJ제일제당, 삼양사, 대한제당 등
	6. 원료육 - 육(수산)가공	동원F&B, 하림, 마니커, 정다운, CJ 등
	7. 맥아 - 맥주	하이트진로, 롯데칠성 등

(2) 식품 원자재 및 생산업체 2

분 류	생산 업체	
제 빵	서울식품, SPC삼립, 대한제분, CJ	
면 류	농심, 오뚜기, 삼양식품 등	
제 과	롯데제과, 오리온, 크라운제과, 해태제과식품 등	
음 료	홍국F&B, 롯데칠성, LG생활건강, 한국맥널티, CJ제일제당	→ 유통업자 / 소비자
빙 과	빙그레, 롯데푸드, 해태제과 등	
조미식품	오뚜기, 조흥, 대상, 엠에스씨 등	
장 류	샘표식품, 신송홀딩스, CJ제일제당, 대상 등	

1. 의류 업종 소개

의류업종은 시장의 움직임과는 무관하게 움직이는 경우가 많다. 특히 거래소 시장이 1만큼 움직일 때 의류업종의 상승은 0.67이라는 점에서 시장보다 상승의 가능성이 크지 않다(베타계수가 낮은 업종). 거래소 종목의 주당 순이익보다 음식료 업종의 주당 순이익이 적기 때문에 다른 업종보다 PER도 높은 것이 특징이다. 또한, 시가총액 비중도 전체의 2.2% 밖에 되지 않는다는 점에서 전체 시장을 움직이는 힘이 부족하여 시장의 관심을 덜 받는 업종이다.

(1) 의류 업종 개요

대표종목	LF, 한섬, 신원, 한세실업 등
시장과 연계성	KOSPI 1기준 / 섬유,의복 0.66 상승
업종평균 PER	KOSPI 13.1배 / 섬유, 의복 35.7배
시가총액비중	KOSPI 1605조 / 섬유, 의복 약 6조 약 0.4%
이벤트 관련	상해패션박람회 3월, 홍콩패션위크 1월

(2) 의류 업종 관련 용어설명

합성섬유	인조섬유를 화학적 처리를 통해서 합성하는 섬유를 말함
아웃도어	야외활동에서 입는 옷을 칭함
천연섬유	천연 그대로의 상태로 섬유를 제작
욜로(YOLO)	미래를 위해 희생보다 현재 잘 살겠다는 가치관을 말함
웰니스(Wellness)	행복하고 건강한 삶
브랜드 간 공동마케팅	쇼핑몰과 스포츠의류
애슬레저룩	스포츠의류 + 일상복
직영점	본사가 직접 지점을 운영하는 체인점

그 밖의 관련업체 : 에프티이엔이(나노섬유)

2. 의류 원재료 및 생산업체

원재료 관련	생산업체
천연섬유(면사 아마, 견, 모 등)	**거래소**
경방, 전방, 동일방직 일신방직	영원무역, LF, 한섬, BYC, 신성통상, 신원, 인디에프, 휠라코리아, 태평양물산, 코오롱인더, LS네트웍스, TBH글로벌, SG세계물산, 화승엔터프라이즈, 아티스, 쌍방울, 호전실업 등
합성섬유(폴리에스테르, 나일론, 아크릴, 폴리우레탄, 폴리에틸렌 등)	**코스닥**
도레이케미칼, 휴비스, 성안, 코오롱인더스트리, 신라섬유, 동양 등	아가방컴퍼니, 좋은사람들, 아즈텍BW, F&F, 에스티오, 제로투세븐, 데코앤이, 코데즈컴바인, 지엔코, 코웰패션, 형지I&C, 아비스타, 필링크 등

할인마트, 백화점, 직영점, 매장

16 ▷ 화학 · 정유 업종

1. 화학·정유 업종 소개

(1) 화학 업종

화학업종은 석유화학 추출물로 타이어, 페인트, 비료 등을 생산하는 일반화학보다 나프타를 원료로 에틸렌, 프로필렌, 톨루엔 등을 만들고 이를 통하여 다시 파이프, 합성고무, 합성수지, 합성섬유원료 등을 생산하는 석유화학의 비중이 크다. 특히 화학업종은 다른 산업의 기반이 되는 소재를 공급하는 업종으로 다른 제조업이나 주요 수출국인 중국 경기의 영향을 많이 받는다. 또한 화학업종은 다양한 제조업 분야와 연결이 되어 관련 업종의 경기에 많은 영향을 받으므로 그 산업의 추이를 잘 살펴보는 것이 필요하다.

(2) 정유 업종

정유업종은 화학업종처럼 경기와 민감하게 작용되는 경기민감주이다. 왜냐하면 경기가 좋아지면 정유에 대한 수요가 증가하여, 가격이 상승할 가능성이 커지기 때문이다. 그래서 정유업종은 대세 상승기에 시장과 연관하여 함께 상승을 한다. 2018년 초 유가가 바닥을 확인하고 견조한 상승을 하고 있다는 점과 글로벌 경기가 호전되고 있다는 점에서 앞으로 유가의 추가적인 상승이 기대된다. 하지만 최근에는 환경오염에 대한 문제가 전세계적으로 문제되고 있다는 점에서 화학연료와 정유에 대한 소비를 줄이려는 움직임이 있으므로 이에 대한 관찰이 요구된다.

(3) 화학·정유 업종 개요

대표종목	롯데정밀화학, S-OIL, SK이노베이션 등
시장과 연계성	KOSPI 1기준 / 화학 1.03 상승
업종평균 PER	KOSPI 13.1배 / 화학 12.3배
시가총액비중	KOSPI 1605조 / 화학 164조 약 10%

(4) 화학·정유 업종 관련 용어설명

원 유	지하 기름층에서 직접 채굴한 석유
나프타	휘발유와 등유의 중간에 있는 석유(석유화학 공업의 기본원료로 사용)
에틸렌	합성섬유/수지/도료를 만드는 중간재로 사용됨
프로필렌	폴리프로필렌을 만드는 합성섬유를 제조하는 재료임
부타티엔	합성고무 원료로 타이어 제조에 필요함
벤 젠	화학제품 기초물질인 가소제, 세제 등의 소재임
톨루엔	무색의 화합물 중 하나로 물감, 염료, 사카린, 향료 등에 사용됨
자일렌	경유 속에 함유되어 있으며 인쇄, 고무, 가죽 등에 이용됨

2. 정유단계와 소재별 생산업체

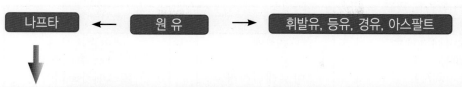

소 재	용 도	생산업체
에틸렌	농업용필름, 파이프 등	LG화학, 대한유화, 롯데케미칼, 한화케미칼 등
프로필렌	아크릴섬유, 필름 등	LG화학, 롯데케미칼, 태광산업, KPX케미칼, SKC 등
부타티엔	타이어, 산업용품 등	금호석유, 롯데케미칼, LG화학 등
벤 젠	합성세제, 자동차부품 등	금호석유, LG화학, SK이노베이션 등
톨루엔	우레탄수지 등	OCI, 한화케미칼, 금호석유 등
자일렌	폴리에스터섬유 등	현대오일뱅크(비상장), SK이노베이션, LG화학 등

17 화장품 업종

1. 화장품 업종 소개

16년 11월부터 17년 3월까지 우리나라는 미국의 고고도 미사일 방어체계 배치를 하면서 중국이 사드배치에 대한 보복을 진행하면서 가장 피해를 본 업종이 바로 화장품 업종이다. OEM/ODM 방식으로 이미 중국에 진출을 했지만 중국정부의 부당한 대우를 받으면서 강제적인 판매 금지까지 당해서이다. 하지만 북미 정상회담이 열리고 사드에 대한 의존도가 줄어들면서 사드관련 경제 재제가 완화되고 있다. 이에 중국은 한국에 대한 단체관광객 금지 지역을 점차 풀고 화장품에 대한 규제도 완화하면서 중국내 국내 화장품의 매출도 증가하는 추세이다. 다시 중국의 매출의 성장성을 뒷받침 된다면 본격적인 재평가가 이어질 가능성이 높으므로 하반기가 기대되고 있다.

2. 화장품 업종 계통도

원료공급		OEM/ODM, 제품개발		합작법인 개발업체
SK바이오랜드 대봉엘에스 씨큐브 연우 차바이오텍 (차메디텍 인수) KCC (자회사 KCC Beauty) 오상자이엘 현대아이비티 컬러레이 잇츠한불 네이처셀 CJ제일제당 에이씨티 코스맥스 한국콜마 KCI 제노포커스		코스맥스 한국콜마 아모레퍼시픽 LG생활건강 제이준코스메틱 클리오 신세계인터내셔널 코리아나 토니모리 잇츠한불 한국화장품 코스온 바이오스마트 아우딘퓨처스 클래시스 리더스코스메틱 애경산업 한국주철관 (엔프라니 자회사)		에머슨퍼시픽 (그리스 원료합작) 코스메카코리아 (일본 원료합작) 아가방컴퍼니 (코시드바이오팜원료제휴)
				화장품 부자재 관련
				에스엔피월드

18 남북경협 업종

　미국은 2018년 이후에도 금리인상을 진행할 것이며, 트럼프는 보호무역의 관점에서 각국에 대한 무역분쟁에 대한 언급도 지속한다는 점에서 세계적인 주가 부양에 부정적인 것이 사실이다. 하지만 우리나라의 경우 2018년 가장 큰 이슈가 바로 북한과의 관계 개선으로 주가에 긍정적인 요소가 현존하고 있다. 북한은 남북 정상회담, 북미 정상회담을 비롯한 다양한 정상회담을 통해서 비핵화에 대한 의지를 표명하였고, 단계적인 경제 고립에서 벗어나려 미국에 대한 유화적인 시도를 진행하고 있다는 점에서 주식시장에 긍정적인 시그널이 될 수 있다. 그동안 우리나라 주식시장의 가장 큰 부정적 요소인 지정학적 리스크가 북한과의 전쟁 위험이었던 만큼 이번 북한의 태도변화는 이를 해소하는 계기가 될 것으로 기대된다.

SOC 사업 관련	
철 도	현대로템, 세명전기, 대아티아이, 대호에이엘, 리노스, 푸른기술 등
철 강	POSCO, 현대제철, 현대비앤지스틸, 세아베스틸, 동국제강 등
도 로	GS건설, 대림산업, 현대건설, 대우건설, 우원개발, 한라, 삼부토건 등
시멘트	아세아시멘트, 성신양회, 쌍용양회, 유진기업, 고려시멘트, 한일시멘트 등
전 기	이화전기, 제룡전기, 제룡산업, 보성파워텍, 한전산업 등
발전소	비에이치아이, 지엔씨에너지, 이화전기, 한국전력 등
주 택	신세계건설, GS건설, 대림산업, 진흥기업, 동부건설, 대우건설 등
내외장재	LG하우시스, 벽산, 영보화학, 이건산업, 희림, KCC, 한화케미칼 등
희토류 및 가스관	
희토류	희림, 유니온, 티플렉스, 코스코, 엠텍, 텔레필드등
가스관	대창솔루션, 이엠코리아, 한국선재, 화성밸브, 조광ILI 등
비료 및 식량지원	
비 료	효성오앤비, 남해화학, 경농, 이지바이오, 팜스토리, 조비, 농우바이오, 엠에스씨, 하림, 제일홀딩스 등
식량지원	신성홀딩스, CJ제일제당, 오리온, 롯데제과, 오뚜기, 삼양식품, 농심, BGF리테일, GS리테일 등
제2개성공단 및 DMZ개발	
현대산업, 대림산업, 모헨즈, 누리플랜, 코아스, 유진로봇, 삼륭물산, 퍼스텍, 이화공영,	

블록체인/보안관련			
써트온 인수	포스링크(블)	코인 링크	한컴시큐어(보)
물류 프로세스	삼성에스디에스(블) 케이엘넷	기술개발 중	지니언스, 세종텔레콤, 데이터솔루션
보안기술 접목	지란지교시큐리티, 파이오링크, 한국정보인증, 이니텍, 넥스지	블록체인 보안기술	라온시큐어, 시큐브, 파수닷컴, 케이사인, 드림시큐리티

지분투자 및 기타			
업비트	카카오, 우리기술투자, 에이티넘인베스트, 대성창투	빗 썸	옴니텔(모회사:위지트), 비덴트, SBI인베스트먼트
지분투자 가능	DSC인베스트먼트	결제서비스연계 가능	다날, 유비벨록스, 아이씨케이, 포티스
채굴관련	제이씨현시스템, 주연테크, 매커스, 손오공	디지털저작권 기술연계 (블록체인)	알티캐스트

가상화폐 거래소 운영			
업비트	두나무(비상장)	빗 썸	비티씨코리아닷컴
코 빗	넥슨(비상장)	OK코인(중국)	NHN엔터
링크코인	포스링크	KCX(Korea Crypt curency Exchange)	한일진공, 케이피엠테크, 디지털옵틱
에스코인	SCI평가정보	페이또	엠게임
비트팍스넷	팍스넷	넥스코인	넥스지
코인마블	씨티엘, 라이브플렉스	코인제스트	한빛소프트, 모다, 파티게임즈
사업진행	데일리블록체인(옐로우모바일), 옐로디지털마케팅, 버추얼텍		

이 시장의 변동성에 대응하는 적절한 매수·매도 타이밍 찾기 / 02 나만의 나침반 / 03 내 인생의 동반자 주식 / 04 주식시장의 탐험가 / 05 주식투자는 철학이다. / 06 동행하고 싶은 편안하고 좋은 기업을 투자하라! / 07 주식투자는 삶의 일부분 / 08 저평가된 꿈이 있는 주식을 사라! / 09 매도를 잘하는 것이 진정한 고수이다.

Chapter 3

고수의 조언

01 〉 시장의 변동성에 대응하는 적절한 매수·매도 타이밍 찾기

마왕 이동우 대표(탑TV)

주식투자란 무엇인가? 한마디로 시간과 타이밍의 싸움이다. 주식시장은 경기상황보다 먼저 선행하는 것이 보통이다. 그러므로 경기상황보다 더 빠르게 예측하여 미리 매수·매도 시점을 예상해야 한다. 더 짧은 관점으로 보자면 동일종목을 누군가는 낮게 매수하지만 또 누군가는 고점에서 매수하게 되면서 같은 종목으로도 얼마든지 수익률과 손실률이 개인마다 천차만별이 되는 것이 주식투자이다.

주식시장에 회사가 상장하는 순간 시장프리미엄이 기업에 붙게 되어있고, 그 시장프리미엄도 주식시장에서는 매일 변동하면서 살아서 움직인다. 대부분 회사의 가치는 시장을 이기지는 못한다. 이로 인해 주식시장에서 기업의 가치가 실제 가치보다 낮게 평가되어 낙폭과대라는 타이밍이 나오기도 하며, 시장이 좋을 때는 신고가 행진을 하며 기업의 실제 가치보다 높이 평가되어 단기매매에서 수익을 가져다 주는 타이밍을 주기도 하기 때문이다.

시장이 좋으면 그만큼 앞으로도 상승하는 종목이 많아지면서 수익을 낼 수 있는 시간이 늘어날 수 있지만, 그 만큼 종목을 싸게 매수 할 수 있는 기회는 줄어들 수 있다. 반대로 시장이 나빠지면 하락하는 종목이 많아져 회사의 가치보다 저렴하게 매수할 수 있는 타이밍이 많아질 수 있다. 결국 주식시장이 하락장이든 상승장이든 시장을 이길 수 있는 매매방법은 회사의 가치를 정확히 알고 기업의 주식을 싸게 매수할 수 시점을 잡을 것이냐 아니면 시장과 동행해서 시장의 주도주와 함께 하며 수익을 추구할 것이냐를 현명하게 선택하는 과정이라고 말할 수 있다.

그런 점에서 주식투자란 남들이 뭐라고 하든 자신만의 원칙을 고수하면서 기본에 충실한 기업(가치대비 저평가)들을 매력 있는 가격에서 매수하거나 추세를 파악하고 이에 편승하여 수익을 극대화하는 자본주의 경제시장의 종합예술이라고 할 수 있다.

Part 4
주식에서
고수되기

이정민 대표(매일경제TV)

주식투자 경험이 어느덧 20여 년이 다 되어가고 있다. 투자경력 10년이 지날 무렵부터 투자자들에게 자주 받는 질문이 있다. "주식투자로 돈 많이 벌 수 있나요?" "어떤 종목을 사야 대박 날 수 있나요?" 이 두 가지 질문을 가장 많이 들어왔는데 앞으로 50년이 지나도 이 두 가지 질문은 계속 받게 될 것이다. 아니 어쩌면 증권시장이 사라지지 않는 한 지속 될 것 같다.

내가 생각하는 주식투자는 크게 두 가지 관점으로 보고 있다. "나는 투기를 할 것인가?" 아니면 "투자를 할 것인가?" 이 두 가지의 질문에 명확히 답을 할 수 있다고 가정할 때, 주식투자라는 재테크가 나와 평생 함께하면서 행복의 동반자가 될 것인지 아니면 매일매일 스트레스를 받으며 회사 생활과 인간관계에 지장을 주면서 주식의 등락에 따라 희로애락이 담보되는 불행한 주식투자가 될지가 결정될 수 있다.

현재 주식시장에는 수많은 투기적 거래가 존재하고 있다. 가치의 척도를 벗어난 오로지 투기적 매매의 빠른 속도감에 취한 나머지 단번에 인생 역전을 할 수 있다는 착시 등이 여러 시장에서 많은 투기적 수요를 이끌고 내고 있다. 최근 우리 사회의 큰 이슈가 되었던 '암호화폐'의 투기적 광기가 이를 잘 말해주었다. 이러한 광기는 대부분 가치를 보고 장기적 관점의 투자에 뛰어든 것이 아니라 단기간 수익을 기대하고 비트코인 시장에 뛰어들어 형성되었을 것이다. "누가 벌었으니 나도 벌 수 있다"는 믿음으로 말이다. 과연 그들은 많은 돈을 벌었을까? 기사와 뉴스로 접했던 돈 벌었다던 사람들처럼 그들도 돈을 벌었을까? 아니다!!! 항시 그래왔듯이 고점엔 아둔하고 무지한 대중들이 들어가 이미 수익을 얻고 있던 사람들의 수요를 충족해 주는 그런 역할을 해 주었던 것이다. 물론 그들 중 돈을 번 사람도 있을 것이다. 그러나 그것은 소수이다.

모든 투자 상품엔 가치가 존재하고 변화무쌍한 시장의 변동에 의해 그 가치는 항상 왜곡되어 있다. 하지만 그 가치를 제대로 볼 수 있는 시야와 안목을 가지고 시장이라는 필드에 나선다면. 수많은 광기 어린 욕심에서 벗어난 나만의 나침반을 가지고 수익을 얻을 수 있는 것이다. 흔들리고 휘청거리고 매일매일 지각변동을 일으키는 이 시장에서 살아남는 비결 단 한 가지는 그것은 내가 믿고 따라갈 수 있고 평정심을 유지시켜 주는 나만의 나침반을 가지는 것이다.

종목의 시장에서의 평가와 실제 가치의 괴리율을 찾고 장기 펀더멘탈을 믿고 나만의 매매원칙을 지렛대 삼아, 상위 3%로 진입하는 정정당당한 승부를 보라. 이 책이 당신에게 그 길을 안내할 것이다.

03 내 인생의 동반자 '주식'

이상엽 대표(펠리즈투자&컨설팅)

내게 주식이란? 약 20년 전 처음 접했을 때는 게임과 같았다. 매수, 매도 버튼을 누르며 수익을 누적시켜 나가는 컴퓨터 게임이라고 할 수 있었다. 대학생 시절 모의투자대회에서의 입상, 주식동아리 활동, 대형증권사의 재직시절 등을 거치고 약 20여년이 흐른 지금의 주식은 내 인생의 동반자라고 할 수 있다. 그만큼 같이 동고동락을 했기 때문에 주식이란 살아있는 생물체 같은 느낌을 많이 받은 것이 사실이다.

주식에 집중하고 있을 때는 인생에서 느낄 수 있는 통증과 슬픔조차 잊을 수 있다. 이처럼 주식은 마치 무통주사와 같은 유익한 효과를 제공해 주었다. 어떻게 보면 주식은 내게 술과 같기도 하고, 단짝 친구이기도 하다. 힘들 때 내게 위로가 되는 하나의 대상이 될 수 있으니까… 결국 지금의 나는 흰 공책에 '주식'의 단어를 쓰고 그 주식을 인생의 동반자, 술, 그리고 단짝 친구라고 읽고 있다. 지금 이 순간에도……

이승원 차장(H증권 강남센터 투자전략실)

주식을 처음 시작하게 된 계기는 대학시절 교양수업을 들으면서부터이다. 그 과목은 주식투자 수익률에 따라서 학점을 주는 과정이었다. 그 당시 하루의 상당한 시간을 주식 호가창 만을 바라보며, 잦은 매매를 반복하였다. 그러자, 결국에는 좋지 못한 수익률로 마무리를 하게 되었고, 내가 선택했던 종목은 상장폐지를 당하는 수모까지 겪게 되면서 좋지 못한 학점을 취득한 기억이 있다.

돌이켜 보면 당연한 결과였다. 종목, 산업, 시장, 매매기법 등에 대한 어떠한 준비도 없이 요행만을 바라보는 투기였기 때문에 큰 손실로 귀결된 것이다. 그 이후 많은 시행착오와 경험을 겪으면서 적지 않는 부분이 보완되었다. 특히 시장을 바라보는 관점이 달라졌다. 그 결과 주식시장에 들어온 지 20년 동안 특별히 유명하거나 커다란 수익률을 기록하지는 못하였지만 아직까지 시장에 살아남아 투자를 계속하고 있다. 운이 따랐기도 하지만 대학시절 첫 번째의 주식투자의 처절한 실패가 지금의 나를 만드는 데 큰 도움을 주었다고 생각한다.

이제는 투자에 관심 있는 분야가 생기게 되면, 가능한 모든 경로를 통해 자료를 수집하고 분석하여 투자 여부를 결정하고 있다. 마치 미지의 세계를 탐사하는 탐험가와 같은 입장에서 분석하고 행동한다. 주식이라는 것이 무엇인지 특징지어 이야기하기는 힘들지만, 주식시장은 '미지의 세계'라고 생각한다. 그 세계를 투자자들과 함께 탐험하는 것이 나의 일이며, 그 과정에서 때로는 즐거움과 희열을 느끼기도 하고 후회와 어려움을 겪어 나간다. 그렇지만, 종착지에는 희망이 가득할 것으로 생각하며 탐험을 계속해 나간다.

주식시장은 나에게 늘 다채로운 모습을 보여준다. 또한 여러 경험 가운데 늘 새롭고 변화무쌍함을 보여준다. 나는 그 변화무쌍함을 즐기며 탐험가의 호기심과 열정을 가지는 동시에 위험에 대한 신중함을 유지하면서 이 시장에서 또 다른 미지의 대상을 찾고 있다. 이러한 과정의 종착지에는 내가 이루고자 하는 희망이 함께 할 것이라는 굳건한 믿음이 있다. 이렇듯 주식투자는 호기심과 열정을 잃지 않고 탐구하면서 지속적인 경험과 결단을 이어 나가는 탐험의 과정이다. 이 책은 이러한 탐험과정에서 목표를 향해 정확하게 나아갈 수 있는 지혜를 제공할 것으로 믿는다.

조일규 부지점장(교보증권)

나에게 주식투자란 무엇일까? 사람들은 주식투자를 하면서 원초적인 질문에 대한 답을 항상 고민하고 정답을 찾아 헤매이고 있지만 우리가 현실로 받아들이는 주식투자에서 철학을 정립하기란 녹록지 않아 보인다.

그러함에도 주식투자란 무엇인가? 누가 나에게 물어본다면 나는 "주식투자는 철학(哲學 : Philosophy)을 정립하고 나름의 관(觀)을 형성하는 과정"이라고 말한다. 우리 인간은 하나의 사물에 대해 각자가 공감하면서도 서로 다른 생각을 가지고 있는 동시에 같은 생각이라도 다르게 표현을 하며 살고 있다.

주식투자도 마찬가지라는 생각이 든다. 우리가 주식투자의 싸움에서 이기려면 항상 마음속에 철학을 가지고 있어야 외부 환경, 정치, 경제 및 사회의 환경 변화 속에서 이겨나갈 수 있는 에너지와 자존감을 가질 수 있다고 생각한다. 주식투자에서 경험하는 각종 상황에 긍정적인 철학을 가지고 대응한다면 잠재되어 있는 동물적 감각까지 밖으로 표출해낼 수 있다. 왜냐하면 우리 인간은 회피적이고 자기중심적인 동물이지만 서로 소통하고 인정하고 그리고 표현할 줄 아는 동물이기 때문에 여러 다른 마인드를 융합해 내어 올바른 판단의 근원인 메타데이타인 '철학'이 주식시장이라는 정글에서 살아남게 해주기 때문이다.

주식투자는 시간이 지날수록 자본주의 사회에서 삶의 일부가 되어가고 있으며 알게 모르게 개인들은 주식의 많은 영향을 받고 있다. 이는 인간의 본성이 이익을 취하는 것과 맞아 떨어지기 때문이라고 본다. 그래서 주식투자에 생각이 있다면 이를 피하는 것보다는 적극적으로 맞서는 게 맞는 것이고 그것을 행동에 옮기는 게 옳다고 생각한다. 즉 주식투자의 여러 상황에 적극적으로 맞서 싸움에서 이기려면 각자가 철학을 가져야 하며 그것을 지키려고 노력하고 이를 실천으로 옮긴다면 주식투자라는 싸움에서 이긴다고 생각하며 설사 진다고 하더라도 자존감은 남아 있어 다시 일어설 수 있을 것이다. 그래서 나에게 주식투자란 '철학'이다.

Part 4
주식에서
고수되기

조민규 대표(한국경제TV)

주식투자 무엇인가? 결론부터 말하자면, 주식투자는 "내가 투자하고 싶은 기업과의 동행하고자 하는 마음가짐과 그것을 실천하는 행위라 할 수 있다". 기업과 오랜 기간을 함께 같은 길을 가기 위해서는 무엇이 필요할까? 먼저, 오랫동안 투자자의 마음을 편하게 해주는 기업이어야 한다. 주식을 보유하는 데에, 불안한 마음이 들거나 믿음이 가지 않는다면, 먼 길을 함께 같이 가기 힘들기 때문이다. 그렇다면, 결국 투자자에게 불안과 불편한 근심걱정을 주지 않을 회사를 찾아야 할 것이고, 그 회사는 주가의 하락이 비교적 적어야 한다.

결국, 위험과 불안한 마음이 들게 하는 기업들을 피하고, 비교적 싼 가격에 주식을 매수하는 습관을 갖는 것이 중요하다. 주식투자에서 투자자들을 불안하게 만드는 요인은 주가의 하락이다. 주가의 하락을 극복하기 위해서는 아무래도 저평가되어 있거나, 가격의 스펙트럼에서 비교적 싼 구간에서 매수해야 한다. 하지만, 보통 사람들은 기업의 실질적 사업내용이나 가치, 실적보다는 기술적 분석, 수급, 현재 유행하는 주도주를 매수하여 투자하기 때문에 비싼 가격에 그 기업을 접할 수밖에 없게 된다. 앞에서 언급한 것처럼 마음가짐과 실천이 가장 중요한데, 사람의 마음은 하루하루 변화하는 주가의 등락에 따라 맑은 날과 흐린 날이 계속 반복된다. 이럴 때 우리는 주가는 매일 오르기만 할 수 없다는 것을 인정하여야 하고, 단기적 주가 흐름보다는 회사의 사업성과 실적, 가치를 지속적으로 확인하는 것이 중요하다. 투자는 주식을 사고팔아 단기적 차익을 남기는 것이 아니라, 좋은 회사에 대한 신뢰를 기반으로 오랜 기간 매수 후 동행하면서 사업을 이해하고 경영자의 경영 방향이 올바른지를 지속적으로 관찰하는 행위인 것이다.

박수범 대표(에스에스인베스트먼트)

주식투자란 무엇인가? 주식투자를 정의하기 전에 투자에 대해 먼저 얘기해 보겠다. 투자란 지금 현재보다 더 내가 바라는 대로 미래에 바뀌길 원하는 행동을 투자라고 정의 내릴 수 있다. 그 투자는 '시간'의 투자가 될 수 있거나 '노동' 혹은 '금전'의 투자가 될 수 있다. 그 중에서 '금전'의 투자를 통해 더 많은 수익을 창출하여 물질적인 풍요를 즐기기 위한 방법 중 하나가 주식투자이다. 주식투자는 '하이리스크 하이리턴(High Risk High Return)'으로 위험은 높지만 그 만큼 기대수익률도 높다. 모든 투자는 그래서 책임이 따른다. 이 투자가 잘 되었을 때는 내가 원하는 물질적 이상향의 삶에 좀 더 다가갈 수 있다는 장점이 있다. 그래서 현재 자본주의를 살고 있는 우리들에게 주식투자란 삶의 일부분이 되어 가고 있다.

과거처럼 열심히 산다고 물질적 풍요를 이룰 수 있는 시대가 이제 마감되었다. 지금은 노동으로 벌어들이는 돈보다 금융시스템을 이용한 수익이 더 많은 돈을 벌게 해주고 있다. 그래서 그 어느 때보다 주식투자란 위험하고 어려운 것이 아니라 아침에 맛있는 식사를 해야 하루 종일 열심히 움직일 수 있는 에너지를 얻을 수 있듯이 주식투자로 생긴 잉여자산은 내 삶의 에너지로 매우 중요한 역할을 한다.

주식투자는 잘못 이용하면 큰 후회가 남을 수 있지만, 잘만 이용하면 이것만큼 좋은 투자대상이 없다. 하지만 무작정 주식투자를 해서는 벌어놓은 돈도 잃는 것이 주식투자이다. 그래서 처음에 주식투자를 배울 때는 올바른 투자방법을 익히는 게 중요하다. 잘 배운 주식투자는 평생을 금전적인 걱정없이 살 수 있게 해주는 도구가 될 수 있다. 이러한 도구를 만들기 위해서는 기업의 내용을 파악하는 기본적 분석, 차트를 보고 매매타이밍을 포착하는 기술적 분석 그리고 시장의 큰 변동에도 의연하게 대처하는 심리적 자세의 3가지가 일정 수준에 도달해야 한다. 냉정하게 말해서 이런 수준에 도달하기 위해서는 일정 기간의 경험이 필요하다. 하지만 이런 과정은 좋은 책으로 간접체험을 쌓고 이를 실천하는 훈련을 통해서 그 기간을 단축할 수 있다. 이런 면에서 이 책은 주식을 오랫동안 하였지만 후회만 남는 분에게는 초심으로 돌아가 올바른 주식투자의 길을 걸을 수 있도록 해주고, 주식을 처음 시작하는 분에게는 어떠한 장에서도 전천후로 투자할 수 있는 노하우를 제공할 것이다.

Part 4
주식에서
고수되기

Chapter 3 고수의 조언

부자개미 배경민(한국TV)

주식시장은 상위 5%만이 수익을 낼 수 있는 약육강식 시장이다. 개인투자자들이 주식투자를 함에 있어 수익을 내지 못하는 이유는 무원칙, 무기법, 추격매수, 부하뇌동, 공포, 무대응, 욕심, 탐욕, 자만심 등 많은 요소들이 있다. 이중 초보투자자들의 가장 큰 일반적 오류는 '추격매수'이다. 이는 전혀 준비가 안 되어있는 상태에서 경기에 참여하기 때문이다.

현주식시장은 글로벌화 된 미국의 증권거래소가 있는 월 스트리트 펀드매니저를 포함해 수많은 인재들이 많은 것을 준비하여 매매하는 게임장으로 준비없는 매매는 백전백패 할 수밖에 없다.

"주식은 꿈을 먹고사는 생물과 같다" 현재의 가치는 물론 미래가치가 높아질 수 있는 꿈이 있는 회사를 사야 한다. 주식투자로 돈을 벌기 위해서는 싸게 사서 비싸게 팔면 된다. 이를 위해 2가지 방법을 제시한다

첫 번째 단추는 주식을 싸게 매수하는 방법을 알아야 한다. 현재 주가가 본질가치 대비 현저히 저평가되어 있는 종목을 매수하여야 한다. 저평가되어 있는 좋은 회사를 골라 매수해놓고 기다릴 줄 알아야 한다. 마음이 조급하면 잦은 변동성에 휘둘려지게 되어 있다. 저평가되어 있는 회사는 PER /PBR등 계량화된 수치가 있다. 이는 최근 증권사 HTS 화면에서 쉽게 접근하여 확인할 수 있다.

두 번째 단추는 현재 주식시장의 트랜드를 파악해 투자하는 것이다. 이는 주식시장에서 흔히 얘기하는 주도업종/주도주 매매법이다. 필자가 15년간 증권TV에 출연해 종목상담 프로에서 종목진단을 하다 보면 대부분의 개인투자자들 상담의뢰 종목들을 보면 현재시장 패션과 동떨어진 철지난 종목들을 보유해 손실을 키워가는 경우가 대부분이다. 한겨울에 반바지를 입고 있는 격이다

본인만의 매매기법과 확고한 투자원칙을 세우고 경기에 참여하면 성공투자 할 수 있다. 위 2가지만 공부가 되어도 개인투자자들도 주식투자로 돈 벌 수 있는 것이다.

최택규(매일경제TV)

주식이란 쉬운 듯 어려운 심리게임이다. 정답도 없으며 살아 있는 생물처럼 팔딱 팔딱 거리는 것이 주식이다. 따라서 주식에 대한 정의만으로도 책 한 권 이상을 쓸 수 있기에 딱 한마디로 한다면 "주식투자를 할 때 수익을 챙기는 것 도 중요하지만, 더 중요한 것은 매도(손절)를 하는 것이다."라고 말이다.

많은 시장 참여자들이 어떤 종목에 대한 많은 준비와 고민을 하고 선택한 종 목이 매수하자 마자 하락을 하면 당황할 것이다. 그런데 대부분의 개인투자자 들이 실수하는 것이 눈 앞의 작은 손실이 아까워 매도(손절)를 안 한다는 것이다. 그러다가 비자발적인 장기 보유자가 되면서 깊은 수렁으로 빠지는 경우가 비일 비재(非一非再)하다.

아무리 신중하게 매수한 종목이라도 업황이 하향 곡선을 그리거나, 실적 악화 로 챠트의 추세가 깨지고 주가가 떨어지는 것이 눈에 보일 때는 눈물을 머금고 매도해야 한다. 그래야 앞으로 다가 올 더 큰 손실에서 자유로울 수 있기 때문 이다. 즉 눈 앞의 손실이 아까워 제 때에 매도하지 못하게 되면, 오히려 긴 시 간 동안 손실이 눈덩이처럼 늘어날 수 있다는 점 명심해야 할 것이다. 그리고 주식시장이 상승세가 한 풀 꺾이면서 하락할 때는 더 더욱 보유 종목에 대한 위 험관리를 철저히 해야 한다.

우리 개인투자자들은 투자금 전액을 종목으로 메우려 한다. 물론 종목을 매수 해야 수익이든 손실이든 가능하기에, 개인투자자들은 무조건 종목을 매수하려 한다. 그러나 시장이 하락장에서는 매수해서 수익 내는 것이 어렵기 때문에, 종목을 매수할 때는 더욱 더 신중해야 하며, 이러한 시장 상황에서는 현금이라 는 종목 비중을 확대하는 것도 좋은 전략이다.

2018년 하반기 또는 2019년 상반기에 접어 들면서 주식시장이 고점에 대한 부담감과 돌발 악재에 민감하게 반응을 하면서 급등과 급락을 보이면서 변동성 의 장세를 보일 것으로 예상한다. 이럴 때에는, 현금 비중을 확대하면서 하방 으로 베팅하는 ETF 인버스 상품에 투자하는 것도 좋은 방법일 것이다.